文春文庫

［真珠湾］の日

半藤一利

文藝春秋

「真珠湾」の日　目次

［真珠湾］の日

プロローグ

●「死中に活を求める」

昭和十五年（一九四〇）九月は、日本が対米英戦争への道を運命的に、大きく踏みだしたときである。

中国の蔣介石《しょうかいせき》政権にたいする英米の援助ルート(1)の遮断と、きたるべき南方作戦上の必要の両面から、二十三日に仏領インドシナ（仏印＝現ベトナム）北部に武力進駐を陸軍が強行し、二十七日にはときの近衛文麿《このえふみまろ》内閣が日独伊三国同盟を締結した。すでにヨーロッパでは第二次世界大戦がはじまっており、イギリスと交戦中のナチス・ドイツと同盟を結ぶことは、そのイギリスを〝戦争一歩手前〟まで全面援助しているアメリカを、準敵国と認めることになる。日本はそれを承知であえて踏みこんだのである。心ある人には、これで日米戦争は決定的となったとさえ思えた。

駐日アメリカ大使ジョセフ・グルーはこう書き記した。

「九月の日記を書き終る私の心は重苦しい。これは過去に私が知っていた日本ではない」

それまでにも、昭和六年（一九三一）の満洲事変このかた、太平洋をはさんで日本とアメリカは、アジアの覇権をめぐって確執をつづけてきた。昭和十二年七月の日中戦争の開始にともない、よりいっそう敵対反目を深めていた。日本は、重慶の蔣介石政権への援助などアジアへの介入をアメリカがやめさえすれば、日米戦争は回避できるとした。アメリカは、日本の中国や東南アジアへの進出を毫《ごう》も認めず、日本の軍隊は日本本土にあるだけの一九二〇年代の旧秩序（満洲事変前）復帰を強く要求しつづけた。しかも、そのために中国はもとより、イギリス、オランダをふくめた日本包囲の集団防衛体制を着々と構築してきている。

日独伊三国同盟は、アメリカにとって、すでにでき上っている世界の体制に対抗し、新しい秩序をつくろうとする日本の戦闘的姿勢を示すものなのである。アメリカ一国を対象として、その行動を牽制する軍事同盟であり、アメリカ国民は、このときからナチス・ドイツにたいする不信感と敵意と不気味さとそっくり同じものを、日本にたいしてもちはじめた。アメリカの世論は、日中戦争をアジアにおける局地的な戦いとしてではなく、ヨーロッパ戦争と連動したグローバルなものと認めるようになる。

それはまたアメリカ国民に、中国大陸での戦闘における日本兵の暴虐さと野蛮さとにたいする激しい憎悪を思い起させた。「ジャップ」という言葉が、多くのアメリカ人にとって「残忍でうそつきの黄色い小男」という意味をもつようになっていく。

こうした米国の戦略に対抗するための三国同盟という強引な国策の遂行に、十月十四日、折から上京中であった連合艦隊司令長官山本五十六《いそろく》大将は、知友に憂慮と怒りとをぶちまけている。

「実に言語道断だ。……自分の考えでは、この結果としてアメリカと戦争するということは、ほとんど全世界を相手にするつもりにならなければ駄目だ。もうこうなった以上、やがて戦争となるであろうが、そうなったときは最善をつくして奮闘する。そうして戦艦長門《ながと》の艦上で討死することになろう。その間に、東京大阪あたりは三度ぐらいまる焼けにされて、非常なみじめな目にあうだろう。……実に困ったことだけれども、こうなった以上はやむをえない」

しかし、政府も軍中央も、多くの日本人もそうは考えていなかった。十五年一月、日米通商航海条約の正式廃棄をアメリカが実行に移していらい、むしろその強硬な経済制裁政策にたいする不信と恐怖と反撥とが、はげしい米国敵視を日本人のなかに抱かせてきているのである。

だれもが新聞論調などに煽られて思った。アメリカの基本の政策は、蔣介石政権を援護し、日本をしてアジア全域から撤退、屈服させることを主眼としている。そのための経済制裁の強化なのである、そうとしか考えられない。げんに九月には屑鉄の全面的対日輸出禁止をアメリカは実施しているではないか、と。

つぎは、工作機械やアルミニウムやボーキサイト、石油であろう。とくに石油。アメリカに全面的に依存している石油輸入が途絶すれば、これはもう一挙に日本は存亡の危機に立たされるのである。そこから、国家が生きのびる道を求めるとすれば……それはオランダ領インドシナ（蘭印＝現インドネシア）を中心とする東南アジアの資源地帯のすべてをおさえ、それに満洲・中国の資源を加え確保する、そうした自給自足の経済的不敗態勢をつくりあげる以外にはない、という結論にたどりつく。

しかしながら、南方に手をつければイギリスはもちろん、アメリカも立つ。資源地帯のみを奇襲攻略することのできないことは、イギリスの拠点シンガポールや、アメリカ軍の根拠地フィリピンの存在を考えれば自明の理なのである。つまりは南方進出は米英を敵とする全面戦争を覚悟せねばならない。進出すれば戦争、進出せざれば自滅、これは大きなディレンマである。

けれども、ヨーロッパの戦争の電撃作戦によって、もしもドイツがイギリス本土上陸に成功し、これを屈服させえたら、一挙にこのディレンマは解消されるかもしれないではないか。アメリカは孤立して戦う意欲を失ってしまうであろう。

いまや、米英それに中国、オランダの強力きわまりない包囲網（ABCD包囲網）の下に、日本帝国は八方塞がりになっている。屈従を強いられている。民族が生きのびる道は、「死中に活を求める」以外にはないのである。そのためには、対米戦の決意をも明定し、それに備えてタイ・仏印に早急に武力進出する。国際情勢がどう変ろうとも、いまのうちに日本は南方をおさえ不敗の態勢だけはととのえておくべきであり、結果として全面戦争の冒険をおかすこともやむをえない。

昭和十五年の終りごろの日本人は、多くがそう考えはじめるようになっていたのである。

月刊誌『文藝春秋』十六年一月号は「国民はこう思う」と題したアンケートの結果を発表している。回答カードは六百八十五枚、十二月五日をもって締切った。いくつかの項目のなかに〈日米戦は避けられると思うか〉という興味深い質問がある。その回答はこうである。

〔避けられる〕四一二
〔避けられぬ〕二六二
〔不明〕一一

一見して明らかなように、十五年末には三分の一強の日本人が、もはや戦争は避けられないと考えていた。

●「開戦劈頭、主力艦隊を猛撃攻撃破」

『文藝春秋』が発売されたちょうど同じころ――。

山本長官は、伝統の対米戦術思想となっている〝邀撃《ようげき》漸減作戦〟計画を断乎としてしりぞけ、全力集中の真珠湾攻撃作戦を着想した。それはほぼ十五年十一月下旬、というのが定説になっている。

山本の決意形成に直接影響したであろう要素が二点ある。一つは十五年五月、米太平洋艦隊主力の真珠湾常駐をアメリカ政府が公表したことである。他の一つは、十一月十三日、イギリス海軍艦載機がイタリアのタラント軍港を奇襲し、六隻の在泊戦艦のうち三隻を大破したという戦績である。

山本は十二月下旬に海軍大臣及川古志郎《おいかわこしろう》と会談し、どうしてもアメリカと戦わざるをえないというのであれば、と前提して、ハワイ作戦のことをはじめて口にしている。そして年が明けた十六年一月七日付の海相あての書簡「戦備ニ関スル意見」で、公式の文書として認《したた》めている。つまり口頭で申し述べた意見を記録し、後世への証拠として自分の真意を山本は残したのである。

「作戦方針に関する従来の研究……堂々たる邀撃大主作戦」は、これまでにしばしば実施された。しかし、その図上演習などの結果をみても、「帝国海軍は未だ一回の大勝を得たることなく、此のまま推移すれば、恐らくじり貧に陥るにあらずや、と懸念せらるる情勢に於て、演習中止となるを恒例とせり」（原文片カナ、旧カナ旧漢字）

と山本は、明治四十年いらいの、太平洋上で来航するアメリカ艦隊を迎え撃って、大艦巨砲の艦隊決戦でケリをつける、という伝統の戦術が必敗であることを指摘した上で、

「日米戦争に於て我の第一に遂行せざる可からざる要項は、開戦劈頭《へきとう》、主力艦隊を猛撃攻撃破して、米国海軍及米国民をして救う可からざる程度に、その士気を沮喪《そそう》せしむること是《これ》なり」

と、ハワイ作戦の実行を主張して、この〝のるかそるか〞の戦法のほかに必敗をとめる手だてはない、と明言した。

しかし、海軍戦略戦術の総本山の軍令部は、この時点ではビクともしない。確乎不動のままである。かれらは伝統の大艦巨砲による決戦思想を頑として護持した。すなわち、かならずや太平洋上でおもむろに敵戦力を減らし、「敵の労を撃つ」邀撃作戦による艦隊決戦は実現する。そして大勝を得る。対米比率七割海軍の勝つ方略はほかにあるべくもない、と日露戦争における日本海海戦の再現を夢みるのである。

年が明けて昭和十六年の春から夏にかけて、軍令部は大艦巨砲での決戦における必勝の信念を、いよいよ強く固めていく。そして、兵力の対米比率が七割を超えるこの年の秋から暮れにこそ、断乎として立上ればわれに勝機ありと結論づけた。対米戦争が〝宿命的〟であるなら、この時機を逸し荏苒《じんぜん》時を失えば、生産力の違いから、兵力比に大きな差ができて戦うチャンスが失われてしまうのである。東京の海軍中央は対米強硬論で次第に勇み立っていった。

遠く瀬戸内の根拠地にある山本は、必敗の戦争を戦うことに猛反対である。その反対の戦争をどうしてもやれといわれるなら、俺の戦法でやる、と突っぱねつづけた。そして四月十日には、おのれの流儀の作戦の主力となるであろう空母機動部隊（第一航空艦隊）を新編成する。対米開戦か否かという危機を前にして、軍令部と連合艦隊との間に、戦術をめぐっての論争がはげしくなるのである。

●「もう一度判定をやり直せ」

こうして太平洋が波浪を荒くしはじめたとき、十六年六月二十二日、ヨーロッパでナチス・ドイツがソ連に侵攻した。この世界情勢の激変に呼応して七月二日、御前会議の決定によって日本は新たな国策を樹立する。

「帝国は大東亜共栄圏を建設し……支那事変処理に邁進し、自存自衛の基礎を確立するため、南方進出の歩をすすめ、また情勢の推移に応じ、北方問題を解決す」

そして「本目的達成のため対英米戦を辞せず」とした。南方へ進出することを決め、国家としてつぎの戦争決意を公式なものとした運命的な決定である。

このころ、アメリカは日本の外交暗号の解読に成功していた。アメリカが、日本の外務省の暗号通信（外国ではパープル〝紫〟と呼ばれた）を解読したのは、一九四〇年十月といわれている。実は、その前年に日本は九七式欧文印字機を導入し、これを外務省はもっぱら外交通信に利用していた。アメリカの陸軍信号情報部（ＳＩＳ）がそこに着目し、この欧文印字機を模した複製機「パープル」式暗号換字機を八台たちまちに製造し、それをうまく使うことによって、日本の外交暗号を早くから解読することに成功した、というのである。それを日本政府はぜんぜん気づいていなかったとは、喧嘩過ぎての棒ちぎれで、悲しくなるばかりである。こうして外務省よりドイツやイタリアの日本大使館あてに打電された秘密電報をすべて傍受解読することにより、七月八日には、アメリカは御前会議決定による日本の新国策方針を知るところとなっている。

そんなこととは露知らない軍中央は、「南方進出」の計画どおりに二十三日には仏印南部への進駐を決定する。まるで待っていたかのように、二十五日にはアメリカが日本の在米資産を凍結した。イギリスとフィリピンがつづき、二十七日にはニュージーランドとオランダもこれにならい、経済的な日本包囲陣は実質的な完成をみる。二十八日、日本軍の南部仏印上陸。この正確な情報が届くより先にアメリカは、八月一日に、ついに石油の対日輸出を全面禁止すると発表した。日本の行動にたいして、アメリカも直接的な戦争政策で応じてきたのである。

米国の戦争政策でいえば、七月二十三日に、フランクリン・ルーズベルト大統領はシエンノート指揮下のアメリカ人飛行士百人、航空機五百機からなる義勇空軍の中国配置を正式に認めている。あからさまな軍事的援助である。さらに二十六日、日本の南部仏印進駐以前に、極東アメリカ陸軍を創設、ダグラス・マッカーサー中将を総司令官に任命する。そしてフィリピン人部隊を派遣米陸軍の指揮下にいれた。つまりフィリピンは米アジア戦略のための一大基地となったのである。日本軍部がそうしたアメリカの戦争政策に脅威を感じたことはいうまでもない。

太平洋は一気に波立った。日米両国は太平洋をはさんできびしく対峙《たいじ》した。軍統帥部は対米英戦争を公然といいはじめ、米国との衝突は不可避だという宿命感は、ますます高まっていく。

この石油禁輸に対応するために、九月六日、さらに御前会議がひらかれて、国策が少しく改められた。それは「戦争を辞せざる決意の下に」もう一度対米交渉をおこない、

「十月上旬頃に至るも尚我要求を貫徹し得る目途なき場合に於ては、直に対米（英蘭）開戦を決意す」るというものである。開戦決意しながらの、中断していた日米交渉の再開である。

しかしながら、十月上旬までは、九月六日から一カ月の期限しかない。これで交渉が妥結するというのか。この国策決定は、外交交渉をずるずるとひき延ばされることを恐れ焦りに焦る日本軍部が、日本政府に突きつけた最後通牒といってよかろうか。軍部はこのとき同時に「十月下旬を目途として戦争準備を完整す」という大元帥命令を手にしていたのである。

そしていっそう力をえたかのように、対米強硬派が集結している海軍中央では、外交的妥協ならず日米戦争は必至である、として、山本長官が建議している真珠湾空襲作戦の当否について、極秘裡の研究と論議がかわされた。結果、この作戦は大バクチであると反対論ばかりが噴出する。

曰く、兵力分散は下策であり、真の戦略目的である南方作戦に支障をきたす。曰く、投機的でありすぎる。真珠湾に米主力艦隊が在泊していなかったら、どうするのか。曰く、もし開戦したとたんに敗れるようなことがあった場合には、結果があまりに重大すぎる。……要するに、一か八かの賭博にすぎず、とても正気の戦術とは思えないと、軍令部は山本案を一蹴するのである。実際的にも、洋上における燃料補給の困難や長途の無線封止の航海の不安、途中で中立国の船舶と遭遇したらなど、問題は山積していた。

九月十七日、東京目黒の海軍大学校の一室で、ごく少数の関係者のみが集合し、ハワイ作戦の図上演習が実施された。結果は、見事なくらいにそうした不安を裏書きするものとなった。

演習は、連合艦隊が当時考えていた作戦計画にもとづき十一月十六日に開戦やむなきに至り、空母四隻（赤城《あかぎ》、加賀《かが》、蒼龍《そうりゅう》、飛龍《ひりゅう》）によって青軍が真珠湾に攻撃をかける、という想定のもとに実施された。赤軍は、青軍が真珠湾攻撃の意図をもつ、とは知らなかった。にもかかわらず、青軍は、北方からひそかに真珠湾に近接したとき、ハワイ周辺四〇〇マイルまで哨戒していた赤軍の飛行艇によって、攻撃予定の前日に発見されてしまうのである。いきおい青軍の機動部隊は艦載機計三百六十機の全力をもって一気に真珠湾を強襲せざるをえなくなった。

判定──青軍は、赤軍の戦艦四隻撃沈、一隻大破、湾内にいた空母四隻のうち二隻撃沈、一隻を大破する。一隻は討ちもらした。ほかに巡洋艦三隻撃沈、三隻を中破。空中および地上で飛行機百八十機を撃墜破した。しかし、青軍の損害も大きすぎた。敵の反撃によって空母四隻のうち二隻は撃沈され、二隻が小破。くわえて、翌日も赤軍の飛行艇や長距離爆撃機の追撃をうけ、小破した空母のうち一隻を沈められ、一隻も大破漂流（結局は自沈）、つまり空母は全滅、搭載全飛行機を喪うという悲惨な結果となったのである。

この惨たる事実に、演習の統監をやっていた連合艦隊参謀長宇垣纏《まとめ》少将は驚愕した。

沈鬱な雰囲気にみちた部屋の空気を破るように、
「もう一度判定をやり直せ」
と怒鳴った。再判定、つまりはサイコロのふり直しである。当然、やり直せばサイコロの目は変る。しかし、結果はさして好転したとは思えなかった。青軍の空母四隻全滅がやっと半減ですんだが、大損害であることには変りはない。当然のことながら、作戦に反対していた軍令部はこの演習における敗北にがぜん力を得て、ハワイ作戦反対の声をいっそう強めるのである。

しかし、瀬戸内にあってこの報告をうけたとき、山本は激怒していった（九月下旬）。

「いらざることをやる必要はない。軍令部は、口をひらけば賭博だという。しかし、賭博でも投機でもない。真珠湾攻撃作戦なくしては、戦争の遂行はありえないのである。四年間も中国でどろ沼の戦いをつづけ国力を消耗しつくしたあと、対米英戦争に突入することこそが真の賭博ではないか。天佑がもしあれば、ハワイ作戦はかならず成功する。もし失敗するようなことがあれば、天はわれに与《くみ》せざるものである。そのときには、戦争そのものを即時に断念すべきなのである」

それだけにとどまらず山本は、九月二十九日に軍令部総長永野修身《おさみ》大将にたいし、戦争は長期戦となり遂行は「困難なり」とし、「避戦すべきこと」を意見具申している。

海軍中央は、しかし、山本の決意表明にも動じなかった。いや、むしろ冷笑と反対の意をより強めていく。それだけでなく、いざというときには主力となって真珠湾攻撃を任とせねばならない第一航空艦隊（機動部隊）司令部までが、作戦遂行に不安が大きすぎて賛成できないと、反対論をとなえるようになる。

これら直率する部下の反対論にたいして、山本は激烈な調子でいった。

「南方作戦中に東方から米艦隊に本土空襲をやられたらどうするのか。南方の資源地帯さえ手に入れれば、東京や大阪が焦土と化してもかまわんというのか」

さらに声をふりしぼっていった。

「自分が連合艦隊司令長官であるかぎり、ハワイ作戦は断行する。これなくして対米戦争に勝機はない。全艦隊とも幾多の無理や困難があろうが、ハワイ作戦はぜひにもやるのだ、かならず成功させるのだという積極的な考えで準備をすすめてもらいたい」

長官の不動の決意を知って、麾下《きか》の全艦隊が決死の覚悟のもとにハワイ作戦の本格的準備にとりかかったのは、開戦二カ月前の十月七日のことなのである。

●「その職を辞するほかはない」

それから九日後の十月十六日、国策をリードしてきた近衛文麿内閣が倒れた。倒れたというより、九月六日の御前会議できめられた「十月上旬頃に至るも尚我要求を貫徹し得る目途なき場合」の、ぎりぎりの日がおとずれて、首相近衛が自分の職責を無責任にも投げだしたのである。

「（中国からの）撤兵問題は人間にたとえれば心臓です。陸軍はこれを重大視している。

米国の主張にそのまま服したら、支那事変の成果を無にするものだ。満洲国をも危うくする。さらに朝鮮統治も危うくなる。……撤兵を交渉の看板にするということは、これはいけませぬ。撤兵は退却です。撤兵は心臓である。主張すべきは主張すべきで、譲歩に譲歩を加え、そのうえにこの基本をなす心臓まで譲る必要がありますか。それが外交とは何か、降伏です(2)」

閣議でそう力説して、陸相東条英機《ひでき》中将が九月六日の御前会議の決定をタテに対米英開戦をせまったとき、海相及川は、和戦の決は首相に一任すると申し入れた。この瞬間をとらえ、海軍の曖昧な態度をテコにして、はっきり自分の信念にしたがって「和」を主張すべきであったがそれをせず、近衛は逃げだした。陸海の不一致を言い逃れの材料にして。

二日後に東条英機内閣が成立する。近衛に開戦をせまった当の人を宰相に強く推挙したのは、内大臣木戸幸一である。そこには木戸の深謀があったとされている。九月六日の御前会議決定を白紙に戻し、この天皇に忠節な軍人をして進むか退くか、根本のところを改めて研究させる。そのためには、木戸を中心とした宮廷政治の遠隔操縦が、もう一度、大いに役立つであろうと考えたのである。

木戸は天皇の平和希求の意向を、東条につぶさに伝えた。

「九月六日の御前会議の決定にとらわれず、もう一度、内外の情勢をさらに深く検討し、慎重に考慮する必要がある」

すべて新規まき直し、いわゆる「白紙還元の御諚」である。天皇の東条にたいする期待もまたそこにある。けれども、内閣と違って、陸海軍統帥部には〝白紙還元〟の大元帥命令は下されてはいない。もはやほかにとるべき道はないと、軍は開戦にそなえての作戦計画をひたすら推進するばかりである。

翌十九日、連合艦隊先任参謀黒島亀人《かめと》大佐が山本の確たる意思と、空母六隻使用によるハワイ作戦の決定案をもって、軍令部に出頭してきた。ハワイ作戦を承認しようとしない海軍中央にたいして、最後の決を求めるべく黒島ははじめから闘志をむきだしにする。

作戦部長福留繁《ふくとめしげる》少将と同課長富岡定俊《さだとし》大佐は、黒島参謀を迎え、南方作戦遂行もあり、空母六隻使用は絶対に承認できないとにべもなく断った。交渉の余地などかすかにもない。連合艦隊司令部は軍令部の指示に従うのが当然である、といい、聞く耳もたずの頑なな姿勢をとりつづける。

「ハワイ作戦は戦理に反している。危険きわまりない」

「いや、戦理を超えた作戦ゆえ、敵の想像も超えている。それゆえ成功の算は大きい」

「それは違う。失敗の算のほうがはるかに大きい」

黒島参謀はいかつい顔を真っ赤にして反駁《はんばく》する。

「では、軍令部はハワイ作戦を放棄せよということなのですか」

「何度もくり返してきたように」と富岡課長が応じた。「あくまで主作戦は南方作戦である。それには正式空母二隻の兵力は絶対に必要なのである。これを譲ることはできない」

黒島は富岡の顔をにらみつけながら、

「あなた方では話にならん。次長と話をつけたい」

と、およそ海軍常識を破るようなことをいった。言葉だけでなく強引に実行に移した。福留と富岡を尻目にして次長室に赴き、軍令部次長伊藤整一《せいいち》中将に、黒島は最後の切り札を突きつけた。

「山本長官は、ハワイ作戦を職を賭しても断行すると主張しておられる。もし、この案が何としても容れられないのであれば、皇国の防衛にたいしてもはや責任がもてないと伝えよ、といわれた。長官はその職を辞するほかはないともいわれた」

ここで言葉をいったん切り、黒島は、

「われわれ幕僚も同様である。全員がただちに辞職する」

とはげしく言いきった。伝家の宝刀を抜いたの感あり、である。

決断は永野総長のもとにもちこまれる。そして、次長室で待つ黒島のもとへ、総長がわざわざ歩を運んで、いった言葉は、

「山本長官がそれほどまでに自信があるというのなら、希望どおり実行してもらおう」

という日本的情緒にみちみちたものなのである。黒島は涙ぐんでただ「ありがとうございます」と何度も何度も頭を下げたという。

真珠湾攻撃作戦は、こうして脅迫まがいの主張と、人情的決断によって、この日正式なものとなる。海軍中央としては、計画している第一段南方作戦の支作戦として、しぶしぶ認めたまでである。乾坤一擲《けんこんいってき》の、捨身の全力決戦などとは思いたくもなかったのであるが……。

そしてその直後の十月二十四日、山本は東条内閣の海軍大臣として出馬した海軍兵学校同期の嶋田繁《しげた》太郎《ろう》大将にあてて、一書を送っている。内容は、さきの及川あて書簡の内容をもっと具体的にし、ハワイ作戦敢行の心境を端的直截《ちょくせつ》にのべたものである。

――大本営のいうように南方作戦第一主義でやったとしても、南方作戦での味方の損害が多くでて、海軍兵力がいっぱいに伸びきるおそれなしとしない。しかも航空兵力の補充能力がはなはだ貧弱な現状である。そののちにハワイより来攻してくる敵主力艦隊を迎え撃って太平洋上で一大決戦をやれといわれても、勝つのは至難というほかはない。

それゆえに、

「種々考慮研究のうえ、結局、開戦劈頭《へきとう》有力なる航空兵力をもって、敵本営に斬り込み、彼をして物心共に当分起ち難きまでの痛撃を加うるの外なしと、考うるに立至り候……」

ということになる。そこまで追いつめられての開戦であるのに、この作戦を成否半々の大賭博と見、これに全力集中するのはもっての外なりと、海軍中央はいっている。何ということか。日中戦争はじまっていらい四年間、わが国力は疲弊しきっている。その上に、さらに強大な米英と戦いをするのである。それこそ持久作戦などというのは愚劣な作戦以外のなにものでもない。それをとくと承知の上で、

「これを押し切り敢行、否、大勢に押されて立上らざるを得ずとすれば、艦隊担任者としては到底尋常一様の作戦にては見込み立たず、結局、桶狭間とひよどり越と川中島とを併《あわ》せ行くの已《や》むを得ざる羽目に、追込まるる次第に御座候」とまでいい切っている。

山本は最初から奇襲成功という僥倖《ぎようこう》をあてにしていたわけではない。それをこの手紙が明瞭に物語っている。というのも、真珠湾の米軍の哨戒圏は五〇〇〜六〇〇海里にわたり実行されているからである。しかも好天の場合には、視界約四〇海里を加算する必要もある。当然、発見されることになる。さりとて、機動部隊からの攻撃隊発進は航続力、戦闘機の航法の関係からも超遠距離発進というわけにはいかず、二三〇海里にまで踏み込んで行わなければならない。巧みに暁闇を利用するにしても、機動部隊の艦隊速力は二十四ノット以上は不可能なのである。つまり計画どおりに運ばれたとしても、前日の午前十一時には六〇〇海里圏内に突入、午後三時以後は五〇〇海里の米空軍の哨戒圏に入るということで、情況如何によっては前日に発見されてしまう公算大ということになる。それで山本はこの嶋田あての意見書で「月明の夜または黎明を期し全航空兵力を以て全滅を期し敵を強（奇）襲す」と認めている。奇襲よりも強襲を覚悟していたのである。

しかし、ここまでいいながらも山本は、最後の最後まで対米英開戦には反対であった。

隠忍自戒、臥薪嘗胆《がしんしょうたん》しても戦争を避けるべきである、と説き、この長文の手紙の最後は、半ば諦念を告白しながらも、外交による妥協を切言して結ばれている。

「今日の事態にまで追込まれたる日本が、果して左様に転機し得べきか、申すも畏《かしこ》き事ながら、ただ残されたるは尊き聖断の一途のみと、恐懼《きょうく》する次第に御座候」

この段階まできてしまったとき、山本が一縷《いちる》の希望をつなぎとめているのは、天皇の「NO!」の一言であった。

しかし、その天皇は……?

●「開戦しなければならないのかね」

山本が嶋田あての書簡を書きはじめたであろうころ、二十三日から連日のように閣議や大本営政府連絡会議がひらかれ、「白紙還元の御諚」にもとづく内外情勢の分析、国力再調査などの作業がすすめられていた。律儀な東条首相はほぼ隔日に宮中に参内し、天皇に詳細な数字を用いて国策再検討の経過を奏上し、天皇はそれを容れていく。

そのかんにもさまざまな反米反英的な情報が国内をかけめぐり、国民の好戦熱は巧妙な操作で煽りたてられている。乗用車のガソリン使用の全面禁止、金属類回収令と生活の窮迫が、米英にたいする敵愾心《てきがいしん》を燃やすことに役立った。十月二十六日の東京日日新聞（現毎日新聞）の社説は、東条内閣をけしかけるような調子で書かれている。

「戦わずして日本の国力を消耗せしめるというのが、ルーズベルト政権の対日政策、対東亜政策の根幹であると断じて差支えない時期に、今や到達している。われらは見る。日本及び日本国民は、ルーズベルト政権のかかる策謀に乗せられてはならない。われらは東条内閣が毅然としてかかる情勢に善処し、事変完遂と大東亜共栄圏を建設すべき最短距離を邁進《まいしん》せんことを、国民と共に希求してやまないのである」

歴史の流れはすでに滔々《とうとう》として、だれによっても止めるべくもないほどの激流となっている。個々人の反対など、元首相の海軍大将米内《よない》光政がいうように、ナイヤガラの瀑布に逆行して孤舟を漕ぐような、はかないものであったのである。

このような情勢下、世論に尻を叩かれたためではなく、東条内閣と軍部による国策再検討は、とてつもなく長い生真面目な時間を費して、〝開戦〟という結論に到達した。いま立つならば勝算があるからである。

わが兵力は、陸軍兵力五十一個師団と留守師団十一個師団の総員二百十二万人である。十分に米英のアジア方面の兵力と戦える。海軍兵力は三百九十五隻（戦闘艦艇二百三十五隻、その他百六十隻）、一四六万トン（戦闘艦艇九七万トン、その他四九万トン）、重油四五〇万キロリットル、ほかに特設艦船六百十隻、一三五万トン、総員二十三万二千人。そして一般徴用船舶二〇万トンである。

また陸海軍航空機は五千七百機、航空揮発油の備蓄は九〇万キロリットルと、これもいまなら十分なのである。

もう少し細かく昭和十六年末の海軍の対米現有兵力を書いておく。戦艦＝日十隻・米十七隻、空母＝日十隻・米八隻、重巡＝日十八隻・米十八隻、軽巡＝日二十隻・米十九隻、駆逐艦＝日百十二隻・米百七十二隻、潜水艦＝日六十五隻・米百十一隻。ただし、アメリカは大西洋艦隊も含む。総計すれば、日本海軍の艦艇数二百三十五隻、総トン数九七万五七九三トンにたいして、アメリカは三百四十五隻、一三八万二〇二六トン、つまり日本の対米比率は七〇・六パーセントということになる。また、飛行機は日本三千八百機（うち展開兵力千六百六十九機）、アメリカ五千五百機（うち対日正面は二千六百機）。これも七〇パーセントになる。

これは明治いらい研究と演練を重ねて、これで勝てると海軍が絶大な自信をもつようになった「七割海軍」に達しえている数字なのである。しかも昭和十五年七月に、アメリカ議会で成立した両洋艦隊案が進行すれば、昭和十八年末には対米五割以下、十九年末には対米三割以下になると予想されている。といって、日本の国力は精一杯で、これに抗すべき方策はない。航空機の生産にいたっては、その能力がアメリカは日本の十倍以上。十九年には総保有機数で、日本はアメリカの七ないし八分の一と、絶望的な状況が現出してくると予想されている。すなわち戦うならばいましかない。

さらにいえば、日本海軍には一つだけ、不安を打消すに足る計算上の期待があった。それは巨大戦艦大和《やまと》が年内に就役し、同型戦艦武蔵《むさし》も数カ月ののちには完成するという事実である。搭載する四十六センチ巨砲が火を噴けば、それまでの四十センチ砲の米戦艦群など鎧袖一触《がいしゅういっしょく》であろうと考えられた。しかもアメリカ海軍は太平洋と大西洋に二分して戦わねばならない。とすれば、戦力比率は八割を超える、いや対等に近いと、提督や参謀たちはみずからの士気を鼓舞するのである。

そうした検討事実をふまえて、十一月一日から二日にかけて十六時間にわたる大本営政府連絡会議がひらかれた。東条は、㈠戦争をせず臥薪嘗胆すること、㈡ただちに開戦すること、㈢作戦準備進行と外交交渉を並行させること、そのいずれを選ぶかを建議した。出席者のだれもが、これが日本の針路をきめる最後の機会であることを認識している。討議はそれだけに真剣かつ悲壮な言い合いともなった。

臥薪嘗胆策を強く支持したのは外務大臣東郷茂徳《とうごうしげのり》ひとりである。日本が連合軍と戦って勝利をうる可能性がないことは明白であり、ドイツが英国を屈服させる可能性も極めて低くなりつつある以上、いたずらに戦争をすべきではない、と力説した。これに和して大蔵大臣賀屋興宣《かやおきのり》も、勝算が少ないなら戦争をするのは無謀だと、同調した。

が、このような論理は軍統帥部には通じない。日本が臥薪嘗胆しているうちに、アメリカは対中国、対英国、対オランダ、対ソ連の援助を強化し、日本包囲網はますます強堅になる。そのかんに日本は貴重な石油を消費しつづけ、アメリカの優位はいっそう強大になる。

「そのときになって戦えといわれても、もはや戦うことはできないのである」

永野総長の発言は、正直を通りこして悲愴にすら思えてくる。

「来年春ともなれば、どうなるかわからない、安心はできぬ。来らざるを恃《たの》むなかれということもある」

賀屋が、それではと念を押した。

「なれば、いつ戦争したら勝てるというのか」

永野は真っ赤になって答えた。

「いま！　戦機はあとには来ぬ」

蔵相は啞然として声を失った。なんのために今日まで侃々諤々《かんかんがくがく》の議論をつづけてきたというのか。

出席のだれもがわかった。勝敗は物心の総力できまる。しかし、これが引きのばされてさきになればなるほど、精神力はともかく、物量では日本は大生産力をもつアメリカの敵でなくなる[3]。圧倒される。昭和十七年三月以降においては作戦成功の目途を失ってしまう。これが日本のおかれている現実なのである。

十一月二日、東条は約十日間にわたって連日のようにもみにもんだ会議の結論を、㈢の戦備進行とともに日米交渉はつづける。しかし、「外交手段による交渉不成立の場合は、日本は開戦を決定する」ときめ、陸海両総長とともに、天皇に報告した。ただし交渉不成立の場合、武力発動の時機を十二月初頭にする。ということは、対米交渉が十一月二十九日まで（つまり十一月三十日午前零時まで）に成功したならば、作戦を中止することになる……。

なぜ開戦時機を十二月初頭としたのか。①石油備蓄の関係からは、若干の余裕を考えるとしても、十七年初頭までに開戦か屈服かを決めざるをえない。②ソ連からのありうべき攻撃に備えるには、北方作戦が適せざる冬期の間に南方作戦を終了する要がある。南方作戦に要する期間三カ月余を考慮すれば、十二月開戦がもっともよい。③フィリピン、マレー方面の米英軍の戦備が急速に増大中であり、米英蘭そして中国の共同防衛も緊密化しつつある。したがって開戦は早いほうがいい。④またマレー近海の風波の状況は、一月二月は荒く、上陸作戦には不適当である。

そして軍機事項ゆえに公式には秘匿しつづけたが、海軍統帥部としては、ハワイ作戦のため機動部隊が進撃する北太平洋の状況は、一月以降は徹底的に不利となる。そのことがたえず頭にあった。

天皇は、東条と両総長の報告を聞くと、いとも沈痛な表情で考えたのちに、「日米交渉を極力つづけて目的が達しえられない場合には、米英と開戦しなければならないのかね」と念を押すようにいい、さらに、

「事態が今日のようになれば、作戦準備をさらに進めることはやむをえないとしても、なんとか極力日米交渉の打開をはかってもらいたい」

と切言した。忠誠なる東条はひたすら恐縮して深く頭を垂れた。

●「百年兵を養うは……」

十一月五日、皇居一の間でおこなわれた御前会議は、昭和天皇が即位してから第七回

目のそれである。これは事実上の太平洋戦争の開戦を決定づけた会議となった。ここで二日に東条と両総長より奏上された「帝国国策遂行要領」が、正式に天皇によって裁可された。

その内容は、日本側よりの交渉妥結のための譲歩的提案「甲案」、それが成らぬときは最終譲歩提案「乙案」によって、なんとか天皇の希望どおりに交渉の打開をはかる。そうした懸命の努力にもかかわらず、不成立の場合には、武力発動の時機を十二月初頭とする、ときめたものであった。

会議終了後、用意されていた甲乙両案はワシントンで日米交渉の衝に当っている駐米日本大使野村吉三郎《のむらきちさぶろう》に送られていった。「本交渉は最後の試みにして、我対案は名実共に最終案なりと御承知ありたく」と、一緒に発信された外相訓電は、悲壮なことを野村に伝えている。さらに翌日の訓電は「諸般の関係上遅くも本月二十五日迄には調印を完了する必要」があることを強く訴えていた。これら甲乙両案と訓電がアメリカ側に傍受されていたことは、改めて書くまでもないことであろう。

交渉の当事者である米国務長官コーデル・ハルは『回想録』に書いている。

「ついに傍受電報に交渉の期限が明記されるにいたった。（中略）この訓電の意味するところは明白であった。日本はすでに戦争機械の車輪をまわしはじめているのであり、十一月二十五日までにわれわれが日本の要求に応じない場合には、アメリカとの戦争もあえて辞さないことを決めているのだ」

日本側の手の内は、いかに秘すとも、すべてお見通しとなっていたのである。
十一月七日、そうとも知らない野村は、さっそくにもハル長官に甲案を手交している。ところがハルはこれをまったく問題にしようともしない。ニべもなく読み捨てる。なぜならそれはあまりにも現実ばなれしたものであったからである。たとえばその第一項は、「支那派遣の日本軍は、日支和平成立後、北支・蒙疆・海南島については所要期間（おおむね二十五年目途）駐兵し、それ以外は日支和平成立と同時に撤兵を開始し、二年以内に完了する」[4]

とあるが、一九四一年から二十五年後といえば一九六六年になる。これでは当面の外交交渉というよりも、未来学の範疇《はんちゅう》に属するというものである。

当然のことながらハルは、単なる駆けひきのための机上の提案として問題にしようともしない。というのも、アメリカ外交は軍部の要請もあり、すでにずるずるとひきのばし作戦をとっている。「攻撃に出るなり後退するなりの決断を日本にまかせる」という坐して待つ態度に終始しているのである。十一月十二日に会談したとき、ハルは「十四日に回答する」と返事する悠長さを示し、野村を苛々させるのである。

ワシントンの十一月十二日は、日本の日付ではすでに十三日になっている。この日、山本は麾下の各艦隊の長官と主要幕僚を岩国海軍航空隊に参集させ、最後の打合せの会議を行っている。午前九時よりはじまった種々の、微細な部分にわたるまで確認した作戦会議は午後三時までという長時間に及んだ。最後に出席者一同は祝杯をあげ、出陣の記念撮影を行っている。

その最終の会議が終ったとき、山本は指揮官全員を別室に集めた。十二月X日をもって米英にたいして戦端をひらくこと、X日はいまのところ十二月八日の予定であるが、後令すること、機動部隊は千島列島のエトロフ島単冠《ひとかつぷ》湾に集結したのち、北方航路をとってハワイに向うべきことなどを指示した。山本はそのあとで、焼けつくような眼でかれを見上げている全員の顔を、ひとわたりぐるりと見渡して、

「容易ならざる戦争となる。全軍将兵は本職と生命を共にせよ」

と、きっぱりといった。

「ただし」

と山本は付け加えた。

「目下ワシントンで行われている交渉が成立したなれば、X日の前日の午前一時までに、出動全部隊に引揚げを命ずる。その命令を受領したときは、即座に作戦を中止し反転、帰投してもらいたい」

すると、機動部隊司令長官南雲忠一《ちゆういち》中将が反対の声をあげた。

「そりゃ無理です。敵を目前にして士気にも影響します。そんなこと実際問題として実行不可能と考えます」

二、三の指揮官が同調して頷き合い、なかに「出かかった小便はとめられない」とごくごく俗なことをいうものもあった。

山本は一瞬キッとなった。

「百年兵を養うは、何のためだと思っているのか。国家の平和を護らんがためである。もしこの命令を受けて帰って来られないと思う指揮官があるなら、今より出動を禁止する。即刻辞表を出せ」

凛《りん》とした長官の一喝に、言葉を返すものはもういなかった。

山本はここに及んでもなお日米交渉の妥結を希《ねが》いつづけている。しかし、マルス（戦いの神）はそのような静穏には常にそっぽを向き、人間の期待をいつも虚しくする。ワシントン時間十一月十四日、ハルは野村に約束どおりアメリカ側の回答文書を手渡した。それは日本の甲案にたいする全面拒否というものではなかったが、しかし内容は甲案とははるかにかけ離れたものである。

野村大使は、これはアメリカ側が、甲案のような手前本位のものは拒否するという態度を、きわめて明確に示したものと受けとった。しかしながら、日本としてはあらゆる方策を尽して戦争回避につとめねばならないのである。

にもかかわらず、日本では十一月十五日より五日間にわたる臨時国会で、追加の軍事予算三十八億円は、まともに審議されることもなく成立した。これにともなう公債および増税も通った。代表質問に立った小川郷太郎議員は叫んだ。「私はもはや決戦に移行すべきときであると主張したい」。これに呼応して島田俊雄議員も「ここまで来れば、やるっきゃないというのが全国民の気持である」と大声をあげて政府の尻を叩いた。東条首相も例のごとく特徴のある口調で「帝国は百年の大計を決すべき重大な時局に立っている」と獅子吼《ししく》した。

そして新聞はそれぞれが勇ましい論陣を張った。「一億総進軍の発足」（東京日日新聞）、「国民の覚悟に加えて、諸般の国内体制の完備に総力を集中すべきとき」（朝日新聞）。どこもかしこも、対米強硬を笛や太鼓で囃《はや》したてていた。

「東条の演説が終わると米海軍武官は書記官のほうへ身を乗り出し、『やれやれ宣戦布告はしなかったね』とささやいた」

と、グルーの日記にある。

このように熱気と興奮と戦争への気運の渦巻いた五日間であった。

ワシントンの野村がこの時点で頼みの綱としているのは、アメリカ政府が対ドイツはともかくとして、かならずしも日本との戦争を望んではいない、という自分の観察の正しさというものである。ならば、いまこそ最低限の受諾可能の条件が書かれている乙案を、ハルに提示すべきときであろう。野村は外交的な余計な駆けひきをすべきときではないと考えた。

そしてアメリカが最終条件を受諾できないと拒否するならば、日本に残された道はもはや戦争しかないと、この強い決意を示すことが、かえって和平の道をきり拓くことになるやもしれない。実は野村が胸中に描いたこうした期待可能性への熱き想いは、日本の政治指導者がひとしく抱いた願いでもあった。

そしてまた、もしアメリカが否という答えを示したら、日本は自存自衛のために宣戦をするという正当な理由をもつことができる、そうひそかに決意をもしていたのである。こうして戦争の、いや国家の運命はいまや乙案の提出、そしてアメリカ政府がこれを受けいれるかどうか、にかかったことになる。「乙案による交渉を開始せよ」の東京よりの訓電も受け、野村はハルに改めて会談を申しこみ、十一月二十日正午に国務省の長官室で会う、という返事をえた。

野村は、大使室の金庫奥深くに奉置されていた乙案を改めてとりだした。

（1）一九四一年六月二十日軍令部調べによれば、いわゆる〝援蔣ルート〟は、仏印ルートを通じるものでガソリン、鉄材、トラックおよび弾薬その他が一万一千トン（月量＝以下同）、ビルマ・ルートが弾薬火薬、工作機械類、武器など四千トン、南支那ルートが同様な物品九千トンなどである。これらが日中戦争の停戦を妨害し、どろ沼の戦略的遅滞行動を中国軍にとらせていると、日本軍部に焦慮と屈辱を抱かせていた。

（2）日米交渉において、アメリカが終始一貫して主張しつづけているのは、つぎの四カ条である。

一、あらゆる国の領土保全と主権の尊重。

二、他国の内政にたいする不干渉の原則の支持。

三、機会均等（商業上も含む）の原則の支持。

四、太平洋地域における現状維持、現状変更は平和的手段による。

表面的にはもっともともいえる主張である。が、その裏にある戦略は、具体的には中国からの日本軍の完全撤兵、それに仏印からの撤兵の強い要求なのである。また、機会均等とは、満洲国存立の否定を意味していた。それならば、アメリカのフィリピン領有はどうなのか、という問題は「太平洋地域における現状維持」によって排除されていることになる。

日米交渉におけるアメリカの態度は、ついにこの四原則の外へは一歩も踏み出さなかった。つまり、アメリカは交渉する気なんかはじめからなかった、と日本側は受取らざるをえなかったといえようか。

（3）アメリカの生産力は当時、日本のそれに比べて、艦艇四・五倍、飛行機六倍、鋼鉄十倍、GNP（国民総生産）十二・七倍と見られていた。その日本のGNPも二年前がピーク・でその後は低下の一途をたどっている。しかも日本はどろ沼の日中戦争の影響もあって、生産設備の予備をまったく持ち合わせていない。新しい技術開発にともなう膨大な設備転換や新整備の余力はない。さらにいえば、労働力はもうぎりぎりにまで徴用されていた。いわんや今日にいうオートメ化やマス・プロダクション態勢など望むべくもない。しかも資源となると、これはすでに本書のところどころで触れてあるとおりである。

（4）当時の新聞を繰ってみると、「アメリカ撃つべし」や「アメリカ恐るるに足らず」の絶叫で埋まっている。それは平均的なアメリカ人からみても、日本国民は戦争を望んでいる、と判断されるような紙面なのである。事実、識者の声高の強硬論に国民の多くは引っぱられ、その気になっている。たとえば、東京日日新聞の社説である。知日家のグルー大使の一九四一年十一月三日の日記には「この記事と社説は、現在の日本人の感情をよく反映しているものと信じられる」とある。その社説はこう結ばれている。

「日本の辛抱にも限りがある。（日米会談）遷延、余りに長きに失すれば（ルーズベルト）氏自身がかつての石油演説中で予言したが如き西南太平洋渦乱の種を播くことになる。ひいては、これは収拾のつかない世界を挙げての大動乱ともなろうが、その責は懸かって一人、大統領たるルーズベルト氏の肩にある」

石油演説とは七月二十四日、ルーズベルトが日本の石油資源についての認識を述べたものである（第一部「ハル・ノート」に詳しい）。日本人にはよほど腹に据えかねた演説であったとみえる。それにしても戦争になれば責任はすべてルーズベルトにあるとは、ずいぶんと勝手気儘な情勢判断である。戦争回避の道の何と狭まっていることよ。

第一部　ハル・ノート

●「平和的に妥結することが必要です」

その年初冬のワシントンはいつもより早い寒波に見舞われている。ペンシルベニア大通りの並木はすっかり葉を落とし裸木になっている。行き交う人はだれもがコートの襟を立て、背を丸めた。ホワイト・ハウスの庭の樹々も凍てつくような寒風に身を震わせている。

その日、昭和十六年（一九四一）十一月二十日の第三木曜日、ハル国務長官は国務省の長官室での面談を快諾した。ハルはなお日本との外交交渉の継続を望んでいるのではないかと、正午、野村大使と来栖《くるす》三郎特派大使は心をはずませながら、寒風をおしてハルを訪ね、日米交渉の日本側最終提案である乙案の英訳を提示する。

ハルは鄭重に受けとると、すらすらと読み下した。内容をしっかり受けとめるというより、すでに承知しているものを確かめるといったような視線の流しようである。両大使は幾分かその無造作にすぎる態度に不審を抱いた。

事実、この案が十一月四日に東京より送られてきて日本大使館の金庫のなかに納められたときから、ルーズベルト大統領もハルも、日本外交暗号の解読機いわゆる〝マジック〟によりほとんど時を同じくして中身を知り、これが日本の最終案であることを承知している。ハルの『回想録』によれば、外交戦術上の対策を考慮中であったゆえ、「あまり強い反応を見せて、日本側に交渉打切りの口実を与えるようなことになってはいけない」と、少なからず冷静さを保ってみせているのである。

そうとは知らない来栖は、提案の各項目について、日本政府の意思を丁寧に逐一説明する。黙って聞いていたハルが、口をはさんで反論らしい意見を示したのは、とくに第四項についてである。

「わが国は、ドイツのヨーロッパ侵略にたいしては、いまもイギリスに援助を送っている。また、日本の大陸政策がはっきりと平和政策にならないかぎり、わが国は中国を援助する。そう申し上げてきた。援英と援蔣は同じことなのですよ。この方針は変らない。したがって、蔣介石政権にたいする援助を打切れといわれても、それはできない相談ということになりますな。いま援蔣を打切ることは援英を打切ることと同一なんですから」

と、難色というより拒否に近い考えを明白にいい、さらにつけ加えた。

「現状に至るまでに、日本のためにわが国は中国にもつ権益に多大な被害を蒙っていることをお忘れなく」

来栖はくい下った。

「先日、大統領は平和実現のために日中間の仲介の労をいとわないといわれた。それなのに、蔣介石政権に援助をつづけるというのでは、かえって平和実現の妨害になるのではないですか」

「いや」とハルは即座に反論した。

「大統領が和平仲介といったのは、日本が中国や東南アジアへの侵略をやめるということを前提にしての話なのです。それにアメリカ国民は、ヒトラーと日本とのあいだには、ヒトラーが世界の半分を支配し、日本が他の半分を支配することができるようにすることを目的とした協力関係があると信じている」

来栖が反論しようとするのを、手をあげて抑えると、ハルはつづけた。

「日本の新聞は三国同盟の意義について、『東亜新秩序』とか『大東亜共栄圏』というようなナチス式のスローガンをくり返しくり返しとなえている。日本の指導者がヒトラー顔負けのそうした強硬な演説をしているような現状では、日本がこれからは平和政策をとるとあなた方がいわれても、われわれとしては信じられないというものです。とにかく日本の政策が早急かつ明確に平和政策になることを切望するばかりです」

日米交渉がこの年の四月にワシントンで正式に開始されていらい、ハルの論の基本は寸毫《すんごう》も変ることはない。若い読者のために一言、日米交渉の争点をかいつまんでいえば、一、日独伊三国同盟の実質的な空文化。二、中国においては蔣介石政権の外の政権をいっさい認めない。三、中国ならびに仏印からの撤兵。この三つをアメリカは強く要請し、たいして日本は自国の立場を説明しつつ、なんとか日米通商関係の正常化を主張しつづけた、ということになろう。日本は三国同盟問題などで出来うるかぎりにおいて譲歩したが、所詮は妥協点の見つからぬ「交渉ならざる交渉」といえようか。ワシントンの日本大使がどんなにか苦労したであろうことは容易に察せられる。日本が中国大陸へ大軍を送り中国の主権を侵害している。その事実の前に、日本政府がいかなる説明をなそうともいい逃れにすぎない。ましてや蔣介石政権への援助を打切れと、日本がこのことに固執するのは、結局は戦争に固執することなのである。そうくり返していうハルに、野村が静かに答えた。

「とにかく、このままでは日米間の情勢は緊迫する一方です。一日も早く平和的に妥結することが必要でありましょう。この乙案はそういった趣旨で提案するものですから、そこのところを十分に理解していただきたいと思うのです」

　それはいわば哀願ともいえるような口調となった。ハルは理解を示しながらいった。

「そのお言葉はそのとおりと思う。が、やはりいま申したとおり、日本の条件をそのままのむのはなんとも困難な点もあります。けれども、一応、今日の日本側の提案を十分に検討してみることにしましょう」

　こういったときのハルの表情は「沈痛」であった、と野村は回想している。

　ハルに送りだされて外に出た二人の大使には、ことさらに風が冷たく当るように思えた。午後二時を回ったばかりというのに、錆色《さびいろ》の暗さがもう街全体に重くかぶさっている。人通りが少なく、広い道がいっそう広くみえた。

「乙案ではたしてうまくいくか、はっきりしませんでしたね」

「そう、十分に検討するとはいっていたが……」

二人は簡単な感想をかわしただけで、乾いた落葉を踏み、車中の人となる。東京ではこの乙案で妥協に達しうると考えているのであろうかと、口にこそださなかったが、胸の底のほうで疑いが生じてくるのを、二人は抑えることができないでいる。

●「南部仏印の日本軍を北へ移駐する」

東京は、この乙案で妥協にもちこめると、はたして確信していたのであろうか。二人の大使が訝《いぶか》しく思ったように、とうてい無理な提案と覚悟の上に発出したものなのであろうか。歴史の流れをとめて、若干くり返しになるが、もう一度少しく過去に遡ってみる――。


残された記録からは、日本の首脳たちは乙案の重みをほんとうに本気で期待していたのである。十一月六日、東条首相は陸軍省の主たる幕僚にこう語っている。

「乙案は開戦のための口実ではない。この案でなんとかして米国との交渉妥結を図りたいと、神かけて祈っている」

もはやその時機にあらずと開戦決意を強めていた統帥部も、十一月五日の御前会議で、この外交的提案によって十一月三十日午前零時までに交渉が妥結したならば、兵力の使用を中止することを天皇に確約している。乙案による妥結の可能性を頭においているの

である。その日の大本営陸軍部戦争指導班『機密戦争日誌』にはこう記されている。そうした妥協のときが到来したならば、

「過去ハ過去トシ不満ハ之ヲ水ニ流シ去ツテ将来ニ努力セン　希ハクバ外交不調ニ終リ対米開戦ノ『サイ』投ゼラレンコトヲ」

と、やる気満々ながら交渉は妥結するであろうと半ば諦めたところもみえる。

当の外相東郷は、といえば、心から戦争回避を祈念してこの乙案をだしているのである。

乙案のもともとをいえば、外務省の先輩である幣原《しではら》喜重郎と吉田茂の二人によって、暫定平和案としてまとめあげられたものであった。もはや瀬戸際まできている日米関係の前途を憂え、二人の外交のベテランは知恵をしぼった。七月末、日本が仏印南部に派兵進駐したために、八月初めにアメリカが全面的に対日石油禁輸という戦争手段によって応酬してきた。日米関係の危機はそれによって一気に深刻化したゆえに、打開策があるとすれば、その根本は、ともあれ仏印南部に進駐した軍隊を撤収することにあろう。引きかえに、アメリカには、日本向けの石油の輸出を再開してもらう。こうすることで軍部のやぶれかぶれの戦争決意を、ひとまず和らげることができ、結果としてもう一度、日米交渉の仕切り直しが可能になる。乙案はこうした情勢判断のもとに、二人の外交界の長老によって書きあげられたものなのである。

この当初の乙案は、わかりやすく書けば、つぎの三項目と備考から成っていた。

一、日米は仏印以外の南方諸地域へ武力進出を行わない。
二、日米はオランダ領インドシナ（蘭印）において石油や錫《すず》などの必要物資をえられるように協力する。
三、アメリカは年間一〇〇万キロリットルの航空揮発油を対日供給する。
〈備考〉一、交渉が成立すれば、南部仏印進駐の日本軍は北部仏印に移駐する。
二、日米は通商関係や三国同盟の解釈と履行にかんする規定を話し合い、追加挿入する。
これを一言でいえば、日本軍の南部仏印進駐以前の段階にまで戻り、互いが妥協することで日米関係をひき戻そう、という提案なのである。そこで、乙案ではもっとも議論紛糾をよぶにきまっている中国問題（日本軍撤兵問題）には、あえてふれていなかった。はじめ軍部は猛反撥した。参謀総長杉山元《はじめ》大将や次長塚田攻《おさむ》中将が身体を震わせて、不同意の意見をのべたてた。東郷外相は、しかし、一歩も退かない剛毅さを示して応酬する。この案が容れられないならば辞職して内閣を崩壊させるとほのめかしもした。こうして紛糾しつつも、大本営政府連絡会議は、提出された案に若干の修正を加えることで、ようやく乙案として正式に承認した。

修正は第三項を、日米両国政府は通商関係を七月二十四日の原状に復帰させること、またアメリカは日本に必要とする石油を保証すること、この二つを明記することにした。これに加えて、第四項として、米国政府は日中和平にかんする努力に支障をきたすような行動にでないこと、すなわち蔣介石政権にたいする援助をやめること、という陸軍の強い要請が付記されたのである。

　東郷は、幣原・吉田の乙案そのままでもアメリカが折れてくる可能性はかなり薄いのではないか、という半ば暗澹たる見通しを半面では抱いている。しかし、アメリカがつねづね宣言しているように、真に太平洋の平和を望んでいるならば、日本の精一杯の誠意を示した案のもとに米政府筋は再考するかもしれない。東郷はそう思い、そこに一縷の望みを託し軍部の主張する第四項をのんだのである。

　しかし、乙案をよく読めば、日本がここで実行を約束しているのは「南部仏印の日本軍を北部仏印へ移駐する」という一項だけである。しかも、北に移駐した軍隊がふたたび南下して、もう一度仏印全土を占領するのには二日間もあれば十分であろう。そうした軍事常識に照らしてみれば、約束はないにひとしいものとなる。

　といまになって客観的に考えてみれば、この乙案を最終提案とするのは、あまりにも虫がよすぎる、ということになろうか。いや、これを国家的エゴイズムと考えないほどに、日本の首脳部は追いつめられ苛立っていた、とみるほうが正しいのかもしれない。「絶体絶命」の崖っぷちに立たされたものは、ワラをも強い綱と思ってつかむ、それは諺《ことわざ》にいうとおりなのである。

●「何とか見込みあり」

乙案は、こうして十一月五日の御前会議において「帝国国策遂行要領」のなかに組みこまれて、とるべき国策として裁可された。すでに書いたように、その内容は、いわゆる「甲案」「乙案」によって日米交渉の最終的打開をはかるが、にもかかわらず不成立の場合、武力発動の時機を十二月初頭とする、ときめたことである。

回顧談が長すぎることになるが、やはりこのときの御前会議にもう一度ややくわしくふれておく必要がある。ただし、この会議内容の詳細は今日でも不分明なものとなっている。わずかに残る資料によって、その模様を推察してみるほかはない。

まず東条首相が立って、前回の九月六日の御前会議の決定にもとづいて、外交交渉を真摯《しんし》につづけてきたが、「米側の反省をえるにいたらない」実情を説明する。つづいて政府と大本営陸海軍部とは、前後八回にわたって、連絡会議をひらいて綿密にして冷静に検討してきたが、結果「戦争の決意を固め、武力発動の時機を十二月初頭と定めた」ことを、昭和天皇ならび列席者に報告する。

しかし、「作戦準備を完整するとともに、なお外交交渉による打開の方途を講ず」ることにしたと付言することを、忠誠なる軍人宰相は忘れなかった。

つぎに立った東郷外相は、首相の説明をたちまちに否定する。「外交による打開」と口でいうは容易であるが、「時間的にいちじるしく制約を蒙り、したがって遺憾ながら、その間にできる外交的施策の余地に乏しい」と、正直にその絶望的なことをのべたのである。

三番目の企画院総裁鈴木貞一《ていいち》と、四番目の大蔵大臣賀屋興宣の説明は、どちらもどこから出てくるのかわからない結構な数字をならべての、気楽な楽観論である。戦争がはじまって明らかになるが、このときあげられた数字がいかに架空のものであったことか、これこそ〝後悔先に立たず〟というものであるが。

圧巻は、つづく陸海両統帥部の総長の説明である。

杉山参謀総長がいった。開戦時機がのびると敵の兵力は増大し、しかも、南方の天候上作戦は不利になる。そこで武力発動は遅くとも十二月初頭と定めたい。戦争となれば長期戦となるであろうが、南方の物資を確保することで「戦略上不敗の態勢」を占めることができる。ソ連はドイツとの戦いで大損害を蒙っているから、関東軍のあるかぎり、北からの攻撃の気づかいはない。その意味からも、できるだけ早急に南方を片づけて不敗の態勢をつくりたい、と烈しく開戦の決意を表明した。

永野軍令部総長の説明は、注意して耳を傾けると、興味深いことが浮かび上ってくる。海軍は十一月末日までにすべての戦争準備は完整していると自信を開陳した上で、戦争開始直後の作戦がとくに大事であるとつけ加える。つまりはこれを先制攻撃として行うためには、「戦争企図の隠蔽が戦争の成否に重大なる関係がある」と説くのである。のちに、天皇と陸海両総長と首相そして海相をのぞくすべての列席者が〝アッとおどろく〟真珠湾攻撃計画がここには暗に示されている。

冒頭の説明はこれで終了し、会議はつづいて、枢密院議長原嘉道による首相、外相、企画院総裁、両総長にたいする質疑に入るのであるが、その応答は、こと改めて書くことを省略するが、ほとんどが外交的論議をぬきにした作戦的楽観論に終始した、といえば、それで足りるであろう。いちばん重要な、そして悲しむべき事実は、列席者の全員がすでに日米交渉の妥結をほとんどあきらめてしまっているようにみえることである。

原議長は会議の終りに、こう結論した。

「今ヲ措イテ戦機ヲ逸シテハ、米ノ頤使《いし》ニ屈スルモ已ムナイコトニナル。従テ米ニ対シ開戦ノ決意ヲスルモ已ムナキモノト認ム。初期作戦ハヨイノデアルガ、先キニナルト困難ヲ増スガ、何トカ見込ミアリト云フノデ、之ニ信頼ス」

こうして大日本帝国は〝何トカ見込ミアリ〟程度の未来図で戦争突入を決意したのである。

東郷外相はその日、ワシントンへ向けて指示の電報を発した。

「……米国が『甲案』にたいし、きわめて多くの不賛成の意を表し、妥結に達することが明らかに不可能となったならば、絶対的な最終案である『乙案』を提出する予定である。……これは帝国政府の最後の措置である。時局はきわめて切迫し、事態はきわめて緊迫しつつあり、絶対に遷延することは許されない」

こうした東京からの電報を、マジックによって解読して、ルーズベルトやハルが手にしていることはすでに書いたとおりである。甲案や乙案の内容についても、彼らはしっかりと読んでいた。それだけではなく、「この提案が最後通告であるという印象をアメリカ側に与えないように」、あるいはまた、妥結に達した場合でも「この協定調印についてのすべての準備を、十一月二十五日までに完了することが絶対必要である」という、「厳に貴大使限り」という電報までを、解読して知っていた。日本の政策の手の内はすべてお見通しだったのである。

●「ここに日本とよぶ国がある」

日本の太平洋戦争の開戦決意は、このようにある目的をもった合理的な判断というよりは、ギリギリのいわば集団自殺にひとしいといえるものであった。しかも、その胸底にあるものまでが、アメリカにはすっかり読み通されている。哀れというもなかなか愚かなり、と評するほかはない。

そしてこれを、現実に戦場で戦わねばならない軍部としてみれば、乙案を一応は会議の席で受けいれたものの、なお半信半疑であった。かりに乙案で妥結に達したとしても、アメリカが国防上からの必要との理由で、細々としか石油を輸出供給してこなかったなら、いったいどうなるのか。

きびしい包囲下にある日本の資源力はじりじりと低下するばかりである。結果、軍でいうところの「国防弾発力」が失われてしまったあとで開戦ということになったならば、いかにして強大な敵を相手に戦うというのか。悲惨は目にみえている。それ以前に、大坂夏の陣の如く戦わずして屈従ということになる可能性が大きい。

とくに石油ジリ貧への憂慮は海軍において大きかった。八月の対日石油全面禁輸いらい、憂慮はもはや形を変えて恐怖となっている。とくに七月二十四日にルーズベルト大統領がある会合で行った〝石油演説〟が、ことあるごとに想起されて海軍士官の背筋に冷たいものを走らせている。それはある意図をもって、アメリカが今日まで日本への石油輸出の操作をしてきていることを、あからさまにぶちまけていた。

大統領はいった。ヨーロッパでの世界大戦をアジアにまで波及させないこと、それはゴム、錫などをアジアからえているわが国の国防的見地からみて、非常に緊要な政策である。ところが、「ここに日本とよぶ国がある」といい、大統領はつづけた。

「日本人がかれらの帝国の版図を、南方に拡大しようとする侵略的意図をもっているかどうかはともかくとして、かれらはアジアの北方に位置し、自身の石油をまったく持っていないのである。そこでもしわれわれが石油パイプを切断してしまったら、彼らはいまから一年前に間違いなく蘭印に進出していたはずである。そうすればわが国はすでにして戦争に入っていたことであろう。つまり、われわれが石油を日本に制限しつつ送りこんでいることが、われわれ自身の利益のために、イギリスの防衛および海洋の自由のために、南太平洋をいままで戦争の埒外においているわけである」

その石油パイプを八月一日にルーズベルトは切断した。その意味するものは？　アメリカの対日戦争決意以外のなにものでもない。

世界の原油生産諸国のうち、当時の日本の順位は二十二位である。昭和十六年の一年間に、日本の油田は約三〇・八万キロリットルを産出したが、これは世界の総原油生産量の〇・一パーセント弱にすぎなかった。同年に、アメリカは約二二億三二〇〇万キロリットル、つまり日本の七千倍以上の大量の原油を生産している。

この貧弱な国力を承知しているから、一旦緩急に備えるために日本は、一九三〇年代のはじめから石油備蓄のために懸命の努力をはらってきた。許されるかぎりの石油を金に糸目をつけずに強引に輸入し、民間需要を極度に制限して、石油を貯めてきたのである。ただし、統計は示している。輸入石油量の五分の四はアメリカからのものであったと。

こうして昭和十四年（一九三九）には一〇〇〇万キロリットルを超える備蓄をもつにいたる。けれども翌年のアメリカの石油輸出制限措置（許可制）もあって、輸入は激減している。そして十六年八月の全面禁輸というしっぺ返しをうけた時点では、その備蓄総量は九四〇万キロリットルにまで低下してしまっていた。

このまま対日石油全面禁輸が続行されれば、毎月四〇万キロリットルずつ貯油量に食いこんでいく。経済断交のまま空しく日をすごせば、十七年暮にはいかに大艦巨砲をもとうが動かざる、いや動けざる艦隊になってしまうのである。

勘ぐってこれをみれば、もはや我慢もこれまでと立上るに足るだけの石油を日本が備蓄するのを待って、アメリカがパイプを切断したのではないか。その疑惑を消すことはできない。石油によって戦争を操作する。ルーズベルトの狡猾な戦争戦略にふりまわされ、阿弥陀の掌の上の孫悟空さながらに空威張りをつづけているのが日本陸海軍である、とそう思いたくなってくる。

軍部はその意味からも石油禁輸という報復措置を、アメリカの正面切っての対日戦争決意の表明とまともにうけとめたのである。このままでは自存自衛のため、かねての計画どおり三、四カ月以内に石油を求め、アジアの南の島々へと軍を進めざるをえない。あらゆる困難を排除して……。アメリカはそれを承知して、強硬な政策をとってきた。

「石油は俺たちの生命である。その息の根をとめられたままなら戦争さ」

と、海軍きっての政治的軍人といわれた海軍省軍務局第二課長石川信吾《しんご》大佐が、八月の時点でうそぶいたのは、軍人たちには共通の、ごく自然な感情の吐露であった。

こうした動きのとれぬ状況下で、御前会議によって乙案による外交的妥結をめざす国策が正式にきまった十一月五日、永野総長から連合艦隊の山本長官に、大海令第一号が発せられている。自存自衛のために、十二月上旬を期して米英およびオランダにたいする開戦を予期し、作戦準備を完整すべし、というものであった。大海令とは大本営海軍部命令の略であり、統帥大権をもつ大元帥陛下の命をうけて、軍令部総長が代行して発する奉勅命令である。

翌六日、陸軍も南方軍を編成、寺内寿一《ひさいち》大将を総司令官に任命した。これも大元帥の統帥命令〈大陸命〉による。

　ワシントンでの外交交渉が空しくなった場合には即時開戦である。護るは攻めるであり、そのための攻撃態勢を陸海軍は完璧にととのえておかなければならない。部隊や艦隊を所定の位置へ移動、待機させておく必要がある。残り時間はきわめて短かった。ただしすでにふれたように、そうした日本の和戦両用の構えを、アメリカ政府も軍部も暗号解読によってはっきりとつかんでいる。しかし、日本政府も軍部もそのようなことは露ほども知ることはなかったのである。

●「ガンと行くより外に手はない」

　長い寄り道となったが、こうして十一月二十日になったのである。その時点にもう一度戻る――。

　ひとまず大任を終えて黙然と車中の人となっている野村と来栖両大使には、もちろん日本陸海軍がすでに戦争を決意し十全の戦闘準備を完整しつつあることなど、東京からは知らせてきてはいない。一年近く本国を離れている野村は当然のこと、来栖にしてからが、特派大使の任命をうけて東京を離れたのが、御前会議のあった十一月五日その日の朝である。

　ワシントンでの話し合いは遅々として進展しないできているが、歴史の歯車は、その日いらい半カ月、急速に激変して回っていた。両大使が乙案をハルに手渡したのは、これを日本時間に直せば二十一日の真夜中ということになる。

その三日前の十八日夜明けには、潜水艦五隻がその甲板に特別攻撃隊の特殊潜航艇(甲標的)一隻ずつを搭載して、広島県亀ケ首から出発していた。五隻は豊後水道を南下、真珠湾外の配備点に向けて、太平洋を長い東進の途につく。前後して、第一、第二、第三の潜水戦隊もハワイに向けて日本内地をあとにした。

二十日には、寺内南方軍総司令官が麾下の各軍にたいして、南方要域攻略にかんする命令を下達する。「攻撃開始日は別命による」とされているが、ともあれ南方作戦の各陸軍部隊は、つぎつぎと攻撃開始のスタート・ラインにつく。

そして山本長官は、大海令第五号をうけて、二十一日の真夜中、午前零時、「連合艦隊電令作第五号」をもって「第二開戦準備」の隠語電報〝フジヤマノボレ一一二一〟を麾下全艦隊に発令した。各艦隊はかねての指令どおり、待機地点より作戦海面に進出せよ、の意味である。日本時間で二十一日午前零時は、ワシントンでは二十日午前十時。野村、来栖両大使が国務長官室のドアをノックする二時間も前のことになる。乙案提出よりさきに軍の歯車は回りはじめている。

余談ではあるが、前日の午後、大海令を山本に手渡すべく、連合艦隊の旗艦長門を訪れた軍令部作戦部長福留繁《ふくとめしげる》少将と作戦課員神重徳《かみしげのり》大佐は、二十一日の朝食で、すき焼のもてなしを受けて「何よりのご馳走」と大いに喜んでいる。神大佐が「久しく牛肉を食っていない」とこぼしたので、宇垣参謀長が特別に手配して馳走したのである。宇垣の日記『戦藻録《せんそうろく》』には「昨夜航空隊に依頼し五貫目の肉を飛行機に搭載、中央統帥部の栄養不良を補ふ事とせり」と楽しそうに記され、余裕綽々《しゃくしゃく》たるところを示している。

また、その『戦藻録』には、二十日の項に注目すべき文言がある。連合艦隊司令部と中央統帥部の二人との種々なる打合せのときに、多分に話題になったことであろう。引用しておく。

「来栖大使到着後、乙案に依り交渉する様になるべしと。仏印進駐前の状態に帰し、日支の問題には邪魔立てせしめぬ、と云ふ事は一層妥結困難と思はる。彼は仲々強硬なり。結局は我国力を下算し、我決意の程を知らざるに依る。解らなければ、ガンと行くより外に手はあり得ない」

連合艦隊の意気まさに軒昂たり、である。

さらにまた、野村、来栖両大使が乙案をハルに手渡し懇談に入ったころ、日本外務省は在外公館あてに〝風のたより〟を送っている。のちにアメリカが「ウィンド・メッセージ」とよんだ秘密電報である。米英、あるいはソ連との外交関係が断絶して通信がとだえるような非常事態のさいは、つぎのような天気予報で日本からの短波放送に挿入して知らせる、ということを電報は告げていた。

(1)日米関係が危機になったら↓東の風、雨
(2)日ソ関係が危機になったら↓北の風、曇
(3)日英関係が危機になったら↓西の風、晴

この警告は、放送の中間と最後に加えられて、かならず二回ずつくり返す。放送あれ

ば、すべての暗号書そのほか必要文書を完全に処分せよ、との指示が加えられていた。

マサチューセッツ通り二五一四の大使館に帰った両大使は、待ちかねていたように参事官井口貞夫と海軍武官横山一郎大佐に迎えられ、〝風のたより〟の秘電の報告をうけた。ひと息つく暇もないあわただしさである。報告する二人の顔は緊張でひきつっている。

「その予告がとどいたということは……」

「明日にでも〝天気予報〟が放送される可能性がある、ということです」

「ウム、可能性としてはだね……しかし、まさか……」

だれにも確信はない。東京の状況は分明ならざるままに、くる日もくる日も、館員たちは隔靴《かっか》搔痒《そうよう》の感にせまられているだけである。

「いずれにしても聞きのがしたら、ハラを切るぐらいでは相すまぬ……」

手ぬかりは許されない。大使館内の空気はいよいよひき緊った、と書いておくが、この緊張がかならずしも持続しなかったことは、さびしいことであるが、のちに明らかになってくる。

●「日本人にたいする公正な提案である」

十一月二十一日朝、ハル国務長官は国務省幹部と陸海軍首脳を国務省に招集した。正式に提出されてきた日本の乙案をいかに扱うべきか、対策を協議するためである。

戦後に書かれた『回想録』では「日本の提案を受諾することによって、アメリカの負う義務はまったくもって降伏にひとしいものであった」「途方もない性質のもので、責任の地位にあるアメリカ政府高官は誰ひとりとしてその受諾を夢みたこともない」などと、ハルは乙案を鎧袖一触で退けているが、当時はかならずしもそうではなかったことが、国務省外交文書で明らかになっている。そこに歴史というものの、一概に決めることのできない、微妙な味わいがある。

ハル長官が提議したのは三点である。①回答をださずにこのまま当分のあいだ放置しておく。②日本の提案をただちに拒絶する。③反対提案をこちらから行う。この三方針のどれを選ぶか。しかもハルが駐米イギリス大使に語ったところによれば、「国務省のすぐれた智能を結集し」真剣に討議したという。

そして結論としては第三案ということになった。第一案でも第二案でも、これではアメリカには誠意なしということになり、日本に開戦の口実を与え、世界世論に悪影響を及ぼす。これは何としても避けなければならない。では、どのような反対提案を行ったらいいか。

陸海軍首脳は口をそろえていった。ヨーロッパ参戦を有利な時機に行うべく、対日経済戦略の強化などで日本を圧伏しつつ、「できれば六カ月、少なくとも三カ月の準備期間が必要である」、そのように外交的に十分な配慮を願いたいと。つまり日本に早期に戦争決意をさせないことを軍部は強く要求する。

会議は、アメリカ側の反対提案を国務省において作成する、ということに全員が同意して終った。

実は、この月の十日ごろから、ジョセフ・バランタイン部長以下の国務省極東部は、何とか日本との妥協点を見出して戦争を回避しよう、という暫定的な協定づくりに力を入れていた。狙いは、軍部の要請による「時を稼ぐ」ことにあったのであるが、極東部としては「冷たい戦争」を「熱い戦争」にしたくないという気持もまんざら嘘とはいえなかった。

この原案はさまざまな意見が加えられ、二十日、二十一日、二十二日の三日間でさらに何度も手を加えられ、二十二日になって一応の成案をみることになる。「暫定協定案」とよばれるその成案は、日本は南部仏印から兵を下げ、かつ北部仏印の駐兵を二万五千以下とし、そうした上で日米両国の通商関係は資産凍結令（七月二十五日）以前の状態にひき戻す、この協定は三カ月間有効（つまり三カ月の休戦）とする、という穏当な、相談ずくの内容をもつものである。

この案は陸軍長官ヘンリー・スチムソンと海軍長官フランク・ノックス、そしてルーズベルト大統領の手もとにもとどけられている。しかも注目すべきは、ルーズベルトが、その原案として、日付時間は不詳であるが（一説に十七日にハルに渡したという）、面白い手書きのメモを残していることである。

「六カ月――⑴アメリカは経済関係を回復（石油と米）。⑵日本は仏印、満洲国境、どこか南方地域（蘭、英、タイ）に今以上に軍隊を送らぬ。(3)米国がヨーロッパ戦争に入りこんでも日本は三国同盟を発動しない。……」

つまりルーズベルトもこの時点では日本との妥協を考えていたことになる。国務省作成の協定案が休戦三カ月としているところを、ルーズベルトの考えでは六カ月となっていることは、まことに興味深い。かれがヨーロッパにおける戦勢をずっと注視していることがその背景にある。

さらに興味深い事実がある。ルーズベルトはハルの求めに応じて、イギリス首相ウィンストン・チャーチルにこの暫定協定案の内容を打電している。

「十一月二十二日（註・実際は二十日）、日本大使から、日本が南部インドシナから兵力を北部インドシナに移動せしめる等を提案する一方、米国にたいし、石油の供給を再開するとともに、日本の中国における平和回復の努力に反する措置をとらないことを約束する等の譲歩を求める暫定協定（註・乙案）の提案があった。

これにたいし米政府としては、日本提案は中国問題解決の基本原則にもとる内容であり受入れ不可能と回答するとともに、日米両国が東北アジア、北太平洋、東南アジア、南太平洋の諸地域にたいし軍事的進出を行わないことを相互に約束する、そして日本が南部インドシナから兵力を撤収するとともに、北部インドシナの兵力を二万五千名以内に抑えることの見返りに、米国が民需用石油供給を許可する等の経済制裁緩和措置をとるとの暫定協定案を提示するつもりである」

大統領がこのとき、暫定協定案の提出で時間稼ぎは充分にできると考えていたことは、あまりにも明瞭である。

そして、その電報の末尾に大統領は自筆でこう書き加えている。

「右は日本人にたいする公正なる提案である。しかし、これに同意するか拒否するかは、まったく日本の国内政治上の問題であります。が、私は大いなる希望をもちえないでいます。私たちは起りうべき紛争に備えて準備すべきものと考えています」

このときのルーズベルトの気持は、かなり揺れ動いていた、とみることができる。乙案が最終提案であり、それ以外では国交断絶あるのみの意思を示している日本へ、この暫定協定案をだしても空しいことになるかもしれない。しかしこれによって万に一つの、日本人が頭を冷やすことの可能性もあり、結果としてあるいは妥結の方途がみつかるやもしれない。ただし、すべては日本人次第である以上、戦争へ向けて準備することにたいしては手が抜けない。それがルーズベルトの認識であったようである。

●「アメリカは弱腰すぎる」

歴史に「もしも」はない、とは承知していながら、どうしても、乙案によりそったようなこの暫定協定案が日本に提示されていたならば、といささか未練がましく問いただしたくなってくる。六カ月とは欲ばらない、三カ月の休戦で十分であった。いや、一カ月でも日米交渉が続行されていたならば、である。そうすれば日本は、ルーズベルトが期待するように、熱くなりきっている頭がいっぺんに冷えるほどに、急転回する世界情勢に直面せねばならなかったはずなのである。

なぜなら、もしも「冷たい戦争」のまま日米交渉をあと一カ月もずるずるつづけていたならば、開戦にふみ切ろうにも戦争の見通しが、日本には成り立ちえなかったであろう。それはいかに誇大に勝利を妄想しても、不可能という結論をださざるをえない事態の到来であったからである。

くどい説明になるであろうが、過ぐる十一月十五日、実は、大本営政府連絡会議は十分な討議をへて戦争終結の目途についての結論をだしている。そこに注目したい。それは簡明にしてしまうとつぎのとおりで、アメリカを全面的に屈服させることができるなどとは、さすがの「無敵」陸海軍も考えてはいない。
①南方諸地域への初期作戦が成功し、石油・ゴム・錫など自給の途を確保し、長期戦に耐えることができたとき。
②敏速積極的な行動で重慶の蔣介石が屈服したとき。
③独ソ戦がドイツの勝利で終ったとき。
④ドイツのイギリス本土上陸が成功し、イギリスが和を請うたとき。
そのいずれかのときには、アメリカは孤立してしまって戦意を失うであろう、そして栄光ある講和にもちこむ機会がある、としたのである。それが日本の戦争終結案の骨子である。とくに、③と④とがかならず到来するものと信じ、ゆえに勝算ありと見積って

いる。つまりドイツの勝利を徹底的にあてにしきったのである。

事実、アメリカで暫定協定案が策案されたとき、十一月二十二日、たしかにドイツ国防軍はモスクワの西約二〇キロの、これまでのうち最もモスクワに近い地点イストラ西部にまで侵攻している。ドイツ軍の将軍たちは「優秀な双眼鏡を使えばクレムリンの塔を見ることができる」と誇らしげにいい合った。いっぽうのソ連軍は死にもの狂いで応戦しつづけた。「ロシアは広大である。しかし、モスクワの背後にはもうわれわれには後退する場所はないのだ」と、兵士たちは一歩も退かぬ死闘をつづけていた。

日本にはこうした情報がドイツより伝えられてきている。ドイツの対ソ戦完勝はもう一歩のところまできている。それゆえに、ルーズベルトが暫定協定案を前に溜息をついたとしても無理からぬほど、日本の軍部の戦意は旺盛となっている。そしてアメリカ側もソ連の降伏は必至かと観測している。それが暫定協定案の作成にかなり反映されていた。

しかし、それから半月後には……。

先を急ぐことは許されない。仮定の話はそこまでである。いまはせっかくの暫定協定案がどうなったか、その運命について語らねばならないときである。

モスクワ西正面の戦場に夕闇が忍びやかにかぶさったころ、ワシントンの二十二日の午前九時、ハルは英国、濠州、中国、オランダの四人の大公使を国務省に招いている。八カ月に及ぶ日米交渉の経緯を語ったのちに、ハルは暫定協定案の写しを提示してくわしく説明した。このままの案で妥結をみたときの、日本向けに再開する民需用の石油、綿花、医薬品などの輸出品目と量についてもふれ、それぞれの国の意見を求めたのである。日米交渉はいまや形の上では日本対五カ国という構図になったことになる。

「交渉を打ちきれば、南太平洋はただちに戦時状態に入るものと覚悟しなければなりません。それに日本側がどこを交渉の終点と判断するか、これはまったく予測を許さぬところです。しかし、私はホワイト・ハウスとも相談の上できるかぎりの対策を講ずるつもりでいるのです。これがそのための案なのです」

と説くハルの意見を聞いたのちに、英・濠・オランダの大公使三人は国務省案にそれぞれ賛意を示し、本国政府に照会することを約束する。しかし中国大使胡適《こてき》は違った。突拍子もない声で笑いだし、それが終ると怒気をふくんだ声でいい放った。

「日本との交渉になんらかの成果を期待しようというのは大間違いです。交渉の妥結なんか考えられない。アメリカは弱腰すぎる」

そしていちばん肝腎な点を鋭く指摘した。

「この対案によって協定が成った場合、中国侵攻を拡大しないという義務を日本は負うことになるのでしょうか」

それこそが重慶政府の存亡にかかわる大問題である。胡適は冷静さを失って次第に大声になった。

「日本はわが国から兵を引くのですか」

「この案で妥結した場合、日本としてはそのような義務は負わない」

と答えたものの、ハルにはこの中国の猛烈この上ない反応はショックであった。この最終段階でアメリカは中国を見放すつもりかと、胡適に抜身をもってつめ寄られているようにハルは感じたのである。いくらか先走った大袈裟ないい方をすれば、暫定協定案がやがて葬り去られてしまうことになる第一の契機はこのときにあった。結果として、胡適の狂的な笑いとともに、避戦のチャンスはみるみる遠のいていくことになる。

その夜八時、ハルが住居としているホテルを野村、来栖両大使が訪ねた。会談は三時間に及んだが、ハルは不機嫌そうな、こわばった態度を崩さなかった。

両大使がそれとなく主張したのは、乙案にたいするアメリカの回答の催促である。ハルは、いま検討中であり、四カ国に提示して了解を求めているゆえ、月曜日（二十四日）には返事ができると思う、と答えた。野村が、東京からの督促がとにかく急なもので、と弁解めいた苦笑を浮かべる。それにたいして、

「努力はしているが私の力にも限界がある。そう無闇に回答を迫られたことには失望せざるをえない。二、三日くらい待てない理由はないでしょう」

ハルはやや憤然とした口調で拒絶した。

野村の言葉の裏には、この日にとどいた東京からの極秘の指示があった。日米交渉の最終期限が二十五日から二十九日まで延期されたこと、しかしながら、この期限は絶対的でこれ以上動かすことはできぬし、それから先の情勢は「自動的に進展するの他な

き」ことを伝えてきていたのである。

もちろんハルはマジックでこれも承知している。

「この二人の外交官が私の家ににこにこ笑いながら、鄭重な態度で表面親しそうにしてやってくるのを見るのは、なにか白々しいものであった。私のように電報の傍受によって日本の不法な計画を知り、野村、来栖も同じ情報を持っていることを知っていながら、かれらと同じ調子でものを言うのはまったくつらいことであった」

とハルの『回想録』には書かれている。こんな文字を写していると、まことこちらも白々しい気持になってくる。

「野村は時々くすくす笑い、来栖は歯を見せて笑ったりする」などともハルは冷笑をまじえて書いている。

得るものは何もない会談が終ったのは午後十一時、日本時間では二十三日午後一時である。その三十分後に、空母加賀がエトロフ島単冠湾に錨をおろし、ゆったりとその巨体を落着けた。真珠湾の浅い海底に合わせてつくられた浅沈度魚雷の生産が間に合わず、加賀は内地出発をぎりぎりまで延ばし、やっととどけられたほかの空母の分の魚雷まで積みこんで、この夜しんがり艦として秘密の航海を終えたのである。

南雲忠一中将が全指揮をとるハワイ作戦のための機動部隊は、全兵力三十隻（空母六、戦艦二、重巡二、軽巡一、駆逐艦九、潜水艦三、給油艦七）がここ単冠湾に集結を完了した。

●「世の中はなる様にしか成らぬ」

日本の十一月二十三日は天皇家の宗教行事「新嘗祭」である。天皇はその年に収穫した新しい米を八百万《やおよろず》の神々に供えて感謝し、天下泰平を祈るとともに、みずからもそれを食した。この神事を終えるまでは晴れていたが、やがて曇り、午後からは雨となった。初冬の肌寒い雨に大内山の松の緑は濡れそぼった。

この日、南の海南島三亜は晴れ、蒼空と群青の海にかこまれ、陸軍のマレー作戦を支援する南遣艦隊の司令長官小沢治三郎中将と、マレー派遣第二十五軍司令官山下奉文《ともゆき》中将とが旗艦鳥海《ちょうかい》の艦上で秘密会談をしている。二人は初対面であったが、最初の挨拶で意思相通ずるものがあり、陸海の作戦協定についての話合いはたちまちにして成立した。山下軍はタイ国のシンゴラ、マレー半島の英領コタバルへの敵前上陸を計画している。小沢はこれにたいし、最優秀艦をすぐって護送船団を編成すると請合った。マレー方面作戦における陸海軍の協調は万事にスムーズにできあがった。

またこの日、政府は、山下軍のシンゴラ上陸にともなうタイ領通過にたいする了解と、日本軍とタイ軍との無益な衝突を防止する措置を、タイ政府に交渉するよう駐タイ日本大使坪上貞二に訓令することを決した。ただし交渉開始はX日（開戦日）の前日の午後六時以前、ならびに午後十二時以後であってはならない、と条件づきである。ギリギリの時点で交渉をはじめる。タイ首相ピブン・ソングラムは日本にたいして友好的と勝手に判断しているが、同時にタイ国内には親英勢力も根強く存在していると、日本政府も軍もかならずしも頭から楽観してはいなかった。

　北のエトロフ島単冠湾では、夕闇が白雪におおわれた千島の山々を包みはじめたころ、旗艦の空母赤城艦上で、機動部隊命令第一、第二、第三号を下達したあとの、艦隊首脳総集合の打合せが行われている。

　第一号の「作戦方針」には、

「機動部隊並ニ先遣部隊ハ極力其ノ行動ヲ秘匿シツツ布哇《ハワイ》方面ニ進出　開戦劈頭　機動部隊ヲ以テ在布哇敵艦隊ニ対シ奇襲ヲ決行シ　之ニ致命的打撃ヲ与フルト共ニ　先遣部隊ヲ以テ敵ノ出路ヲ扼シ極力之ヲ捕捉攻撃セントス

空襲第一撃ヲX日〇三三〇ト予定ス」

と〝奇襲〟はX日午前三時三十分（日本時間）としっかりと明記された。ハワイ時間では午前八時となる。

　開戦に向けて軍は急ぎだしている。この日の連合艦隊参謀長宇垣少将の日記は、余程の余裕があったのか珍しいほど長文で、時局観測を書き、堅い決意をのべながらも、いざ戦いとなったときの責任者の正直な気持が記されている。

「英は、東洋に於て戦ひ度《たく》は無し。蘭も、本国がやられて、更に蘭印を失ふは策を得たるものに非ざる事は充分知つて居る」「胡適駐米蔣（ママ）代表、大に活躍しつゝあるも、之とて支那事変に米が干渉しないと腹をきめれば、泣き寝入りする外は無い」

となれば、あとはアメリカがどう出てくるか、その出方次第である。ハル国務長官は相当に賢明な男ゆえに、「或は、体よく戦を避けるかも知れん」とやや甘く観測しつつも、ただし一時的な休戦ではなく、数年は戦わぬという前提なくしては安易に妥結するわけにはいかない、と宇垣は剛毅に書く。そしてそのあとに揺れる心を垣間見せる。

「今や、聯合艦隊は開戦に向つて展開しつゝある。凡《すべ》てを極秘裏に、――彼の米英蘭の戦備未だ整はざるに乗じて、――即ち、作戦其物より論ずれば、誠に最も有利なるの時である。（中略）之からの大戦争を考ふる時、弱気の者は、正に気絶するかも知れぬ。強気の者は、やつてやれぬ事は無いと云ふ。何《いず》れにしても彼を完全に屈服せしむる事に於て何等確心の手段なき事は同じである。ソレデ、更に、兵者国之大事不可察也、と言ふ。然《しか》し、一方に於て、此の際やつつけ無ければ、永遠に其の機会は来ない様な気もするのだ。愈《いよいよ》の際だ、世の中はなる様にしか成らぬが、常則であり、余輩の諦観でもある。下らぬ考よしにして、今日も寝るとするか」

●「ひどい寒さ、みじめな宿舎……」

日本の両大使とハル国務長官の夜遅くまでの会談後、二十三日（日）は丸一日、二十四日（月）午前中とワシントンでは〝休日〟がつづいた。二十四日、日本大使館へは東京からの電報が送られてきたが、それはまたしても交渉期日の確認とアメリカの回答督促の指示であった。二十九日まであと五日しかないと、両大使が思案投げ首で顔を見合わせたとき、国務省前に張りこませていたものからの報告がとどけられた。

《ハル国務長官がふたたび動きだしたらしい》

事実、ハルはこの日の午後も遅くなって、英、濠、蘭そして中国の代表を協議のために、ふたたび国務省に招致したのである。暫定協定案にかんする各代表の本国照会の返事を聞くためもあるし、もう一度手直しをした協定案の趣意を徹底させる目的もあった。そして、この席でもハルは、三カ月の間日本に平和的行動をとる公約をさせることが、いかにすべての関係国に得策であるかを、口を酸っぱくして説いたのである。

しかし返ってきた答えは、オランダのみが本国政府からの指示をうけ積極的に支持をした以外は、英、濠ともがすこぶる曖昧にして冷淡なものである。ハルは「このような無関心さと無協力」に失望した。そのガックリするハルにたいして中国の胡適は前回のときよりいっそう強硬に反対論をぶちあげた。

「仏領インドシナ半島の北部に二万五千もの日本軍の駐留を認めてしまうことは、中国にとって脅威そのものである。せめて五千にすべきである」

ハルは答える。「もちろん、日本兵の一兵の駐留も認めたくはないが、要は三カ月間の休戦が日本との間にできれば、その間にどんな準備もできるというものである。そこをよく考えてほしい」

「そんな約束などいつ破られるか知れたものではない」

胡適との議論は、各国代表の冷たさといい、ハルを落胆させるに十分であった。宇垣に「賢明な男」と期待されたハルは、せっかくまとめあげた暫定協定案にも「失望」せざるをえない気持になりはじめた。それでもなお、もう一度強く協力を要請して会談を終えた。

同じころ、失望というより幻滅を味わわされている人がもうひとりいた。ベルリンのドイツ外相ヨアヒム・フォン・リッベントロップである。東京の駐日ドイツ大使オイゲン・オットーからの電報で、すべての徴候は、日本軍がマレーと蘭領インドシナ油田地帯を占領する意図で南方に移動していることを示している、と伝えてきたのである。

この情報からすれば、日本はソ連への攻撃を放棄してしまっているではないか。かわりに、なんと南太平洋でイギリス、オランダを敵として戦端をひらこうと目論んでおり、それはまた、やがてはアメリカとの武力衝突をひき起すことは明白である。リッベントロップは心底からがっかりさせられた。なぜなら、日本がシベリア方面から攻撃を仕掛けさえすれば、東西二正面から挟撃されたソ連はかならず降伏を余儀なくされる。そのチャンスはまさしくいまこの時である、そうドイツ外相は確信していたからである。

しかもオットーの電報は妙なことの確認を求めている。もし日本が戦争をはじめれば、はたしてドイツが一緒に対米宣戦してくれるかどうか、日本政府は知りたがっている、と。この重大な時期に、対アメリカ戦争についての運命的な決定をしていることを、日本政府はドイツ政府にかすかにもうち明けていなかった。ドイツ外相は、日本の南進は英・蘭の植民地を目標としているものと、頭から思いこんでいる。アメリカの植民地

（フィリピン）を目標の外においてみると、日本政府の確認の意味がよく解せなかったのである。

いや、もうひとり、ドイツ外相は思ってもみなかったが、同じころに絶望的な気持になっている人のことを忘れるわけにはいかない。折からのきびしい冬将軍の猛威と、補給不足という想像以上の難敵に遭遇し、モスクワ正面で立往生しつつあったドイツ国防軍のハンス・グーデリアン元帥である。長く薄く延びたドイツ軍戦線は、実のところ、いまやいかなる作戦的な名指揮によってもどうにもならない危機に直面しつつあった。

グーデリアンは妻にあてて、苦々しく悲観的に二十四日に書き送っている。

「ひどい寒さ、みじめな宿舎、不足がちの衣料、人員と資材の損害、どうにもならない燃料補給のひどさ、これらのため戦いはいま苦しみそのものになっている。私は恐ろしい責任の重みに打ちひしがれそうだ。いくらきれい言を並べても、この責任を肩がわりできる人間はいない」

潮流はおもむろに逆流しはじめていた。リッベントロップの「ソ連に攻撃を仕掛けない」日本にたいする幻滅が、よく理解できるような書簡の文面である。それはまた、ドイツの戦勝が幻想となりつつあることを意味する文面でもあった。

●「最初の一弾をうたせるように……」

十一月二十五日、火曜日、それは破局の瀬戸際にある日米関係にとって、もっとも重要な一日となった、と結果的にはいえようか。

一日も早いアメリカ側の回答を待ちのぞむ日本は、時がたてばたつほど石油は逼迫する、軍事力の差は拡大する、というジリ貧の恐怖と不安にいたたまれなくなっている。さらには作戦方針にしたがって、軍部の開戦へのスケジュールはとどこおりなく進められている。最終的譲歩案である乙案にたいする回答が、二十九日までになければ、「情勢ハ自動的ニ進展スル」ことになっている。

しかし、暗号解読でこうした日本の交渉打切り期限を知り、野村、来栖の焦慮をよく承知しながら、ハルはかなり慎重にことをすすめるのである。当然のことのようにそこには、アメリカ側ははじめから日本を追いつめ、さきに日本から手を出させようと仕組んできた、とする謀略説の入りこむ余地がある。しかし、そう一概にきめこむことはどうであろうか。ハルの動きを追っていくと、かならずしもそうともいえないところがある。

この日、毎週火曜日朝の定例の三相会議がひらかれ、陸のスチムソン、海のノックス両長官と、午前九時にハルは国務省で会っている。このときハルは、軍部の要望にもとづく日米交渉の「三カ月延期」を織りこんだ暫定協定案の、再三手の入れられた最終案を、軍部の両長官に示していっている。

「これを今日か明日かに日本大使に手渡すつもりである」と。

会議では、陸海軍両長官はそれを歓迎した。その上で、スチムソンが「この協定だと、輸出について少しばかりわが国が譲歩しただけのようで、日本が完全に満足するかどうか。それよりもロンドンや重慶が承知しないのではないか」という質問を発した。ハルがそれにたいして「協定案はすでに英、オランダ、重慶政府には内示されていて、本国からの返事がやがて届くはずである」と答えた。これが唯一ともいっていい質疑応答で、協定案は陸海両長官に承認されてやがて散会したという。

これでみると米軍部も交渉の「三カ月延期」は歓迎すべきものであったことがわかる。そして、この段階で暫定協定案を日本に提示するというハルの計画は、なお生きていた！

さらに正午から、ルーズベルトの招集によるいわゆる「軍事会議」がホワイト・ハウスのオーバルオフィス（大統領執務室）でひらかれる。参集者は大統領、ハル、スチムソン、ノックス、それに陸軍参謀総長ジョージ・マーシャル大将と海軍作戦部長ハロルド・スターク大将の六名。このときの会議内容については、スチムソンの『日記』や、のちに上下両院合同の真珠湾事件調査委員会でのかれの証言がよく引用される。

たとえば『証言』――「ルーズベルト大統領はただちに対日関係を議題にのせた。ハル国務長官は日本が攻撃の身構えをしており、いつなん時、攻撃してくるやもわからないといった。すると大統領は、日本は予告なしに奇襲攻撃をすることで悪名高いから、米国はたとえば来週の月曜日（十二月一日）にでも攻撃されるかもわからないといった」

そして『日記』――「(会議での)問題は、われわれ自身が過大な危険にさらされないで、最初の一弾をうたせるような立場に、日本をいかにして誘導して行くべきかということであった。これは困難な仕事であった[1]」

『証言』にある大統領の予測の十二月一日攻撃説の根拠は、容易に探しだせる。マジックは、日本が交渉の期限を十一月二十九日いっぱいと指示したことを解読している。長円形のテーブルをかこんだ列席者のだれもが、そのことを知っていた。それだけに一瞬沈黙が部屋を支配したという。

そして『日記』にある発言「最初の一弾」が、のちの「ハル・ノート」と関連して、真珠湾攻撃はアメリカの仕掛けた罠である、といわれる因となっている。たしかに対日石油全面禁輸以後のアメリカの戦争政策はあざといものであった。ただし、それが日本の開戦責任の免罪符とはならないのはいうまでもない。日本ははじめからアメリカより先に「最初の一弾」をうつことを、作戦方針として決めているのである。

ホワイト・ハウスの「軍事会議」は、このあと、日本がアメリカ領土を攻撃せず、その攻撃をアメリカ領土以外に限定して仕掛けてきた場合、議会と国民に示す対日参戦理由をどうつけるべきか、について論議された。ハルは「海洋自由の原則と、ヒトラーの世界侵略政策に日本が与《くみ》している事実だけで十分である」と主張する。「いや、フィリピンにたいする脅威と、マレーにいたる貿易航路の危険と阻害の理由だけで、米国民は納得する」との反論もあったが、多くのものがハルに同意した。

さらに、軍部の「軍備充実のための最低三カ月の期間が必要である」という提案をめぐって論議が交わされた。第一撃をうけるにしても戦備が十分に整っていれば、あまり大きな危険にさらされずにすむ。では、日本を刺激せずに現状で黙ってすごすのがいいか。ノックスが真っ向から異議をとなえる。

「それはいかん。日本がさらに南進をつづければ、それをわが国が黙認した、ということになる」

ハルが口をはさんだ。

「それならば暫定協定案で処理することにしようか。もし日本が受諾すれば向う三カ月は戦争にはならないですむ」

スチムソンがいくらかハルに異をとなえるようにいった。

「大統領、どうでしょうか。暫定協定案でまとめるよりも、大統領が八月十七日におこなった警告[2]、つまり日本のこれ以上の南進は米国の武力介入を招くという警告を、もう一度強く日本へ示したら、かえって効果があるのではないかと考えますが……」

この発言にみられるように、列席者のだれにも、暫定協定案が日本を交渉の場にとどめうるかどうか、についての確たる自信がなかった。ひとりハルだけがはっきりとある種の確信をもっていた。

「いまさら警告を発することは妙策とはいえません。日本はすでに最終的な提案をしてきているのです。それにたいしてわが国は明確な態度を表明しておく必要がある。過去の警告で代用するのはどんなものかと思う」

ルーズベルトが国務長官の意見に同意すると、スチムソンがまた「とにかく、わが国の準備は不十分です。三カ月の期間はどうしてもほしいものです」と強調し、「ハル長官のほうで何とかなりませんか」と訴えた。

ハルがそれをしっかりと受けとめていう。

「三カ月ですな。左様、できるかもしれませんな。いずれにせよ、交渉を継続して最後の一秒まで時を稼ぐのがアメリカの利益になることは明らかですから、二十日の日本提案にたいして反対提案をするための作業はつづけられねばならないわけです」

ルーズベルトは、このときもまたハルの意見に同意した。

「やむをえない。情勢が有利でない以上、待つより方法はあるまい」

こうして午後一時半ごろに会議は終るが、アメリカが日本との平和的妥結に悲観的であったことは明らかである。しかし、即時の開戦は欲してはいない。いま必要なのは〝時間〟である。そのために何が最良の方法かが議されている。ただし、厳密にいえば平和のためのそれではない。けれども、日本に暫定協定案を提示しようという考えは、この会議の時点でも、まだ完全には断念されていなかった。それが唯一の手段として、生きていたのである。

●「壮途の御成功を祈る」

会議のあと、出席者はそれぞれ自分のオフィスへ帰った。スチムソンの机の上には、陸軍諜報部よりの新しい情報がかれを待っていた。

「日本軍は、三、四十隻にのぼる輸送船を上海に集結させ、すでに大部隊の移動を開始している。その第一船団は中国沿岸にそって、台湾南方を航行中であることが発見されている」

スチムソンはこの情報を即刻ハルに電話した。さらに文書にして、大統領とハルにとどけるように指示した。一説に、このとき大統領にも電話して伝えたともいう。そして太平洋各地のアメリカ陸海軍部隊の指揮官への警戒命令を、マーシャル、スターク両大将と連絡をとりつつ、起草することにした。ワシントン時間午後二時をすぎたころである。

スチムソンのもとに届けられた情報は、念のために記すが、事実を伝えていたのである。マレー半島コタバル上陸を任務とする第二十三旅団（長・佗美浩《たくみひろし》少将）と、第五師団（長・松井太久郎中将）主力の将兵をのせて、大輸送船団が上海をでて中国大陸ぞいに海南島三亜に向けて航行中であったのである。香椎丸、東山丸、九州丸、青葉山丸、金華山丸、佐渡丸、……。

いや、このとき、動きだしている日本の部隊はそれだけではない。スチムソンが大統領やハルに電話しているワシントンの午後二時からほぼ二時間ほどたったとき、すなわち日本時間で二十六日午前六時、真珠湾攻撃部隊である南雲中将指揮の機動部隊の各艦に、「旗信（旗艦よりの信号）、出港用意錨をあげ」の命が信号旗によって伝えられている。いよいよ出撃である。各艦が抜錨をして機関をまわしはじめる。警戒隊につづいて、旗艦である空母赤城を先頭に機動部隊の本隊が動きだす。
高速戦艦霧島《きりしま》と比叡《ひえい》で編成された第三戦隊の機関参謀竹内将人少佐の『日記』を少し長く引用する。〔丸カッコ内は筆者註〕
「〇六〇〇（午前六時）起床
〇六四五　朝食
〇七二〇　三戦隊（第三戦隊）出港予定のところ、『赤城推進器ニワイヤカカリタル為メ出港暫ラク遅レル』と信号あり、比叡より赤城へ『本艦ニ水中切断器一組アリ為念』とサヨサ（参謀より参謀へ）を信号し、三戦隊各艦へ『十二節《ノット》二十分待機』を指令する。
暫らくして赤城より『赤城ワイヤ除去、〇八一〇出港ス』の信号あり、一水戦（第一水雷戦隊）、八戦隊、一潜隊（第一潜水戦隊）、一航戦（第一航空戦隊）、二航戦、五航戦、給油船の順に湾口に向う。
〇八二〇　三戦隊は最後に抜錨して、第一警戒航行序列に占位し湾外に出る。……」
南雲機動部隊は予定の午前七時より一時間遅れで、単冠湾を全艦があとにしたのである。湾外でずっと警戒任務についていた大湊警備府の海防艦国後《くなしり》が、つぎつぎに姿をみせる各艦に信号を送った。

「壮途の御成功を祈る」

針路九七度、速力十二ノット、航路は太平洋の北緯四〇度線を一路東進するのである。湾外で空母六隻を中心に警戒航行序列をつくると、午前八時半、いよいよハワイめざして進撃を開始する。北太平洋にでると、みぞれまじりの風と、山のようなうねりに、各艦はいっせいに動揺をはじめる。ときどき空母の飛行甲板に音をたててあられがとび散った。気温零度、風速六メートル。

加賀乗組みの戦闘機隊分隊長志賀淑雄大尉が回想している。

「いよいよ出撃で単冠湾をでるとき、全艦が主砲副砲の試射をした。それが千島の雪の山々に殷々《いんいん》とこだまして、実に印象的でした。なにしろ海軍に入って、お恥ずかしながら、はじめて軍艦が大砲を射つのを見たのですから。それは爽快の極みでしたよ」

おそらく出撃の将兵のだれもが勇壮の気にうたれていたものにちがいない。

そして京都では、これこそ歴史の面白さというべき座談会が、機動部隊の堂々の出撃と歩をあわせるようにして、まさにこの日に開かれている。出席者は高坂正顕、高山岩男、西谷啓治の三哲学者と、歴史学者の鈴木成高の四人。語り合われたのは「世界史的立場と日本」（発表は『中央公論』新年号）。それは二十世紀の世界における日本の役割を、近代世界史の展開のなかで意味づけ、理論づけたといえるものであった。

彼らは説いている。世界史はいまや大きく転回しつつあると。十九世紀の植民地獲得による西欧の発展と膨張は、もはや終幕を迎えつつある。植民地あるいは半植民地からの、すなわちヨーロッパ以外のさまざまな国々からの、とくにアジアからの反撃は、明らかに歴史の新しい流れとなっている。西欧という一元的な世界史にかわって、アジアが登場して多元的な世界史がはじまっている。それが二十世紀の世界史像というものであり、その大いなる歴史的転回に主導的な役割を果たすべき国が、わが日本なのである。日本人がその役割を自覚し、世界史の方向を原理的に考え直そうとすることは、まさに歴史の要請なのである。

高山　事変の意義や理念が後から出てくるのは本当だ。歴史というものはすべてそういうものだと思う。（中略）天地創造というのは何も昔の古い出来事でなく今日の創造でなければならない。古い世界が破れて新秩序ができるということ、ＡＢＣＤ包囲陣を如何にぶち破って新しい世界を造り出すか、これが天地の創造なんだ。

……（中略）

高坂　無論歴史の問題は、勝手に見出されるものではなく、過去から媒介されている。しかしそれを進んで解決してゆき、新しい世界を展開してゆくところに歴史の意味があるのだ。その解決の主体が国家的民族なのだ。国を通して新しい世界が開けてくるのだ。やはり高山君の言った天地の太初は現在にある。これは大事なことだ。

そしていちばん最後に、高坂正顕が言い切る。

「人間は憤る時、心身をもって憤るのだ。心身ともに憤るのだ。戦争だってそうだ。天地とともに憤るのだ。そして人類の魂が浄められるのだ。世界歴史の重要な転換点を戦争が決定したのは、そのためだ」

四人の碩学《せきがく》の発言はすぐれて説得的であった。ABCD包囲陣を打破して新しい世界を創造しよう。それは混迷していた日本人の気持を見事に整理してくれた。いわばきたるべき対米英戦争の理論的根拠がここに提出されたの想いがあったのである。こうして「東亜新秩序」そして「大東亜共栄圏」の創造は、日本人に与えられた独自の、尊い使命となっていったのである。

それにつけても、語り合われたのが十一月二十六日ということに、時の暗合という以上の、何か歴史の皮肉というか、面白さを感じてしまうのは、はたしてわたくしだけであろうか。

●「中国を犠牲にして手を結ぶのか」

国家は所詮、運命というものの抗し難い力によって押し流されていく、とする歴史観がある。有能なる指導者がその流れに逆らって、方向を変えようと、あるいは速度をゆるめようとするが、結局は歴史の大勢を押しとどめることはできないというのである。なるほど、国家というものは、それぞれがきまった運命をもっている、ということの合理的な証拠はない。そうした運命論は無意味であるとの理性的な説も首肯できる。しかしながら、日米関係の、戦争か平和かの危機的な状況下の動きをみてみると、運命論より理性の力によって……といえるのはここまでのような気がしてならない。

〝三カ月〟というアメリカの政治的テクニックによってではなく、日米双方のせめぎ合いは理性の力によって、合理的な考えによって、滔々たる運命の力からうまく回避できるチャンスが、この時点ではどこかにあったのではないか、と思えないでもない。

たとえば、そのひとつ、ハル国務長官が陸海両長官に語ったように「今日か明日かに」そのまま暫定協定案を日本に提示していれば、あるいは……と思えるのである。それによって一挙に、とはいくら何でも考えられないとしても、石油輸出再開の条件は日本の和平派にかなり力を与えないではおかなかったはずである。根本問題にさしこんだ曙光が、あるいは平和の光明となったかもしれない。

歴史は、しかし、そんな「ｉｆ」をもちだす暇も与えずに、奔流をもってすべてをご破算にして押し流していく。運命というほかはない。

そしてそれは、ワシントン時間の二十五日午後おそくから夕刻にかけての、ハルのより慎重を期した行動から幕をあける。すなわち、「軍事会議」を終えて国務省に帰ったハルが、つぎつぎに英、オランダ、中国の大公使に電話して、国務省での個別の会談を約束させたことにはじまったのである。この前の合同の会談で懲りていたから、個別に会うことで各国の本音を聞こうと考えたのである。

会談でイギリスは、「長官がそれが最善の方法というのなら基本的に支持してもいい。しかし要求を高く代償を低くすべきであり、石油輸出再開にはちょっと疑問がないでもない」と回答した。疑問つきの同意である。オランダは「日本の軍事的な力を増大させない限度での対日石油供給とする」ことを条件に、暫定協定案の提示に賛成する。

問題は、いちばん最後になった中国の胡適である。胡適は声を震わして猛反対した。重慶の蔣介石総統の意見をもまじえ、大使はハルが呆然となるほどまくしたてた。

「アメリカは中国を袖にして、その犠牲をもって、日本と手を結ぼうとしている。日本に本気で石油を売るつもりなのですか。そうした融和政策をとり、対日経済封鎖が緩和されれば、中国軍の士気は完全に失われます。中国国民と軍隊の日本にたいする抵抗精神は崩れ去ってしまうでしょう。蔣介石総統もいったではないですか。日本に石油を一滴売れば、中国人兵士の血を一ガロン流すことになる、と。お忘れですか、長官」

ハルが口出しする余地もなかった。胡適はつけ加えた。

「このことを大統領閣下と各閣僚に迅速かつ正確に伝えるべく、長官は最大の努力をしてほしい」

胡適が、国務省をでたのはもう薄暗くなってからである。その硬直しきった顔に、待ちうけていた各国の新聞記者は、日米交渉が順調に進んでいるからであろうか、とささやき合った。重慶が犠牲になって会談がまとまるんだと、いかにも自信ありげにいうものもあった。

そのスタートは大統領のメモによる指示であったとはいえ、ハルは国務省極東部の智恵をしぼって作成した暫定協定案にはかなりの自信をもっていた。これで日米開戦は少なくとも三カ月間は延ばしうると考えた。それだけに胡適の反撥は不快きわまりないものなのである。

実はこの日朝から、重慶政府はハルあてに、あるいは陸海両長官あてに、暫定協定案にたいする抗議の電報を大量に送りつけてきていた。ハルは、「ヒステリックな抗議」としてできるかぎりそれらに流されまいと心がけてきた。が、まったく無視するというわけにはいかないのである。

そこで胡適が辞去したあと、ハルはまた省内の部下の招集を命じた。会議はさらに大急ぎで夕食をとるために休憩をとり、そしてハルが住居としていたホテルで再開された。暫定協定案にかんして議を重ねれば重ねるほど、わが国の譲歩はいわば形だけのもので、ただ記録として残るだけにすぎないのではないか、という意見が重みを加えていった。そして、いくら説明しても、蔣介石と中国国民は、アメリカのとろうとしている政策で損失をうけることなく、決して見放されることはない、と納得することはできないのではないか。そうした暗い見通しが共通のものとなっていく。

さらに押しつめれば、ドイツと悪戦苦闘をつづけているわが友邦諸国は、暫定協定案でアメリカが日本との対決を回避したら、アメリカに見捨てられたという感じをもつに至るのではないか、ということも論議の対象となった。

そして会議に列席したハルの部下の何人かは、長官が何度か外からの電話で中座したことを記憶する。相手がだれであったかわからない。けれども、電話での用をすまして席へ戻るにつれ、「暫定協定案による自分の構想はおし進めてみる価値がある」との考えが揺らぎ、ハルが次第に弱気をみせはじめたという印象を、のちに明らかにしている。が、協定案そのものはまだたしかに生きていた。

残された史料などによって「歴史」を一つのストーリーとして物語れるのは、ほんとうの話、ここまでなのである。ハルが会議の終了を告げ部下たちを解放したあと、十一月二十五日の深夜から二十六日の朝にかけて、いったい何があったのか、それはほとんど推理小説の世界の出来事になってしまうからである。

この多くの人びとが眠っているであろう短い時間に、事態は急転回した。暫定協定案がアッという間に放棄され、いわゆる「ハル・ノート」が突然に浮上してくるのである。そこではすべての証言が疑惑にみちている。だれを、なにを、どう信ずればいいのか、ナゾは深まるいっぽうであり、すべて疑問符をつけて読まなければならなくなっている。

たとえば、いちばん肝腎かなめのハル自身が『回想録』で妙なことをいっている。二十五日の深夜、ハルはなお暫定協定案を日本に手渡すべきかどうか、いろいろと考え検討をつづけていた。だが、その夜、チャーチル英首相の電報が送られてきた。英首相は、蔣介石の泣き落しの影響をうけ暫定協定案にすっかり乗気でなくなった。

「(英首相は)中国が崩壊すればわれわれの共同危険はおそろしく大きなものになるだろうと述べた。このことを、国務省の極東専門家たちと再検討した結果、私はこの暫定協定案を取りやめるべきであるとの結論に達した」

とあっさりとことの顚末《てんまつ》を書いているのである。これがおかしいことは、部下たちとの会議ではそんな結論は出されていないことでわかる。それに、チャーチルの電報がいつワシントンに届いたのか、実に不明瞭のままになっている。スタンプによれば、二十六日午前零時五十五分国務省電信室受信である。ロンドン＝ワシントン間の公式時差五時間を考えると、ロンドン発信は二十六日午前五時五十五分となるはずで、ところが、スタンプによるとロンドン発信は半日も早い二十五日の午後六時であるという。摩訶不思議というほかはない。(3)

さらには、まがりなりにも大統領承認の国策であった暫定協定案を、ルーズベルトと相談することなく、ハルがひとりで勝手に放棄と決めるのもおかしな話である。そこで、ハルは「ハル・ノート」へと変更する理由を説明するのである。

「私はつぎのような覚書をつくり、それを二十六日の朝早く大統領の前で読みあげた。『このような暫定協定を日本とのあいだに取り決めることは、中国人の士気に大打撃を与えるものであろう。……日本がこの仮協定に同意するわずかな見込みは、その措置に含まれた危険を賭することを決して保証するものではなかった』

大統領は暫定協定案を提案しない進言にただちに同意した」と。

しかし、この朝の大統領との面談の事実もないらしい。産経新聞の前田徹記者の調査によれば、「二十六日午前零時十五分に就寝したルーズベルトは同午前九時四十五分に財務長官ヘンリー・モーゲンソーと会うまでだれとも対面しておらず、ハルとはその日午前中、会っていない」（「ホワイトハウス案内係記録」）というのである。

こうして、いろいろな証言や回想録や記録を時間的にならべてみると、つじつまの合わないことが続出してくる。そこから推察できるのは、ロンドンでもワシントンでも、万事に隠蔽工作がなされているのではないか、ということなのである。しかし、あえてこの〝藪の中〟へ踏みこんで事実を求めていかなければならないことになる。

●「中国四年有余の戦いは空しくなる」

たしかに、二十五日夕刻から二十六日朝にかけて、ルーズベルト、ハル、スチムソンたちは電話や文書をおびただしく交換し、事態は目まぐるしく動いている。これに蔣介石、胡適、宋子文、重慶にいた蔣介石の顧問オーエン・ラチモア、チャーチルたち関係国の人びとが交錯し、様相はいっそう複雑怪奇になっている。

そしてこの紆余曲折をめぐって今日までの定説の一つに、ルーズベルトの激怒のため、というのがある。大統領がハルの提案を受けいれ、それまで支持していた暫定協定案を捨て「ハル・ノート」に乗りかえたのは、チャーチルや蔣介石の反対によるよりも、別の突発的原因があったという従来の見方である。それは、日本の大輸送船団が上海からインドシナに向けて航行中、という情報を、スチムソンが大統領に報告したとき、というのである。

「大統領はすっかり興奮し、烈火の如く怒った。日本が中国からの全面撤兵をふくむ全般休戦の交渉をしていながら、インドシナに向って軍隊を送ろうとしているのは、日本がまったく信用できない何よりの証拠である。すべての事態は変った」

と、スチムソンは『日記』に書いている。暫定協定が成立しても、日本に信をおくことはできない。いまはもう交渉決裂に備えて作戦準備を進めないと手遅れになる、という論理である。しかし、なにを今更の感もある。

また、スチムソン日記は、ずいぶんと大袈裟な内容となっていることも無視できない。陸軍省の報告では、南下している日本軍は「十隻ないし三十隻で兵力は五万の可能性もあるが、より少ない公算が大きい」となっている。しかも陸軍情報部では「取り立てて注目すべき軍事行動ではない」と判断して、その旨をスチムソンに報告しているのである。となると、日本嫌いの陸軍長官は大統領を怒らすために、恣意的に事実を曲げて報告したことになる。このへんにも、日本の輸送船団の南下によってルーズベルトの気が変ったとする従来の説に首を傾げたくなってくる。

一日前の「軍事会議」で、十二月一日に日本は攻撃をしかけてくるかもしれないと語ったのはだれなのか。最初の一撃を日本に撃たせるよう誘導しよう、と注文をつけたのはだれなのか。ルーズベルトは日本を信用して、日本が戦争の準備をしていないとでも考えて、交渉をつづけていたとでもいうのであろうか。とすると、大統領が怒りにまかせて、とするのは短絡にすぎる。それに、スチムソンが、報告したのは「二十六日午前」と『日記』に書いているのも妙なこと。なぜならば、この朝早くすでにハルの進言をうけいれて、大統領は暫定協定案放棄に同意してしまっているはずではないか。

ハルの進言にいう〝暫定協定案にたいする中国の猛烈な抗議〟については理解がいく。暫定協定案は蔣介石の眼には結局アメリカの妥協としか映らなかった。その提示を阻止できるか否かは、中国の命運にかかわると、蔣介石政権は必死になり憤怒をむきだしにした。胡適にハッパをかけるだけではなく、蔣介石はアメリカ特派の義兄にして腹心の宋子文にも電報で猛奮起をうながす。

「（暫定協定が結ばれれば）中国人民は、米国により中国は犠牲に供せられたりと思うべし。全人民の士気は崩壊すべく、アジア民族はデモクラシーにたいする信頼を喪失し、このためショックを蒙るに至るべし」（二十五日付）

宋子文はこの尻叩きに即応し、胡適と手分けして、外交工作に挺身した。スチムソンとノックス両長官に、抗議をふくんだ訴えの手交に成功する。

「日本が中国から撤兵しないかぎり、対日禁輸と経済封鎖の解除など、考慮の余地はまったくありえない。さもなければ、無数の人命の喪失と国土荒廃をともなった中国四年有余の戦いは、すべて空しいものとなる」

さらに、重慶から蔣夫人の宋美齢が、アメリカ政府の要人に個別に電話をかける。ルーズベルトと親しいオーエン・ラチモアの意見書も、アメリカ政府に送られてくる。

「私はかれ（蔣介石）がこんなに怒ったことをいままで見たことがありません。対日経済圧迫をゆるめたり、あるいは禁輸解除をすることは、中国における日本の軍事的優位を危険なほど増大させるものであります。……日本が外交的勝利によって軍事的敗北を免れたとすれば、そしてその結果、中国民衆がアメリカにたいする信頼感を失ったとすれば、……中国軍は崩壊します。中国の抵抗の崩壊は世界の破局に通じます。……」

もうこれは脅迫に近い。とにかくありとあらゆる手を使った。反対のための工作は熾《し》烈《れつ》をきわめる。そしてこれらの工作が功を奏し、新聞紙上と上下両院議員のあいだには、「中国を見殺しにするな」と訴える声が高まっていく。また、作家パール・バックをはじめ、アメリカの知識人がいっせいに蔣介石側に立って、政府に圧力をかけはじめる。ただし、これらは二十六日朝以後の話である。

さらに、蔣介石はチャーチルに泣きついた。それは長文の電報で、かれは懇願と開き直りをくり返して述べている。

「中国の抵抗が崩壊したあとになって、支援されてもそれはヒューマニズムといったような表現が意味をなさないことになる」

中国の抗議は、ある意味ではあざやかな成功をみた。それによってアメリカ政府は動かされた、とみることはそれほど間違いではない。が、政府部内の中国べったり派はともかくとして、厳密にいえば、もともとルーズベルトやハルは蔣介石をそれほど好意的にみているわけではない。ハルは重慶政府の世界情勢への理解の浅いことにしばしば落胆し、何度も蔣介石が大統領に抗議をつきつけてくることの無礼をむしろ怒っていた。核心のところを突いてみれば、とうてい中国の工作によって暫定協定案の提示をハルがあきらめたとは考えられない。

とすれば、ルーズベルトを動かし、ハルの固執に引導を渡したものは、ハルが『回想録』に記すように、折もよく送られてきたチャーチルの電報ということになる。

●「読めない手紙となっている」

蔣介石の泣訴にゆり動かされて、チャーチルがアメリカ政府に送った電報はこうである。

「……この問題を処理する責任はもちろん貴下にあり、われわれが新たな戦争を望まないことは確かである。が、われわれが気になる点はただ一つ、蔣介石がどうなるかということである。軽視されすぎてはいないか。蔣介石はいま苦難を忍びつつあるにあらずや。われわれの憂慮は中国関係にある。もし中国が崩壊したならば、われわれ共通の脅威はいちじるしく増大する。アメリカが中国の立場を十分に考慮した上で、その政策を実施せんとしつつあるものと、われらは期待している。日本は現在どうしたらよいかわからずにいるのだと思っている」

しかし、改めてこれを写していると、この文面がそれほど説得力あるものとはとても思えない。第一に、アメリカ側は、チャーチルがなぜに突発的に中国に強い関心と同情とをもったのか、むしろ驚いたのではなかろうか。これ以前にもこれ以後にも、英首相は蔣介石にほとんど関心を示したことがなかったからである。

たとえば、一九四二年十月に、チャーチルは外相アントニー・イーデンにあてて書いている。「正直にいって、もっぱらヨーロッパ――近代国家と文明を生んだヨーロッパ大陸――の栄光復活のことしか私の頭にはない」と。また、アジアのことを「あの野蛮な地」といって閣僚をびっくりさせたりしている。

チャーチルがつねに気にしているのは、蔣介石がどうなるかではなく、アメリカがどうするのかの一点のみである。大英帝国は、ドイツから身を守るためには、アメリカの援助が必要不可欠なのである。アメリカの戦争への全面的介入がなければ、ヒトラーを倒せる見込みはない。つまり暫定協定案によってアメリカが対日参戦から遠のくことは、蔣介石以上にチャーチルがもっとも望まないことなのである。半月前の十一月十日、チャーチルは演説のなかで、日米戦争が起ったら「イギリスは一時間以内に日本にたいして宣戦布告する」と確約した。これは日本の元駐英国大使吉田茂がいみじくもいったように、「一日も早くドイツを撃破し戦争を終結させるためには、なんとしてもアメリカを味方に引き入れて、参戦させる以外にはない」という意思表示にほかならなかった。

さらにチャーチルはその著『大同盟』のなかで、ルーズベルトのことを書いている。

「かれは強力な中立国の元首として高く尊大にかまえていたが、この中立を保っているアメリカをなによりもまず、自由のための戦争に介入させるように私は望んでいた。だが、かれはまだ、どうしたら戦争に介入できるか、その方法を知らなかった」

そうであるならなおさら、チャーチルが手に手をとって戦争介入の道を、ルーズベルトにかわってきり拓いてやらねばならなかった。では、いかにすればそれは可能であったのか。ただし、これからさきは推理による、疑問符をつけながらの報告ということになる。

ここに驚愕すべき本がある。元英国秘密諜報員J・ラスブリッジャーと、元〝アジアにおける英暗号解読の父〟E・ネイヴの共著『真珠湾の裏切り』で、なかにいやでも目を覚まさざるをえないこの一文がある。〔カッコ内は筆者註〕

「十一月二十五日にFECB（極東連合局）は待機中の（日本の）機動部隊に対する山本（五十六大将）のJN－25（海軍の軍機暗号）による命令第二弾を解読した。

『機動部隊は単冠湾を十一月二十六日朝出撃、十二月三日午後に集結点に進出し、速やかに燃料補給を完了すべし』

この通信文はとくに重要だった。なぜなら、初めてこれがFECBとイギリス海軍省に機動部隊が千島に集結していて、八日以内に海上で給油を要する長い航海に出発しようとしていることを示したからである」

ここから計算できるのは、巡航速力十八ノットで一日にほぼ四〇〇海里、掛ける八日で、日本の機動部隊は三二〇〇海里もの遠方の海面に進出するということである。いくつかの攻撃可能な目標と単冠湾からの距離は、真珠湾三一五〇海里、シンガポール三三九四海里、マニラ二二五七海里……。しかしアジアの南方地域には大機動部隊の使用を必要とするような目標はない。

どうであろうか。この本の記述からは真珠湾が最大の目標として浮かびあがってくる。

ている。

そしてこれらの通信傍受の詳細は十一月二十五日の夜遅く、チャーチルの手許に届い

しかもこの本によれば、さきに記した蔣介石に動かされて送信した電報のほかにもう一通、「二十六日のやや遅い時間に」（ロンドン時間）チャーチルは第二の緊要電報をルーズベルトに送ったというのである。けれどもいまもそれは「たった一通、読めない手紙となっている」。理由は、イギリス外相によれば「これを公開することは国家の安全を害する」からであるというのである。

さらに符合するかの如き、もう一つの証言がある。さきの前田徹氏も紹介している元太平洋艦隊情報参謀エドウィン・レイトン少将らの共著のつぎの記事である。

すなわち、二十五日夜にチャーチルがルーズベルトに送った第一の電報の内容をみれば、その電報が二十六日午前三時（ロンドン時間）にロンドンのアメリカ大使館にもちこまれたというのは、いかにも不自然である。それほど緊要な文面ではない、として、レイトンたちはこう推理した。

「状況証拠を検討すれば、その夜、ロンドンとワシントン間でもう一つのやりとりがあったのは間違いないだろう。英国政府はそれにかんする情報公開をかたくなに拒否しているのもそれを裏付ける。（中略）結局、日本の軍事行動という〝裏切り行為〟を示すもう一つの重要な情報が別の電文に書かれていたのではないか」

そしてレイトンたちは、日本の機動部隊にだした山本長官の出撃命令を、英国かオラ

ンダが無線傍受し、解読していたのではないかという仮説をたてた、という。
レイトンたちの推理は、『真珠湾の裏切り』の指摘している点にずばり適中している。しかし推理はあくまでも推理で、事実とはならない。なぜならチャーチルの第二の電報の内容はまったく不明のままであるから。しかも、ロンドン時間の「二十六日のやや遅い時間」をかりに午後十時とすれば、ワシントンは二十六日午後五時。九時としても午後四時。これでは「二十六日朝早く」の時点とは、どうひねくりまわしても理屈に合わなくなる。

すべては戦後六十年たってもなお〝藪の中〟である。しかし、なにか重大にすぎる情報がチャーチルからルーズベルトにもたらされたのは確かのようである。情報戦の実相というものはなお今日の世界政略にまでひきずられている。国家の安全のためには遠い過去の事例であろうと、いずれの国もこれを明らかにすることで国家的謀略の手のうちをすべて明かすわけにはいかないのであろう。事実はこうして隠蔽されたまま忘却のかなたへ追いやられていく④。

くり返すが、ルーズベルトが驚愕し激怒したことは確かなのである。それを大輸送船団発見の報告によって、とするのは、さきにもふれたように短絡にすぎる。あえていえば、自信があるゆえに「暫定協定案は賢明かつ有利なり」と自信をもって固執するハル長官に厳命して、その放棄を無理強いするには説得力に欠ける。

しかしながら、これが日本の機動部隊が海上給油まで八日間という航海に向って千島から出撃した、という情報であったら、話が違う。輸送船団などとは違って、戦闘部隊の出撃である。こんな恐るべき情報を手にしたらルーズベルトでなくとも飛び上る。天地をひっくり返したように次元の違うニュースである。これは明らかな日本の戦闘行為であるからである。戦争を何とかひき延ばせるかもしれないという幸福感に浸っていた大統領は、頭から棍棒の痛撃を受けたようなショックに口もきけなかったにちがいない。そして日本の不敵な行動への憎悪に身を震わせたことであろう。チャーチルにうまく誘導されたとも知らずに……。

けれども、またまたくり返すが、すべてはナゾの解明ではなく、推理であり想像である。なぜなら、暗号解読されたという連合艦隊司令長官山本五十六大将の「命令第二弾」が電報発信されたという事実は、残された日本側の記録のどこからも発見できないからである。それに、このような超機密の作戦では、最初からきちんと計画された作戦命令書がつくられ、極秘に配付されているものである。

真珠湾攻撃の命令はすべて文書によって出されており、電報では一切出されてはいない。単冠湾出撃もすでに手渡されている命令書にもとづいている。すなわち十一月二十一日午前零時、連合艦隊司令部は電令作第五号で「第二開戦準備」（「フジヤマノボレ一一二一」本書60ページ参照）を発令した。これでもう充分なのである。文書命令にもとづいて機動部隊は予定どおり、十一月二十六日に単冠湾を出撃することに決まったのである。

「かりにそうした命令を発するとしても、恐らく手渡しまたは密封命令書という形をとるでしょうね。まだ日本内地にいるのですよ、機動部隊は」

と、なお健在の元軍令部参謀のY氏は笑っていった。

●「要するに一つの案である」

暫定協定案は放棄されて、〝運命の〟という形容詞をつけてもいいハル・ノートが、野村、来栖両大使に手渡されたのは、二十六日午後五時（ワシントン時間）である。前日、両大使はハルに会見を申しこんだが、予定がいっぱいということで断られた。二十六日のこの日も午前中の会談を申しこんでいたが、はっきりとした返事もないままに、午後も遅く五時近くまで待たされ、やっと面会にこぎつけたのである。

ハル長官は夕刻までの長い時間に何をしていたのか。いろいろな資料に当っても、これもまた奇妙なくらい不明瞭である。わかっていることだけをいえば、『回想録』によれば、朝早くルーズベルトと会い、暫定協定案の提示を断念したことを報告し（すでに書いたように、これは事実ではないが）、帰庁したときスチムソンが電話をかけてきた。陸軍長官とはこんな会話をかわしている。

「日本にたいする提案は例のものでいくかね」

「いや、私はすべてをご破算にして暫定協定案を提示しないことに決心した。ほかに提議するものもないがね」

そしてハルは、「もう疲れたよ」とつけ加えて電話を切った。

ところが面白いことに別の資料によると、このあとすぐホワイト・ハウスに電話し、大統領に暫定協定案を提示しないことを進言したというのである。そしてつぎのように電話口でいった。

「敵をなだめるよりも味方を失わないことのほうが大切です」と。

これが『回想録』と矛盾していて、奇妙奇天烈な話であることは、もう記すまでもない。

いっぽうスチムソンもおかしな証言を残している。ハルとの電話を切ったあと、すぐまた大統領に電話をかけ、昨日とどけた日本軍輸送船団の行動にかんする情報を読んだであろうか、と尋ねている。

「そんなものは見ていない」

と、大統領はいった。それではと、スチムソンは電話口で報告する。この報告を聞いてルーズベルトはとたんにカンカンになったという。そして受話器に興奮した声を投げこんできた。

「日本は何という国だ。休戦の交渉をつづけながら、その裏でインドシナへ向けて軍隊を送るとは。これこそが日本がまったく信用できないことの証拠じゃないか」

話は前後撞着している。このころになってルーズベルトが激怒するはずはないのである。ハルの証言とはいすかの嘴《はし》ほど喰い違う。

ともあれこうして二十六日朝までに、暫定協定案は雲散霧消した[5]。そして、いわゆるハル・ノートが突然に、外交の舞台に登場してくるのである。さきのスチムソンとの電話での会話にあるようにハルの手もとには「ほかに提議するものもない」はずであったゆえに、突然にと書くほかはない。

ハル・ノートとは何か、簡単に説明する。十一月十八日に、対日強硬派の財務長官ヘンリー・モーゲンソーがまとめて大統領に、またその写しをハルに、送付していた覚書があった。それには「日本との緊張を除去し、ドイツの敗戦を確実にする問題の処理方法」という長い名がついている。ハルによれば、ひそかに次期国務長官の椅子をねらうモーゲンソーの野心から出た提案、ということになっている。

そのもともとは、財務長官の特別補佐官ハリー・D・ホワイトがこの年の五月に起草したものであるという。しかも、このホワイトなる人物はのちの一九四八年に赤色スパイ容疑の取調べをうけ、結審前に急死したいわくつきの男。そこからハル・ノートにはKGBの陰謀説がいつもくっついて語られることになる。

のみならず話は、二十六日午前中のあるとき、疲れはてて何もかも嫌になったハルが、たまたま自分の机の中から放っておいたこの覚書をひっぱりだした、という風につづく。いや、ルーズベルト自身がこの覚書を見つけだし、暫定協定案のかわりに検討するようにと、ハルに手渡したという説もある。このへんのところはすべて曖昧模糊となっている。わたくしは後者であるとみている。夜中にチャーチルの極秘の電報情報をうけ激怒したルーズベルトが、ハルに暫定協定案を破棄して、この財務長官案でいけと押しつけたものと推理するのが自然である。それにモーゲンソーは大統領のお気に入りの人物であった。そしてその朝の「案内係記録」によればモーゲンソーはたしかに大統領と面談している。

とにかくハルと国務省の部下たちがこの日の午前から午後にかけて、この長ったらしい名の長文の覚書をいやいや検討せざるをえなくなり、揚句に日本にとって苛酷とも思われる項目のいくつかをとくに選びだした。作成されたのが「合衆国および日本国間の協定のための基礎概要」という十カ条からなる新提案書で、これがいわゆるハル・ノートなのである。

いまその文飾を洗い流してしまえば、ハル・ノートが日本に提示しているのはつぎの四条件ということになる。

（一）中国およびインドシナからの日本軍および警察の完全撤退。

（二）日米両国政府は中国において重慶（蔣介石）政権以外の政権を認めない。

（三）日米両国政府は中国におけるいっさいの治外法権を放棄する。

（四）第三国と締結した協定を、太平洋地域の平和保持に衝突する方向に発動しない。

わかりやすくすれば、（一）は中国や仏印など日本の占領地放棄を、（二）は汪兆銘《おうちょうめい》政権の否定、満洲国の解消を、（四）は日独伊三国同盟の有名無実化を要求するものと、日本に解釈されるほど強硬なものである。つまり日本は一九三一年の満洲事変以前の線に戻れといわれたことになる。

ハルは『回想録』にあっさり書いている。

「そこで問題を国務省の極東専門家たちと再検討したのち、私は暫定協定案は取止め、その代りに全面的解決のための十カ条提案だけを日本に提示すべきだとの結論に達した」

しかしハルは、これを日本に提示すれば戦争になることを承知していたのである。さらにいえば、暫定協定案のときと違って、この場合は英、蘭、中国には事前の通知、相談、了解もなしに、日本に突きつけたのである。

午後五時、ハルはやたらに愛想がよかったという。待たして悪かったと二度も三度も弁解した。そして急に雄弁になってしゃべりつづけ、机の上から文書とおぼしきものをとってきて二人の前へ置いた。長官室でハル・ノートを手渡されたときの野村、来栖の驚愕と落胆と絶望とは、ほんとうによくわかる。

この文書からは、ハルのいう歩み寄りなどは薬にしたくても見当らない。いままで積み重ねてきた全外交努力が字義どおり水の泡と化した。けれども気をとり直すと、ホワイト・ハウスの恥ずべき豹変にたいして、「絶対不可能な条項をふくんでいる本案を、このまま本国政府に伝えるべきかどうか疑問である」と抗議し、両大使は一歩も退かじと弁じたてた。

中国およびインドシナからの撤退については「全くお話にならない」と野村がいうと、

ハルが「撤兵は交渉次第である。いま直ちに撤兵せよというのではない」と説明する。

「蔣政権だけを認めよというが、アメリカが重慶政権を見殺しにできないのと同じで、日本も汪兆銘政権を見殺しにできない」と両大使がこもごも主張すると、ハルは「わが国のもっている情報からすれば、汪政権にはとうてい中国を統治する能力がないと認めざるをえない」と反駁するのである。

野村が最後に訊ねる。

「これ以外の回答は考慮の余地はないということですか」

「いや、これは要するに一つの案（a plan）である」

「これがアメリカ政府の最終案ということですね」

「いや、あくまで一つの案です」

野村が、ここで十七日にルーズベルトが言った言葉を想いだした。

「過日、大統領は、友人間に最後の言葉というものはないと言われた。もう一度、大統領と会談をしたいのです」

「しかし、それは友人の間のことで……」

「では、われわれはもはや友人ではないのですか」

ハルは口をすべらせたことにしまったと思い、最後まで気が進まない風であったが、大統領に電話をかけ、明日の会見の予約をとるだけの誠意をみせた。

午後六時四十五分、両大使はぎこちない握手をしてハルと別れた。外に出た二人の眼には、その夜のワシントンは真っ黒な街としか映らなかった。大使館に戻ると、二人の大使は「日本を侮辱している」「アメリカ政府には誠意のかけらもない」と長大息をついた。館員たちは新提案文書を読み、両大使の言葉は自分たちの気持の代弁であると思った。

そんなこととは知らない日本政府は、この日、乙案妥結にともなう石油の輸入量にかんして、アメリカから四〇〇万キロリットル、蘭印より二〇〇万キロリットル（いずれも年量）を確保すべきことを決定し、これらの保証をとりつけるようにと、野村あてに訓電を送ってきていた。

●「男子の本懐というべきだ」

両大使が日本大使館に戻ったのは、東京時間に直すと、二十七日の午前九時を回ったころとなる。この日、午前十時から大本営政府連絡会議がひらかれているが、まだ第一報はその席に届けられていない。そして正午をまわったころ、野村の「大至急電」より早く大使館付武官からの第一報が陸軍中央にとびこんできた。

陸軍中央は愕然となりつつも小躍りする。参謀本部作戦課の参謀たちばかりでなく、陸軍省軍務課の課員たちまでが、乙案は成立するかもしれないと、交渉の妥結にそなえてつぎの対策を練っているときであったからである。大本営陸軍部戦争指導班は『機密戦争日誌』にこう記して喜びをあらわにする。

「米ノ回答全ク高圧的ナリ。而モ意図極メテ明確。九国条約ノ再確認是ナリ。対極東政策ニ何等変更ヲ加フルノ誠意全クナシ。交渉ハ勿論《もちろん》決裂ナリ。之ニテ帝国ノ開戦決意ハ踏切リ容易トナレリ。芽出度《めでたし》〳〵。之レ天佑トモ云フベシ。之ニ依リ国民ノ腹モ堅マルベシ、国論モ一致シ易《やす》カルベシ」

軍部の快哉《かいさい》と違って、相前後して入ってきた野村電に「眼も眩むばかりの失望に撃たれた」のは外相東郷である。「これまでの案よりはなはだしく後退している」「これまでの交渉経緯を無視している」「アジアの現実を没却している」「最後まで当初の主張に固執し、一歩の譲歩を示さない」とつぎつぎに感想をもらし、東郷は許しがたい想いを味わった。これを受諾することは「日本の自殺にひとしい」と考えた。

「戦争を避けるために眼をつむって鵜呑《うのみ》にしようとしてみたが喉につかえて迚《とて》も通らなかった。……我が力の足らざるを謝すよりも、我が誠意の認められざるを恨む気持の方が強かった。其後《そのご》は働く熱がなくなった」

と東郷はのちに書いている。

こうしてみると、ハルといい東郷といい、外交の衝にあるものがまっ先に、完全に諦め投げてしまっている、の感がどうしてもしてくる。片方が大統領の強権によって押し切られた腹いせもあって、最終決断が熟し切らないまま、勝手にしやがれと軽率にも急いで提示してしまい、受けとった片方がよくよく検討することなしに、即座に誠意の踏みにじられたことを憤り、これまた勝手にしやがれと投げだした。ハルも東郷も、いずれ劣らぬ頑迷なまでの信念の持主であったようである。そう思わざるをえない。外交には水は方円に従うような智恵と寛容と融通無礙《ゆうずうむげ》とが大事と考えるのであるが。

いや、外相ばかりではなかった。外相ともども就任いらい「臥薪嘗胆」を主張しつづけてきた賀屋蔵相も、ハル・ノートですべてを諦めている。アジアの盟主を呼号してきた日本が、いまになって全面撤兵を受諾するようなことをすれば、「日本の威信は地に墜ちて、満洲の人心の把握は困難となり、朝鮮の独立運動も有力となり、日本は大陸における地歩を全面的に失う虞《おそれ》がある」と考えざるをえなかったという。やはり目がくらんだのである。

こうしてハル・ノートは明らかに日本の指導者に、これまでずうーっと騙《だま》されていたという憤激と、許しがたいほどの絶望感と、これはもう戦うほかに道はないとの悲壮な覚悟と諦めを抱かせた。その内容が日本の主張とどのくらいかけ離れているかと、冷静に理性的に考える余裕がもはやなくなった。感情的な怒りと心理的な反撥によって、この文書を日本の指導者は頭から拒否した。ハル・ノートはアメリカの「最後通牒」として受けとられてしまったのである。

ハル自身は、のちに「ハル・ノートは最後通告であったか」という問いに、怒りをこめて「NO！」と答えている。『回想録』にもある。

「この最後の段階になっても、日本の軍部が、少しは常識を取戻すことがあるかもしれないというはかない希望をつないで、交渉を継続しようとした誠実な努力であった。

……日本の宣伝は、われわれの覚書をゆがめて、最後通牒だといいくるめようとした。これは全然うその口実を使って国民を騙し、軍事的掠奪を支持させようとする、日本一流のやり方であった」

たしかに冷静にいまになってハル・ノートの全文を読めば、最後通牒ではなくて、「一つの案」(a plan) であったかもしれない、という印象もいくらかある。また、表題も"Tentative and without commitment"(試案であって拘束力なし) と明記し、表題も"Outline of proposed basis for agreement between the United States and Japan"(合衆国と日本国との間の協定のための基礎案の概要) と書かれている。すなわち試案でありこれからの交渉の基礎である、というのである (ただし当時の日本語訳では、"Tentative and without commitment"は、抜かれていたらしい)。

吉田茂のように冷静になれる人は、「これは最後通牒なんかじゃないよ。どこにも交渉打切りとは書いてないじゃないか」と押しかけてきて、東郷にいった。さらに、「これでもって交渉をこのままつづける。そのことが大本営政府連絡会議で聞き入れられなかったら、かまわんから辞表を出せ。君が外相を辞職すれば閣議は頓挫する。無分別な軍部も少しは反省するだろう。君は殺されるかもしれん。それで殺されたって、男子の本懐というべきだ。骨は俺が拾ってやる」

とまで切言し詰めよった。けれども、東郷は苦笑してかぶりを振るばかりであったという。

なぜなら、それよりはるか前の午後二時からひらかれた大本営政府連絡会議において、ハル・ノートの全文は入電していなかったが、対米英開戦にともなう最後の手続きの一つ「宣戦に関する事務手続き順序」がきまっていたからである。この段階になって「満洲事変前の状態に戻れ」という苛酷にして唐突な要求をつきつけられては、日本のとるべき道はほかにない。いまさら東郷が辞職しようがしまいが、兼任外相をたて、国策は既定の路線を突きすすむばかりなのである。すなわち、

「十二月一日午後の御前会議で戦争開始の国家意思を決定する。開戦翌日に宣戦布告を閣議決定し、枢密院の諮詢《しじゅん》をへて、上奏、裁可の順序とする。宣戦布告の詔書の公布や政府声明、内閣告示などは同時に行う」

ということが決議されてしまっていた。

ここで注目しておきたいのは、宣戦布告を開戦翌日としていることである。この日の『機密戦争日誌』でも、「開戦ノ翌日宣戦ヲ布告ス。宣戦ノ布告ハ宣戦ノ詔書ニヨリ公布ス」とされており、敵となる米英への事前の通告はまったく考慮に入っていない。どうも情けないことに、当時の日本の指導者は一貫して、国際法を知りながら無視しつづけてきているようなのである。

それというのも、日本政府も軍部も一つの理論をもっていたからである。それはハル・ノートをそれまでの交渉経過からみて最後通牒と断定し、それを突きつけられたから日本は自衛のために立上るのであり、自衛のためならば無通告でもよい、それが国際

法の通念であるという考え方が指導層にあったのである。

そのことについてはのちにくわしくふれる機会があるが、連絡会議はこうして、交渉の継続を断念し、開戦を正式に決定している。そして翌日、閣議においても全閣僚一致でこれを国策とした。冷厳な戦争計画と合理的に結びついている決意とは、残念ながら思えない。怒りや諦めのあとの、国家の名誉とか権威とかに縛られた情念的な、「死中に活を求める」精神主義に支えられた決断というべきものであった。が、とにかく国家は戦争を決意したのである。

●「第一撃を日本にやらせよ」

ハル・ノートの全文は二十七日夜も遅く到着したが、東郷は落胆と嫌悪をますばかりで、恐らくは床につく気力さえも奪われたかもしれない。東郷が全文を仔細に検討しているころ、午後十時を回ったとき、それは、ワシントンでは二十七日午前八時にあたる。このころ、ハルはスチムソンからの電話をうけている。ハル・ノート提示のことを知らされていなかった陸軍長官は、予定どおり暫定協定案を日本大使へ渡したかと聞いてきたのである。ハルは、暫定協定案はやめたよ、といい、

「I have washed my hands of it, it is in the hands of You and Knox, the Army and Navy（私はそれから手を洗ったよ。あとは君とノックスの手中に、つまり陸軍と海軍の手中にある）」

とはっきりと答えた。ここからも、つぎにはもはや戦争だと承知して、ハルは日本にハル・ノートをつきつけたという論理がうまれてくる。「昨日、最後通牒を渡したよ、こんどは軍の出番だ」と、たしかにそう解釈できるところが多分にある。が、この言葉は文脈的には二十五日朝の、ハル、スチムソン、ノックスの三長官会議の話し合いのつぎにくるものと考えるほうが正しい。君たちに頼まれたから、三カ月間はひき延ばすべく外交的努力をしてきたが、大統領の突然の強い命令によりすべては終った。あとは君たちのほうでやってくれと、いわば捨てぜりふというか、ハルは投げてしまっている。外交の首脳としては慎重さをかなぐり捨て、あるまじき、中途での、勝手な職務放棄の言なのである。

しかし、ルーズベルトは違っている。はっきりと、ハル・ノートが何をつぎに招来するかを意識していたとみることができる。ハルとの電話を切ったあと、興奮を隠せずにスチムソンがつづけて大統領に電話して、在フィリピンの米極東陸軍司令官ダグラス・マッカーサー将軍に「応戦準備」の警報を送ったほうがよくはないか、と訊ねたとき、ルーズベルトは明快に答えている。

「ぜひ出しておいてくれ」

のちの話になるが、ルーズベルトが死去したとき、マッカーサーが副官に語ったという言葉が想起される。

「ウソが通るとみてとれば、絶対に本当のことを言わない男が、死んだ」

然り、ルーズベルトは対日外交において、一貫性や論理的継続性をほとんどもたない指導者であった。公けの場で話すことと、かれの行動は一致していないことのほうが多かった。その場で方針が変った。暫定協定案の廃棄はまさにその現われであった。基本にあるのはアメリカ海軍への大きな信頼と中国にたいする好意である。かれの脳中には、アジアにおけるアメリカの国家利益が戦争を起してまで守るほどの価値があるかどうか、それは深刻な問題ではなかった。ただ日本をはげしく敵視しつづけたのである。

スチムソンは「こんどはお前の番だ」といわれてがぜん動きを活潑にしだした。対日強硬論者のかれは、日本とうまくやっていくには、ヨーロッパの国々と違い、手荒く、強引に扱うことだという信念の持主である。午前九時半、参謀本部作戦部長レオナード・T・ゼロー准将、海軍作戦部長スターク大将、そしてノックス長官をよぶと、てきぱきと指示をする。

こうして陸軍参謀総長マーシャル大将の名のもとに、マッカーサーやハワイ方面陸軍司令官ウォーカー・ショート中将に送られた「極秘・優先扱」戦争警告はつぎのものである。

「対日交渉はすべて事実上終了したものとみる。ただし日本政府が思い直し、会談継続を提案してくればこのかぎりではない。日本の今後の行動は予想しがたい。いつ敵対行動に出るかもしれない。もし敵対行動が避けられないものとすれば、アメリカは、日本が最初の歴然たる行動を敢行するのを欲する」

「日本が最初の歴然たる行動を敢行するのを欲する」すなわち「第一撃を日本にやらせよ」、これは間違いなくルーズベルトの意思であった。

ルーズベルトは世論の支持による戦争ということを必死に願っていたのである。感情的な孤立主義者たちがひっくり返って、逆に感情的な好戦主義になる、そんな状態をつくって戦争に突入することをはじめから意図していた。かれの政策はその点では一貫していたといえる。どんなことをしても〝大統領の戦争〟になることは避けねばならなかった。そのためにも、「日本軍の第一撃」が必要である。それなくて、世論の支持なしに戦争に巻きこまれれば、かれの政策、いや、かれ自身が危うくなることは明白なのである。

スターク作戦部長は、麾下の極東艦隊司令長官トーマス・C・ハート大将（在フィリピン）と、太平洋艦隊司令長官ハズバンド・E・キンメル大将（在ハワイ）などに、もっと明瞭な電報を打電した。

「本電は戦争警報と見なさるべし。太平洋における情勢の安定化を目途とする対日交渉は終了した。日本の侵略的行動がここ数日中に予期される。日本陸軍部隊の兵力装備および海軍作戦部隊の編成は、フィリピン、タイまたはクラ地峡（タイ南部）もしくはボルネオにたいする上陸作戦を示唆している。……」

これでみるように、日本軍は南方方面で作戦行動を開始する、として、各方面は所要の措置をとるように、強く指示している。ただし、ここに明らかなことは、真珠湾はこの警告の範囲にはふくまれてはいない。

ともあれ、ハル・ノート提示後、アメリカは明確に戦争を決意する。いや、決意はそれ以前からされていた。決意のもとに戦争準備にピッチをあげたと書くほうがいいか。ルーズベルトは軍部の戦争警告発信の報告をうけてすっかり満足する。その上で午後二時半、約束どおり野村、来栖両大使をホワイト・ハウスによんだ。

会談にはハルも同席する。そして大統領と両大使との話合いの大略を記している。

腰をかけるとすぐ野村が煙草をとりだした。ルーズベルトがマッチをすり、火をつけようとしたが、片目が不自由な野村はその火に煙草の先をなかなか合わせられず、双方からどっと笑いがはじけた。会談はそうした和やかさのうちにはじまったが、それが表面的なことであることは互いにわかりきっていた。

野村が、昨日のハル・ノートには失望するほかはなかった、という。ルーズベルトはいつものように顔をほころばせながら答えた。

「ことここに至ったことを、私も失望している。が、両国の交渉がはじまって間もなく、日本軍の南部仏印への進駐で冷水を浴びせられ、最近の情報ではまた冷水を浴びせられる怖れがあるようなんでね……」

野村にも来栖にも、「最近の情報」が何であるのか、それはわからない。非難はやんわりであったが、するどい刺がふくまれている。「最近の情報」これこそがチャーチルよりの第二の電報を意味していると思えるが、どうであろうか。大統領はつづけた。

「この長い交渉の間じゅう、日本の指導者から何一つ平和を願う言葉を聞くことがなかった。これでは私としては何を信じたらいいか途惑うだけです。日本がヒトラー主義および侵略の政略戦略をやめないかぎり、どうにもなりませんな。日本の最良の利益は、われわれがこんどの覚書（ハル・ノート）で概要を伝えた方向へと歩みを一にすることです。しかし、それをとらずに、ヒトラー主義および侵略の方針を貫くことを決定するならば、不幸にして日本は究極の敗者となるであろうことを、われわれは確信しているのです」

野村は静かな調子で、日本のいま置かれている現実的立場を説明し、大統領のステーツマンシップにより戦争とならぬように、何とか打開の道を見つけてもらいたい、と率直に懇願した。

「明日午後、私はウォームスプリングスに静養にいき、来週水曜日にワシントンに帰ってきます。それまでに何とか打開の道が見つかるといいのですが……」

ルーズベルトは最後まで微笑をたやすことなく、ゆったりと応接した。そこの田舎で七面鳥を食べるのがこれまでの習慣でね、とまでいって両大使を笑わせた。

四時すぎ、大統領の部屋をでてきた両大使は予想に反して朗らかであった。待ちうけた新聞記者たちのなかには、日米交渉は最悪の事態にたち至ってはいないと観測するものもあった。昨日の新聞に「日米交渉はついに終局へ」「合衆国は和戦を決する条件を日本に手交」とトップニュースで報じていたことも忘れて……。

同じころ、モスクワ時間二十八日午前零時、クレムリンの地下参謀本部では、夜になると生き生きとしてくるソ連軍最高司令官ヨシフ・スターリンが、暗い顔で大地図テーブルの前を行ったり来たりしている。前線からはいぜんとして、モスクワの最後を告げるような報告ばかりが送られてくる。

ついに意を決したかれは、前線のモスクワ防衛軍総司令官ゲオルギー・ジューコフ元帥に電話をかけ、戦術的決定を下した。「反対するものがあろうとかまわず、戦線東北端のドイツ軍に即刻二個旅団を投入し、犠牲をいとわずこれを撃退せよ」と。⑥

しかし、スターリンもジューコフも知らなかったが、そのときドイツ軍の多くの師団では、四〇パーセント以上の将兵が足に凍傷を負って、動きもままならない状況にあったのである。凍ったのは足ばかりではない。カービン銃も機関銃も役に立たなかった。戦車のエンジンも凍って容易にかからなくなっていた。ジューコフがのちに語っている。

「ドイツ兵の捕虜を見たとき、将校も兵も全員がぴったりと合う靴をはいていた。ドイツ参謀本部にたいする敬意がいっぺんにぐらついたものである」

ソ連軍の将兵はひとまわり大きな靴を給与されている。かれらは冬期にはその隙間にわらや新聞紙をつめて暖かくして、凍傷を防いでいるのである。

重慶では、二十八日朝の五時、蔣介石は早起きもなんら苦とせず、宋子文からの電報を受けとり、すっかりご機嫌になった。電報は、宋子文が面談したときのスターク作戦部長の言葉を伝えていたのである。

「中国於此絶対無須顧慮、美方対日所提主要条件之一、即為日本須離脱軸心、此挙日本勢難弁到、恐日本切腹之時非遠矣」（中国は少しも心配することはない。米国は日本につきつけた条件の一として日独伊三国同盟からの離脱を要求した。日本はこれを受諾することはできないであろう。結果として日本は切腹〔自殺的戦争〕のときを遠からず迎えることになる）

アメリカはやっぱり中国を見捨てなかった！　蔣介石にとっては、この事実は最高の老酒をのむよりも美味であった。

二十七日、南雲機動部隊はきめられた航程を一路突き進む――この日天候はよかったが、波濤のうねりは大きかった。気温四・五度、針路一〇〇度、速力十二ノット。戦艦霧島は開距離三万メートルで砲戦訓練を行う。駆逐艦霞《かすみ》の艦上から水兵一名が海中に転落し、そのまま波にのまれて行方不明となる。艦隊は事故を見捨てて進む。あとは異状なし。この日まで、すでに二六七海里を航行し、ハワイに刻々と近づいている。

（1）スチムソンの日記の訳は『現代史資料』の「太平洋戦争1」によったが、ややおとなしい訳ではないか。原文はつぎのとおりである。

The question is how we should maneuver them into the position of firing the first shot without allowing too much danger to ourselves.

これはむしろ「最初の一撃を射たざるを得ないように日本を追い込むには、どう術策を用いようか」と訳したほうがいいように思われる。
(2)八月十七日に野村大使に手交されたルーズベルト大統領の警告はつぎのとおり。
「アメリカの努力にも拘らず、日本政府は極東の各地点に軍事行動と武装兵力の配置を継続し、さらに陸海空軍をもってインドシナを占領するにいたった。(中略)もしも日本政府が武力あるいは武力の威嚇をもって近隣諸国を軍事的に支配する政策または計画を遂行しようとして、さらに何らかの措置を採るならば、合衆国政府は即刻、あらゆる手段を用いざるをえないであろう。そうすることが、合衆国とアメリカ国民の正当な権利と利益の防衛のために、また合衆国の安全を保障するために必要と考えられる。以上の旨を日本政府に通告することを今や必要と認めるものである」

南部仏印への進駐が日米関係を徹底的に悪化せしめたことがよくわかる。それにしてもずいぶんと威嚇をともなう警告で、日本軍部がカチンときたことも十二分に想像できる。
(3)ルーズベルト大統領とチャーチル首相との間には、一九三九年(昭和十四)から四五年(昭和二十)までに、千七百通を超える直接の電信のやりとりが行われていたという。それらはワシントンでは英大使館が、ロンドンでは米大使館が、それぞれ直接にメッセージを受取り、それぞれの外交通信手段を使って本国に送信した。
ただし、杉野明教授(関東短期大学)の研究発掘によれば、両者の電信メッセージの十一月三十日から十二月八日までのものは、まったく欠落しているという。つまりいまだに公表されていない文書があり、何事かを秘匿していると疑われるのである。

そしてチャーチルは『回顧録』でこう断言している。

「電報が正しい前後の順列にある限り、読者はその日付について迷う必要はない。私は朝の二時ないし三時（英国時間）まで働いた。私が送った電報は暗号に組み、先方で解読するのに二、三時間を要した。それにもかかわらず、就寝前に私の起草した信書はみなほとんど即時に大統領に届いた。つまりかれが目をさました時に届いていたか、必要の場合にはその電報で起こされたのである」

疑うなかれ、といわれても、やはり疑いは残ってしまう。

（4）開戦からすでに六十年、各国の公文書はほとんど公開されている。が、さきの杉野教授によれば、イギリスでは最長七十五年間は公開をさしとめることができるらしい。ということは、いまなお公開されていない文書が少なからずある、ということなのである。

（5）ハル・ノートを日本に手渡すことになった経緯について語ったウェルズ国務次官の説明が、本国に送った駐米イギリス大使の報告に残されている。参考として。

「ハル長官としては、イギリス政府から支持を得られなかったゆえ、暫定協定案を放棄せざるを得なかった。（私がイギリスとしてはコメントしただけであり、全面的に米国を支持する立場に変りはない、と述べたのにたいし）英首相のメッセージからはそのような印象を受けなかった。（英首相のメッセージはただひとつ、中国に関して問題を提起しただけである、と答えたのにたいして）ハル長官としては、中国から強い反発があったこともあり、イギリスからも明確な留保がある以上、提案を撤回するほかはなかった」

（6）本書では、モスクワに踏みとどまり屈せずに指揮をとりつづけた、とスターリンを賞揚したが、そのいっぽうに、こんな話の残っていることを付記しておく。それはスターリンは悲鳴を上げ、ドイツ軍が占領したベラルーシ、ウクライナ、ロシアの領土を土産にヒトラーとの停戦協定を結ぼうとした、というのである。つまり、みずからの権力を保持するために、スターリンは国土の一部と、被占領地域にある数百万の国民を売る覚悟であったのである。この話の出所がモスクワ攻防戦の英雄ジューコフ元帥。それで後にスターリンに嫌われ、長い間冷や飯を食っていた事実と考え合わせると、むしろこっちのほうを信じたくなる。また、アメリカ政府が、ソ連は降伏するのではないか、と憂慮したというのも当然であったようである。

第二部　開戦通告

●「今や戦争の一途あるのみ」

一通の文書が世界の動きを一つの方向に決定づけた。ルーズベルトもハルも、日本にたいしハル・ノートを突きつけることがつぎに何をもたらすか、については承知しきっている。英首相チャーチルも確たる認識をもつことになった。かれは『第二次大戦回顧録』に静かな調子でこう書きつけている。

「この時までわれわれは『十カ条通牒』（ハル・ノート）のことを聞いていなかったが、それはわれわれや連合国諸政府の希望に応ずるものであったというよりは、われわれが敢えて要望したいかなるものよりもずっと進んだものであった」

進んだもの、すなわち超強硬案である。つぎに待ちうけているものは〝戦争〟以外のなにものでもない。チャーチルは、米大統領をものの見事に戦争に導くのに成功したことを、あるいは韜晦《とうかい》したかったのかもしれない。

いや、現場の気の早いもののなかには、二十六日のハル・ノート、それにともなう作戦部長スタークの命令をうけ、もはや戦闘開始と判断し、即座に臨戦態勢に入っている提督もいたのである。第八機動部隊（空母部隊）司令官ウィリアム・ハルゼイ少将がその人。海兵隊の一個飛行隊をウェーキ島に運ぶため、二十八日に真珠湾を出港しようとしたさいに命をうけた（ちなみに真珠湾にいたもう一隻の空母レキシントンは十二月五日に出港で、ミッドウェイ島への航空機輸送の任務についていた。太平洋艦隊所属のもう一隻の空母サラトガは、米本土のサン・ディエゴ軍港において修理中であった）。かれは空母エンタープライズ艦長に命じて、洋上にでるとただちに全乗組員にたいして艦長よりの命令第一号を発令させている。その冒頭は、

“The Enterprise is now operating under war conditions”（本艦は目下戦争状態のもとに行動中なり）というものである。

何も知らされていなかったハルゼイの参謀は、司令官室のドアを激しくノックした。

「司令官、艦長がこんな命令を……承認なさったんですか」

「そうだ」

「とんでもない。もしこのために全面戦争になったら、だれが責任をとるのですか」

「俺だ。とにかく邪魔する奴が現われたら、ただちに撃《ぶ》っ放す。議論はそのあとだ」

いや、闘志にあふれているものは日本の軍人のうちにもいる。戦争指導班の二十八日付『機密戦争日誌』には〝喜び〟ともみられる文字が書きつらねられている。

「一、米ノ回答全文接受。内容ハ満洲事変前ヘノ後退ヲ徹底的ニ要求シアリ。其ノ言辞誠ニ至レリ尽セリト云フベシ。

二、米ノ世界政策ノ対極東政策何等変化ナシ、現状維持世界観ニ依ル世界制覇之《これ》ナリ。

三、今ヤ戦争ノ一途アルノミ」

連合艦隊の宇垣《うがき》参謀長も、翌二十九日のこととなるが、日記『戦藻録』にハル・ノート全文読了後の壮んなる意気を書きつけている。

「帝国ノ主張スル処ハ一モ容ルル処無ク、米本来ノ勝手ナル主張ニ、各国ノ希望条件サヘ多分ニ織込マレアリ。今更何ノ考慮ヤ研究ノ必要アラン、米国ヲヤッツケル外ニ方法ナシ。之丈《これだ》ケ云ヒ度事《たきこと》ヲ主張セラレテハ、外交官ハ固《もと》ヨリ、如何ナル軟派モ一言ノ文句モアルマジ。明瞭ニシテ可ナリト云フベキデアラウ。呵々」

十一月二十三日いらいの参謀長の危惧《きぐ》や逡巡《しゅんじゅん》や懊悩《おうのう》は、一気に雲散霧消したようである。

この日（二十八日）、東条内閣は午前十時から定例の閣議をひらき、宇垣のいうように「一言の文句も」なく、全閣僚は一致して「自衛のため戦う外なし」の結論をきめた。閣僚はだれもがホッとしたような顔になった。この結論が対米英開戦の正式決定にそのままなるわけではないが、これで軍部と政府が一つになって、開戦意思を確認しえたことになる。

東郷外相はこのあとハル・ノート全文をたずさえ宮中に参内し、天皇に報告した。天皇もまた大いに失望し言葉を失うばかりであったという。

軍部がそうであったように、日本の政界そして官界もこぞって、いまや定まった明確な意思のもと、戦争準備を冷静にすすめねばならないときがきたのである。各省のトップが行動を開始する。東郷外相がとくにせわしなく動きだした。外交交渉は二十九日まで、ということは、その期限の切れた直後の日曜日、十一月三十日に軍部は攻撃の火蓋を切ると、外相は思いこんでいたからである。残すはあと二日しかない。

まず最初に気にかかることは、はたしてドイツも同盟の条項どおりに、対米開戦に踏み切ってくれるであろうか。いや、それよりも何よりも、ワシントンのこれからの動きにたいして、きちんと訓令しておかなければならない。そこで東郷は野村あてに、念を押すかのような長い電報を発信して、現地の注意をうながした。

「今次の如き理不尽なる対案を提示せるは、すこぶる意外かつ遺憾とするところ、わが方としては到底右を交渉の基礎とする能わず。したがって今次交渉は、右米案にたいする帝国政府見解（両三日中に返電すべし）申入れをもって、実質的には打切りとする他なき情勢なるが、先方にたいしては交渉決裂の印象を与うることを避けることとしたき……」

苦肉の策もいいところである。事実上はハル・ノートによって決定的に交渉決裂しているのであるが、表面上は決裂していないかのように外交交渉をつづけよ、という訓令である。うけとった野村と来栖は、いくらかあきれつつも、つぎは戦争という事態の重大さに改めて粛然となった。

ワシントン時間で、二十八日夜に着電したこの電報は、当然のことのようにアメリカもマジックにより承知した。交渉妥結の期限ぎりぎりの二十九日（東京時間）は、ワシントンでは二十八日。となれば、日本の作戦行動は目睫の間に迫っていると考えられる。それまでは、何とか欺瞞外交をつづけよ、という東京からの訓令である。ハルはこの解読電を読むことでただちに直観した。

「来栖の使命の第二の段階が近づいている。かれの第一の使命は日本のアジア支配をわれわれに承認させることであった。第二の使命はこれが失敗に終った場合、日本の軍部の攻撃準備ができるまで、会談でわれわれを釣っておくことである」

念のために書くが「来栖の使命」などはない。そこには思いこみによる誤認があるが、日本の攻撃がすぐそこにまで近づいているというハルの認識は、あまりにも正しかった。

●「ヂリ貧を避けようとしてドカ貧に」

十一月二十九日。土曜日。天候は曇り、のち雨、海上には霧がでたが、荒々しい波濤もなく、むしろ平穏である。五航戦の空母瑞鶴《ずいかく》と翔鶴《しょうかく》にたいする燃料補給が終り、ハワイへ向け東進中の機動部隊は夕刻より狭視界航行に移る。東京の福留作戦部長より日米交渉の決裂必至の電文が伝えられる。

空母赤城の飛行長増田正吾大佐は日記にこう記した。

「東経一七〇度に近づく。海外向け短波放送のニュースを聞く。

『二十六日、日米第四次会談の顚末《てんまつ》は、最後の段階に達したるもののごとし』サイは投げられた。矢はすでに弦を離れた。われらは宣戦の蕪矢《かぶらや》（ママ）となって飛びつつある。X日はまだ遠い。夕方から雨となり間もなく濃霧となる」

南雲中将の機動部隊の将兵が、途中で引返す公算がかぎりなく零に近くなった、開戦は必至の覚悟をきめている。

余談であるが、わたくしが雑誌編集者であったころ、真珠湾攻撃に参加した攻撃隊総隊長淵田美津雄中佐、加賀戦闘機隊分隊長志賀淑雄大尉、飛龍雷撃隊分隊長松村平太大尉、蒼龍水平爆撃隊分隊士山本貞雄中尉、翔鶴水平爆撃隊員大久保忠平一飛曹の五人の方に集まっていただき座談会「われ真珠湾上空にあり」をひらいたことがある。その折に、ハワイまでの長い航海のあいだのことが話題になっている。当時の状況がよくわかるので、少々長く引用する。

山本　そうとうな悪天候が続きましたね。しかし、ちょうどいいぐあいに、天然の遮《しゃ》蔽《へい》幕《まく》になって、敵の偵察機からは見られないようになりましたね。

淵田　ただ、洋上補給がいちばん問題だったけれども、そういう日はおだやかで、やはり天佑は我にありとおもっておったンよ。（笑）

大久保　荒天が続きますと、格納庫の中の車輪を締める鎖が揺れるたびにギギッ、ギギッと音がするのがすごく印象的で、真珠湾というといまだにあの音を思い出しますよ。飛行機がズズッ、ズズッと。

山本　とにかく、格納庫の隔壁が揺れるのでしょう。ドーンと波がぶつかり鉄の壁がふくれるんだから。

淵田　ぼくは赤城の搭乗員に真珠湾をやっても、帰るまで酒を飲むことあいならんと言ったんだ。それはアメリカの雑誌で、日本海軍航空隊は恐るべしだが、パイロットが酒を飲んでいるあいだは大したことはない、と書いてあったからなんだけれども、そうしたら十二月二十三日に日本に帰るという予定をだれか知りやがって、カレンダーに盃《さかずき》と徳利の絵が描いてあった。（笑）

志賀　「太平洋夜話」というのを比叡《ひえい》でつくっていて、それを手に入れて、さらに加賀で描いた絵をならべて展覧会をやりました。春画なのですが、四国のお寺にあったのを拡大して色をつけたものでしてね、われながらきれいにできた。（笑）

松村　戦闘機は甲板待機というのがありましたね。

志賀　ええ、六機ほどやっていましたけど、それでも十何日間ヒマでしたね。

……（以下略）。

東京では、この日午前九時半から、天皇の「重臣たちの意見も聞くように」との意向をうけ政府と重臣（首相経験者）の懇談会が、宮中の千種《ちぐさ》の間でひらかれている。出席の重臣はいずれも元首相の、若槻礼次郎、岡田啓介、広田弘毅、近衛文麿、林銑十郎、平沼騏一郎、阿部信行、米内光政の八名であり、原枢府議長がこれに加わった。政府側からは東条、嶋田、東郷、賀屋および企画院総裁鈴木貞一が出席、統帥部からはだれも姿をみせていない。

憲法上責任のないものが重要国策に参与するようなことは適当ではない、との反対論もあったが、天皇の提案であり要望であるゆえ、元首相との懇談会が開催されることになった。「政府が所要の説明を行い、重臣の納得を求めること」という体裁をつくろっただけで、骨抜きのものとして、である。これも開戦へ突き進むための事務手続き、いや儀式の一つということになろうか。

しかし実質は、重臣の何人かが真剣になり、通りいっぺんではない激しい論戦の体を呈したのである。東条の、自存自衛のため対米英戦争の避けえない事態になったことへの、一時間に及ぶ長い長い説明があり、さらに一時間近く東郷が日米交渉の経過をのべ、突きつけられたハル・ノートのショックを隠さずに吐露し、こう結論した。

「アメリカがこの最後的通牒を改めないかぎり、もはや交渉による妥結は不可能である。すなわちアメリカは対日戦争を辞せずとの考えであると判断せざるをえない」

外相のこの絶望的な感想を聞いた上で、十一時半ころより質疑応答に入っている。真剣な討議がつづき、午後一時になっても終らなかったが、ともかくここでいったん休憩。そしてずっと待っていた天皇とともに、御学問所で重臣たちは遅い昼食をともにする。そのあと首相以下閣僚ともども二時から約一時間、表御座所において、天皇との懇談となった。天皇は「大変むずかしい時期になったね」といい、各重臣の意見を聴取する。木戸内大臣もこのとき列席した。それが終り、もう一度、政府と重臣との懇談が千種の間でひらかれ、午後三時半すぎまでつづけられる。

これまでこの重臣会議については、たとえば、阿川弘之『米内光政』には「彼（米内)が『ギリ貧を避けようとしてドカ貧に陥らぬよう』と言上したのは、この『参内』の時である」とあり、また『木戸日記』がしばしば引用される。すなわち、

「若槻——わが国民は精神力においては心配なきも、物資の方面においてははたして長期戦に堪えうるや否や、慎重に研究するの要あり。午前中政府の説明もありたるが、これを心配す。

岡田——今日は真に非常の事態に直面せるものと思う。物資の補給能力につき充分成算ありや、はなはだ心配なり。先刻来、政府の説明ありたるも、いまだ納得するに至らず。

(平沼、近衛の発言を略す)

米内——資料を持ちませんので具体的な意見は申し上げられませんが、俗語を使いまして恐れ入りますが、ギリ貧を避けんとしてドカ貧に陥らない様に、充分のご注意を願いたいと思います」

であり、とくに米内の「ギリ貧を避けんとしてドカ貧に陥らぬよう」が、耳に入りやすい俗語であるだけによく知られている。

参謀本部の覚書(「御下問奉答綴」)にも同じ言葉がみられる。重臣たちの意見として、「大体の意向は、対米忍苦現状維持を主張するもの三分の二、対米開戦已むなしとするもの三分の一にして、前者は積極開戦は『ドカ貧』に陥るものにして、現状維持は『ギリ貧』なり、『ギリ貧』中なんとか策を廻《めぐら》すを適当なりとする主張にして、御前にて所

懐を陳述せるときも、広田、林、阿部以外は現状維持を進言し、現状維持論にたいしては総理はいちいち反駁説明し、お上も納得ありしものと察せらる。積極論は広田、林、阿部にして、特に阿部は強硬に主張せり。現状維持論は岡田、若槻もっとも強く、特に岡田は主張せり」

この覚書は、いくらか手前に都合のいいように「総理はいちいち反駁説明し」としているが、天皇の前ではこのような論戦はなかった。

それはともかく、この覚書と『木戸日記』の記載とは、ほぼ合致している。表御座所での天皇と重臣の懇談は、ほぼこのようなものであった。そして実際の論戦は、天皇のいない千種の間での重臣対東条のそれということになる。そこには木戸は出席していないから、メモのとりようもなかったのである。

この千種の間では、口八丁手八丁の首相が重臣を相手に、それに責任上からほかの閣僚の応援もうけて、長時間にわたって滔々とやっている。その内容はなかなかに興味深いものがある。アメリカ局長（当時）山本熊一氏の手記に基づき、それについて少しくくわしくふれておく。

●「理想のために国を亡ぼしてはならぬ」

懇談は若槻礼次郎がまず口火を切り、政府説明の内容をただした上で、つぎのようにいうあたりから論戦が開始される。

若槻　外相は交渉の最終期限がきたから十一月いっぱいで外交交渉を打切る外はないといわれたが、これは、つまり、それ以上は交渉の余地はないということか。
東郷　これ以上やっても意味がないということである。乙案は最大譲歩案であった。これも無視して、向うは手前勝手なものを主張してきた。これ以上は堪えがたい。
——首相がすぐ押っかぶせていう。
東条　つまり、外交にはもう希望がないのである。残されているのは、作戦を有利ならしめるために、外交を利用するだけである。近く御前会議を奏請し、ご聖断を仰ぐこととしたい。
——重臣のなかから「オッ」という声がいくつかあがった。
若槻　話がまとまらぬからとてただちに戦争とはなるまい。日米交渉が種々紛糾しているのは、南部仏印進駐のような最近の事態の発展に起因しているのではないか。また、日独伊三国同盟の影響はどうか。
東条　アメリカはわが仏印進駐措置を真にわかっていない。さらに三国同盟についていえば、日本は米国参戦阻止の目的で同盟を結んだが、米国は太平洋方面の安定を図り大西洋方面に進まんとする意図があるらしく、したがってドイツとの条約の死文化を希望している。
若槻　交渉が断絶せば、ただちに戦うつもりなのか。
東条　自存自衛と八紘一宇《はっこういちう》、すなわち東亜諸民族をしておのおのその所を得さしむる新秩序の建設を妨害せられては、日本としても立たざるをえない。今日まで外交交渉打開につとめ大いに自重してきたが、しかしいまや武力を発動しても、堂々たる正義の行動たるに恥じない。恐るることは何一つない。

――ここで東条は「自存自衛と八紘一宇」と発言している。その基礎となっているものは、まだ和戦両様の構えでいた十一月十一日の、大本営政府連絡会議において構想された〝対米英開戦の名目骨子〟であったのである。それには、

「一、大東亜の新秩序を建設して永遠の平和を確立し、進んで世界平和に寄与せんとするは、帝国不動の国是であること」

と堂々と戦争目的が謳いあげられている。東条の「八紘一宇」発言はその不動の国是を再強調したものなのであった。後にはマスコミがしきりにその語を紙面にだして、国民を煽った。そのことに重臣のなかで若槻礼次郎だけが奇妙なくらいひっかかっている。昼食後の午後の懇談でも、もう一度、若槻はむし返す。

「理論より現実に即してやることが必要なのである。したがって日本の面目を損じても妥協する必要があるのではないか。最後まで現実に即して不面目でも慎重考慮すべきである。不面目でも無謀な冒険はすべきでない」

つねづね八紘一宇すなわち〝アジアの盟主たらん〟といってきた国家としての面目なんて、このさいはどうなってもかまわん、とまでいいきる若槻に、東条は強くはね返す。

「理想を追うて現実を離るるようなことはせぬ。しかし、何事にも理想をもつことは必

要である」

若槻はなお喰いさがった。

「理想のために国を亡ぼしてはならぬ」

このやりとりからは、亡国を覚悟しても起《た》ちあがらざるをえない国家そのものの悲鳴が、切々として聞こえてくるようである。

さきに進みすぎた。重臣懇談会の討議にもどると――。

若槻　英米と戦えば長期戦となり、物資はますます減少し、ストックも二年三年ののちにはなくなると思うが、その点はどうか。

東条　長期戦の算が大きい。そこで油、ガソリン、鉄などについて重点的研究をとげ、しかも貯蔵量も全部さらけだし、その上の基礎に立って（開戦の）結論をえた次第である。なにとぞ政府を信頼してほしい。油は必要地域の占領の目算があり、三年後には逐次増大の見込みである。航空油はある程度危険性はあるが、作戦的用法によって何とか持ちこたえるつもりである。鉄は昨年度四七六万トンをえたが、三年後には増産の具体的見込みがついている。

――岡田がここで「今までの答えではまったく了解できない」として若槻にとって代り質疑の先頭に立つ。

岡田　物資の調達が南方進出で十分にできるとのご意見であるが、自分は疑いをもっている。なるほど南方には資源がある、原料もえられようが、しかし長い戦いではそれらを掘りだす労力もなくなる。（資源を日本へ運んでくる）船舶はどうなるのか。さし当り三〇〇万トンは必要であり、いまはやむをえず民間の一部を軍部に貸すとしても、のちに民間需要に返しうるのか。日本の造船力には限りがある。結局は物の輸送が窮屈になり、三年後には……（南方地域に）資源を山のごとくならべて、（日本国内は）赤貧洗うがごとき状態にならぬか。

東条　船舶は民需に三〇〇万トン確保がぎりぎりの予定である。危険性はあるが、国家の強力な政治力で、国民をひき緊める決意がなくては目的は達成しえぬ。船舶についても、追って陸海軍の配当を（民需に）返してゆきたい。造船力は年に六〇万トンはある。資源の点についても非常に心配な点があるが、検討の結果は何とかやってゆけると確信した。信頼を請う次第である。

岡田　どうも懸念が増すばかりである。いま船舶は六〇〇万トン（半分民需）ある、造船能力も相当あるというが、はたしてその通りゆくものか。（中略）軍需工場はかりに拡張せらるるも、いっぽう資材を南方からえることは口でいうほど容易ではない。資材獲得の根本問題について力を尽しておらぬのではないか。

――さすがに海軍出身の重臣だけに、岡田はいいところを衝いている。当時、日本が保有していた輸送船は六〇〇万トン、これは東条の説明どおりである。南方より資源や食糧を運ぶためには、半分の三〇〇万トンの船が最低限必要なのである。企画院の最終報告ではこの三〇〇万トンは現状なら確保できるとされている。それゆえに、南方の資源をえて国力維持・長期不敗の態勢をつくり上げるためには、いま開戦したほうが有利なのである。それが政府や軍部の判断であった。

しかし、この結論には大きな落し穴があった。米軍の攻撃によって沈没する輸送船の損害をどの程度に見積るか、である。正直な確率を担当者が算出して提出したとき、陸海軍の両大臣と両総長の四人は、これでは総辞職のほかはないと思わず叫んだ一幕もある。

そこで海軍当局があわててひっぱりだした資料は、第一次大戦でイギリスが喪失した船舶量で、その損耗率は年間一〇パーセント。これをもとに日本の損害を、第一年八〇万トン、第二年六〇万トン、第三年七〇万トン、つまり一年におおむね六〇万トン強と推算する。そして造船能力もまた年に六〇万トン強、これでプラス・マイナスの採算はとれるとした（実際に戦争になって沈没船舶は六〇万トンどころの話ではない。第一年度一二五万トン、第二年度二五六万トン、第三年度三四八万トンにのぼったが）。

岡田が、東条の「信頼せよ」との説明に納得せず、執拗に喰いさがったのはこのためである。

岡田　そもそも日本海軍は米軍の攻撃力を押えこむ力があるのか。

東条　この点はまことに重大である。二年後にも勝算確実なりと断言することはできぬが、しかし要地を確保して長期戦の基礎はつくり得る。

岡田　もちろん、その見透しがなければ日米戦争を決意することは不可である。が、いままでの説明によれば未知数の点が余りに多い。米国が現在のような戦力増強をつづけてゆく限り、比率差は大きくなり、危険性はあまりにも大きすぎるのではないか。

東条　万事は十分検討の上のことである。もし戦わない場合を仮定したら、その結果はどうなるであろう。米英がいっそう威丈高になるのは目に見えている。帝国としては、米英のいいなりに甘んずることはできないではないか。今日まで支那事変で十六万人の英霊を失っている。しかも現在二百万人以上のものが艱苦をなめている。この上に屈服に屈服を重ねることにはもう我慢ができぬ。いまのままに経過して、一両年後に戦端をひらかざるをえないような立場に押しこめられたとしたら、そのときにはもはや作戦は成りたたないのである。

――東条の壮語で懇談会は終るが、参謀本部の覚書が、開戦反対・臥薪嘗胆論を力説したのは若槻、岡田としたのは、まったく正しかった。しかしこの二重臣の必死の正論もまったく甲斐なく、会議は「政府が責任をもって善処するという以上、信頼するほかはあるまい」という結論をもって散会した。そして東条は天皇に全員一致で戦争を決意したことを報告したという。やんぬるかな、と思うほかはない。

『機密戦争日誌』にはこう書かれている。

「国家興亡ノ歴史ヲ見ルニ、国ヲ興スモノハ青年、国ヲ亡ボスモノハ老年ナリ。重臣連ノ事勿《ことなか》レ心理モ已ムナシ。若槻、平沼連ノ老衰者ニ皇国永遠ノ生命ヲ托スル能ハズ。吾人ハ孫子《まごこ》ノ代迄《まで》戦ヒ抜カンノミ。／午後三時半、重臣懇談終了。御上モ充分納得遊バサレタルガ如シ」

●「開戦日は八日である」

そして、この日にさらに重要な会議がこのあと宮中でひらかれている。午後四時からの大本営政府連絡会議がそれで、十二月一日にひらかれる予定になっている御前会議の議題を、つぎのように決定した。

「対米英蘭開戦ノ件

十一月五日決定ノ『帝国国策遂行要領』ニ基ク対米交渉ハ遂ニ成立スルニ至ラズ

帝国ハ米英蘭ニ対シ開戦ス」

ついで、日米交渉が決裂必至で開戦が切迫していることを、ヒトラーとイタリアの首相ベニト・ムッソリーニに伝達することを、外相から提案があって全員一致で決定する。終始、晴れ晴れとした面持ちで東条がリードし、具体的な開戦手続き事務をてきぱきときめていく。

ついで、では今後はワシントンの対米交渉をどうするか、について討議が移った。

「いまさら外交をやっても仕方がないではないか」という外相の言に、軍統帥部が、開戦が決定したとはいえ、交渉は作戦を成功させるためにゼスチュアとしてその日までつづけられたい、と口をそろえて主張した。この〝戦争に勝てるような交渉継続〟の要望に、即時開戦と思いこんでいる外相が、あっけにとられたように顔をあげ、

「外交をやるような時間の余裕があるのか」

と思わず大きな声をあげたのである。永野が低い声で答える。

「まだ余裕はある」

東郷は眼鏡の奥を光らせて問うた。

「いったい軍部は何日に開戦するつもりなのか。十一月三十日ではないのか。それとも十二月一日か。開戦日を私にも知らせてもらいたい。それを知らなければ、いかなる外交もできない」

賀屋蔵相もそれにつづいた。戦争がはじまれば株式相場は急落する可能性がある。それに備えて、何とかそれまでに手を打っておく必要があるから、と。

「それは……ですな」と永野の口はやたらに重かった。

「つまり、その、開戦の日は……」と、ここで極端に声をひそめて、

「それではいう、八日である。……まだ余裕があるから、戦いに勝つのに都合のよいように外交をやってほしい」

とやっといった。つづけて嶋田、海軍省軍務局長岡敬純《おかたかずみ》少将も、こもごもに絶対に相手に気づかれないように、と念を押した。

東郷はわかったとうなずいていう。

「となると、ワシントンのほう（野村と来栖）にも決定した旨を知らせてやったほうがよくはないか。海軍武官にはすでに通報ずみでしょうから」

「いや、武官にも知らせてはいない」

という永野の返答に、東郷は、海軍がなぜそれほどまでに計画を秘匿するのか訝しく思いながら、

「しかし、日本の代表をこのままにして置けないのではないか」

とさらに軍の意思に抗うようにいう。しかし軍部はついに承知しようとしなかった。

「それはいかん。かりに不運なことが起きようとも、外交官も犠牲になってもらわねばならぬ。最後のときまで、なんとしてもアメリカの反省をうながし、質問しつづけ、わが作戦計画を秘匿するように外交することを希望する」

東郷が無理に納得させられて唇をかみしめていると、だれの声ともわからぬひとり言が、沈黙の部屋にはっきりと響いて聞こえた。

「国民全部がこのさいは大石内蔵助をやるのだ」

その意は、その日のために、日本人すべてが何も知らぬかのように欺瞞工作をやらねばならない、というのである。それを聞いて一瞬、室内はあっけにとられたように沈黙に支配された。そして、これは幾分かの想像が入るが、この欺瞞の外交方式をつづけねばならないことが、①外交交渉の打切り時期とともに、のちの宣戦布告の問題に微妙にからんでくることになる。

そして実のところ、東郷の胸中に、開戦が一週間さきとなると、その通告をいかにすべきか、という大問題が湧き上ってきたのは、この会議を終えた直後のことと考えられ

る。

外務大臣室に戻った東郷は、さっそくベルリンとローマあての訓令を手配し、それはその夜遅く発信された。帝国は重大な事態に直面していることを、極秘裡に独伊領袖と会見し、連絡されたい旨を伝えたのである。

ところがベルリンでは、東郷の訓令電報が発信された少しのち（ベルリン時間二十九日午前十時半）、日本大使大島浩はリッベントロップ外相と会い、「日本が対米戦に突入したならば、ドイツはただちに参戦する」という嬉しい情報を聞かされているのである。

「われわれは、アメリカが強気に出ているので、日米交渉は、事実上、妥結成功の見込みはないという情報をうけとっている」と外相はいい、エッというようにみつめた大島を手で制し、

「それが事実だとすれば、やむなく日本はイギリスとアメリカを相手に戦う決意をすることになろう。そうだとすれば、それは日独両国の共通の利益になる。それだけでなく日本には有利な結果をもたらすであろう」

外相は例によって自分の言葉に酔うようにつづけた。

「日本が戦争することになれば、もちろん、ドイツはただちに対米参戦する。かかる状況下において、ドイツがアメリカと単独講和を結ぶことは絶対にない。総統はその点についてはすでに決意している」

大島は心のうちで大喜びした。拍手したい想いである。これは日本政府が心から知り

たがっていた直截簡明な保証ではないか。それをリッベントロップが聞かない先に、あっさりと確言してくれた。大島はさっそくこのことを東京へ報告した。

ところが、この十一月二十九日付のベルリン発の大島の電報は、アメリカの解読するところとなる。「リッベントロップは語った。『日本が対米戦にはいったならば、ドイツがただちに参戦することはいうまでもない。……』と」という大島の報告は、ルーズベルトにとっては、日本との戦争がドイツとの正面からの戦いの〝裏口〟になることが、いまや明確になったことを意味している。こうしてかれが企図していたように、日本に最初の一撃を撃たせることの意義はより大きくなった。日本がしきりに求めていたベルリンからの言質が、日本側が喜ぶよりもさらに大きく米大統領を喜ばせた、というのは、これこそが歴史の皮肉というものであろうか。

日本はそのようなこととは想像すらしていない。

この日夕刻、参謀本部第十一課（通信）参謀戸村盛雄中佐は、逓信省の検閲室を監督する白尾干城に電話をかけ、明日より警戒のために外国電報は「すべて五時間配達を遅らせるように」と伝えた。ただし、日本政府の電報と、ドイツおよびイタリア政府にかんするものはのぞく、と付言する。白尾は電話でこのことを中央電信局に命令した。開戦に向けての事務手続きはこうして着々と整えられていく。

●「これだけ読めば戦は勝てる」

十一月三十日、日曜日、タイ国とマレーの国境線にある五万の英濠軍は「タイ国へ侵入の軍備を完了した」と堂々と放送し、日本へなびこうとするタイ政府を恫喝《どうかつ》した。いっぽうで、シンガポールからのイギリス放送は、日本軍が仏印からタイへ侵攻する危険性を、連日のように叫びつづけている。タイのバンコックのアメリカ公使は、在留米人に正式な引揚げ命令を発した。

ここにおける状況は、もう開戦直前の様相を呈している。日曜日であることなど関係なかった。

事実、仏印にある日本軍の戦備はほとんど完整している。荷物の積み下し、積み込みも終え、部隊の右往左往の混乱もようやく収まった。カムラン湾の海軍部隊の出港準備はもう十全であり、海南島の三亜港において陸軍の将兵が輸送船に乗る準備もすでに終った。プノンペン、アンコールワット付近においては日本軍の大部隊の移動が開始されている。サイゴンのロイター通信はさかんに危機をつげる報道を書きまくった。

「日本軍国境に移動を開始せり。日本軍はすでに国境に集結しあり。タイ国を通過しビルマを衝くものの如し」

参謀本部作戦課参謀瀬島龍三少佐は、こうした「兵力運用」を担当していた。この日、マレー半島上陸部隊の集結地を海南島三亜港にえらんだ理由を、作戦会議において説明した。かれの上着の胸ポケットには、わら半紙数枚をつなぎ経本のように折り畳んだ「南方作戦準備一覧表」が入っている。かれが緻密な計算のもとに書き上げたもので、必要のときはこれをとりだして、びっしり埋めた作戦スケジュールを淀むことなく読みあげた。

「開戦日を十二月八日が最良といたしましたのは、このころ太平洋からマレー半島へ毎秒八メートルから十三メートルの季節風が吹くのであります。この風に乗れば輸送船団は通常の三分の一の時間でつく。途中での敵からの攻撃があっても、速力が速ければ被害は少なくてすむのでありまして……」

三亜港においては、第二十五軍の軍司令官山下中将が麾下の各師団に、「軍ノ任務ハ神速ニ『シンガポール』ヲ攻撃シ、英国極東ノ根拠ヲ覆滅スルニアリ」にはじまる命令を伝え、さらに香椎丸に乗船している第五師団の命令下達式に立会って、この日、つぎのように訓示した。

「余は龍城丸に乗り師団将兵とともに上陸する。航海中、龍城丸に万一のことがあれば、第五師団長が余に代って全軍を指揮す。もし香椎丸に事あらば、余は直接師団の各部隊を指揮せん」

山下は、二十九日から龍城丸に乗船し、船長室に起居をつづけている。

第二十五軍作戦主任参謀辻政信中佐は、ポケットに入るような小冊子の表紙をなでながら、作戦参謀朝枝繁春少佐にはじめて長い間の労を謝した。小冊子は『これだけ読めば戦は勝てる』と題されたもので、辻と朝枝両参謀の合作になるものである。対ソ戦を主体に寒冷地での訓練をしつづけてきた将兵五十万近くを、突如として南方に投入する。

そこで極秘のうちに、これを読めば南方のだいたいのことはわかるマニュアル本をつくったのである。

朝枝参謀はのちに語る。

「内容は、嚙んで含めるように判り易く、いろいろなことが書いてある。衛生の問題から兵器の取り扱い、何のために皇軍は南へ行くかという精神論もある。それから軍規を正しくせねばならない、現地の人間を可愛がれ、という東亜の盟主としての行儀作法まで。私は、これが後の作戦に非常に役立ったと確信しているんです」

たしかにいうとおりのものであったようである。「一、南方作戦地方とはどんな所か」には「英米仏蘭の白人が侵略した東洋の宝庫である」「一億の東洋民族が三十万の白人に虐げられてゐる」「石油、ゴム、錫等の世界的産地である」などのまっとうな項目がならんでいる。しかし、「二、何故戦はねばならぬか、又如何に戦ふべきか」になると、「土民を可愛がれ、併し過大な期待はかけられぬ」「土民の風俗習慣を尊重せよ」などの文字がみえる。そこからは日本人の優越性にたいする過信がそこはかとなく匂ってくる。

「朝枝君、これは兵隊さんの一人ひとりに渡すのかね」

「いや、分隊に一冊ということにしてあります。出港してからX日以降に封を切るように指示しておきました」

「いや、出港したらすぐ読んでおいたほうがよくはないか」

両参謀の会話はなごやかなものである。

ハワイへ向っている機動部隊では、この日の夕刻に小さな異変があった。機動部隊の前方をゆく先遣部隊（哨戒隊）の伊号二十三潜水艦が故障を起し、艦隊行動からの脱落を余儀なくされた。第八戦隊（重巡部隊）参謀藤田菊一中佐の日記にはその状況が概ねつぎのように記されている。同艦は二十七日左舷主機械調速器伝導歯車毀損し、調速器およびポンプ使用不能となり、発揮できる最大速力は十分の八を報告していたが、更に状況悪化しついに落伍するに至った、と。

そのほかにはまったく異状なし。海上平穏。北緯四二度五〇分、東経一七一度三二分の海域に達し、日没がやたらに早くなり、午後四時近くにはもう薄暗くなる。夜は霧も晴れ、月が煌々と大海原を照らしだした。異変など何一つなかったように、旗艦赤城よりの発光信号による命令があった。

「明一日、二航戦、八戦隊ノ補給、開始時刻〇五〇〇、速力十二節《ノット》」

●「大命降下をお待ちしております」

いや、異変らしい異変といえば、それは東京において生起している、といっていいかもしれない。十一月二十日付で軍令部作戦課参謀となった高松宮宣仁《のぶひと》中佐が、この日（三十日）午前十時、天皇によばれて参内、約四十分間にわたって話し合った。高松宮をよんだ理由は、当然海軍が中心となる対米英戦争について、いささかの憂慮を抱いている天皇が、作戦的な意味で弟宮から〝真実〟のところを聴こうとしたのである。

高松宮は、このとき率直に内情を話した。それは「海軍の真意は、目下手一杯で、できるだけ日米戦争を避けたがっている。真の自信をもっていない」という意味のことである。残念ながら『高松宮日記』にはこの日のことは欠けている。したがって、経緯は『木戸日記』から察するほかはない。

日曜日であるのに木戸は、精力的に宮家をつぎつぎに訪ねて動きまわり、ふだんなら出勤しないところを午後二時半に内大臣室へ出仕した。これを知らされた天皇はさっそく木戸をよんだのである。天皇は高松宮から聞かされたばかりの海軍の自信のなさの話を木戸に伝え、つけ加えた。

「いったいどうなのだろうね」

御前会議はもう明十二月一日に予定されている。いまさらどういうことか、と木戸もびっくりして、落着いて答えた。

「こんど決定されれば、後へ引けない重大な決定になります。少しでも不安があれば、十分念には念をいれて納得のゆくようにされたほうがよろしいかと……」

さっそく、明日の御前会議のこともあり折よく参内してきた東条が、質問の矢面に立たされた。

「この戦争を避けたいことは、政府はもちろん統帥部もみな感を同じゅうしております。すでに内奏申しあげましたように、事ここに至っては自存自衛上、開戦やむをえずと決した次第なのであります。しかし、海軍の作戦が対米英戦争の基礎をなすことでありますゆえ、少しでもご疑念があらせらるるならば、軍令部総長、海軍大臣をお召しのうえお確かめ願う次第です」

午後六時十分、二人の海軍首脳は急遽よびだされて、御学問所で天皇に拝謁した。緊張しきった二人に椅子をすすめてから、天皇は静かな口調で永野総長にたずねた。

「いよいよ時機は切迫して矢は弓を離れんとしているが、いったん矢が離れると元へは戻らず長期の戦争になると思うが、予定どおり進むのか」

永野は、天皇のものやわらかな様子にすっかり落着いて、ゆっくり答えた。

「はい、作業計画は万全であります。くわしくは明日の御前会議で奏上いたしますが、大命降下あれば、全軍が予定どおり進撃いたします。わが機動部隊はすでに真珠湾の西方一八〇〇海里に迫っております」

天皇はつづいて嶋田海相に視線を移してたずねた。

「大臣としてもすべてよいのだね」

「はい」と嶋田もはっきりといった。「物も人も、ともに十分の準備を整えて大命降下をお待ちしております」

嶋田は手記に書いている。「心の底からお嫌やな戦争を避けたい御念願と、国家として追い詰められた戦争に対せられる御勇気とを、親しく拝し上げたのであった」と。そう思うゆえに二人の海軍の責任者は、天皇の気持を休めようと、こもごも報告するのである。連合艦隊の訓練はゆきとどき、山本長官以下将兵の士気は天をつくばかりであること、十分に勝算のあること、この戦争はどうしても勝たねばならぬと一同覚悟していること……。それらの力強い報告に、天皇はじっと耳を傾けていた。

さらに天皇は問うた。

「ドイツがヨーロッパで戦争をやめるようなことがあったとき、どうするつもりか」

嶋田は答える。

「ドイツは真から頼りになる国とは思っておりません。たとえドイツが手を引きましても、まったく関係はありません」

ドイツの勝利を信じ、それをあてにして、ということが、戦争計画の根本にあったのではなかったか。それをドイツは頼りにならぬと考えているとは、どういうことなのであろうか。

「戦うは亡国かも知れぬ。しかし戦わざるも亡国である。戦わずしての亡国は、魂までも喪失する永久の亡国である」ということを永野はいったともいう。それは「日米戦争宿命論」の先頭に立つ永野の信念でもあった。「最後の一兵まで戦いぬけば、たとえ亡国となろうとも、われらの子孫はその精神をうけて再起するであろう」とも。

永野も嶋田も、すでに精神的に硬直しきっている。組織というものは防衛姿勢に入るとき、外圧が強ければ強いほど、攻撃的になるのを常としている。開明的な、合理的な、敵を知り己れを知る精神とは、まったく無縁のものなのである。それは神がかり的といわれている陸軍と、まったく変らないのである。

六時三十五分、木戸が天皇とふたたび会ったとき、天皇はいった。

「海軍大臣、総長に先ほどの件をたずねたるに、いずれも相当の確信をもって奉答せるゆえ、予定どおり進むと首相に伝えよ」

最後の和平へのチャンスはこうして失われていく。陸軍の最長老宇垣一成《かずしげ》の『日記』の翌十二月一日の項を引用しておきたい。

「日米交渉は将《まさ》に巌頭に乗付け来れり。短見愚直の儕輩《せいはい》局に当る、之《これ》又当然の帰結なりとも云へる。之を輓回するものは、至尊の稜威《みいつ》か国民の力に依る以外には求むること困難なり、噫《ああ》!!」

まさに天皇の稜威すなわち〝聖断〟によって起きたかもしれない「異変」は、その徴候をわずかにみせただけで、永野と嶋田、二人の提督の自信過剰の、無理にも確信しきったような断言によって、完全に押えられた。宇垣のいうとおり「短見愚直」の輩が国を誤る、というほかはない。

そして、この日、歴史的事実として、実に興味深い電報がロンドンよりワシントンに向けて打たれている。

「米英両国で、日本がこれ以上侵略をつづけるならば、重大問題を議会に提議せざるを得ないとの趣旨を、明確な言葉で宣明することを提案する」

チャーチル首相よりルーズベルト大統領あてに出されたものである。議会に提議する重要問題とは、すなわち対日開戦という由々しき問題である。しかし、ルーズベルトはこの提言を認めなかった。それにしても、これは、米英がこうした対日威嚇を強めることで戦争を回避しようという提案であったのであろうか。

どう考えてもそうとは思えない。もうすでにそのような段階ではないことを両首脳ははっきりと認識しているはずである。それに、アメリカの参戦を最高の政策としているチャーチルが、この提案を自分から言い出すのも不可思議ならば、ルーズベルトが結果としてまったく取り合わなかったことにも疑問符をつけないわけにはいかない。とすれば、歴史に残す免罪符として、ゼスチュアとして、チャーチルはこれを提案し、ルーズベルトはどうせ残すならばもっと明確にして有効なもののほうがいい、とひそかに考えていたのではないか。というのも、のちにふれることになる「天皇への親書」が、すでに国務省において書きすすめられていたからである。もし提案がなされたならば、日本はどれほど返答をするのに困惑したことか。それを想像してみるだけで背中に冷たいものが走る。

●「静寂が太平洋を蔽った」

チャーチルは『大戦回顧録』に書いている。十二月一日にはじまった「つぎの一週間は、ものすさまじい静寂が太平洋を蔽った」と。

いや、太平洋方面ばかりではなく、モスクワ正面の戦場も、突如として静寂に包まれたといえるかもしれない。ドイツ軍の攻勢は完全に停止した。零下二十度以下の見渡すかぎりの大地は白雪で覆われ、その上でドイツ兵たちは凍りついていた。飢えた兵士たちは凍死した軍馬を食べはじめた。ソ連軍も防戦につぐ防戦で疲労困憊《こんぱい》している。わずかに冬将軍の下で戦う方法を知っているがゆえに、辛うじて持ちこたえている。戦場全体が降雪と厳しい寒さに凍結してしまっていた。

「赤色広場線、クレムリンへおいでの方は、ここでご乗車下さい」

最前線のドイツ兵が、モスクワ行きのバス停留所で猛烈な吹雪をさけながら、辛うじて冗談を言いあっている。

「ところで、いつになったらバスは来る？」

「来るはずがないじゃないか」

援軍なし、補給なし。将軍たちは大規模な春季攻勢のために準備することを、ベルリンに進言する。

「否《ナイン》！」

ヒトラーは言下に退けた。

そうした苛烈な戦場とくらべれば、太平洋正面は静寂そのものであった。しかし、はたしてそれをしも静寂といえるのであろうか。たしかにアメリカやイギリスからみれば、日本に最初の一撃をやらせるための、静かに、ひたすら待ちのぞむだけの一週間であったかもしれない。いっぽう、その一撃をいかにして成功裡に撃つか、日本はこの一週間に全知全能をしぼりだしている。表面的には心配事は何もないような、波一つ立たぬ静穏さを示しつつ、水面下では悲観的あるいは絶望的な気持を押し隠し、欲しなかった戦争をいかにうまくはじめるか周到な準備をなすべく、官も軍も指導層は昼夜の別なく狂奔していたのである。

一般の日本人もまた、そうであったといっていいであろうか。いや、ぜんぜん違っている。一人ひとりの日本人は貧しく、窮屈で、従順な生活のなかに閉じこめられていた。官憲と相互の監視の下に、だれもが黙々としている。しかも、個人的なささやかな安楽さも、すでにうちつづく徴兵、動員、訓練、奉仕などによって奪われつくし、物資統制もあり、気持のうちはへとへとになっている。国民はほとんどが中国大陸での泥沼の戦争をつづけることに飽いていたし、これ以上に大戦争を欲するかのような、政府や軍のやっていることはいくらかは狂気の沙汰だと、内心では思ってさえいた。

国民生活は日中戦争の勃発いらいぐんぐんと息苦しいものとなった。物資面での不自由さなどよりも、精神生活のほうが耐えられないものになりつつあった。特別高等警察（特高）の監視の網の目は人びとの生活全体を覆った。それに憲兵である。生活の苦しさからくる不平不満はびしびしと摘発された。そして開戦直前の十一月二十二日、国民勤労報国協力令が公布されている。すなわち勤労奉仕は国民の義務となったのである。何かが起ってこの息苦しさを取り除いてくれたら、と人びとはひそかに念願しはじめていた。

作家永井荷風の『断腸亭日乗』はこのころの庶民のあわただしい動きを伝えている。

「暮方土州橋に往く。電車乗客混雑物すごきばかりなり。明後日より物品税倍額となる為、今明日中に物買はむと銀座日本橋へ人々朝の中より押掛るなりと、電車々掌のはなしなり」（十一月二十九日）

しかし、そのいっぽうで日本の政策の遂行に応じてつぎつぎに加えられた米英の制裁、具体的には借款の凍結、屑鉄輸出の停止、なかんずく石油封鎖には我慢のできない憤りをも感じていた。これらの制裁は、日本の進むべき路をどんどん狭め、国家を最終的には降伏か攻撃かを選択する以外にない立場に追いこんでいる。その結果、アメリカとの和平の代償に降伏するくらいなら、国民全体が自殺したほうがましだ、という思いつめた心情に、いつかかられはじめている人も多かった。

いずれにせよ、静かであるが鬱陶しい毎日がつづいている。先行きがぜんぜんみえない、重苦しい曇天をはらいのけ、スカッとした晴れ間をだれもが希求するようになった。だらだらと、いつまでつづくのかわからない忍耐の毎日に堪えきれなくなっている。どちらへ転んでもいい、何とか気持をすっきりさせて欲しいと思うのである。それで声高にとなえられている対米英強硬論を好ましく思いはじめている。

その、国家の運命を右するか左するか、「国の大事」を決する御前会議は、予定どおり十二月一日の午後二時からひらかれた。参列者は首相以下全大臣、参謀総長、参謀次長、軍令部総長、軍令部次長、枢密院議長、内閣書記官長、陸海軍省各軍務局長の計十九人である。閣僚のなかにははじめて御前会議に出席する閣僚もいる。戦争となったときの国内指導について意思統一する要があったからである。

東条は冒頭から、ハル・ノートの理不尽さについて強く抗議するようにいった。「もし帝国にしてこれに屈従するようなことになれば、帝国の権威を失墜し、支那事変の完遂を期し得ざるのみならず、遂には帝国の存立をも危殆に陥らしむる結果と相成る」、しかも連合国の経済的軍事的圧迫はますます強まる一方である、として、

「特に（わが国の）作戦上の要求は、これ以上、日時の遷延を許しません。事ここに至りましては、帝国は、現下の危局を打開し、自存自衛を全うするため、米英蘭にたいし開戦のやむなきに立ち至りました次第であります」

これをうけて永野が陸海軍を代表し、決意のほどをのべた。その最後は強い言葉で結ばれている。

「いまや肇国《ちようこく》いらいの困難に際会いたしまして、陸海軍作戦部隊の全将兵は、士気きわめて旺盛でありまして、一死奉公の念に燃え、大命一下、勇躍大任に赴かんとしつつあります。この点特にご安心を願いたく存じます」

天皇の発言は一言もない。それが御前会議の慣例である。杉山総長の残した文書（『杉山メモ』）によれば、「オ上ハ説明ニ対シ一々頷《うなず》カレ、何等御不安ノ御様子ヲ拝セズ、御気色麗《うるわ》シキヤニ拝シ、恐懼《きょうく》感激ノ至リナリ」と。この儀式によって開戦の〝聖断〟は下ったことになる。

会議は一時間ほどで終った。いまさら何も論ずることはないが、一つだけ注目すべき

は、原議長の質問である。ハル・ノートにいう「中国《チャイナ》」に満洲が含まれるかどうか、について。東郷がこれに答えている。

「四月十六日の米提案には、満洲国の承認とはっきりあったゆえ、中国《チャイナ》には満洲が含まれぬと解釈した。しかし、今回のように汪兆銘政権つぶしということになると、それは前言をすべて否認していることになるかと思う。つまり、満洲は当然のことチャイナに含まれていると考える」

列席者のだれもが、この点については、これまでの交渉経緯から問題なく「含まれている」と考えたのである。

こうして日本は、いまや自存自衛を全うするため、大東亜共栄圏樹立のためとか、アジア解放のためとかの〝理想〟のためではなく、正式の国策として戦争を決意した。

木戸は「二時、御前会議開催せられ、遂に対米開戦の御決定ありたり。四時半、首相来室、宣戦詔書につき協議す」と簡単に記している。すべて予定どおりなのである。

御前会議ののち、杉山・永野の両総長は列立して作戦開始にたいする大元帥命令を受ける。「このようなことになったのは、まことに已むをえぬことである。この上は、陸海軍はよく協同して作戦目的を達成するよう努力せよ」と大元帥（天皇）は言葉を両総長にかけた。こうして陸海軍にたいする開戦決定の統帥命令が発せられる。『機密戦争日誌』は高らかに叫んでいる。

「御聖断下レリ。真ニ世界歴史ノ大転換ナリ。皇国悠久ノ繁栄ハ茲《ここ》ニ発足セントス。百年戦争何ゾ辞セン」

　連合艦隊司令部ではこの日は夜になってから、午後五時発信「過日送付されていた密封命令書を開封せよ」の軍令部よりの命をうけ、密封書の封を切って大海令第九号を承知した。しかし、そこには「十二月上旬を期し開戦」とされているものの、「武力発動の時機は後令す」とあった。

　その時刻、山本長官は旗艦長門には在艦してはいない。中央からの緊急連絡があり、午後四時岩国駅発の急行で平服に着がえ上京の途にあったのである。あとの責任を負った宇垣参謀長は、大海令をうけて麾下全艦隊司令長官にたいし、ひとまず「決定す。X日は後令す」と親展電報を発令した。

　そしてラジオの伝える情報（静養先よりルーズベルト急遽ワシントンに戻る、英艦隊のアジアへの派遣など）を記した上で、宇垣は『日記』にこう書いた。

「アト一週間ノ雲行、可成《なるべく》平静ニ願ヒタシ」

　この日、機動部隊はハワイまでの航程の約半分の距離にまで達している。曇天のもとに風速十六、七メートルの強風が吹き、燃料補給を苦心して実施した。旗艦赤城の電信室は、東京から発せられるであろう開戦命令の到達に全神経を集中している。いよいよ、東経一八〇度線を越えるのである。これ以東の西経の海域は、ミッドウェイ島とアリューシャン列島キスカ島からの、アメリカ軍の哨戒圏内に入るのである。

●「大国としての信義にも関わる」

陸海軍だけではなかった。御前会議ののちに外務省内でも、開戦へ向けてのあわただしい動きがはじまっている。それは天皇の一言に発した。会議のあとわざわざ東条をよぶと、「最後通告を手交する前に攻撃するようなことが起らぬよう、十分に気をつけよ」、と天皇がねんごろにいったという。少しばかりあわてた東条は、天皇の注意を襟を正して、外相にそのまま伝えた。

しかしそれ以前に、東郷の手もとには、二十七日付のワシントンの野村からの電報がとどけられていた。開戦前に交渉打切りの意思表示を明確にしないと、これが逆宣伝に利用される恐れがある、と同時に、

「大国としての信義にも関わる」

と、野村はきつく外相に意見具申してきていた。

X日は交渉打切りと同時にくると思いこんでいた東郷は、いったんは通告をあきらめていた。通告を暗号にして送る時間的余裕はないゆえに。それに東郷には一つの考え方が、通告不必要の理由として別にあった。のちに東京裁判において行ったかれの宣誓供述書のなかに明瞭に示されている。

「この戦争は自衛の戦争であると思った。とくに日米交渉において米国がなした自衛権の解釈からいえば、明らかに自衛の戦争であった。而して余は自衛戦争においては宣戦の通告を要しないという意見の存することを知っていた」と。

その例として、一九一六年、アメリカはメキシコに遠征軍を派遣した。そのとき議会の宣戦の承認なしに戦闘をはじめているが、アメリカ政府の説明は「自衛行動である」というものであった。また、一九三九年、ドイツ軍のポーランド侵入にさいして、フランスはポーランドにたいする同盟義務を遂行するとして、宣戦布告なしにドイツへの戦端をひらいている。これまた自衛のためである。

東郷の判断のなかには、明らかに、受動的あるいは挑発されて武力を行使せざるをえない側には、宣戦布告の要はない、という考え方があった。ハル・ノートは、つまり挑発である。外相からしてみれば、疑いもなくアメリカの最後通牒（宣戦布告）であり、それ以外のなにものでもなかった。

国際法上において、この開戦通告の問題は、二十世紀の初めに世界各国の間でとりきめられた法規がある。一九〇七年に調印されたハーグ第三条約に、「開戦ニ関スル条約」第一条として、

「締約国は、理由を付したる開戦宣言の形式、または条件付き開戦宣言を含む最後通牒の形式を有する明瞭かつ事前の通告なくして、その相互間に戦争を開始すべからざることを承認す」（定訳）

としている。これが国際国家間のとりきめである。日本は、一九一二年（明治四十五）一月十三日にこの条約を批准しているから、当然これによって拘束される。ただ、開戦宣言は戦闘行為のどれくらい前に通告すべきかは、条約に規定されていない。相手

に対応の余裕を与えないよう開戦通告を行い、その直後に攻撃しても条約違反とはいえない。しかも罰則はない。

ただし、念のために書けば、日本帝国はすでにふれたように十一月二十七日、いったんは無通告開戦ときめていた。「開戦ノ翌日宣戦ヲ布告ス」と、X日プラス1において宣戦の詔書の公布をし、それを宣戦布告とする、と大本営政府連絡会議は決議していた。

東郷もまた「自衛戦争ゆえ」にという独自の判断があり、それに同意している。しかし、その後の東郷の頭のなかには、東条にいわれるまでもなく、国交断絶通告ないしは開戦通告の必要性が去来しはじめていたとみることができる。とくに野村の意見具申電を手にしてからその想いがいっそう強まった。「通告の手続きをとることが実際には不必要であることが明瞭であるにしても、国際道徳遵守の点において、日本の信用に疑いを残すよりは、かかる手続きを踏むほうがよいと考え」はじめたと、東郷はのちにいっている。

それゆえに東郷はさっそく、この日（一日）、通告に強く難色を示している海軍統帥部に働きかけている。ハワイ作戦の成否を〝奇襲〟に賭けている軍令部は、ここでもやはり明快な答えを返してよこさなかった。「よく考えてみたが、やはり戦闘開始の通告は、通常の手続きでやるのがよいと考える」という外相の説得に、伊藤次長はいった。

「とにかく、開戦の効果を大きくするために、交渉は戦闘開始まで打切らずにつづけていて欲しい」

東郷が「交渉はつづける、しかし通告はきちんとしたい」とそれを退けると、

「ワシントンではなく、東京で通告できないものか」

となお伊藤が喰い下ったのである。

「それは駄目だ。できない」

と東郷は拒否しながらも、そうか、この伊藤の質問は通告することに同意したという海軍の言質ともとれるではないか、とひそかに納得するところがあった。

外務省はがぜん水面下であわただしく活動をはじめた。ハーグ第三条約にあるように、純然たる開戦通告とするか、開戦宣言をふくむ最後通牒とするか、それとも単に国交断絶通告で十分か、省の幹部たちは連日の検討に入った。

外務省はまたこの日（一日）、ロンドン、シンガポール、マニラ、香港の各大使館あてに訓令を発信している。

「遅滞なく以下の処置をとり、本件については外部にたいし厳に秘匿されたい。乱字表一枚をのぞいて、電信暗号書（外務省、陸軍省、海軍省用）をすべて焼却されたい。焼却を終えたら『ハルナ』と回電ありたい。来往電のファイルおよびすべての極秘書類を焼却されたい。その他の秘密文書についても、外部の疑念を招かぬよう注意の上、同様の処置をされたい」

翌二日、駐英大使館をはじめ、各国の在外公館からはつぎつぎに「ハルナ」という電報が東京に向けて打たれている。ただし、ワシントンにはそれと同一の命令は送られて

いない。開戦通告の関係もあり、まだ暗号機械や暗号書が必要とみなされていた。

アメリカは、またまた書く要もないことながら、マジックでこの暗号廃棄の指令を解読承知している。そして残された記録によれば、なぜか、「暗号機械処分」のこの情報のみが、ハワイの太平洋艦隊司令部に送信されている。作戦部長スタークの気まぐれとしか理解のしようもない。とはいえ、キンメル司令長官は戦争の近いことを承知した。

●「ニイタカヤマノボレ一二〇八」

一日の夜に配達された十二月二日付の日本の新聞各紙の夕刊は、米国務省発表「野村、来栖両大使と会談予定」を大きく報じている。それを受けて二日配達の各紙朝刊は、社説でこの会談について論じている。

「……折衝最後の段階におよんで、米国は従来の原則論に立ち帰り、あくまで原則論を固執し、かつまたこれを唯一つの建前として、難きを日本に強ひ、交渉不首尾を見越して、その全責任を我が方に転嫁する一方的見解を突きつける態度に出たものの如くである」（朝日新聞）

「……わが国がいかに太平洋の前途と人類未曾有の惨禍とに顧念して、彼我主張に依然懸隔あるにも拘らず、なほ隠忍自重し商議継続の措置を講ずるといふも、アメリカ側が、該条約あるのみを知つて東亜の現実情勢に盲目たらんとする限り、わが国の努力も遂に空しである」（読売新聞）

「……米国の偽装平和論に、これ以上耳を傾けるのは徒労である。国民は今や一丸となつて、政府の断乎たる対策に満幅の支援を寄せてゐることを銘記すべきだ」（東京日日新聞）

もはや交渉の余地はない、アメリカの策略に乗るな、政府は毅然たれと、各紙は口をそろえて主張している。

たしかに、この朝刊が日本の家庭にくばられたころ、ルーズベルトはある種の策略行使にでていたといえようか。一日午後六時半（日本時間二日午前八時半）、大統領の指示をうけたスターク作戦部長は、在マニラのハート司令長官に電報命令を発している。

「防衛的情報哨戒に使用する小型船三隻をチャーターせよ。アメリカ軍籍であることを証明するための最小限の条件は、米海軍士官一名を指揮者とし、小型銃一挺、機銃一挺を積むことで十分である。……一隻は海南島と順化《ユエ》の間に、一隻はカムラン湾とサンジャックス岬の間のインドシナ沿岸に、もう一隻はカマウ岬沖に、それぞれ配置せよ。……」

ラニカイ号、イザベル号、モリー・ムーア号でよく知られるオトリ船である。指示された三隻の位置を地図上におけば、マレー半島上陸作戦の陸軍部隊をのせた日本輸送船団が、海南島三亜を出航してクラ地峡に向うコース上ということになる。日本軍の動静偵察といえば表面上はつくろえるが、明らかに日本に最初の一撃を誘発させるための好《こう》餌《じ》にしようとしている。米国史は、独立戦争、米西戦争、第一次世界大戦と、つねに自国船が撃沈されたことを理由に、対外戦にふみきっている。開戦のきっかけをそこに求めた偽装工作の意図はみえみえである。(2)

偽装工作といえば、日本側もやっている。この形勢緊迫のなかを、二日午後一時に、横浜港の大岸壁から日本郵船所属の龍田丸《たつたまる》が、五色のテープに彩られて華やかに出港した。離日を希望する在留外国人と少数の日本人が乗船している。行先きはロスアンゼルス経由バルボア(パナマ)で、目的は外国人船客を帰還させ、その地にある帰国希望の日本人を引揚げさせるためである。

当初は十一月三十日出港が予定されていたが、それでは十二月十三日ごろにアメリカに達する、そのとき戦争がはじまっていたら、そのまま米海軍に拿捕《だほ》されてしまう。そこで大本営海軍部は出発を見送らせていた。が、いまや米英蘭の諜報網はいつ日本が開戦するか虎視眈々《たんたん》と見張っている。もし予定されている龍田丸の出港が中止されたら、それを確かな証拠として、それだけでX日が想定される心配もある。

「龍田丸を出港させたほうがいい。それはX日は先のことだと、敵を安心させることとなろう」

と軍令部の参謀たちは判断した。それはまた緊張感をやわらげるのに役立つであろう。ならば、派手派手しく送り出そうではないか。そしていざとなったときに即座に引返しを命ずればよい。正しくは、旬日にして戻ってこさせるために、機密秘匿の一つの餌として出港させたのである。

日本の新聞の観測はこうである。「かりに戦争がはじまるとしても、この船が日本に帰ってからであろうとは、米国側をはじめ、われわれも百に一つの誤りない見透しと思っている。そうなれば戦端が開かれるのは、まず十五日すぎ？——かつて人類の死闘が行われたことのない太平洋もついに今となっては逆巻く波浪を避け難い勢いである」と。

大岸壁を離れようとする寸前に、龍田丸船長木村庄平は私服の海軍士官の訪問をうけた。船長も熟知のかれは、十二月八日に開けるようにと一通の封筒を手交した。それと一緒に箱包みを船長に渡すと真顔でいった。

「餞別を持ってきました。ただし洋上にでてから開けて下さい。それと……なるべくゆっくりと航海して下さい」

それだけを念を押すようにくり返していうと、かれはあたふたと下船した。海軍省軍務課員市川義守少佐がなんでまた私服で、と船長は少しく訝しく思ったが、出港間ぎわのあわただしさにまぎれ、ただちに忘れた。

洋上に出てしばらくして、包みを船長はひらいてみた。数挺の拳銃がきっちりとつめこまれていた。

龍田丸出港より三時間前の午前十時、大本営政府連絡会議は改めて開戦を八日（日本時間）と決定する。ワシントン時間で七日（日曜日）である。「ついては……」と永野総長がいった。

「ワシントンでの事前の開戦通告に賛成する」

海軍としての正式の態度表明である。しかも昨日の曖昧な態度とは大違いの積極さを示した。

海軍側のこうした決心変更には、その裏に山本五十六長官の強い要望があった。この朝東京に着いた山本はその足ですぐ平服のまま海軍省に入った。このとき、なによりもまず伊藤次長にたいして、予定どおり開戦となる場合には、と前提して、

「手切れの事前通告はかならず、かつ確実にやってもらいたい」

ときつく進言した。また省部中堅の対米英強硬派の面々にも「戦争は堂々とやるべきである。無通告奇襲攻撃などとんでもない。事前通告はかならず守るように」と、声を強めていった。東京の空気のなかに、真珠湾への奇襲攻撃を成功させるべく無通告開戦の意向のあることを、かれは心底から憂えていた。

これはあまり知られていないことであるが、海軍次官時代（昭和十一年から十四年夏まで）の山本は、『戦時国際法規綱要』を作成し、海軍部内に徹底させようと意を注いでいる。連合艦隊へいってからも、幕僚や艦隊の乗組士官を集め、四時間にわたって戦時国際法の講義を行ったりしている。それほどに強い国際法遵守の精神構造をもつ軍人であった。海軍首脳もその正論には脱帽せざるをえなかったのでもあろうか。

午後二時、杉山・永野両総長は参内し、連絡会議で決議した十二月八日午前零時以後武力発動を報告、天皇の允裁《いんさい》を仰ぎ、開戦日の裁可をえた。このとき永野の「X日十二月八日決定の理由」の上奏が興味深い。

「海軍機動部隊のハワイ空襲には、米艦艇の真珠湾在泊が比較的多く、その休養日である日曜日を有利といたしますので、ハワイ方面の日曜日にして月齢十九日に当ります十二月八日を選定いたしました次第でございます。

もちろん八日はアジア方面では月曜日となりますが、機動部隊の奇襲に最重点をおきました次第でございます」

すべての決定が真珠湾攻撃を基軸として考えられていることがよくわかる。

両総長は麾下の全軍にそれぞれ大元帥命令にもとづくX日決定の指令を発した。

午後七時三十分、海南島三亜の輸送船内にいる山下軍司令官は、南方軍総司令官寺内寿一大将からの電令をうけとった。

「ヒノデハヤマガタ」

隠語が意味しているのは、ヒノデは開戦日、ヤマガタは八日のことである。かねて開戦日については、十二月一日から十日まで、それぞれ㈠ヒロシマ、㈡フクヲカ、㈢ミヤザキ、㈣ヨコハマ、㈤コクラ、㈥ムロラン、㈦ナゴヤ、㈧ヤマガタ、㈨クルメ、㈩トウケフの順に、都市名による隠語がきめられていたのである。

山下はすばやく頭のなかではじきだす。X日が八日未明と決定したからには、出港は四日。いよいよその日が到来した。

瀬戸内の連合艦隊司令部は、午後五時ごろ、「大海令第十二号を開封せよ」の軍令部次長電をうけとった。そこでこの統帥命令にもとづき、山本長官の名をもって麾下全艦

隊にたいして、

「ニイタカヤマノボレ一二〇八」(3)

を電令する。五時三十分である。開戦日は十二月八日と決定された、予定どおり決行せよ、と下令したのである。ハワイへ向けて進撃中の機動部隊の電信員はこれをキャッチし、午後八時には南雲長官は赤城艦橋のうす暗い灯のもとでこれを読んでいる。この日の太平洋は終日南から烈風が吹き荒れていた。

機動部隊参謀長草鹿龍之介少将の回想がある。

「開戦か、引返せと命ぜられるか、一抹の不安は拭いきれなかったが、この電報により青天に白日を望むような気持になった」

そしてこの日、シンガポールにはイギリス極東艦隊旗艦として戦艦プリンス・オブ・ウェールズと同レパルスが到着したと、大々的にシンガポールの英軍当局は報じている。また艦隊司令長官にはトマス・フィリップス少将が任命されたことも。少将は参謀次長から転じてアジアの〝戦場〟に出てきたのである。イギリスもいよいよやる気になっている。当局は、この島は難攻不落となったと豪語し、新聞は「この両戦艦の威力でイギリス海軍がアジアの海を支配することができる」と書きたてた。

「かれら(日本)はアメリカにはやるかもしれないが、われわれにはやるまい。できっこない。あれは脅しにすぎない」

とシンガポール市民たちは一様に自信をもつことになる。

同じころ、ベルリンでは、宣伝省がもっと自信を大きくふくらませて、各新聞の責任者に重要な指令を送っていた。「明朝の新聞の第一面を、モスクワ陥落を大々的に報ずるためにあけておくように」と。しかし、勝報は夜がふけてもついに来なかった。

その夜、山本は海兵同期の親友堀悌吉（予備役、中将）に会いしみじみと語っている。

「とうとう決まったよ。万事休すだ。もし交渉が妥結をみるようなことになれば、出動部隊はすぐ引返すだけの手筈はしてあるが……どうもね……」

その夜の東京の街路は、一日から実施された六割の節電態勢のために、木枯しの吹きだすなか、歩行に不自由なほどに暗くなっている。永井荷風は『断腸亭日乗』にその様を記した。

「十二月初二。本月より電燈メートル六割節減の由。街上の灯も薄暗く家の内の燈火も力なげなり。此日晴れて風なし」

●「事の成敗は真に国家興廃の繫る所たり」

外務省詰めの新聞記者小川力の日記が残されている。少し長く引用する。

「十二月三日（水）

世界の関心は二十六日、米国より日本に手交された文書（ハル・ノート）に対して、わが国が何時いかなる回答を発するかである。われわれ外務省記者団も毎日、情報局第三部長との定例会見で、質問はきまって、『回答は出されたか』に集中されるが、堀第三部長の答弁は何等要領を得ない。

野村大使は二日、記者団に対して、

『日本政府はハル国務長官の通牒につき、あらゆる角度から慎重に熟慮している。日本の態度は出来れば戦争を避けることにある』

と語っている。ところが、ハル国務長官は三日の記者団会見において、従来の日米会談に関する沈黙を突如破り、会談の経緯、帝国政府にたいする文書等にもふれ、初めて詳細なる発表を行った。これによってハル長官がいわゆる基本原則論をむし返したことは明らかにされたが、突然なる一方的発表は、何等かこれを政治的に利用せんとするものと見られても止むを得まい」

そして同記者は、米新聞界の長老ハーストがサンフランシスコの新聞に寄せた時評を、全文引用している。

「ワシントンはアジアで戦争が起るか起らないかは日本にかかっているといっているが、これは真実でない。米国の政策如何によるのである。支那事変の発生いらい、米国は『負け犬にたいする同情』で支那を掩護してきた。……日本が米国に戦いを挑んでいるとみるのは誤りである。世界第三番目の上顧客である日本との貿易を断絶したのは米政府ではないか。日本は米国に何ら差し出がましいことをせず脅威を与えていない。……米国が日支両国との通商を平常とし、支那と日本とのことは両国にまかせておけば、明日には平和がくる」

重要な極秘決定を何も知らされていないマスコミも、それを読んで状況がわかったつもりになっている一般国民も、なんとも哀れなものよと思わないではいられない。こうした、平和への希求や祈願のさきのほうで国家意思はひそかに決定されており、ある日突然に、国民は戦火のなかに放りこまれるのを常とする。

のるかそるかの対米開戦を決議した日本政府と軍部はいうまでもなく、ひたすら待ちの姿勢に入っているアメリカ政府と軍部も、日本との戦争はもう織りこみずみなのである。アメリカはハル・ノートの提出、これを受けた日本は開戦決定によって、もはや交渉による和平をともに放棄してしまっている。

親中国派のルーズベルト、スチムソンはもとより、かならずしもそうではないハルも、ハル・ノート以降は戦争がいつ起ってもいいと決意を固めている。ワシントン時間の十二月二日に、スチムソンは宋子文に会うと、「もう少しの辛抱だ、そうすれば万事うまくいくだろう。そう蔣介石総統に伝えてくれ」といったという。

かれらの頭をかすかにでも悩ましているものがあるとすれば、日本がアメリカに直接にではなく、シンガポールや蘭印に手を出した場合、対日戦争へ入るのにアメリカ国民は賛成するか？　ヨーロッパの戦争にどこまで深く介入すべきか？　将来アメリカはアジアでどのような役割をはたすべきか？　などなどであった。それ以上に、かれらがいちばん心配しているのは、損害をかぎりなく少なくしてどうやって日本に最初の一撃を撃たせるべきか、であった。

その最初の一撃を計画し実行の指揮をとっている山本長官が、勅語をうけるために参内したのは三日午前十時四十五分である。山本はできるだけ人目につかないように平服で通していたが、このときは軍服をつけた。海軍の侍従武官城《じょう》英一郎大佐の日記にある。

「一〇四五　山本ロ/GF拝謁、御勅語を賜ふ。奉答。武官長のみ侍立。次で皇后宮拝謁、御言葉。賜物は追て賜はる。次で賢所《かしこどころ》参拝。

夕刻ロ/GFの奉答文を御前に奉呈す。聖上、一度御朗読の後、御繰返し三度位《くらい》の御読みあり。御満足の様子に拝す」

GFとは連合艦隊、ロは司令長官旗で、山本長官を示す略符号である。天皇が山本に贈った勅語は、

「朕茲《ここ》ニ出師《すいし》ヲ全ウスルニ当リ　卿《けい》ニ委スルニ連合艦隊統率ノ任ヲ以テス
惟《おも》フニ連合艦隊ノ責務ハ極メテ重大ニシテ事ノ成敗ハ真ニ国家興廃ノ繫《かか》ル所タリ
卿夫レ多年艦隊錬磨ノ績ヲ奮ヒ　進ンテ敵軍ヲ勦滅《そうめつ》シテ威武ヲ中外ニ宣揚シ　以テ朕カ倚信《いしん》ニ副《そ》ハンコトヲ期セヨ」

というおごそかなもので、これに山本は、

「謹んで大命を奉じ、連合艦隊の将兵一同粉骨砕身、誓て出師の目的を貫徹し、以て聖旨に応え奉るの覚悟に御座います」

と「奉答」した。そして、天皇があとで朗読し、三度ほど読み返した「奉答文」は山本のいいたいことを、宇垣参謀長がかわって書いたものである。

「今回の戦争は、未曾有の大規模なる対数ケ国作戦でありまして、連合艦隊といたしましては、非常に慎重なる考慮を要すべき次第でございます。作戦方針につきましては大海令によります。御命令及び指示を遵奉いたすこと固《もと》よりでございますが、作戦遂行上の精神といたしましては、帝国陸軍部隊と密接なる連繫をもって、協同作戦の完璧を期しますとともに、光輝ある帝国海軍の伝統精神をますます発揚いたし、情況の許すかぎり、先制奇襲、積極果敢なる行動を執りたい所存でございます。開戦後、作戦推移は予定通りすべてが満足に進捗するものとはかぎりませぬ。またある局面におきましては、損害多く、相当の苦戦に陥る場合なども起ることと覚悟いたしております。しかしながら、連合艦隊の将兵は、赤誠の一念と、必勝の信念とをもちまして、死力を尽す決心でありますれば、御稜威《みいつ》と、神助により、かならず作戦目的を達成し得るものと、深く確信いたしておる次第でございます」

山本は「作戦は予定通りに進捗するとは限らず」「損害多く、相当の苦戦に陥る場合なども起る」と正直なことをいっている。しかも「御命令及び指示を守ることは固よりでございますが」すなわち、かならずしも天皇の期待どおりにいかない場合もあるが、と類例をみない一句があったりする。いまになっては遅すぎるし、歴史に「もしも」はないが、永野や嶋田がこれくらいに真摯に天皇の質問に答えていたら……、という後禿《こうとく》の憾《うら》みをまたしても記しておかなければならないのである。

宮中を退去するやふたたび平服になった山本は、海相官邸で嶋田と懇談したが、海相をがっくりさせるほどしみじみとした口調でこういっている。

「野村さんは平和を願う立派な人だから、なんとか日米交渉をまとめてくれると願っているよ」

それが夢の夢であることを知りつつ、山本はなお〝聖断〟のあらんことを暗にいいたかったのかもしれない。

そしてこの日、マレー半島上陸作戦は航空撃滅戦と同時に行うことがきまった。陸海軍中央協定では、別に航空撃滅戦を完全にすませてから陸軍部隊が上陸する第二案が用意されていた。そこへ英戦艦プリンス・オブ・ウェールズとレパルスがシンガポールへ入港し、スピットファイヤー戦闘機部隊も到着している、という情報が加わった。自然のなり行きから第二案がよしとされる空気が醸成されたとき、上陸援護の海軍の小沢長官がずばりといった。

「南遣艦隊の兵力は、海上護衛、上陸援護とも十分ではない。しかもコタバルに手をかければ、英海軍はその伝統から察して、全艦隊をあげて反撃してくるであろう。この際、英艦隊をこの方面に誘致して、速やかに撃破するためには、コタバルにたいし同時上陸を敢行するのが捷径というものである。もちろん、コタバル強襲は相当の損害を覚悟せねばならない。が、開戦初頭の奇襲ゆえに成功の公算もまた大きい。よって南遣艦隊としては、コタバル同時上陸に同意する。俺は全滅を覚悟でやる」

これであれこれいう余地はなくなり、同時作戦ときまったのである。

第二十五軍の山下軍司令官は、ただちに大本営に軍機電報を発する。

「軍は四日早朝満を持して三亜を進発す。将兵一同誓って御期待に副《そ》わんことを期す」

マレー半島奇襲上陸を策す作戦、つまりは陸軍のイギリスへの〝第一撃〟もいよいよ動きだした。だれが何を希望しようと、回りだした戦争の歯車はもうとまらなくなっている。

●「希望は遂に失われたり」

十二月四日の夜が明ける。仏印に基地をもつ海軍第二十二航空戦隊（長・松永貞市少将）の九六式陸上攻撃機三十機と陸上偵察機三機による入念な偵察行が、仏印・比島・マレー間の広い海洋一帯に行われる。その報告がつぎつぎとサイゴンの司令部にとどけられ、南シナ海にはいまだ敵ならざる〝敵〟の艦艇も航空機の姿も認められないことが明瞭となった。

午前七時に三亜港をでた山下兵団の輸送船団二十隻は、多くの海軍艦艇に護衛されて、仏印の海岸ぞいに南下中である。先頭右列には熱田山丸、那古丸、香椎丸、龍城丸の四隻が縦にならび、左列は並行して笹子丸、青葉山丸、九州丸、佐渡丸……船と船との間隔は五百メートル、えんえんと細長い長方形の隊形をとっている。

龍城丸に乗船の山下中将のこの日の日誌にはこうある。

「七時出港、東西に日月あり」

そして欄外の「一億の一つ心に引く弓の箭《や》ははなたれり月日照る朝」という短歌一首におのれの心境を托している。山下の手もとにあるのは昭和十五年六月作成の小さな地図である。これには〝飛行場の所在および区別は資料不十分で正確を期し難い〟と註が刷りこまれている。こんな心細い地図を唯一の頼りに未知の敵地に大軍が一挙に上陸するという。前途に何が待ちうけているか皆目わからない。しかし、箭は放たれているのである。もはやまっしぐらに実行あるのみ、と山下は決意を改めてしっかり固めている。

太平洋上の南雲機動部隊は、前日午後十一時に東京発信の真珠湾の米艦隊在泊情報を、朝まだきにうけとっていた。「ハワイ時間十一月二十九日午後現在」戦艦六、空母一、重巡九、軽巡九、駆逐艦十八、その他であるという。知るかぎりの情報を刻々に送ってくれる軍令部の労を多とするが、問題は八日朝のそれはどうなっているかであろう。ただ、情報から判断して真珠湾のアメリカ海軍がとくに厳戒態勢をとっている徴候のないことが、機動部隊の将兵にとっては心強い限りである。

正午、機動部隊は北緯四〇度二〇分、西経一六四度零分の海域に達した。ここから針路を一四五度に変針、東進をやめて南下を開始する。いよいよ真珠湾に向っての進撃である。すでにオアフ島一三〇〇海里の圏内に入り、ハワイのラジオ放送がこの日の暮れ方からかすかに入るようになる。ホノルルの上空気象などの予報も流され、将兵のなかには日記に「有難くも気の毒なことなり」などと記すものもあった。南雲長官は警戒をいっそう厳にせよと全艦に下令した。

東京では、この日は午後二時から大本営政府連絡会議がひらかれ、「対米開戦通告」についての最終的審議が行われている。

海軍の伊藤次長がまっさきに口をひらき、「ワシントン時間で十二月七日午後零時三十分に開戦通告が手交されれば異存はない」というのに、真珠湾攻撃計画についてまったく知ることのない東郷外相が、確認するように尋ねた。

「その時間で攻撃開始までに十分な余裕があるのか」

伊藤がはっきりと答えた。

「そのとおりである」

これで時間のことは決定された。ついで内容が問題になる。杉山総長がまた、妙なことをいいだした。通告を一回だけで最終的なものとせず、若干の余地のあるようにやれないものか。この期《ご》に及んでのこの非現実さにはアッケにとられるけれど、最後通牒と交渉打切り通告とが微妙にこんがらがって、区別するだけの知識にすら、陸軍中央は欠けていたようなのである。

東郷は厳としていった。

「帝国政府からアメリカ政府へは、通告は当然のことながら一回のみであり、その後にふたたびいう余裕などはない」

こうして前もって配られていた外務省案についての論議が交わされる。この案文は山本アメリカ局長が起草したもので、これまでの日米交渉の経緯と、ハル・ノートを拒否

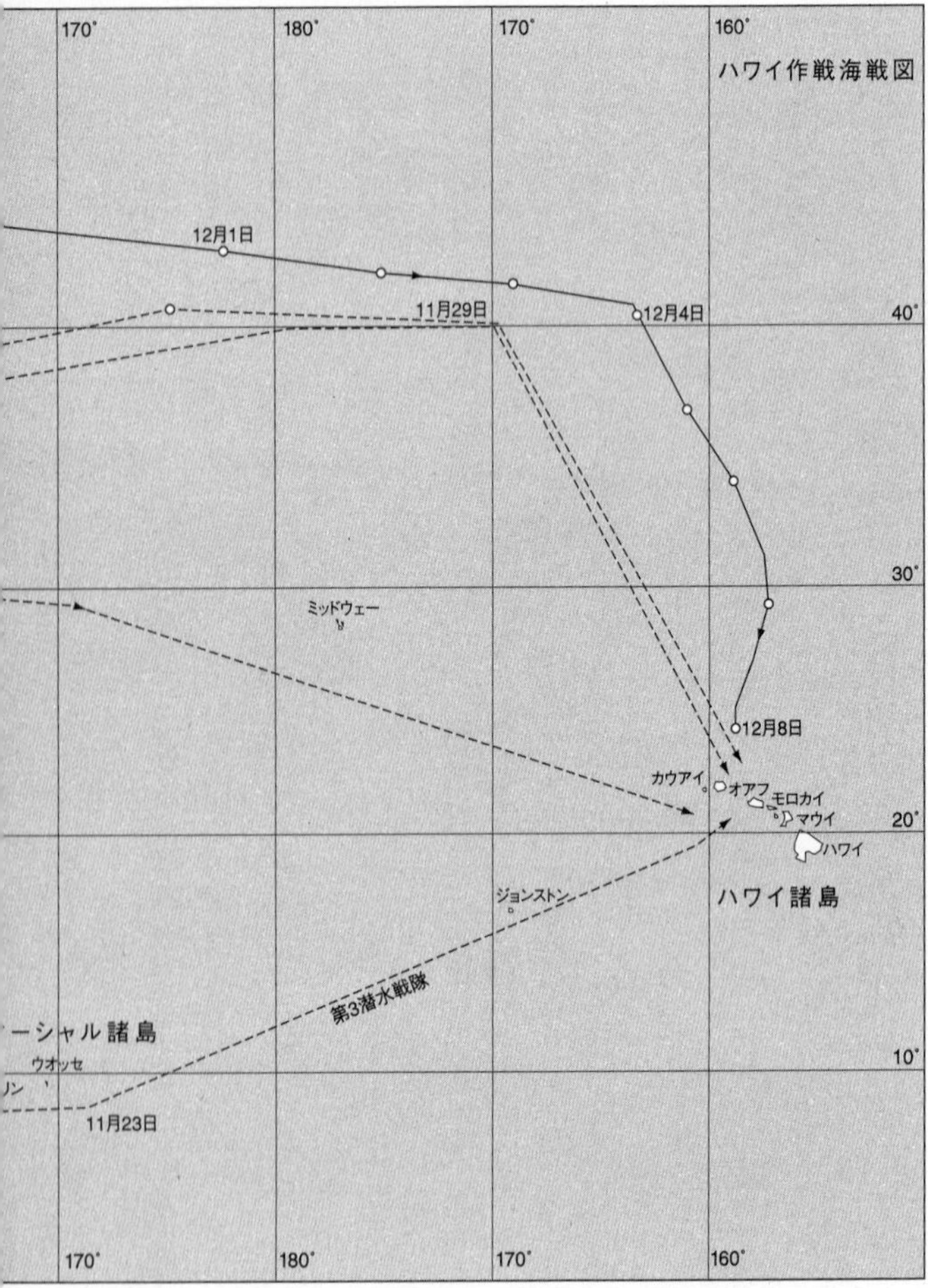
ハワイ作戦海戦図
170°
180°
170°
160°
12月1日
11月29日
12月4日
40°
30°
ミッドウェー
12月8日
カウアイ
オアフ
モロカイ
マウイ
20°
ハワイ
ジョンストン
ハワイ諸島
第3潜水戦隊
ーシャル諸島
ウオッセ
10°
11月23日

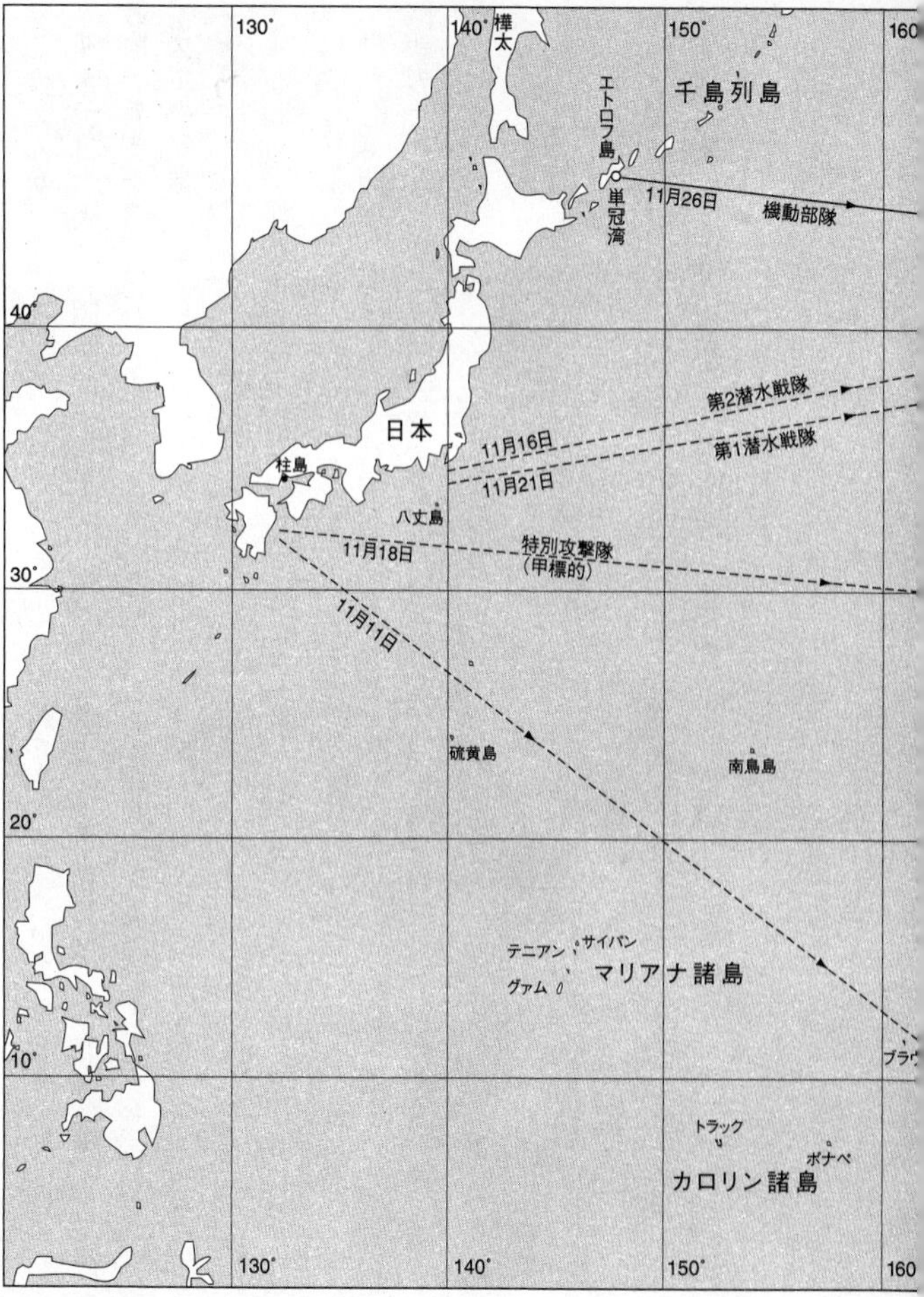
130°
140°
150°
160
40°
30°
20°
10°
樺太
千島列島
エトロフ島
単冠湾
11月26日
機動部隊
日本
第2潜水戦隊
第1潜水戦隊
11月16日
11月21日
柱島
八丈島
11月18日
特別攻撃隊
(甲標的)
11月11日
硫黄島
南鳥島
テニアン
サイパン
グァム
マリアナ諸島
ブラウ
トラック
ポナペ
カロリン諸島

するゆえんが正々堂々とのべられて、その末尾はつぎのように結論されている。

「斯《か》クテ日米国交ヲ調整シ、合衆国ト相携ヘテ太平洋ノ平和ヲ維持確立セントスル帝国政府ノ希望ハ遂ニ失ハレタリ。仍《よっ》テ帝国政府ハ合衆国政府ノ態度ニ鑑ミ、今後交渉ヲ継続スルモ妥結ニ達スルヲ得ズト認ムルノ外ナキ旨ヲ、合衆国ニ通告スルヲ遺憾トスルモノナリ」

すなわち交渉打切り通告となっている。これにたいして、海軍の岡軍務局長が意見具申するようにいった。

「はたして開戦通達としてこれで充分であるかどうか、の点についてであります。日露開戦のときと同様に、帝国ハ必要ト認ムル行動ノ自由ヲ保留ス、というくらいの文言を加えたほうがいっそうハッキリして、よろしいのではないか、と考えるのでありますが……」

外相は「変更の必要はないと考える」とはっきりしている。

「そもそもがアメリカのほうから、日本に戦端を切らせるように仕向けたのであります。これを挑発といわずして何と申しましょうか。ゆえに、交渉打切りを主張するだけで、アメリカ政府には宣戦布告であると明確に理解されるはずであります。これで必要かつ十分なものがあるのであります」

東郷は「交渉打切り通告に武力行使の意図を明示せざりし事は普通の事にして、右明示を期待するは寧ろ不思議と云うべし」と、少しのちの十二月十日発出の出先公館あて訓電でも、不動の信念を吐露している。

事実、ルーズベルトもハルも、のちにまた書くことになるが、これを受けとったとき、はっきりと宣戦布告として受けとっている。東郷の宣戦通告の目的は正しく達成されているのである。

連絡会議は、結局、案文は外相一任ということで、開戦通告の問題の論議を終えた。

この、開戦通告を誤りなく手交するという国策決定を、何よりのことと喜んだであろう山本長官は、午後三時、東京駅発の特急でふたたび連合艦隊旗艦長門《ながと》に向って去っていった。いぜんとして新聞記者の目などにつかないよう平服である。

特急が横浜駅についたとき、親友の堀悌吉がひそかにかれを見送った。何を語ることもなく、じっと見つめあったままでいたが、列車が走りだす直前に、山本は、

「ありがとう……もう俺は帰れんな」

と、それだけのことをいった。事実、昭和十八年四月、ソロモン海域で機上戦死するまで、山本は二度と東京の土を踏むことはなかった。

同じころ、新聞各社は大本営海軍報道部から面白い申し入れをうけている。明五日、そして六、七日の三日間、毎日三千名の水兵に東京見物をさせることになった。ついては写真入りで大々的に紙面で報道してもらいたい、という。

三日間で一万人に近い水兵が東京に押しかけるというのは、普通でも海軍は半舷上陸といって、乗組員の半数は艦に残しているから、相当の大艦隊が横須賀軍港に入港し碇

泊していることになる。しかも、この年の春から、水兵の兵帽は艦船名のペンネントをとってただ「大日本帝国海軍」とされている。部外者にはどこの艦隊か知り得べくもない。新聞各社は、いったい今ごろ海軍さんには何か記念行事でもあったのか、とすっかり面喰らった。

さらには、別の情報で、外務省も明日あたりに在京外国大公使館員を歌舞伎座に招待して、観劇の夕べを催すという。

新聞社によっては、こうした殊更の上からの平和ムードに、うさん臭いものを嗅ぎとるところもあった。それに、いかに世はなべて事もなしという雰囲気を高めようと、現実には状況のきびしさは日ごとに増大している。この日の夜、東京には警戒警報が発せられ燈火管制で、町がいっぺんに真っ暗になっている。演習とは承知しつつも、警防団員がメガホンでしきりに叫ぶ「警戒警報発令!」の声が、人びとが急ぎ足に歩いている大通りに不吉な響きをともなって、しばらく木魂《こだま》した。

随筆家にして芸能家の徳川夢聲がこの日の日記に書いている。

「――日米会談、相変らず危機、ABCD包囲陣益々強化、早く始まってくれ」

のちに回想して、夢聲はこんなその当時の感想を記している。

「まったく一日として神経の休まる日はないのであった。私たちは今の言葉でいう、ノイローゼになっていた。これ以上、こんな緊張の日々が続くのは堪えられない」

それはほとんどの日本人に共通しているやり切れぬ気分というものであったであろう。

まるでそうした国民のやり切れぬ気持を見越したかのように、この日の、連合艦隊の宇垣参謀長の日記には、もう待っていられないといった心境が吐露されている。

「丁度ヨイ、寝込ヲ襲フハ卑怯ニ非ズ、勝チ易キニ勝ツ所以《ゆえん》ダ。此ノ大敵、衆敵ヲ処分スルニハ、夫ヨリ外ニ出鼻ヲ挫ク方法ハナイ。世論モ、ソンナニ八釜シク無キ様ニ見エル。此ノ処、外交ノ不得要領ト併セテ、概ネ我意見ニ合ツタ指導振リナリ。賞メテ遣ハス」

そしてこの日、一日じゅう、数回にわたって、東京からの短波放送のニュースは、「東の風、雨。東の風、雨」とアナウンサーが天気予報を伝えていた。ほとんどの日本人が聞くことのない放送であったが。

●「目標一千万人の動員」

ワシントン時間十二月四日朝。東京では日付が五日に変ろうとするときであるが、ホワイト・ハウスを震撼したニュースが新聞に報ぜられている。ワシントン・タイムズ・ヘラルドの第一面に、

〈ルーズベルトの戦争計画〉

という大きな活字の見出しが、人びとの眼を射たのである。

この見出しの下に、いくらか小さい活字で、〈目標一千万人の動員〉とあり、「その半数は、ヨーロッパ、アジア、アフリカへ派遣。ナチス打倒のため、一九四三年七月一日

までに、陸上攻勢作戦、提案さる」と説明がなされている。

もとは、といえば、シカゴ・デイリー・トリビューン紙のチェスリー・マンリー記者が、この年の九月十一日に米統合参謀本部が策定した「勝利計画《ヴィクトリー・プラン》」という「最高戦争機密文書」をひそかに入手した。それを「文明社会の全域にわたって、人びとの運命を左右する決定事項や、公約を述べた驚くべき文書」として大々的にすっぱ抜いたのである。

「ルーズベルト大統領の命令により、陸海軍統合参謀本部の計画した秘密報告書によると、総計五百万にのぼるアメリカ遠征軍が、ドイツおよびその衛星諸国にたいし、決定的な地上攻勢にでるために、動員されるよう要求されている。この秘密報告書では、合計千四万五千六百五十八名の動員が計画されている。この計画は、これまでに経験しなかった規模の、少なくとも二つの海洋（太平洋と大西洋）と、三つの大陸すなわちヨーロッパ・アフリカおよびアジアとにわたる全面戦争の青写真である」

と書きだされた大スクープの記事は、ドイツ打倒のための米国の戦備が完整するのは、二年後、そのときまでイギリスおよびソ連が敗北するようなことがあっても、また日本が敵に加わっていても、アメリカは断々乎として戦わねばならない。そして一九四三年七月一日には、陸海空兵力一千万人が整備され、勝利は確実となる、と明快に主張されているのである。

もちろん人員だけではなく、一万五千機をこえる飛行機、一八〇〇万トンの輸送船団、そして世界一強力な艦隊、さらには厖大な戦備がともなっている。「勝利計画」は、それが間違いなく完整できると言っている。

つまり、この計画は、アメリカがヨーロッパ戦争に介入することをひそかに意図しており、その時機は目前にあるということを明らかにしているのである。さらには一九四〇年秋の大統領選で「あなた方の子どもはいかなる外国の戦争にも送られることはない。このことを、くり返し、くり返し、くり返し誓う」と宣言して、初の三選を勝ちとったルーズベルトの公約が、結局は単なる選挙演説にすぎなかったことを証明する〝爆弾〟のような文書であった。

さらに翌五日にもワシントン・タイムズ・ヘラルドは「勝利計画」の続報を、また大見出しで報じたが、ルーズベルトは少しも動じることがない。午前十時の記者会見では、「何もいうことはない。何かあればスチムソン長官がコメントするであろう」と突っぱねるだけであった。ひとつにはシカゴ・デイリー・トリビューンは孤立主義派を代弁する新聞として知られ、ルーズベルトの〝戦争介入〟政策に反対し、これまでにも批判をつづけてきていた。このためせっかくのスクープも、相も変らない一連の攻撃として、あえて政府筋は無視することも可能であったようなのである。大統領の強弁に世論も何となく納得してしまう。

しかし九月十一日に策定されたというこの計画は、まごうかたなく現実のものであったと考えられる。戦争がはじまってのち、アメリカではこの計画どおり軍備が整備されていく。といって、戦争態勢をアメリカが計画したと、一方的に責めてはいられない。日本陸軍もまた、南方作戦計画大綱にもとづく作戦部隊の大動員を開始している。それが九月十日。太平洋をはさんですでに両国軍部の〝戦争〟は激烈そのもののようにはじまっていた。軍の力学とは時を奇妙に同じくして同一方向に作動するもののようである。

しかもここからふたたび現代史の特性たる「藪の中」に足を踏み入れなければならなくなる。ルーズベルトの戦争計画とはそんな焦眉の急のときに作られたものだけではなく、もっと遠大な、綿密な、容赦のないものが別にもあったと説くものもある。そのことを指摘した著書が、一九九九年末にアメリカで出版されている。ロバート・スティネット著『真珠湾の真実』(Day of Deceit: the Truth about FDR and Pearl Harbor。邦訳は文藝春秋刊)がそれで、「対日開戦促進計画」という極秘文書が、日独伊三国同盟が締結された翌月の一九四〇年十月に、すでにアメリカ政府によって承認されていたというのである。

すなわち、ルーズベルトのお気にいりの海軍情報部極東課長アーサー・マッカラムによって起草された文書がそれであり、この本には付録資料としてその全文が掲載されている。そこには、日本をギリギリにまで追いつめ暴発をあえてさせ、「裏口から」ヨーロッパ戦争に参戦する戦略があざやかに描かれ、なんと、それは八段階のエスカレーションをもって成されているという。

これをこのままに、唯一のルーズベルトの大戦略と信じるならば(信ずる人がかなり多いのであるが)、日米交渉とは、乙案とは、ハル・ノートとは、と、これまで記してきたことすべてに疑問符をつけざるをえなくなる。つまりは歴史の因果関係などはなくなってしまい、人間の知恵や決断や苦悩や錯誤なども空しいこととなり、すべてはシナリオどおりの芝居、から騒ぎ、そして残るのは「欺瞞」だけということになる。だまされた日本は阿呆の骨頂なのである。とすれば、歴史に学ぶことなんか何一つない。

わたくしは正直なところ重要視なんかしていないが(4)、あえて「藪の中」の文書といおう。恐らくは「勝利計画」とか「マッカラム文書」とか、さまざまな戦略文書や戦術計画がホワイト・ハウスを中心に数限りなく作られたのであろう。そしてルーズベルトという人は信念とか信条とかではなく、「何でもござれ」の、その場の判断で動く政治家であった。ことの進み具合をすばやく見きわめ、何が利益になるかをすばやくつかむ完全な現実主義者である。どの文書が採用されるか、行き当りばったりであったと考えられる。真珠湾攻撃をめぐるルーズベルト陰謀説がしきりに取り沙汰されるゆえんなのである。

と、いずれにせよ確証のないことの周辺にいつまでもとどまってはいられない。さらに複雑怪奇としかいいようのない、底知れぬ「藪の中」に、このあとさらに首をつっこまなくてはならないからである。

●「手交時間を三十分間くり下げる」

ワシントン・タイムズ・ヘラルドの〈ルーズベルトの戦争計画〉に、首都の空気が大ゆれにゆれた四日の、陽が沈んだ午後六時、日本大使館の海軍武官補佐官実松譲《さねまつゆずる》中佐は、ノックもせず部屋に飛びこんできた当直無線士荻本健一兵曹の大声に、思わずのけぞった。

「武官ッ、風が吹きました。天気予報です。二度くり返しています」

とるものもとりあえず無線室にかけこむと、短波放送のアナウンサーの声がはっきりと聞こえる。

「……くり返して天気予報をお伝えいたします。東の風、雨。東の風、雨」

待ちに待った大いなる興奮の瞬間、といえようか。実松は深呼吸して落着くと、このことを横山武官に報告し、横山は野村にその旨を伝えた。同席した来栖は、来ましたか、と肩をすくめて返事をしたが、野村は何もいわずただ瞑目する。実松たちはただちに一台を残して暗号機械の処分の準備にとりかかり、暗号書やそのほかの機密文書を焼却のため庭につみあげた。

当然、アメリカ側もこの隠語放送を傍受し、その意味するところを承知した——と思われるのであるが、これが確実な証拠資料として残されていない。はたして最終的にルーズベルトの耳に入ったのかどうか。のちの審理や裁判で問題になったが、当事者の証言もきわめて曖昧のうちに終った。資料そのものも、何かきわめて都合の悪いことがあって記録から抹殺されたのか、あるいは初めからなかったのか、ほとんど不明確のままになっている。

この日本大使館にウィンド・メッセージの入ったワシントン時間の四日午後六時は、東京では五日午前八時。横須賀線田浦駅のプラットホームには海軍の水兵たちが押すな押すなと並んだ。海軍水雷学校の練習生五百名余である。もちろん水兵帽の「海軍水雷学校」のペンネントをはずし、「大日本帝国海軍」のそれにつけかえてある。かれらは、この日に東京へ向う三千人のうちの一部であった。

このほか横須賀海兵団はもとより、海軍砲術学校、通信学校、機雷学校の練習生にも動員がかけられている。

水雷学校の練習生たちは東京へつくと、隊伍をととのえて宮城前へ、つづいて靖国神社、明治神宮とまわり参拝を終えると、正午近くには有楽町の朝日新聞本社を訪ねた。そこで昼食をとる。学校によっては、その逆のコースをたどり、東京日日新聞本社あるいは読売新聞本社を訪ねることになっている。そして銀座通りを行進し、と、まさしく東京の中心街は東京見物の水兵さんたちであふれ返った。平和を誇示するデモンストレーションである。

こうした水兵たちが潮が引くようにさっと東京都心から消えたころ、午後四時十五分、参謀次長田辺盛武中将と海軍の伊藤次長とがつれ立って、外務省に東郷を訪問した。用件は、開戦通告の手交時間を三十分間くり下げて、日本時間十二月八日午前三時、ワシントン時間十二月七日午後一時にしてほしい、という要請である。

外相がその理由をあえて尋ねると、伊藤が正直に答えた。

「実は、自分が計算違いをしていました」

それは統帥部の駆け引きといったようなものではなかった。過去の洋上訓練などの結果、大艦隊による行動はしばしば計画より二十分ほど遅れることが多かった。伊藤はそのことに気づいたのである。南雲機動部隊の発進が二十分間も遅れれば、一時間前通告は一時間二十分以上も前の通告となる可能性がある。それでは敵に余裕を与えすぎる。それゆえの三十分間のくり下げなのである。

田辺次長も、陸軍の攻撃は海軍のあとになるので陸軍にも関係がある、といった。

「では、手交と攻撃の間隔はどのくらいあればいいのか」

と東郷が聞くと、伊藤は答えた。

「作戦の機密事項ゆえに申しあげられない」

「ならば」と東郷がつづけた。「手交時間を十二時半から午後一時に延期しても、攻撃開始まで十分に余裕はあるのか」

「その点は保証します」

と伊藤は簡単に答えた。

東郷にも、海軍が緒戦の極秘作戦、それも奇襲を頼みとしていることは察せられた。それにしても、と東郷は思う、作戦には絶対の自信があると明言しておきながら、奇襲でなければ緒戦勝利の見込みはないというのか、「戦争の前途を心細く」感じたとのちに記している。しかし、ともかくも東郷は軍の要求に応ずることにした。

このあと、帰りぎわに伊藤が念を押すようにしていった。

「われわれとしては、外務省が、ワシントンの日本大使館に日本から早すぎる通告を送らないように、強く要請します」

あるいは、この要請こそが、日本の通告遅延というのちの大失態をおこさせる遠因になったのかもしれない。

もうひとつ、この日にあった興味深い出来事にふれておく。米海軍士官一名の指揮のもとに、乗組員はアメリカ人とフィリピン人の混成で、日本軍の動静偵察という名のもと出撃を命ぜられた三隻のオトリ船のことである。実際に間に合ったのはイザベル号だけであり、十二月三日にマニラを出港した。この二本煙突で九〇〇トン、三インチ砲四門と機関銃四挺をつんだ船は、カムラン湾の沖合まで航行し、偵察任務についている。そして予定どおり五日のこの日、日本の哨戒機にうまく発見されることに成功する。ルーズベルトが意図した（といわれる）最初の一撃を日本に撃たせる絶好の機会が――と思われたが、日本機はしばらく三百メートルほどの上空をまわりながら写真撮影し観察しただけで、攻撃することなく姿を消していった。無念にも任務をはたせなかったイザベル号には、午後七時すぎ、ハート提督からのマニラへの帰港命令がとどけられている。

のちにイザベル号の副長マリオン・ブアース中尉は「自分たち小艇の任務は開戦のきっかけになる事件をつくることであったと思う」と率直に語るが、何とも面妖《めんよう》な、としかいいようのない作戦であった。

●「日本の艦隊は出撃している」

さらに、いよいよ面妖なことにふれなければならないときがきた。ピューリッツァー賞に輝く歴史家ジョン・トーランドが発掘し、そして元情報参謀レイトン少将もその著でふれ、さらにはテレビ・プロデューサーの今野勉氏が確認している一つの証言である。コロンビア大学が保管しているテープによる歴史記録（オーラル・ヒストリー・プロジェクト）のなかに、当時の政府職員としての女性の最高位者、フランセス・パーキンズ労働長官が、開戦直前の閣議の模様を詳細に語った資料があるという。

この閣議はワシントン時間の五日午後一時、日本時間六日午前三時にはじまった。まずハルが沈鬱そのものに、悪化の一途をたどりつつある日米関係を報告し、「時間がたてばたつほど、私はかれら（野村と来栖）が正々堂々と行動していないと確信するようになりました。陰謀を用い、曖昧なことをわざとくり返しています。あんなイヤな野郎どもは見たこともありません」と、口汚なくののしったというのである。

これによっても、ハル・ノート提示いらい、ハルの気力がすっかり失せていることが推察される。おのれの理念を押しつぶされた頑固な老人は、相手を悪しざまにいうことぐらいしかほかに能力の発揮しようもなくなっているのである。十二月に入って、持病の神経痛が昂進して、ちょっとのことでも風邪を引くほど弱った。ホワイト・ハウスへ出かけねばならないとき以外は、国務省の長官室で背中を丸くして坐っているばかり。そしてやたら居眠りをしていた。老顧問ホーンベックがその皺《しわ》だらけの寝顔を眺めながら、

「おお、セヴンティ（七十歳！）」

と、そのたびに意味もなくくり返し呟いた。ルーズベルトのかれへの信頼はすっかり薄れている。

いや、閣議の重大な場面はそんなことではなかった。問題の焦点が、いよいよ戦争となったとき日本はどう出てくるか、日本がイギリスを攻撃したら、われわれはどうするか、に集まったとき、ノックス海軍長官が、突然、声をはりあげていったという。

「大統領、われわれは、日本の艦隊がどこにいるかを知っているわけですから……」

ルーズベルトがあっさりと答えた。

「そう。知っているのだ」

そして閣僚を見回して言葉をついだ。

「みんなにも情勢が切迫していることを知ってもらっておいたほうがいいだろう。ノックスがいま言ったように、われわれは情報をもっている。いや、フランク（ノックス）、君から説明したまえ」

緊張しきったノックスは「つまり……その……」としばらく口ごもっていたが、「この場かぎりで外に洩らしては困るが、日本艦隊はすでに出撃している。かれらは港にではなく海上にいる」

ルーズベルトは非常にけわしい顔でうなずいていた。そして「われわれの情報によりますと……」とノックスがつづけようとしたとき、急に「ちょっと」とその発言をとめた。そして自分からいいだした。

「いや、日本の艦隊がどこへ向っているか、正確な情報はえていない。私も海軍も、かれらは南へ向っているのかどうか、検討中なのであるが……」

このあと、閣僚からは、目的地はシンガポールかもしれない、との発言があり、ノックスがそれを肯定する。と、パーキンズによれば、ルーズベルトがこのあとこういったというのである。

「しかし、かれらが北へ行っていないということが絶対確実ってことではない。君たちはかれらが、北へ行っていないという情報はもってない。君たちは方角について、なんら情報をもたない」

それはトーランドの著書によると、「なぜか大統領は言い張った。海軍長官たちの知らないことを俺は知ってるぞと言いたい顔つきだった」ということになる。

閣議は、「もし彼らがシンガポールに向け南進しているなら、わが国としてとるべき態度は何か。何をなすべきか」と大統領が閣僚に意見表明を求め、大勢が「イギリスが日本と戦う場合には、米国はただちにそれを支援する」という意見にまとまったという。どちらかといえば、孤立主義派のパーキンズもその意見に賛成した。それを聞いてルーズベルトは大いに満足した、ということで、この問題についての論議は終ることになる。ほんとうにルーズベルトだけが手にしている情報というものがあったのであろうか。[5]

さらにまた、この金曜日の閣議のとき、ルーズベルトはもうひとつ〝とっておきの外交手段〟のあることを明らかにしている。それは「日本の天皇への直接のアピール」つまり親書を送るという手段である。レイトンは著書で解説を加えている。

「これは一八五三年、マシュー・C・ペリー提督に託してミラード・フィルモア大統領が『平和と友好』のかの有名な挨拶を送って以来、アメリカの大統領が日本の天皇あてに送る初めての書簡となるものだった。八十八年後に、同じ手段がやはり有効かどうか疑わしいかぎりであったが、大統領は戦争を回避するには最早、これしかない、と判断したのだった」

はたして、そう判断したのであろうか。なぜならば、親書送達を明言していながら、その実行はギリギリの、もう間に合わないと思われるときまで延ばされている。太平洋あるいはアジアのどこかで最初の衝突の起る前に親書を送ることで、日本から何か意味のある回答がえられるものと、ルーズベルトは真剣に考えることがあったのか。はなはだ疑問である。現在知りうるかぎりにおいて、そうした熱意のほどは記録としては何も残っていない。

逆にいえば、もし親書によって戦争が起らないことになったならば、大統領はつぎにどんな手を打つ用意があったのか、想像の世界のことながら、これは大いなる興味を刺激される。実は何も考えられていなかった、とすべきなのであるが……。

つまりは、タイミングをうまく計って親書が発送される、とするならば、ゼスチュアにすぎないことになる。後世を意識して、いい記録を残すためにだけ、ということになる。それはもはや間に合わないことを承知して、という疑惑をうむ。そしてここにもまた、「大統領の陰謀」説の入りこむ余地がある。

いずれにせよ、この五日の閣議でのルーズベルトは、海軍長官も知らないような秘密の大統領情報室をもっており、かなり正確に日本軍の動きをつかんでいた、と思わせるような発言を残し、またそのように振舞っている。ノックスが、日本軍は南進しているのは確実で、北進はありえない、としているのに、「北へ向っているかもしれない、君たちは方角について情報はもっていない」といい切っている。

はたして、日本の艦隊が北進、すなわちアメリカ領土のどこかへ、たとえばアリューシャン列島へ、いやハワイへ向っているという情報までを、ルーズベルトはえていたのであろうか。

●「電波出したんや」

トーランドの著書は、この疑問にたいして「然り」と答えている。ルーズベルトは日本海軍の真珠湾攻撃を知っていた、と推論するのである。それを知っていながら放置していたということは、国家にたいする大統領の反逆行為となる。それを承知しつつ、第一撃を日本軍にあえて撃たせたと大胆な結論をだしている。

ただし、あくまで推論である。状況証拠からくるクロ説である。証拠となるべきものは、その一にジャワのオランダ軍の情報部がハワイに向う南雲機動部隊の動きを傍受電で探知していたこと。その二は太平洋上にあった客船ラーライン号と、サンフランシスコの第十二海軍区とがハワイの西北西の方向で、南雲機動部隊が発した電波を傍受していたというのである。この電波は連合艦隊司令部との交信であり、機動部隊の艦同士の交信でもあったという。

「十二月一日、またはっきり聞こえた。二時間も発信している。そして受信者は、日本からの電波をいちいち復唱している」

「十二月二日、電波はますます強くなった。大胆に一語一語、復唱するのがわかる。大きい発信艦は、受けた電文を再び近くの小艦艇らしいものに伝えているようだ」

これは何たることか。

トーランドの著書の訳者である徳岡孝夫氏も註記していたが、連合艦隊（瀬戸内海柱島、のち佐伯湾）と機動部隊との交信などはありえないことなのである。山本からの指示は完全に一方通行であり、それも機動部隊にたいして発するのではなく、全方向発信であった。行動中の各艦隊は自分たちに関係ある分だけを拾いあげる。ましてや復唱など常識からいっても考えられない。山本の司令部は「無線封止」を厳命しているのである(6)。

徳岡氏はいう、「推論はいくら精密にできても、かならずしも事実と一致するわけではない」と。わたくしも同感である。ナゾを解く鍵はやはり動かしようのない物的証拠しかない。伝聞証拠だけでは「藪の中」をさらに深い鬱蒼とした森にする以外の何ものでもない。

ところが、ごく最近に、トーランド説が極小にみえるほどにすさまじい新説があらわれている。さきにちょっとふれたスティネットの『真珠湾の真実』がそれで、なんと、この書は日本人にとっては驚天動地といわざるをえない情報（あえて事実とはいわぬ）を書きつらねている。すなわち、十一月末に単冠湾を出港した南雲機動部隊は、無線封止の大本営命令に気軽に違反し、ごくつまらぬ内容の連絡発信をくり返した、それをアメリカ側がそっくり傍受している。それゆえ、機動部隊が日付変更線をすぎてハワイに近接するまで、ほぼ毎日のように、「ここまでやって来た」と地図上に印をつけてその航行を承知していた、というではないか。南雲機動部隊はガラガラ蛇さながらである。これで〝奇襲〟がどうしてできるというのか。

米国側によって傍受された南雲長官坐乗の赤城の発した連絡電波は実に六十、その他を加えて傍受された無線通信など計百二十九、と指摘するこの本の記載を読んだとき、正直なはなしあきれ返って、腰のつがいがガクッと折れた。米軍情報史料にそうあるという。それが事実であるなら、戦闘集団としての日本海軍というものはない、ことになる。輝ける伝統も栄光もへちまもない。そして、大手をふって命令違反をする、そんなでたらめな集団に国防のすべてをゆだねていたわれら昭和の日本人は、地球上にかつて存在しなかった愚かな民族、という悲しき烙印《らくいん》を押されることに甘んじなければならない。ルーズベルト陰謀説とか国際政治の非情さとか謀略の無残さどころのはなしではない。われら日本人とは、それほどまでに真剣さやまじめさを喪失した、いい加減な、信頼のおけない、規律無視の、能天気な民族であったのか。

たしかに、わたくしは自分の耳で、南雲機動部隊が無線封止の命令を破ったことのある事実を聞いている。さきにも紹介した淵田総隊長や志賀分隊長たちが一堂に会した座談会においてである。

機関故障で落伍を余儀なくされた伊号二十三潜水艦をめぐっての話で、それはこんな風に語られている。

山本　途中で、艦隊から電波が出たということを後に聞いたんですが、本当に出したんでしょうか？

松村　潜水艦じゃないですか、潜水艦が見えんようになったから。

淵田　南雲長官はすごく憶病もので、前日に敵の潜水艦がついているにちがいないから、飛行機出して捜索をやろうと言うんだ。そんな、いまごろ飛行機を出してまた電波が出たりして、ややこしい。やめておきましょ、潜水艦がついておるんならついておるでしょうがない、急いで沈めることもないし、放っておきましょうとぼくが言うので、長官も不服だったけれどもやめておったね。ただ、前におる（味方の）潜水艦が心配になって、お前はどこにおるんや言おうと、電波出したんや。（笑）

……（以下略）

　このとき、言葉の端々などはうろ覚えの記憶になるが、何度も出したんですか、とわたくしは聞いた。たいして淵田総隊長がにこりともせず、

「一回だけや。そんな馬鹿なことたびたびはせんわ」

と答えたことは確かである。

　それがスティネットの著書によれば六十回！　それにしても、十一月二十六日朝に単冠湾をでて十二月八日未明まで（いずれも日本時間）丸十二日間、一日に五回、よくもまあ南雲長官には麾下の各艦に無線連絡せねばならない緊急事があったものよ。

陽があれば手旗信号、落ちれば発光信号、それで連絡は十分である。戦艦比叡乗組みの三戦隊参謀竹内少佐の日記を引こう。

「十二月六日（土）

○二〇〇　九節《ノット》

○二〇三　霧島より『〇〇〇〇頃イ23潜発見、只今右五十度、三粁』

○二三三　日出

○三一〇　参謀長より『イ潜合同セリ』（以下略）」

落伍した警戒隊の伊号二十三潜水艦が自力修理を完了して、艦隊に追いついてきたときの状況であるが、伊二十三潜は電波の助けなしで、艦隊に合流してきたのである。捜索などに時間と手間をかけたりする暇はない。艦隊においてはすでに、戦闘状態にあるのであり、ましてやそんな連絡を電信で行うはずはない。すべて発光信号、手旗によるものである。

そしてこれは余分のことながら記しておこう。日本の暗号は外務省のものはたしかに解読されていた。しかし海軍の艦隊用の暗号JN－25a（昭和十四年六月一日改編＝略称D暗号）は、開戦一年前の十二月一日にJN－25bに更新されて使用された。そのいずれもかりに傍受されたとしても、まだこの時点では解読されていないから、中身はアメリカ側には理解できなかった。現在に残るアメリカの傍受通信文はどれも戦後の解読日付がついている。つまりJN－25aそしてbは真珠湾攻撃以前にはアメリカ側でも読むことができなかったのである。

さらにもう一つ余分のことながら、スティネットの主張するように、日本の機動部隊の行動が地図上にトレースできるほど明白であったなら、その重大この上のない海軍情報をはたして大統領のみがひとり占めできるものであろうか。それをほかのものには知らせないという組織の特別ルートが、当時でき上っていた傍証はどこにもない。南進を主張するノックス長官に、すべてを知りつくしているルーズベルトが、「お前は何も知らないんだよ」とほくそ笑むの図は、芝居としては面白いところかもしれないが、現実的でなさすぎる。
よしんば、たった一回の南雲機動部隊が発信した電波が捕捉されたとしても、それでどうなるというものでもなかったであろう。その内容は未解読なのであるから、役立たない。ワシントンで傍受し、暗号解読していた山のような情報のなかには、あるいは真珠湾攻撃を予想させるものがほかにもあったかもしれない。たとえそうであったとしても、ここはロバータ・ウールステッター女史の説くところを正しい、とするのが理性的判断というものである。
「われわれは、適切な情報を欠いていたために、真珠湾攻撃を予測できなかったのではない。関係のない情報が過剰だったためなのだ。関係のない情報の山のなかのどこかに、ヒントが混じっているのと、それを警告と受けとめるのとは、まったく別のことであり、またそれを警告と受けとめるのと、それに従って行動するのとは、これまた、まったく別のことである」(『パールハーバー』読売新聞社)
情報化社会の複雑怪奇さはそこにある。しかもアメリカ政府も軍も、ノックス長官の言葉ではないが、戦闘正面は「南」のマレー半島や蘭印、あるいはフィリピンと確信しきっていた。ほかのところへは目配りがいかなかった。予断の恐ろしさというものでもある。

●「これは大御心なのである」

「藪の中」での出口をも見失いそうな論議をつづけているうちに、十二月六日、土曜日の朝が日本に訪れている。

この日の朝日新聞の朝刊には、大きな見出しが躍った。

「徒らに遷延を図り
　米、妥結の誠意なし」
「米首脳対日策を協議
　独善的見解を改めず」
「対日包囲陣の狂態
　わが平和意図蹂躙
　四国一斉に戦備開始」

新聞各紙はもう連日にわたって戦争への訴えを掲載しつづけている。(7)東京市民の多くはその日に備えて防空壕づくりに精をだし、空襲に対応するため町のところどころに貯水池を勤労奉仕で掘ったりした。この日の永井荷風の日記にある。

「……食後日本橋に至る。鰹節屋にては朝九時より十時頃まで鰹節を売ると云ふ。海苔屋葉茶屋乾物屋の店先にはいずこも買手行列をなせり」

いったん緩急あるときのための買い貯めである。それでなくとも毎日が物資不足の生活で、戦争がはじまれば諸物資はたちまちに払底してしまうと、庶民の感覚はすばやく先行きを読みとっているのである。

軍統帥部の大綱的な準備はすでに終っている。それでも陸海の作戦課員のほとんど全員が作戦部に連日詰めきっている。夜は寝る場所がないので近くの旅館で休む。参謀本部の場合は、近くの隼町にいくつか旅館があったので助かった。展開している各軍への細かな指示、開戦後の戦備補足に関する対策、敵側諸国の情報収集、作戦各軍の連絡状況の把握、万が一にもソ連軍が侵攻してきた場合の関東軍との綿密な打合せ、同盟国独伊との連絡、開戦後の参謀本部内の業務処理を迅速確実にするための応急措置の研究など、戦闘準備はすべてできているとはいえ、なおやらねばならないことは数限りなくあった。

内閣もまた開戦準備のために大童《おおわらわ》の毎日を送っていた。こちらがとくに全神経を張りつめて作業に打ちこんでいたのは「宣戦の詔書」である。

十一月二十九日の大本営政府連絡会議で、起草のことが決定されてから、内閣書記官長星野直樹を中心に、詔書案づくりがはじめられている。陸軍省軍務局長武藤章《あきら》中将、外務次官西春彦、企画院の鈴木総裁、情報局次長奥村喜和男がそれぞれの部署の責任者として参画した。さらには用語・表現・体裁などについて漢学者の川田瑞穂《みずほ》、宮内省御用掛の吉田増蔵の二人が相談に与《あずか》った。そして最終的な検討は徳富蘇峰がその任に当っている。

けれども、ほかのだれよりも自分でも目を通し、念入りに注文をつけたのは、天皇であった。決して政府一任とはせず、細部にわたってまで、木戸内府や首相東条を通して加筆・修正、あるいは削除を命じたりした。

天皇の詔書にたいする意思のなみなみならぬものがあったことは、『木戸日記』の十月十三日（近衛が内閣総辞職を決意した翌日）の項にある。このように早くから対米英戦争を覚悟しているのか、という驚嘆の意もふくめて、長く引用する。

「昨今の情況にては日米交渉の成立は漸次望み薄くなりたる様に思はる、処、万一開戦となるが如き場合には、今度は宣戦の詔勅を発することとなるべし。其の場合、今迄の詔書について見るに、聯盟脱退の際にも特に文武恪循《かくじゅん》と世界平和と云ふことに就て述べたのであるが、国民はどうも此点を等閑視して居る様に思はれる。又、日独伊三国同盟の際の詔書に就ても平和の為めと云ふことが忘れられ、如何にも英米に対抗するかの如く国民が考へて居るのは誠に面白くないと思ふ。就ては今度宣戦の詔書を出す場合には、是非近衛と木戸も参加して貰つて、篤と自分の気持を述べて、之を取り入れて貰ひたいと思ふ」

そしてこの意思は実に見事に詔書のなかで具体化される。詔書の原案ができたとき「今ヤ不幸ニシテ米英両国ト釁端《きんたん》ヲ開クニ至ル」とだけあった。これをチェックした星野書記官長が、このあとに、「洵《まこと》ニ已ムヲ得サルモノアリ」と付加してもらいたいと提案する。関係者の間では「戦争になった以上そんな弁解がましい弱気の言など不要である」と反対論が強かったが、星野はこれを抑えていった。

「実はこれは大御心《おおみこころ》なのである。是非にも入れなければならない」

星野はあらかじめ東条から厳重にいわれていたのである。関係者も「大御心」(天皇の意思)といわれて黙った。

こうしてガリ版刷りの原案ができて最終決定の十二月六日になって、東条がまたまたこういいだした。

「……洵ニ已ムヲ得サルモノアリ、のつぎに、豈朕《あにちん》カ志ナラムヤ、の字句を挿入するように」

内閣総務部長稲田周一がびっくりした。

「それでは文章がおかしくなるのではありませんか。同じことを二度いっているような、余計な言葉になりませんか」

東条は表情をこわばらせてきつく命じた。

「これは大御心である。きっと入れてもらわねばならぬ」

また、詔書の末尾は、内閣原案では、はじめ「皇道ノ大義ヲ中外ニ宣揚センコトヲ期ス」とあったのが、「帝国ノ光栄ヲ中外ニ宣揚……」と改められ、さらに天皇の意思にもとづき「帝国ノ光栄ヲ保全セムコトヲ期ス」と、むしろ謙虚ともいえる辞句に修正されている。

くどいようではあるが、ここに詔書の原案と成案との全文を掲げておく。傍線部分が訂正箇所で、細字が決定文である(史料の提供はノンフィクション作家奥野修司氏のご厚意による)。

「天佑ヲ保全シ万世一系ノ皇祚ヲ践メル大日本帝国天皇ハ忠誠勇武ナル汝有衆ニ示ス
①保有　②昭ニ忠誠勇武ナル
朕茲《ココ》ニ米国及英国ニ対シテ戦ヲ宣ス朕カ陸海将兵ハ極力戦闘ニ従事シ朕カ百僚有司ハ
③全力ヲ奮テ交戦ニ
励精職務ヲ奉行シ衆庶各々其ノ本分ヲ尽シ協心戮力国家ノ総力ヲ挙ケテ所期ノ目的ヲ達
④朕カ衆庶ハ各々　⑤億兆一心　⑥征戦ノ目的ヲ
成スルニ遺算ナカラムコトヲ期セヨ
惟ニ東亜ノ安定ヲ確保シ世界ノ平和ヲ確立スルハ朕ノ夙ニ望ム所ニシテ列国トノ交誼
⑦抑々東亜ノ安定ヲ　⑧以テ世界ノ平和ニ寄与スルハ丕顕ナル皇祖考丕承ナル皇考ノ作述セル遠猷ニ
シテ朕カ拳々措カサル所而シテ　⑨楽ヲ偕ニスルハ之亦帝国カ常ニ国交ノ
ヲ篤クシ万邦共栄ノ　実ヲ挙クルハ帝国カ常ニ国交ノ要義ト為ス所ナリ今ヤ不幸ニシ
⑩洵ニ已ムヲ得サルモノアリ豈朕カ志ナラムヤ
テ米英両国ト釁端ヲ開クニ至ル　豈朕カ志ナラムヤ中華民国政府曩《さき》ニ帝国ノ真意ヲ解セ
⑪濫ニ　⑫干戈ヲ執ルニ至ラシメ
ス敢テ事ヲ構ヘテ東亜ノ平和ヲ攪乱シ遂ニ帝国ヲシテ干戈ヲ執ルノ已ムナキニ至ラシメ
⑬幸ニ国民政府更新スルアリ　⑭帝国ハ之ト善隣ノ誼ヲ結ヒ相提携スルニ至レルモ
茲ニ四年有余ヲ経タリ国民政府新ニ成立シテ帝国ハ之ト提携シ善隣ノ誼ヲ結フニ至レ
⑮重慶ニ残存スル政権ハ米英ノ庇蔭ヲ恃ミテ兄弟尚未タ牆ニ相鬩クヲ悛メス
リト雖モ重慶政権ハ尚米英両国ヲ恃ミテ無益ノ抗戦ヲ継続シ禍乱今ニ至リテ収マラス朕
⑯米英両国ハ残存政権ヲ支援シテ東亜ノ禍乱ヲ助長シ平和ノ美名ニ匿レテ東洋制覇ノ非望
深ク之ヲ憾トス　米英両国ハ相謀リテ重慶政権ヲ援助シテ帝国ノ支那事変解決ヲ

ヲ逞ウセムトス　⑰剰へ与国ヲ誘ヒ帝国ノ周辺ニ於テ武備ヲ増強シテ我ニ挑戦シ更ニ帝国ノ平和的通商ニ有ラユ

妨害シ　更ニ進ンテ諸国ヲ誘ヒ帝国ニ対スル武備ヲ増強シ又逐次経済上ノ圧迫ヲ

ル妨害ヲ与へ遂ニ経済断交ヲ敢テシ帝国ノ生存ニ重大ナル脅威ヲ加フ

加重ス

⑱朕ハ政府ヲシテ事態ヲ平和ノ裡ニ回復セシメムトシ隠忍久シキニ弥リタルモ

然レトモ朕ハ尚事態ヲ平和ノ裡ニ解決セムコトヲ期シ有司ヲシテ交渉ヲ行ハシメ八月

⑲交譲ノ精神ナク　⑳徒ニ時局ノ解決ヲ遷延セシメテ

ノ久シキニ亘リタルモ彼ハ毫モ交譲ノ精神ヲ示サス　曠日彌久徒ニ時局ノ解決ヲ遷延セ

㉑却ツテ益々経済上軍事上ノ脅威ヲ増大シ以テ我ヲ屈従セシメムトス

シメ此ノ間益々重慶政権ニ対スル援助ヲ強化シ之ヲシテ其ノ帝国ニ対スル攻撃ヲ継続セ

シメ更ニ経済断交ノ挙ニ出タルノミナラス進ンテ帝国ニ対シ直接武力ノ脅威ヲ増大ス斯

ノ如クニシテ推移セムカ東亜安定ニ関スル帝国積年ノ努力ハ悉ク水泡ニ帰シ帝国ノ存立

㉒危殆ニ瀕セリ　㉓此ニ　㉔蹶然起ツテ一切ノ障礙ヲ

亦正ニ危殆ニ瀕セントス事既ニ茲ニ至ル　帝国ハ今ヤ自存自衛ノ為干戈ヲ執リテ一切ノ

破砕スルノ外ナキナリ

障礙ヲ破砕スルノ外ナキニ至レリ

㉕皇祖皇宗ノ神霊上ニ在リ朕ハ汝有衆ノ忠誠勇武ニ信倚シ祖宗ノ遺業ヲ恢弘シ速ニ禍根ヲ　㉖以テ帝国

朕ハ汝有衆ノ忠実勇武ニ倚頼シ速ニ禍根ヲ芟除シテ東亜永遠ノ平和ヲ確立シ以テ帝国

ノ光栄ヲ保全セムコトヲ期ス

ノ光栄ヲ中外ニ宣揚セムコトヲ期ス」

それにつけても「開戦の詔書」をいま読み返してみると、のちに大いに唱導されたような〝聖戦〟意識が謳われていなかったことに驚かされる。詔書は、十一月十一日に構想された対米英戦争の「開戦名目骨子」とほぼ同じ順序で、開戦にいたるまでの忍び難きを忍んでの対米交渉の経過を縷々《るる》説明している。そして、

「帝国ハ今ヤ自存自衛ノ為蹶然《けつぜん》起ツテ一切ノ障礙《しょうがい》ヲ破砕スルノ外ナキナリ」

と、対米英戦争を自存自衛のための防衛戦争と規定しているのである。貧弱な国力しかもたない国家としてはそこに真意があり本音というものがあった。「名目骨子」が空威張りに主張した「大東亜の新秩序を建設して」は、詔書においては「東亜ノ安定ヲ確保シ」と身分相応な言辞に直されている。国家を敗亡に導くかもしれない戦争をいよいよ決意せざるをえなかったものたちの、それが唯一にして必死の想いであったのである。かれらには、十二月八日の時点では、自衛戦争以外の考えはなかった。真珠湾奇襲やマレー半島奇襲上陸は、他国の領土への「侵略」ではなく、「自衛権の行使である」と、東京裁判で日本が終始一貫して論じぬいたのも、それが現実であり、そう信じきっていたからなのである。

と考えれば考えるほど、「開戦の詔書」に根本問題として当然大切にしなければならない一行が削られていることを、ほんとうに残念に思わざるをえなくなる。

日清戦争・日露戦争・第一次世界大戦のさいの詔書には、明確にそれは記されている。過去の外戦のときはきちんと明示されていた〝国際公法の条項を守れ〟の一行が、なぜ

に対米英蘭開戦の詔書にはないのか。なぜに昭和の指導者は削りとって、恬《てん》として恥じなかったのか。そうきびしく問わないわけにはいかないのである。それも忘却したわけではなく、意識的削除であった。それを思うと、情けなさはいや増すばかりである。(8)

当時のわが指導者は、大きな力をもつ世界輿論を完全無視し、かつ夜郎自大的独善的な世界観のもと、自衛権を過信した、と評するほかはないのであろうか。

●「日本船団を仏印沖に発見」

政府も軍部も万端の準備はほぼ完整している。とくに外務省はワシントンへ送る開戦通告の間違いなきを期すために、発信時間についてなど遺漏なき手配への議をつくすだけつくしている。この上は、真珠湾へ、そしてマレー半島へ、陸海軍の奇襲攻撃がうまく達成されることを祈るのみ。あと二日、何事もなきことを願うだけである。

しかし、六日、時計の針が午後へと少しく回ったころ、希望をはかなくするようなことが南方の洋上で起った。山下兵団をのせた輸送船団が、仏印の最南端カモー岬南方にさしかかり、そのまま舳を北西に回頭したとき、超高空の双発の大型機によって捕捉されてしまった。護衛艦隊の高精度の双眼鏡には、翼と胴体にイギリス空軍のマークがはっきりと映った。機種鑑別に長けたものには、それがハドソン型爆撃機と判別された。十分に訓練された機らしく慎重に対空砲のとどかぬよう距離をとって、ゆっくりと旋回しつつ偵察をつづけている。午後一時四十五分のことである。

護衛の南遣艦隊の小沢長官は、サイゴンの第二十二航空戦隊にイギリス機の撃墜を緊急命令する。零戦がただちに発進したが、それ以前にイギリス機は雲を利して巧みに離脱していった。

小沢は山下に「輸送船隊は英飛行機によりその全貌を発見せられたものと認む」と知らせるとともに、南方軍寺内総司令官へも「きわめて憂慮すべき」英軍機の接触の事実を通報した。寺内は青くなった。奇襲上陸どころか、大輸送船団は大挙しての敵海空軍の猛撃を洋上でうけるかもしれない。

「明七日早朝より敵機の反復来襲の虞《おそれ》大なりと認む」

と寺内は大本営に報告し、そのさいには海軍と協同し、基地航空隊の全力をあげての進攻作戦を開始すると打電した。

大本営陸海軍部のうけた衝撃は、より強烈なものであった。さっそく永野総長にも知らされたが、この楽天的な自信家提督も息をのむばかりである。ねりにねってきた全作戦の崩壊を、とくにハワイ作戦の失敗を、それは意味するかもしれない。

けれども、書いているほうがあっけにとられるほど、マルス（戦いの神）は皮肉なことをする。最終結果としては悲惨そして無慈悲な国家敗亡をもたらすことになる太平洋戦争の、せめて緒戦だけは日本に輝ける栄光を授けてくれるかのように、歴史は予想もできぬ動きを示すのである。

まず最大の強敵である英東洋艦隊の、戦艦プリンス・オブ・ウェールズ以下の艦隊を率いるフィリップス少将は、前日に飛行機でマニラに飛び、マッカーサー大将やハート大将と会談、この日も米英統一戦略を討議中であったのである。つまり現場にいなかった。しかも論議は、マッカーサーの「日本軍の攻撃が三カ月後なら文句ないのだが……」という悠長な言葉ではじまったように、今日か明日かという切迫したものとは無縁であった。

そしてこの日、フィリップスは、日本軍にたいする攻撃作戦のためにはイギリス艦隊はシンガポールよりマニラを本拠地としたほうがよい、というアメリカ提案の作戦計画に同意している。その直後のこと、フィリップスあてに、〝ハドソン機、日本船団を仏印沖に発見〟を伝える電報が届けられた。

ハートはフィリップスに聞いた。

「提督、いつシンガポールへお帰りになる予定でしたか」

「明朝の飛行機ということになっています」

「もし戦争がはじまったとき、その場にいたいのなら、いますぐ飛んで行かれることをお勧めしますよ」

いくらか冗談めかしていうハートに謝しながら、フィリップスは手配の間に合わぬこともあり、予定どおりその日はマニラにとどまることにした。お蔭で敵発見の報にもかかわらず、強力な艦隊はシンガポール港で眠っているままとなった。

そしてまた、マレー半島では、英マレー軍司令官アーサー・パーシバル中将がクアラルンプールの司令部にインド第三軍司令官を訪ね、歓談をしているときとなった。午後三時半ごろ、日本船団発見の報告が入った。しかし、パーシバルは疑わしげに首をふって、報告書をポケットに納めただけで、重大事と受けとめようとしなかった。

シンガポールには、英極東軍総司令官ロバート・ブルック・ポハム大将がいた。かれのもとにも同じ情報が前後してもたらされている。しかし大将もまた積極的に動こうとはしない。ロンドンからは極秘裡に「マタドール計画」を手渡されているにもかかわらず、である。この計画では①日本侵略部隊が南部タイに上陸する明白な意図の下に前進中であるとの情報をうけた場合、②日本軍がタイ国領土のどこかに侵入した場合、そのときは所定の計画にもとづき戦闘行動を発動すべし、となっていた。しかもその決断はポハム大将に一任されている。が、計画の発動をかれは命じなかった。

要は、マレー防衛のイギリス軍首脳はだれもが、日本軍のマレー半島上陸などはない、かりに戦争が起るにしてもかなり先のことである、と信じきっていたのである。なぜならば、タイ国は昔ながらの親英国であり、日本軍のタイ侵攻や上陸をやすやすと許すはずはない、またマレー半島への直接の上陸作戦は、冬期の悪条件下において、とうてい日本軍が実行できるはずもないからである。

根底には、日本軍および日本人にたいするはなはだしい人種偏見があった。あとでもう一度ややくわしく書くことになるが、アメリカにもイギリスにも、長年にわたって牢固として形づくられた日本人観があった。それは日本人は模倣以外に能力はなく、想像力と独創性に欠け、とても一大機動作戦を計画し実行する能力などはない。つまりはいまだ近代軍にあらず、という認識なのである。

さらにはマレーには英軍一万九千六百人、オーストラリア軍一万五千二百人、インド軍三万七千人、マレー義勇軍一万六千八百人、計八万八千六百人という強力軍が防衛態勢を完備しているという自信もあった。飛行機こそ計百五十八機とやや劣勢ながら、陸上の防禦戦ならば十分に戦える。

そうしたイギリス軍の自信や楽観や誤判断や、なかんずく偏見が、複雑にいり交って働いて、結果的には日本軍に、いや大日本帝国に、万に一つの僥倖をもたらした、ということになる。

もちろん、六日の陽が落ちた時点では、大本営はそんなこととは知らない。陸海の作戦部はただ沈痛の空気に包まれているだけで、一部の参謀の表情には、やっぱり来るべきものが来た、やむをえん、という諦めの色がすでに浮かびでていた。

連合艦隊の宇垣参謀長は『戦藻録』に、その苛立ちと焦燥の気持をなまにぶつけて書いている。

「……サテ斯クナレバ、一番心配ナノハ明日ノ『シャム』湾ノ出来事也。悪ク行ケバ、明日火花ヲ散ラス様ニナル。（中略）差迫ッタ此ノ際、指示ヲ従来ニ代ヘテ、動揺シテハ全般的ニ見テ不利デアラウ。理想通リ統制ガトレレバ可ナルモ、舞台ハ広イ、チグハグニナルノヲ最モ惧ルル。明日ノ衝突モ、飛行機間デ済ムカモ知レヌ、此ノ際悧口ニ過ギテ、動揺スベキデハナイト提案ヲ斥ケタ。サテ明一日ノ経過ヤ如何ニ！

一日千秋ノ思トハ正ニ此ノ事デアル。之以上ノ千秋ノ思ト云フモノハ、恐ラク世ノ中ニアリ得ナイ。国家ノ運命ト、多数ノ人命ヲ賭シタル、人類最大ノ『ドラマ』デアル。心配ハナイ。ナル様ニナル。ソノ『ナル』ハ神意デアル。神国ハ神意デ動イテ居ルコト、勿論デアル。茲ニ我等ノ強味ガアルノダ」

宇垣の憂慮をよそに、現実的には、かれの言葉に乗っていえば、〝天佑〟によって、日本は危機を回避することをえた。われ知らぬ間に、緒戦の輝ける勝利は約束されることになる。

しかしながら、地球の裏側では、もう一度「歴史は皮肉なものよ」と嘆声をあげねばならないほどの、歴史の流れを逆転させる重大事が起きていたのである。それは日本の栄光が所詮は束の間のことであることを予告し、結局において戦争の勝利が日独伊側にないことを決定づけた戦闘といえた。

六日、日本の輸送船団が仏印沖で発見されたころ、といっていいであろう。モスクワ時間午前九時、モスクワ防衛のソ連軍は、ジューコフ元帥の指揮のもとに、いままで温存してあった全予備軍の新鋭師団が投入され、ドイツ軍への総攻撃を開始したのである。総指揮をとったのはもちろんスターリンである。

モスクワを眼前にして、耐久力も限度にまで達してしまっているドイツ軍は、氷と雪に埋められて動けないものの、屈せずこの難局に立ち向った。両軍の激闘が作戦全正面で展開される。零下三十度、ときには四十五度という極地なみの厳寒のなかで、両軍の死闘はかぎりなくつづいたが、疲労と弾薬欠乏のドイツ軍はじりじり押されはじめている。

ドイツ第二機甲部隊司令官グーデリアンは、『戦争と平和』の作家トルストイの墓のそばにある前線司令部で、戦況報告と地図を前に完全に絶望していた。文豪が描いたナポレオンのモスクワ退却のときの惨たる情景が、いやでも想いだされる。われわれもまた、ひとたび退却をはじめたら最後、それは収拾のつかない敗走となるであろう。将軍は進出している装甲車部隊を呼びもどし、強固な防禦線を後方に固めることを決意する。それ以外に崩壊を喰いとめる術はない。しかし——。

「結局においてモスクワ攻撃は挫折した。われわれは敗北を喫したといわざるをえず」と不屈のグーデリアンも、この日も午後になって、ついに認めた。

●「怠慢は、万死に値す」

同じころ、東京時間六日午後八時二十分、東郷外相は、開戦までの最後の手続きである対米通告文の発信を命じている。通告文は四千語以上に及ぶ長文であり、錯誤を許されないゆえに十四部に分け、しかも英文で発信された。

まずパイロット・メッセージの第九〇一号電が送られる。ハル・ノートにたいする回答の対米覚書を決定したが、それは長文である。したがって分けて送信する。また、アメリカ側に提示する時期は追って知らせる。されど「刻下の情勢は極めて機微なるものあるにつき、右御受領相成りたることは差当り厳秘に附せらるる様……訓令次第いつにても米側に手交し得る様、文書の整理その他予め万端の手配を了しおかれたし」という内容である。

「いつにても米側に手交し得る」ように「万端の手配」を完了しておけ、という厳重な指示というべきものである。

つづいて午後十一時には第九〇四号電――、

「申す迄もなきことながら、本件覚書を準備するに当りては『タイピスト』等は絶対に使用せざる様、機密保持にはこの上とも慎重を期せられたし」

東京は嚙んでふくめるように、事態の深刻さと文書の重大さとを指摘した。

こうして十四部のうちの十三部までが、日付が変った七日午前零時二十分までに発出され、うけつけた中央電信局は七日午前一時五十分までには、全部の電報の日本からの発信を完了する。この時刻はワシントン時間で六日午前十一時五十分にあたる。そしてマサチューセッツ通りの日本大使館に民間電信会社をとおして、十三部のうちの最初の電報が到着したのはワシントン時間六日午前十一時四十九分で、以後ぞくぞくととどけられる。最終的には午後三時ごろまでに十三部まで全部到着した。電信官堀内正名の指揮のもと、梶原武を長とする電信室の五名（梶原、堀博、吉田寿一、川端塚夫、近藤賢一郎）は暗号電文の翻訳にはげみ、夕刻までにははじめの八本ほどの解読が終る。

外務省の計算では、ワシントン時間の六日午後九時三十分までには、発信されている十三部までの暗号電文の翻訳は、一台しかない暗号解読機にかけ、全部完了しているものとみていたという。大使館内のただならぬ緊迫感に圧されながらも、東京の目論見のとおりに、作業は順調に進められている。

と書いてはみたが、実際には「ただならぬ」どころか、かなり緊張感に欠けるところがあったのである。

この日は土曜日である。仕事を早目に切りあげたくなる。しかも夕刻からは寺崎英成一等書記官が南米に近く転勤するというので、その送別パーティをかねて一緒に食事をすることになっている。それはメイフラワー・ホテルで行われた。そして首席書記官奥村勝蔵と一等書記官結城《ゆうき》司郎次、それに当の寺崎がやや遅れて出席したという。

ところが、話はここからまたややこしいことになるのである。ノンフィクション作家保阪正康氏の取材によると——、そんなホテルでの送別会はなかった。ただ何となく一杯やって食事しようということで、参事官井口貞夫、書記官松平康東《こうとう》、高木広一、八木正男らが、若い書記官補たちとともに、ユニオンステーション近くの中華料理屋チャイニーズ・ランターンに集った、とする証言がいっぽうにある、という。しかも寺崎は遅れてそこへも顔を出している。

こうしてその夜は二つに分れて小宴がはられていたらしいのである。その一方は〝送別会〟、一方は〝ただ何となく〟という。証言が食い違うので気持としてもすっきりしない。いずれにせよ当時の日本大使館内部の派閥というか、人間関係の複雑さが想像される話で、さらにはこれぞ官僚的といえそうなセクショナリズム、まとまりのなさを思わせる。大使館員が危機に際して一体となって、という態勢ができていなかったことを物語っている。

残された電信室の六名も、日が落ちるとともにあっさりと仕事をやめ、夕食をとるべく大使館をでる。かれらは連れだってチャイニーズ・ランターンのほうの送別会へ出席したらしい。

午後九時半すぎ、食事をすませ電信室員たちは戻ってきた。六名はブツブツいいながらもふたたび翻訳作業にとりくみ、午後十一時すぎには、ようやく対米覚書十三部の解読を終了したという。東京の期待に遅れること二時間弱。これくらいなら書いていても気の安まる遅延といえようか（別に午前三時までかかったという証言もあるが、あまりに遅すぎる）。

しかし、すでに周知の事実となっているように、このあとのアメリカ政府へ通告するまでの経過が無残この上ないものとなる。ついには、真珠湾への攻撃開始後の開戦通告という恥ずべきことを仕でかすのである。それは誤判断と気のゆるみ、そして怠慢によるとされている。いや、誤判断とか気のゆるみとかの一時的な現象ではなかったかもしれない。実はもっと本質にかかわる問題であった。

何となれば、これまでにも日米交渉は野村と来栖の仕事として、井口参事官が手助けし、大使館員たちのほとんどは無関心を装いつづけていたというのである。親身にならざるがゆえに、東京から送信されてきた長文の対米覚書が最後通牒となる可能性など、かれらは思ってもみなかった。となれば、最後の第十四部は今夜は来そうにもないから、今日の分も含めて明日の仕事にしようと、勝手に判断して土曜の夜を楽しむことになる。その結果は――東郷外相がその著書に悲憤をもって書いている。「通告時の怠慢は国家の非常なる損失、万死に値する」と。まさにそのような失態となったのである。

それにしても、いったい日本大使館のエリートたちは何を考えていたのか。かれらは「東の風、雨」の緊急指令をうけとり、パイロット・メッセージで念を押されているのである。たしかに情報には、本来的に〝信号《シグナル》〟と〝雑音《ノイズ》〟とがいり交り、きびしく選別されねばならないが、これはその要もない訓令であり指令なのである。日米関係の断絶を知らせ、政府が出先公館に暗号書破棄を指令している。単なる外交交渉の中止だけならば、外交官は暗号機械や暗号書を、ウイスキーなどの土産物と一緒にカバンにつめて、帰国すればいい。それが大使館から総領事館にまで暗号破棄の指令がとんだのは、ただ一つ、戦争を意味している、と受けとるべきではなかったのか。

げんに自分のところでも五日の朝から、暗号機械三台のうち二台の破壊焼却をはじめていたではないか。送られてきた覚書は極秘の通牒であると念を押されている。「万端の手配」を命ぜられている。しかしなお、ワシントンにいる日本の外交官たちはピンとこないほど勘の鈍い男たちの集団であったのか。

ここで興奮してもはじまらないことなので、あとをつづけると――、仕事を終えた電信室員たちは、その夜やっと外にいる井口参事官と連絡がとれ（一説には奥村首席書記官ともいう）、「もういいから片付けて帰宅してよい」という指示にしたがった。かれらが肩をならべて出たのは、華やかな週末ムードの漂う夜の町である。大使館内には当直がひとりいたというが、これもだれなのか曖昧になっている。

そして、解読された対米覚書十三部は、タイプ浄書されることもなく、そのまま放置された。指令にあるアメリカに手交するための「万端の手配」とは、翻訳と並行してタイプ浄書をすすめておくことなのである。いや、それどころでなく、パーティから戻ってきてその内容に目をとおしておこうと考える外交官も、これまた皆無であった。

いずれ、もう少し丁寧に書くことになるが、ことの理解を助けるため、このまま少しさきに話を進める――、東京では、このようにこの夜〝大使館が空っぽ〟という無様なことになっていようとは露思ってはいなかった。そこで予定どおりにワシントン時間七日午前二時（東京時間七日午後四時）に、覚書の最後の部分「帝国政府は……今後交渉を継続するも妥結に達するを得ずと認む」と書かれている第十四部を発出する。大使館で待機しているであろう人びとの手によって、ワシントン時間七日午前十一時までにはすべての処理がなされることであろう、と外務省は信じきっていた。

さらに、東京は第十四部発出の一時間半後に（ワシントン時間七日午前三時三十分）、

「覚書は午後一時にアメリカ政府に手交せよ」という第九〇七号の指示電を発信する。これは即座に解読できる。これでワシントン時間の午後一時通告は余裕をもってはたすことができよう、そう外務省は計測したのである。

ところがそうはならなかった。後続の、第十四部は東京の予想どおりに、ワシントン時間七日の午前七時よりとどけられはじめたのだが、日本大使館の郵便受けに突っこまれたままとなる。九時ごろ出勤していた駐在武官実松譲中佐が、

「大使館はだらしないなあ」

といいつつこれをとりだし、宿直員に手渡す。この姓名ならび身分不詳の宿直員からの招集がかかり、書記官や電信室員がそろったのは午前十時になってからである。あわてて作業が開始され、手交時間を午後一時と指定した第九〇七号電は、午前十一時ごろに解読終了、第十四部の解読は最後の一通がなかなか到達しなかったため、正午ごろに終えたという。これから正式文書としてタイプ浄書しなければならないのである。

これをマジックによる電報解読の正式報告として、アメリカ政府首脳部が情報部より受けとった時刻とくらべてみる。

第十三部まで……六日、午後八時三十分。（陸・海軍省）

午後九時三十分。（大統領）

第十四部まで……七日、午前九時三十分。（海軍省）

午前十時前後。（大統領）

第九〇七号電……七日、午前十一時。（全指導者）

日本からの電文が英文をともなっていたので解読作業がスムーズに進んだ、といわれるが、アメリカの傍受班の活躍には目をみはらざるをえない。日米交渉が緊迫しはじめた七月から十二月開戦まで、外務省↓大使館一一五、大使館↓外務省一〇二、合計二一七通の日本の外交電報をすべて解読している。この日もことの重大さを察して、仮眠待機で第十四部にそなえていたという(9)。

●「これは戦争ということだ」

そのとき、アメリカ側のルーズベルト大統領は？　そしてハル国務長官は？……時計の針を少し戻さねばならない。

それは日本大使館のキャリアたちが二つに分れて小宴をはるために退庁したころ、すなわち六日午後七時四十分（日本時間七日午前九時四十分）のこと、ルーズベルトは一つの決定を下している。日本の輸送船団が仏印南端沖で英国機に発見されたとの報もあって、いよいよ開戦間近しとみた大統領は、天皇あてに親書を送るべき時機がきたと判断したのである。原稿はホワイト・ハウスのスタッフによってすでに書き上げられている。

大統領はハルに命じた。

「大至急グルー（駐日大使）へ親書を送れ。グレー暗号でよろしい。時間を節約するのだ。傍受されてもかまわない」

グレー暗号とは機密度のうすい暗号のことである。これをうけハルは、大統領が天皇に親電を発する旨をマスコミに公表し、さらに午後八時には東京のグルーに親書を送る旨の予告電を発信した。

「貴下ができるだけ早い時機に伝達する必要のある大統領から天皇あてメッセージの本文を含む貴下あての重要な電報がいま暗号化されつつある」

この間にもアメリカのラジオはただちに放送でその事実を報じ、AP・UP通信も関係方面にそのことを報道、日本の同盟通信社はロイター電でこの情報をただちに入手している。

「……ルーズベルト大統領の日本国天皇あての親電の内容については、その内容は明らかにされていない。とはいえ、親電は太平洋での目下の緊張にかかわるものと見られている」

こうして夜に入ってホワイト・ハウス周辺はがぜんあわただしくなった。チャイニーズ・ランターンで小宴をひらいている日本の外交官たちの耳にも、天皇への親書の報は自然と伝えられた。その席にいた藤山楢一書記官補の回想記によると、松平書記官がこのときいった、というのである。

「これは戦争だな」

同席のものは皆、唐突な発言にびっくりして声をあげて笑った。松平はにこりともせずに言葉をつづけたという。

「昭和十四年九月、ヒトラーがポーランドへ侵入する直前にも、ルーズベルトはヒトラーに親電を発した。ついでイタリアがドイツにつづいて参戦する直前にも、ルーズベルトはムッソリーニに親電を打っている。天皇陛下へ親電が出る、ということは、つまり戦争ということなんだ」

うがった話を聞いて、一同は重苦しい気持になったらしい。しかし、こうしてはいられないと立上ろうとするものはいなかった。

ルーズベルトの天皇あての親電は、日本の大使館員たちが歓談している最中の午後九時（日本時間七日午前十一時）に、予定どおり日本へ向けて発信されていった。

その三十分後、より重大なことが起っている。解読した日本の断交通告（第十三部まで）を、大統領府付海軍武官ビアドール大佐の補佐官レスター・R・シュルツ大尉から、ルーズベルトは直接に手渡されたのである。この夜は第一報が入っていらい、大統領は仏印沖の日本輸送船団の動きについての報告をうけつづけていた。しかしこのとき、書斎で切手コレクションを手にしながら、ホワイト・ハウス顧問ハリー・ホプキンズと歓談中であったという。そこへ重大情報が届けられた。のちの真珠湾攻撃調査合同委員会でのシュルツの証言によって、このあとの様子をまとめればこうなる。

ルーズベルトは十三部全部に十分間かかって目を通すと、黙ってそれを部屋の中を行ったり来たりしていたホプキンズに渡した。ホプキンズが読み終ると、大統領はいった。

それはあまりにも有名になっている言葉である。

「This means war」（これは戦争ということだ）

ただし、かならずしもアメリカが攻撃をうけると考えての発言ではなかった、と解する人が多い。

そしてシュルツが待っている前で、二人は構わずに日本軍の情勢について論じあった。

「戦争はいまや切迫しきった。日本は自分たちの準備のでき次第攻撃してくるだろう。いちばん好都合なときに。それにつけても、われわれから第一撃を加えて、いかなる種類の奇襲をも阻止することができないのは残念だ」

とホプキンズがいうのに、ルーズベルトはうなずきながら答える。

「いや、それはできないんだよ。われわれは民主主義国であり平和愛好国民なのだから」

そしてそれから声を高めていった。

「But we have a good record」

これを何と訳すべきか。「しかし、われわれにはいい記録（つまり第十三部）がある」、「けれども、立派な記録（天皇への親電）は残った」。「いや、わが国には（先に手を出さないという）いい記録（歴史）がある」……。シュルツは〝米国からは手を出さない。事が起るのを待たねばならない、そのいい歴史がある〟という印象でこの発言を聞いた、と証言している。わたくしは開戦通告を示す第十三部、つまりこっちから先制攻撃しなくとも日本が必ず仕掛けてくるはず、という情報をもっている、と解している。

そして、より注目すべきは、そのあとのシュルツの証言である。

「このあと、なにか警告だの警報だのをあらたに発することについては、ぜんぜん言及されませんでした」

事実、この夜にアメリカ軍部内でなんらかの行動が起されたという形跡はいまのところない。そればかりではなく、第十三部までの解読文は、ハル、スチムソン、ノックスたち政府側には知らされたが、作戦を指揮するマーシャル、スタークにはこの夜、渡されていないのである。

ところが、このあとスチムソン、ノックス、マーシャル、スタークの陸海軍首脳を全員集めてルーズベルトは緊急戦略会議をひらいた、しかも、その会合は歴史の記録から消し去られている、と根強く主張されている説もある。その真偽は定かではない。情報参謀であったレイトンの書には、ノックス海軍長官の個人的な証言として記されている。真珠湾壊滅後の実情調査の旅から帰ったノックスが、長年の友人でもあり、海軍情報部にいたジェームズ・スタールマンに、怒りと衝撃もあらわに語ったというのである。

「ノックスは私に、十二月六日の夜、ホワイト・ハウスで幹部だけが集まり、日本軍がどこかを攻撃しようとしているとの予測から長い間話し合った。出席していたのはルーズベルト、ホプキンズ、スチムソン、マーシャル、ノックス、ジョン・マックレア（スタークの副官）、フランク・ビーティ（ノックスの副官）である、と語った」

ただし、六日夜の戦争会議のことはこの証言ひとつがあるだけで、公式記録をみるかぎりどこにも、誰ひとりこの会議に出席していたことを示すような証拠はない。そして午後十時すぎにどこで何をしていたか、これら高官たちの記憶はいずれもはなはだあやふやであることは確かなのである。

そしてハルは……すべてにまして平和を望んでいたといわれる老国務長官は、すでにルーズベルトに敬遠される存在となり、戦争会議には呼ばれていない。この夜は、国務次官補アドルフ・バールたちとともに、日本が英国領を攻撃したさいに米国が参戦するためにはアメリカ国民を納得させる必要がある、そのための議会への教書づくりにとり組んでいた。バールの日記にそう書き残されている。

ちなみにノックス海軍長官が解読された日本の通告文を読んだのは、大統領のそれより一時間早く、午後八時半である。そのあとかれのしたことは、八時四十五分にハルに、同四十七分にスチムソンに電話して、明七日午前十時に国務長官室で会議をひらこうと打合せただけであった、という。

夜の戦争会議があったのか、またしても「藪の中」である。一つだけ確かなのは、かりに会議があったにせよ、日本が真珠湾を攻撃するかもしれないと、リーダーのだれもが想像さえしていなかったことである。かれらは日本軍は東南アジアへ侵攻するものときめていた。

こうして六日夜が終り、午前零時がすぎ七日と日付が変った。運命が時を刻みはじめた。多分に、高官たちのほとんどはベッドにも入らず、日本軍が先制攻撃をかけてくるのは、はたしていつなのか。そして何処なのかを考えていたことであろう。ただし、くり返す、ハル、スチムソン、ノックス、マーシャル……誰ひとりとしてそれが真珠湾であると考えつくものはいなかった。そしてルーズベルトもまた……？

●「もう戦闘がはじまった」

日本では——。アメリカのマスコミに大統領の親電情報が国務省から伝えられたころ、七日、日曜日の朝がもうすっかり明けはなたれていた。太陽はかなり高く昇っている。そして小春日和の上野動物園などには、早くも見物の家族の姿があり、のんびりとした〝平和な〟一日がはじまっている。

東京日日新聞の記者（海軍担当）後藤基治はこの朝、日曜であるのに海軍省に顔を出した。いつものようにまっさきに運転手のたまり部屋をのぞく。首脳の動きを知るにはこれがいちばんなのである。驚いたことにほとんど全首脳の運転手がそろっている。

「なにか変ったことはなかったかい？」

「別になにもありませんな……日曜だっていうのに朝早くから叩き起されたのが、変ってるといえば、変ってるかも……」

「そんなに朝早くから、いったい何処へいったんだい？」

「明治神宮と東郷神社ですよ。しかも一つの車に同乗してです」

後藤にはピーンとくるものがあり、内心これあるかなとほくそ笑んだ。運転手は何も気づかず、嶋田海相と永野軍令部総長がつれだって同じ車に乗って、とのんびりとした口調でいう。海軍の首脳二人が同じ車に乗る前例は過去に一度もなかった。さては極秘の神社祈願……？

後藤は運転手にとぼけて聞いた。

「何しに行ったんだろう、御大たちは？」

「なにか知らんが、長いこと拝んでから、お守りをもらっていたな」

知らざるものこそ幸いなれ！　間違いなくこれは開戦前の必勝祈願だ、それも明八日未明に、アメリカの日曜日に開戦だ、と記者は確信するのであった。

この朝、神詣でをしたものはほかにもいた。「開戦詔書」の文案づくりに力を尽した徳富蘇峰である。すでに開戦の迫ったことを知っているゆえ、早朝に起きた蘇峰は朝食を終えると、二人の孫をともない車で明治神宮に向った。神前にあって静かに祈りを捧げて頭をあげたとき、彼の両眼は涙があふれんばかりになっていた。

蘇峰はそのあと社務所に立ち寄り、権宮司に会って訊ねている。

「今朝はどなたが参拝されましたか」

権宮司が、参謀本部作戦課竹田宮恒徳《つねよし》少佐が同僚士官三人と詣ったこと、嶋田・永野両大将が参拝しお札を受けて帰ったことを伝えると、明治人である蘇峰はウムウムという風に満足げに聞いていた。明治天皇のご威光を恃《たの》むことで、日本帝国の安泰を確信したかったのかもしれない。

参謀本部第二十班（戦争指導班）の、しばしば引用してきた『機密戦争日誌』には、大戦争を明日にひかえて余裕たっぷりの文字が記されている。先行きの不安や暗鬱などなきがごとしである。

「人生五十年最後ノ日曜日ナリ。当班戦争発起ヲ明日ニ控へ一同（班長神宮参拝ノ為欠、下士官及『タイピスト』ヲ加フ）箱根ニ清遊シ、越シ方一年ヲ顧ミ歓ヲ共ニシ、且之《かつこれ》ヲ尽セリ。生ヲ聖代ニ享ケ戦争指導ノ重責ニ任ジ今日アルハ、洵《まこと》ニ之レ天佑神助ノ賜ナリト云フベシ。茲《ここ》ニ心ヨリ感謝感激ノ一日ヲ送レリ」

念のために書くと、この日昼間の参謀本部も軍令部も、企図秘匿のために必要な人員以外出勤をさしとめられ、閑散としたものになっていた。それであえて清遊ということになったのであろうか。

こうして第二十班のかれらを乗せた列車が小田原へ向っているころ、午前十時すぎ、なんと、山下兵団の大輸送船団の上空にイギリスの四発大型飛行艇が飛来、という大事が起っていた。隠れ場とてない大洋の真ん中とあっては、思うままに偵察される。

このままこの飛行艇を帰しては、マレー半島上陸部隊の兵力は知られようし、反撃の敵襲は必至である。と、船上の将兵が不安がるよりも先に、日の丸のマークをつけた九七式戦闘機中隊がおっとり刀で飛んできた。機銃を発射しつつ飛行艇は全速力で遁走をはかる。戦闘機隊は散開すると追撃戦に入り、そのうちの一機（窪谷俊郎中尉機）がものの見事にこれを撃墜した。

ある意味では大事件である。開戦前の発砲でありイギリス機撃墜である。しかし、飛行艇は偵察報告はおろか交戦を無電によって基地に知らせる前に、墜とされてしまっていた。シンガポールのイギリス極東軍司令部には、カタリーナ型飛行艇一機未帰還の報告が届いた。それをどのように解釈すべきか。ポパム、パーシバル、そして幕僚らの間で議論がかわされたが、結局なんの結論もうまれなかった。日本軍にはまだマルスが微笑んでくれている。

第三飛行集団戦闘要報は気負いもなく淡々と記している。

「十時二十五分『パンシャン』島西方約四十粁海上に於て、英国飛行艇一機を発見す、制空中の我が戦闘機は該機に接し敵を攻撃準備中に、其《そ》の射撃を蒙りたるを以て直ちに之を撃墜せり」

山下軍司令官の副官日記にも何事もなかったかのように書かれている。

「昼頃より友軍機の飛来あり、敵一機撃ち墜すとの報あり。シンガポールに英戦艦入港せりとの情報あり緊張す。……」

ここまでくれば、何事が起きても当然のこととして受け入れる。すべてはなるようにしかならぬと、当事者はみなそんな心構えというか心境になっていたのであろう。いや、落着いていられない人もいた。参謀本部通信課戸村参謀は、正午ごろ、逓信省白尾事務官からの電話をうけて、その処理に少なからず頭を痛め、あわてなければならなかったのである。

白尾はてきぱきとしていった。

「情報によれば、米大統領ルーズベルトが天皇陛下あて親電を発信してくるらしいが、先日の指示もあり、これをどう処理したらよいか。やはり五時間遅らせますか」

戸村は「ちょっと考える時間をくれ」と電話をいったんは切り、さっそく第八課（宣伝・謀略）の意見を徴しにいったが、人の影もない。やむなく自室に帰ろうと玄関までくると、作戦課の瀬島参謀と出会った。瀬島もあたふたとしている。

「わが南方軍の主力の山下兵団を乗せた船団が、英軍の偵察機にタイランド湾上空で発見されたんだ。南方軍総司令官は、これを撃墜してよろしきかと、緊急電で問い合わせてきた。そこで上奏御裁可を得るため、起案文を起草していると、なんと午前十時すぎ、企図暴露を防ぐためやむなく撃墜した、という。南方軍からの報告がとどいたのだ。もう戦争がはじまってしまったことになる。したがって上奏文を書き改めなければならんことになった」

そう瀬島はひとりで喋りまくると、そそくさと立ち去っていった。これを聞いているうちに、戸村の腹はきまった。戦闘がはじまってしまったいま、いまさらアメリカ大統領から親電がきてもどうにもならない、かえって混乱の因となる。

部屋に戻ると戸村は、白尾事務官に電話すると指示した。

「今より外国電報はすべて十時間以上遅延せしむるようにせよ」

戸村はのちに書いている。

「いまさらの親書はただ大統領の立場をよくするため以外の何物でもない。即ち今日になって、親電を寄こしたのは、日本を悪者として世界に宣伝し、袋叩きにするための謀略工作に外ならぬと、考えたのである。……（十時間以上遅らせることで）陛下も決心を変更されずに済むし、南方軍も亦《また》海軍も、敵を急襲することが出来るのだ、と考えた」と。

同じように大統領の天皇への親電の情報は、前後して各新聞社も知るところとなる。東京日日新聞政治部副部長井上縫三郎は、外信部副部長高田市太郎から、「ルーズベルト大統領が日米交渉に関して、天皇へメッセージ」と外電が報じていた、と知らされそのことを知った。いったい本当に親電がとどくのか。それはそもそも何を意味するというのか。かれは裏をとることの必要を感じ、旧知の企画院の鈴木総裁の私宅に電話した。

鈴木はまったくそのことを承知していなかった。にもかかわらず、妙なことを電話口でいった。

「かりにそうだとしても日曜日であり、すぐ取次ぐこともあるまい。それよりももう時期遅れではないかなあ」

「時期遅れ」ということは……？　井上にはなにかピンとくるものがあった。かれのもとには、後藤記者からの興味深い早朝の神宮参拝の情報もとどけられてあった。いよいよはじまるのではないか。

このように、舞台裏ではさまざまな動きをみせているが、表面的には何事もないなごやかで平和な東京の一日がつづいている。銀座や浅草など盛り場は今日も水兵さんで溢れかえる大賑いで、かれらの紺と白二色のあざやかな服装は、人目をひくのに十分なものがある。人びとは何とはなしに浮かれていた。

●「開戦通告は大丈夫か」

快晴の一日が暮れて、やがて陽が西山に落ちた。東京の日没は午後四時二十八分である。

霞ヶ関の海軍省と軍令部、三宅坂上の陸軍省と参謀本部のそれぞれの庁舎は、いつものように灯をともした。機密保持のため平常どおりである。が、作戦課の参謀たちはひそかに全員が登庁している。

軍令部作戦課参謀高松宮の日記にはこうある。カッコ内に註を入れて引用する。

「……ハワイ異状なく、航空母艦、C^{1}［重巡洋艦］の他在港す。／陸軍機、一〇三〇［十時三十分］頃、英f^{s}×1［水上機一機］ヲ撃墜ス。／一八〇〇大宮御所へ。三笠宮御婚儀につき関係宮内官三十九人程オ召、晩餐。二二一〇退出」

世はなべて事もなし。

海軍侍従武官城《じょう》英一郎大佐の日記もまた、天皇の周辺にも異状なしを伝えてくれている。

「……一七三〇、外相拝謁。／一九〇〇、軍令部総長、作戦進捗の状況（万事順調）。拝謁御伺の際『其後の状況は如何』との御下問あり。本日より陸海武官一名宛当直す。差当り本日は小官居残なれば、午後より出勤宿直す」

天皇の御下問は、南雲機動部隊のその後の動向を懸念してのものであり、「万事順調」と永野総長は胸を張って答えたものである。事実、何の異状をも認めずに機動部隊は最後の燃料補給も終り、この日午前七時（日本時間）、速力二十ないし二十二ノットで、攻撃隊の発艦地点に向って驀進を開始している。旗艦赤城のマストには高くDGの信号旗が揚げられた。意味するところは、

「皇国の興廃この一戦にあり、各員一層奮励努力せよ」

日本海海戦のさいに旗艦三笠に掲げられたZ旗にならったものである。

そして機動部隊は軍令部よりハワイに関する最新情報をえた。十二月六日の真珠湾在泊艦で「戦艦九、軽巡三、潜水母艦三、駆逐艦十七……空母は出動中」というものであり、最後に「ホノルル市街は平静にして灯火管制をなしおらず」と伝え、さらに、

「大本営海軍部は必成を確信す」

と結んでいた。将兵は武者ぶるいを感じつつも、一路真珠湾めざして突進するだけとなった。

異状があったとするならば、マレーへ直進する大輸送船団のほうであったかもしれない。二度にわたって英軍機に発見されていながら、幸運にも夜に入り、敵の来襲の可能

性は一挙に減じた。英飛行艇撃墜事件いらい、船団上空を陸軍第十二飛行団の戦闘機　隼《はやぶさ》がつきっきりで護衛した。いまは陽も落ち、ぎりぎりまで上空にあった戦闘機は、任務を終え基地へ帰投していった。

その戦闘機隊に異状が起きたのである。限界を超えた無理な飛行をあえてつづけていたため、闇の中での飛行となり加藤建夫中佐の指揮下にあった六機の隼のうち、二機が海中に墜落、一機が不時着となった。加藤隊長機はすさまじい乱気流という悪条件を克服して、仏印基地にやっと帰投したが、戦闘を前にして早くも二名の部下を失うという傷手を負ったのである。

基地で加藤が悲嘆にくれているころ、東京では、東京放送局（ＮＨＫ）の国内ニュース担当の報道課長横山重遠が、突然、思いもかけない電話を受けていた。受話器の向うで、相手は内閣情報局第二放送課長宮本元吉と名乗った。

「あす午前六時に重大発表があるから、その取材と放送の内容に遺漏なきよう手配されたい」

横山は思わず「そんな早い時間に」と口走り、それから訊ねた。

「いったい中身はなんなんですか」

「内容か？　そんなのわれわれだって知るわけがない。大本営の発表なんだ」

と宮本はニベもなかった。いわれてみれば当然だと苦笑しながら、横山は〝国交断絶〟という四文字をとっさに想い浮かべた。それにしても、わざわざワシントンにまでいってつづけている交渉なんだ、こっちから断絶通告はない話だな、と思った。そんなことより今夜当直をしてくれるものを探さねば、と席を立つ。案ずるより早く、日直であった田中順之助が「私が残りましょう」とかって出てくれたことに、横山は心から感謝した。

遠く瀬戸内の柱島泊地では、連合艦隊旗艦長門の司令部作戦室には、夕食後に参謀たちが全員自然に集まっていた。畳にして十数畳ほどの広さ、四囲の隔壁には太平洋全域の地図と、何枚かの必要な海域の小さめな海図がはられている。中央に大テーブルがすえられ、横の小机には作戦命令綴や電報綴がつみあげられていた。大机の上の、青や赤や黄にそめわけられた大きな地球儀が、この殺風景な部屋にわずかな彩りをそえている。集まった参謀たちは何をするということもなく、まとまった話らしい話をするわけでもない。静寂に沈みこんだ室内に、古びた柱時計が時を刻む音だけを機械的にひびかせた。それを聞きながら、長い長い一日であったと参謀たちはだれもが思った。それが終ったわけではなく、いよいよ本番がはじまるのである。東はハワイのオアフ島北方の洋上から、西はマレー半島沖合まで、ほぼ五千海里の広漠たる海に、軍艦二百二十隻余、小艦艇をいれれば三百九十一隻、計一四七万トンという全海軍兵力が展開して、その時を待ちつつ、長い一日を終えたのである。

最後の夜を迎えてぴりっと張りつめた作戦室に、となりの長官休憩室から山本長官が、変らぬ温顔をみせたのは、午後七時をまわったころである。まさか今夜もいつもの将棋ではあるまいと、ひそやかに思った幕僚たちの視線をうけながら、山本は定席に坐ると、すぐ政務参謀藤井茂中佐をよんだ。

六年間も軍務局にあり、つい二日前の五日に連合艦隊司令部に着任したばかりの藤井は、長く陸軍や外務省との連絡に当ってきた政略面のベテランである。

「藤井君、たびたび言うようだが、外務省はアメリカにたいする開戦通告をぬかりなくやってくれているだろうな。大丈夫だろうな」

と山本は尋ねた。これにたいして、

「間違いなく、間に合うようにやってくれていると思います」

と藤井はごく自然な口調で答えながら、朝から何度目の長官の確認であったことか、と改めて山本の憂慮の深さを思い知らされた。

山本は、しかし、藤井の返事にたいして、このときはそれ以上は追及しようとはしなかった。そして「渡辺君」と戦務参謀渡辺安次中佐をよんだ。近づいていった渡辺は、つぎに発した山本の言葉を聞いて、まさか今夜もとびっくりした。手がすいているなら将棋の相手をせよ、というのである。対米英戦をあと数時間後にひかえた夜であるというのに……。

「なにをびっくりしているんだ。今夜はどうだ、昨夜の仇を討たんのかといっているのだよ」

と、緊張のとけやらぬ参謀に、山本は冷やかすように笑った。渡辺は、

「今夜もやられるのですか」

と思わず問い返すほかはなかった。

忙しく働く当直のほかの参謀たちは、いまはやらねばならぬことはない。やがて作戦室からそっと姿を消し、黙々と入浴をすませ、黙々とベッドにもぐりこむ。全作戦開始は八日午前三時（日本時間）、眠れる夜は短いのである。

作戦室の深沈たる静かさのなかで、パチリパチリと駒音だけが低く鳴っている。古びた柱時計が午後八時を打った。

（1）この日（十一月二十九日）の大本営政府連絡会議のときに、ほかにも注目すべき議論がかわされている。戦争を目前にしての世論の動向についてである。指導者の一人は、国民の戦闘意欲は最高潮にたっしている、と観察している。それゆえに、

「この上さらにこの気勢を高めることは、かえってアメリカをして戦争準備をますますやらせることになる。それゆえに、これ以上に気勢を高めないようにする必要がある」

この発言にびっくりしたもうひとりが反対する。

「それはいかん。抑えるようなことをしたら、かえって国民は分裂する危険がある」

「しかし」とまたひとりが疑念を表明する。「分裂しない程度に、戦争意欲を保持する要はある。特に政府当局が気勢を低めるようなことを言うのはよくない」

「左様、それには外電を利用するのがもっともいい方法と思う」

新聞の煽動がいかに世論を戦争に導くのに成功していたことか、それを物語っているような対話ということになろう。

(2)ラニカイ号など三隻のオトリについては、有名な歴史家ハンソン・ボールドウィンも、こう記している。「ルーズベルトは、アメリカの国家利益を守るために、参戦すべきだと考えていたので、それに反対する国民がかなり多かったので、日本に第一撃を打たせることにより、国民を説得しようとした」。それにしてもチャチな作戦であったことよ。

(3)開戦にさいして取り決められていた電報隠語「ニイタカヤマノボレ一二〇八」を、「予定どおり真珠湾を攻撃せよ」の意味で南雲機動部隊に発信された、と誤解している人が案外に多い。それはまったく違うので、「X日を十二月八日午前零時とす」ということで、したがって全艦隊に向けて緊急信として通達されたのである。

使用暗号書は「D」、つまり数字暗号である。たとえば、それはどんな風のものであったか。残念ながらD暗号書は現存しないので復元不可能。が、ミッドウェイ海戦後にD暗号を継承した「呂」暗号書はワシントンにあるそうな。それを使って暗号化された「ニイタカヤマノボレ一二〇八」が、阿川弘之さんの大著『軍艦長門の生涯』に掲載されている。参考にされたい。と書いて終りにしようと思ったが、面倒に思う読者もいるかもしれないと思い直して、乱数の足し算もして完成した第二次暗号文をそっくり頂戴してご紹介する。すなわち次のような五桁の数字で打たれるのである。

「95905　28336　23472　86246　05084　28192　75920　14315　34090　79633　29327」

しかも、この電報が発信された二日後には、乱数表が全面的に更新された。たとえ基礎暗号書が解読されていたとしても、乱数表が変れば全部ご破算になる。日本海軍のD暗号は解読されていなかった、と見るのが理性的判断というものである。

（4）マッカラム少佐の「対日開戦促進計画」八項目（一九四〇年十月七日提出）について。何人かの有識者が重要視して雑誌・新聞などでことごとしく取り上げていたが、一言でいって「何でいまさら」の感のみがある。参考までにその八項目にたいするわたくしの意見を、左近允尚敏氏（平和・安全保障研究所）の教えをうけた上で、括弧内に書いておく。

1．太平洋地域の英軍基地、とくにシンガポールの利用について、英国との協定を結ぶこと。（話し合いが進められていたのはラバウル港の使用についてだけ）

2．オランダと協力関係を結び、蘭印の基地および物資取得の利用許可を得る。（なんら協定の形跡はない。アメリカはオランダを相手にしていない）

3．中国の蔣介石政権に可能な限りの援助を行う。（一九三九年〈昭和十四〉一月から、すでに実行済み。なんでいまさらの感あり）

4．遠距離航行能力を有する重巡洋艦一個戦隊を、フィリピンまたはシンガポールへ派遣すること。（実行されず。また、この兵力ではほとんど意味がない）

5．潜水戦隊二隊のアジアへの派遣。（四一年秋、潜水艦十二隻がマニラへ送られてきた。ただしマッカラム文書とは関係なし。アジア情勢の悪化による）

6．太平洋、ハワイ諸島にいる米艦隊主力を維持すること。（すでに五カ月前から実行され

ている。マッカラムは日本海軍も承知していることを知らなかったのか）

7．日本の不当な経済的要求、とくに石油にたいする要求をオランダが拒否するように、オランダを説得すること。（米国の高官のほとんどが同様なことを提案しているそうな）

8．イギリスが押しつけている通商禁止に協力して、アメリカも日本にたいする全面的な禁輸、通商禁止を行う。（翌年の七月の日本軍の南部仏印進駐後に実行。マッカラム文書にしたがってというよりも、当然の対抗措置として）

つまりこの文書が対日参戦への許しがたいシナリオとはとうてい思えない。左近允尚敏氏も『東郷』に引用していたが、スティネットの書を評したジョン・プラドスの言葉どおり、マッカラムの八項目は「当時のワシントンの空気を彼が書き物にしたにすぎない」と、わたくしも考える。

それにこの程度の文書によって、日本が南進政策を決定し、戦争に引きずり込まれたと結論づけるのは、いささか甘すぎる、いや為にする判断ではないか。本書ではふれなかったが、軍事史をひもとけば、長期間の日本陸軍と海軍との綱引きにはじまって、さらには強気になったり弱気になったりする陸軍部内の態度、また海軍部内の対米強硬論が制覇するまでのはげしい論争と確執など、南進戦略決定までにどのくらいの波瀾万丈の曆日があったことか、それが分かるはずである。

（5）本文中ではふれなかったが、ルーズベルトは真珠湾攻撃を事前に知っていた、という大統領陰謀説が語られるとき、きまってもう一つ、ゾルゲによる通報の問題が浮かび上ることがある。一九四一年（昭和十六）十月、ゾルゲがモスクワに向けて、日本は六十日以内に真珠湾を急襲する意図をもっている、と報告したという話である。その報告を、スターリンはルーズベルトに知らせた、という説をとる論者がいる。いっぽうで、いや、知らせることはなかった、と説く人もいる。ワシントンには、ソ連からそのような情報があったという記録は、もちろん残ってはいないが……。ただ、近衛首相のブレーンといわれる尾崎秀実と緊密な関係をゾルゲは結んでいたし、近衛は山本五十六から真珠湾作戦を打ち明けられていた、とすれば、あるいはゾルゲの耳にも、という気も何となくしてくるが。いまは、スターリンからルーズベルトへそのことが伝えられたとは、あり得ないこととしておく。

（6）本文にしばしば引用したが、第三戦隊の機関参謀竹内将人少佐の日記に注目すべき記載がある。単冠湾出撃を前にして、各隊司令官、幕僚、艦長、航海長たちが旗艦赤城に参集し、機動部隊の参謀長や通信参謀から訓示や綿密な説明を受けている。とくにそのうちの通信関係についてのものを抜き書きする。機動部隊の無線封止がいかに厳しかったかを窺うことができる。

「本行動中の通信は特に大切である。此方からは絶対電波を輻射せざること」「特令なき限り各級指揮官といえども勝手に電波を輻射しないこと。ただし独断専行を要する場合は別、分離する場合も同様である」「攻撃隊の帰還後は電波警戒管制、各級指揮官の所信によりやってよいが、敵に発見される迄は極力電波を輻射せぬこと」（参謀長）

「偽電は十二航空戦隊がすでに十一月二十四日から当隊の電波をだして実施しており、内海

西部や日本近海で同一呼出符号を用いている。また当隊の飛行機の電波で十二航空戦隊で実施中である」（通信参謀）

このように機動部隊の出撃と同時に電波は戦闘管制中となった。かわりに機動部隊の電波に見せかけて、柱島の連合艦隊主力部隊や、鹿屋航空隊そのほかが、D暗号などを使ってしきりに偽装交信を行った。さながら空母群は瀬戸内海や九州南部にいるかのようにみせかけたのである。このうち十二航空戦隊（水上機母艦の神川丸、山陽丸）は十二月に入ると、海南島の三亜方面に向かって内地から出港し、機動部隊が南下しつつあるように巧みに電波を打ちつづけたのである。アメリカの通信傍受班がそれにひっかかった可能性は多分にあるとみてよかろうか。

（7）十二月八日付の週刊誌「タイム」（読者は五日には読んだであろう）には、トップ記事で実に際どいことが書かれている。

「万事準備は整った。ラングーンからホノルルまで、全員が各自の戦闘部署についた。……引き金をひく日本人の一本の指の震えか、どの方向かへの日本人の飛躍か、あるいは何か目立った行動かがあれば、それで充分であろう。わが陸海空軍の巨大な隊列が、いまや競技者が陸上競技場のスタートラインに一直線にならび、スターターの号砲を待つあの緊張の一瞬を迎えているのである」

もう日米関係がまともではないことは、日本人はもとより、アメリカ人のほとんどがわかっていたことが察知される。

(8)「国際法を守る」ことの文言をあえて削除したのは、東条首相であったといわれている。理由は、タイ国へ軍隊が進攻するにさいして、事前の協定の成立を期してはいるものの、万が一の場合がある。詔勅にある文言に違約するということは、臣下としてこれ以上の不忠はない、と忠節なるこの軍人が考えたため、というのである。面妖な理屈づけとも思われるが、この人ならと納得できるところもある。わからないのは、他の閣僚たちである。あるいは枢密院のお歴々である。なぜ、これに疑問を呈さなかったのか、理解に苦しむ。国家の興亡を賭す大事を前に、すべての指導者が冷静さを失っていたなどとは、およそ考え難いことなのであるが。

(9)アメリカの陸海軍は暗号解読の任務を通常は分担していた。偶数日は陸軍、奇数日は海軍である。しかし、十二月六日は情況が容易ではない、緊急処理する必要があるとの判断から、十三部のうちとくに長い部分の第十一部を海軍が解読し、ついで長い第九部、第十部を陸軍が処理することとしている。このへんの気構えは日本大使館の外交官諸氏とはずいぶんと違うのである。

第三部　輝ける朝

・七日午後九時―十時（日本時間。以下同じ）

●「先は長いんだぞ」

連合艦隊旗艦長門の司令部作戦室には、深沈たる静けさのなかで、駒音だけが低く鳴っている。もう一時間近くもそれはつづいている。渡辺戦務参謀の指す手に精彩がないのは、数時間後に迫っている真珠湾攻撃がやはり気になっているからであろうか。三局目を終え、相手の王将を詰ましながら、山本長官は笑った。

「そんなこっちゃあ、駄目だなあ。……おい、おい、先は長いんだぞ」

長官はたしかにそういったと、渡辺参謀は回想する。

しかし、先は長い、と山本自身は思ってはいなかった。

対米英戦争をやると廟議が決したいまは、ただ全身全霊をあげて遂行するのみである。といって、長期持久戦にひきずりこまれては、戦争に勝つ目途はなくなる、国力の差が長期戦を日本に許さないのである。たとえ戦争そのものの勝利はなくとも、短期決戦の勝利をつづけることで戦闘のけりをつけ、亡国を招かぬうちになんとか和平にもちこむ以外に、戦争終結の手段はない。貧しい資源と生産力しかもたぬ国家の、それが唯一選ぶべき方策なのである。山本は常々そういっていた。

たとえば、対米英戦争の主戦力となる航空整備は、昭和十六年七月現在で、戦時編成の兵力所要量に、艦上戦闘機こそ九〇パーセントをわずかに超したが、陸上攻撃機や輸送機は五〇パーセントにやっと達したにすぎない。比較的数だけはそろった戦闘機であるが、それに装備する20ミリ機銃（弾丸も含めて）となると、なんと充足率二八パーセント。大型爆弾、航空機用の九一式魚雷のそれは二〇パーセント前後にすぎない。その後も最大の努力をはらって増産につとめているが、どのくらいの成果があがったことか。

さらにきびしい現実をいえば、それだけでも決して戦闘にさいして十分とはいえない定数どおりの弾薬を搭載して、各艦艇がそれぞれの根拠地を出撃していったのち、横須賀、呉、佐世保および舞鶴の四大軍港の弾火薬庫の残量はかぎりなくゼロに近くなっている。25ミリ機銃弾のそれにいたっては皆無である(1)。

渡辺参謀も、そうした戦力の限界を熟知している。それゆえに、山本長官の苦衷が手にとるようにわかる。この暗澹たる国力を背景に、たえず勝利の道を探らねばならないのが、連合艦隊司令長官の最大の任務となっている。海軍中央は必勝、必勝と威勢はいいが、「方策も意見もない」と、山本は嚙んで吐き捨てるようにいう。邀撃《ようげき》漸減という明治いらいの伝統の戦術によりかかっているだけである。この長官の絶望感と必死のあがきとを、身近な幕僚として渡辺はつぶさにみてきている。そしてその長官が、必勝の方策として、あらゆる反対を押しきって推進してきた作戦が、空母航空兵力全力投入による真珠湾攻撃なのである。奇策ともいうべきその大作戦が、あと数時間後にはじまろうとしている。

それだけでも容易に落着けない。しかも、この期《ご》に及んで、渡辺の胸中には、もしもこのハワイ作戦が失敗に終るようなことがあれば、というどす黒く不吉な想像が、押し殺せば殺すほどむくむくと湧き上っている。成功の可能性よりその危険性のほうがむしろ大きい。そうなれば戦争は緒戦にして日本の敗北は決定づけられる。そのとき、あるいは長官は、自裁することで責任をとるのではないか。そんなことを考えるとこわばった背中に冷たいものが走るだけなのである。

こうして渡辺は隠せども緊張をおさえきれないでいる。いまこの最大に重要なとき、吹けば飛ぶような駒に全精魂を打ちこめるはずはないではないか。

「長官、先は長いので、今夜はこれで退却いたします。参りました」

と、三局たてつづけに、自分でもあきれるほどに打ち負かされて、渡辺参謀はとうとう音をあげた。そして、山本がとめるより先に駒をさっさと納めると、「どうせ眠れるはずはないが」と思いつつ、早々と自室に引揚げていく。

笑いながら山本が長官公室に姿を消したあと、作戦室には当直の航空参謀佐々木彰中佐が残り、することもなくしばしの瞑想にふけっている。かれもまた、数日来の睡眠不足にもかかわらず、眼はいよいよ冴《さ》えかえるばかりで、むしろこの栄《はえ》の夜の当直にあたったことに喜びをすら感じていた。どうせ眠ろうにも眠れないであろうから、と思う。

山本長官が部屋をでていくとき、作戦室の時計が九時過ぎを指しているのを、ちらっとかれはみとめた。

宇垣纏参謀長は、このとき艦長休憩室でゆったりと、ソファに身を横たえていた。いつものように日記に、

「あと数時間の後には驚天動地の大活劇が、全世界を震駭《しんがい》することを知らずや」

と記したあと、眠ることもならず、といって何もすることがなく、無聊《ぶりょう》をかこっているのである。

●「東郷外相と会うことになる」

東京の三宅坂上の参謀本部作戦課では、この時刻、宵の口いらいあれこれと協議をつづけてきた参謀たちの語るべきことも、やっとつきかけている。なさねばならぬことはすべてに手を尽したという充足の想いが、だれの胸中にもあった。攻撃拠点に展開した部隊の戦闘準備は完整している。あとは〝時刻〟の到来をまつばかりである。大きくいえば、この朝を迎えんがためにここ数カ月の苦労が払われた、と参謀たちは思う。いや、建軍いらい六十有余年、帝国陸軍のあらゆる叡智と練磨と苦悩は、この日の勝利を確保せんがために捧げられてきたのではないか。日清・日露いらいの、日本人のうちにひそむ攘夷《じょうい》の精神の、最後の仕上げが、あと数時間後に迫っている。それが参謀たちに共通している想いといってもよかった。

作戦室には、陽が落ちるとすぐに登庁してきた作戦参謀竹田宮恒徳少佐も、自席に腰をおろして大きな眼を光らせている。同僚とともに今夜はこの部屋で夜を明かそうと決めている風なのである。竹田宮の分担は対北方（ソ連）作戦であるから、対南方マレー半島上陸作戦のさし迫ったいまになっては、直接にやるべきことは数少ない。作戦班長櫛田正夫中佐はそこで八時を回ったころから何度も、それとなく退庁をうながした。宮様に徹夜など恐れ多いという思いもある。しかし竹田宮参謀は容易に立とうとはしなかった。

九時半に近くなって櫛田ははっきりということにした。

「殿下には、どうぞ御殿でお休みになっていただきましょう。必要の場合は早速お知らせ申しますから」

この切なる帰館の願いに、竹田宮は、

「では帰ることにする」

とやっと返事した。自分がいつまでも在室していては、参謀たちが休めないことに気づいたのである。それに戦場を遠く離れた東京にあってやきもきと気を揉んでも詮ないこと、と宮は思った。

それはもう、夜が明ければ否応なしにすべての結果がでるのである。

それが大いなる歓喜であるか、あるいは底なしの沼に落ちこむような恐怖となるか。参謀宮の姿をふたたびこの室に迎えるときにはそれがはっきりする、とそう思いつつ、参謀たちは去っていく竹田宮を見送った。

参謀本部とは指呼の間にある永田町の首相官邸では、首相東条大将が和服に着替え、二階の日本間ですっかりくつろいでいる。「清水《きよみず》の舞台から飛び下りる」覚悟であえて決断した悲壮な気持も、いまはかなり薄れ落着いている。情報局総裁谷正之、法制局長官森山鋭一、そして書記官長星野直樹らとともにした夕食の膳も片づけられたが、口を濡らした程度の微醺《びくん》をおびた首相は、すこぶるご機嫌である。そしていつもの雄弁で、むかし話に打興じていた。

さすがにその夜の首相官邸には、どこからも電話がかかってはこない。訪れる人もいなかった。開戦に向けて、内政と外交とのすべての手続きの完了したいまは、首相官邸がひっそりとした静寂につつまれるのは当然のことといえようか。待たれるのは快報のみである。

官邸の二階の部屋からは窓ガラスをとおして、赤坂界隈の灯が美しく見える。それらは平常とほとんど変りがない。そして灯の向うに——星野書記官長が記している。

「殊に、はるかに一きわ高く見える、米国大使館の窓がいずれも赤々とかがやいて見えるのは印象的であった」と。

いまと違って、当時は首相官邸と向き合うようにして建つアメリカ大使館が、窪地を越して望見できたのであろう。

その大使館では、駐日アメリカ大使ジョセフ・グルーが、ハル国務長官より送信された〝天皇への親電〟の予告電報を、午後九時すぎになってやっと受けとっている。ワシントン六日午後八時発信は、東京時間に直せば今日の午前十時である。短波放送でそのことを知っていたグルーは、なぜこんなに遅れていまごろになって配達されてきたのかを、いささかいぶかしく思いながら、いそいでユージン・ドウマン参事官をよんだ。

星野書記官長が見たというアメリカ大使館の窓の明りというのは、あるいは大使と参事が額を寄せあって相談している部屋のものであったかもしれない。

グルーは、二通の電報がすでに国務省から発信されていることを参事官に説明した。発信時刻はワシントン時間の六日午後八時と九時である。その八時の予告電がいまとどいた。親電そのものといえる九時電も、おそらくは一時間後にはつくことになろう。

「そこで、とどいてからただちに暗号を解く必要があるが、それも一時間ちょっとあれば十分であろう。となると、真夜中ではあるが午前零時くらいに、東郷外相と会わねばならないことになる。できるだけ早く親書を天皇に伝達せよ、ということであるから、深夜であろうと夜明けであろうと、時間などかまってはいられない。そのようにいまから手配をしておいてくれ給え」

というグルーに、ドウマンはあっさり請けあった。

「ミスター東郷の秘書の友田（二郎）に連絡をとって、その旨を伝えましょう。大丈夫です。友田にはすぐコンタクトできます」

グルーはさらに、チャンセリーとよばれる本館の地下一階の暗号解読室に連絡をとり、

担当者を待機させておくことを命じた。そして大使官邸職員の日本人船山貞吉をよぶと、
「今夜、それも多分深更に、日本の外務省からかならず電話が入ることになる。電話が入ったら、かまわないからすぐ私にとりつぐように」
と命じた。当時、大使官邸には外部と連絡のできる電話は、玄関脇の執務室におかれた一台だけであったという。

大統領の親書という突発的な重要指令ゆえに、アメリカ大使館内にはこうしてやや緊迫した空気が流れてはいた。それをのぞけば、東京の中心にはこのとき平和そのものの時間が過ぎている。日曜日の東京の、よく冴えた冬空には星くずがまたたき、半分ほどに欠けた月がやわらかな光を家々の屋根に投げかけている。

●「どこの国よりも、優越」

東京時間午後九時半、ワシントンでは七日午前七時半である。日本の外務省が送った対米覚書第十四部は、七時ごろより着々と日本大使館の郵便受けに押しこまれている。また、追いかけるようにして手交時刻指定の外相訓電第九〇七号も、二つの電報局から、七時半すぎには大使館にとどけられた。すべては東京の外務省が予測した時刻どおりである。しかし、だれ一人として出勤してこないゆえ、郵便受けに突っこまれたままになっている。日本大使館はまだ眠りこけていた。

平和な日曜日の朝である。

ニューヨーク・タイムズの読者は、第一面の見出しで、ノックス海軍長官の豪語をまず目にしたであろう。

「アメリカ海軍は、どこの国よりも、優越。ノックス長官は語る」

内容は、海軍長官の年次報告である。そこにはこんなことが書かれていた。

「私は、アメリカ国民が自分たちの海軍にたいして十分信頼をおいているものと、誇りをもって報告する。私の見るところでは、将兵の忠誠・士気・技能ともに、わが海軍よりも優越する海軍は世界のどこにもない」

ところが、この世界に冠たる海軍にいまや猛攻撃をかけんとしている不敵な海軍が存在したのである。はるばると太平洋を押し渡ってきた日本海軍である。午後八時四十六分（東京時間）、攻撃の先陣を切るように、伊号二十二潜水艦に搭載の特殊潜航艇（甲標的）が発進していた。実に真珠湾口の一七一度、九海里の海域である。甲標的には岩佐直治大尉と佐々木直吉一等兵曹が搭乗している。

それより前の八時十二分には、横山正治中尉と上田定二等兵曹の搭乗する艇も、真珠湾口二一二度、七海里のところから発進を終えていた。

そしていま九時四十五分、古野繁実中尉と横山薫範一等兵曹の艇も、湾口一五〇度、一二・六海里の海域から発進を終えたところである。

岩佐大尉と佐々木一曹は、いよいよ出撃にさいして鉢巻を締め、拳銃を帯び、日本刀一振りを手にもって司令塔に上ってきたという。

「そんなに長い刀が艇内に入るのか」

と、総指揮をとる第三潜水戦隊司令佐々木半九大佐がいった。岩佐はにっこり笑った。

「これは家宝ですから」

大佐はそのときは「そうか」と何ということもなく聞き逃したが、のちになって日本刀の意味を知ることになる。

その手記に佐々木は書いている。

「あとで岩佐の同期生菅昌《すがまさ》大尉にきいた話では、搭乗員は敵艦襲撃後、敵陣に斬りこむのだと洩らしていたそうである。しかし、私には決してそんな素振りはみせなかった」

搭乗員は生還することなどだれも考えていなかった。

特殊潜航艇は五隻である。作戦としては、横山中尉艇を先頭に、五隻は三十分おきに真珠湾口を通過し、敵艦に必殺の雷撃を実施する。最後の艇の湾口通過時刻は日の出一時間前とされていた。その計画にしたがって、残る二隻も予定の海域から予定の時間に、それぞれが発進することになっている。〝優越〟せるアメリカ海軍は、そんなこととは想像もしていない。

甲標的発進前の、浮上近接中の潜水艦からみた状況は、幸いなことに視界はきわめてよかった。東の風をうけて海上も平穏。オアフ島の道路を走る自動車のヘッドライトまでがはっきり見え、真珠湾の入口につづくバーバース・ポイントとダイヤモンド・ヘッドの灯台も認められた。突入の成功の算は大と、潜水艦の艦長たちはひとしく確信したという。

ときどき上空を照らす探照灯の光だけが、アメリカ海軍の唯一の軍事行動といえるものであった。

・七日午後十時—十一時

●「日本軍の思う壺になる」

午後十時二十七分、湾口一五一度、五・三海里の海域より、広尾彰少尉と片山義雄二等兵曹の搭乗する四隻目の潜航艇が発進した。

もう一艇は、伊号二十四潜水艦に積まれている酒巻和男少尉と稲垣清二等兵曹のそれである。母艦《おやふね》である潜水艦は湾口二〇二度、一〇・五海里の作戦開始海域に達しようとしている。発進予定時間も迫った。しかし、このとき、艦長の花房博志中佐は甲標的の発進を決しかねていた。ここにきて酒巻艇のジャイロ・コンパスが故障し、整備員の懸命の努力にもかかわらず、直りそうにもなかったからで、コンパスが正しく作動しなければ、艇の行動はままならない。

のちに捕虜第一号となった酒巻元少尉は書いている。

「『どうだ、いい位置だろう』

艦長はいつになくにこりともせずに言ったが、その声には、大任を果たした会心の情がこもっていた。（中略）

香水のただよう搭乗服に身をかため白鉢巻をまいた私たちは、出発準備をととのえて、別離のため司令塔へ上った」

ハワイ時間に直せば午前三時をやや過ぎたころである。潜望鏡でのぞいた酒巻少尉の眼にも、星がまたたく大空のもとに、オアフ島は黒々と眠っているように横たわっていたという。あと二十分ほどで発進時刻がくる。

そのかんに、視線をぐんと西に移す。このときシンガポールでは――午後九時になろうとしている。

英極東艦隊司令長官フィリップス少将の部屋に、極東軍総司令官ポハム大将、マレー軍司令官パーシバル中将が集まり、食後のブランデーを吟味《ぎんみ》しながら、静かに、ただし真剣そのものの討議をつづけている。

この日の昼に警戒飛行中の飛行艇一機が東方洋上で消息を絶っている。しかもその後、陽が落ちてから別の飛行艇の報告もとどいた。

「輸送船一隻、巡洋艦一隻、コタバル北方の一一〇マイル。シンゴラに向う」

フィリップスはこれらの情報を重要視していた。日本軍は明らかに大軍をもってマレー半島北部、またはタイ領内への上陸を企図しているとみられる。もう戦争開始は決定的で時間的猶予はならぬ。即座に「マタドール計画」の発動をポハムに求めたのである。

パーシバルがこれに反対した。たしかに、日本輸送船団はタイ領のシンゴラに接近中であるかもしれない。時間的にみれば到着は「本日深夜」ということになろう。注意すべきはシンゴラはタイ国領ということである。戦争とはきまっていない。そこでいまマタドール計画を発令したとする……とパーシバルはつづけた。

「わが部隊がシンゴラ付近につくのは、八日午前二時以降となりましょう。それは上陸を完了して展開しているであろう日本軍の思う壺となります。わが部隊はおそらく敵戦車の餌食となるばかりと考えます」

闘志満々のフィリップスがいった。

「それではむざむざと日本軍の上陸を許すことになる」

パーシバルはブランデーで少し赤くなった顔をぷいとそらして、ポハムにたいしていった。

「いずれにしても、無駄な兵力消耗は避けるべきであると思考するものであります」

ポハム大将は、葉巻をくゆらせて二人の論争を聞いてはいたが、なかなか判断を下さなかった。イギリス軍の三人の首脳は、刻みゆく一秒一秒がふつうのときと違う重要さをもっていることを承知しながら、それを忘れているかのように椅子に深々と身体を沈めたままでいる。

同時刻、山下奉文中将が指揮する日本の輸送船団は、マレー半島北方のタイ湾のG地点に達し、いよいよ最後の進撃コースに入る。イギリスの将帥はブランデーで食後の歓を楽しんでいるときではなかった。

日本の大輸送船団はいまや四つにわかれている。

・タイ領シンゴラ東海岸へ。

第二十五軍司令部、第五師団司令部、第五師団右翼隊（歩兵六大隊、砲兵四中隊、戦車三中隊ほか）

・タイ領タペー海岸およびパタニ海岸へ。

第五師団左翼隊（歩兵三大隊、砲兵二中隊、戦車一中隊ほか）

・イギリス領コタバル東南海岸へ。

第十八師団の歩兵旅団司令部、佗美《たくみ》支隊（歩兵三大隊、砲兵一中隊ほか）

・タイ領ナコン、バンドン、チュンポン、プラチャップ地区へ。

宇野支隊（歩兵三大隊、砲兵一中隊、工兵一中隊ほか）

これらが上陸部隊である。輸送船上の各部隊の将兵は、それぞれの船中において全員での訣別の会食を終え、あとは突撃命令を待つばかりとなっている。

山下の軍司令部をはじめとして、全部隊の士気は旺盛である。それは文飾ではない。この作戦が非常な困難をともなう激闘となることを、将兵のだれもが承知している。山下奉文中将はこの年の夏にドイツを視察訪問している。そのときドイツの国家元帥ヘルマン・ゲーリングがいったという。「シンガポールの陥落には、五個師団の兵力で一年半を要するであろう」と。つまりシンガポールは「東洋のジブラルタル」とよばれたほどに難攻不落の要塞であることは、すべての日本軍将兵のつらい認識となっているのである。そして、その攻略をめざす山下軍の基幹兵団は、仏印から国境線を越えて進撃する近衛、そして上陸部隊である第五・第十八の三個師団である。

参謀本部のたてた作戦計画は、これだけの兵力で、マレー半島を北から最快速で南下してシンガポールを攻略する、というもので、そのためにマレー半島の地勢を利用する。二本の鉄道がタイ領に発して半島を縦断して走っている。すなわち、タイ領のシンゴラの南、ハジャイ駅から半島の西岸ぞいに走る線と、もう一本はコタバルの南、ムロンからほぼ半島の中央部を走る線、これを利用するのである。

さらに、主要幹線道路が、シンゴラから西岸ぞいに南下するものと、パタニから一直線に南へクアラカンサルに向う線と、この二本がある。これらはクアラカンサルで合流して、鉄道ぞいに南行する道と、西岸の海岸道にわかれる。

そして鉄道も道路も、半島南端のジョホールバールで合流する。

山下軍団が主力の上陸地点をシンゴラ、パタニ、コタバルとしたのは、鉄道と幹線道路を何としても確保するためであった。密林とゴム林に蔽われているマレー半島で、軍事的に利用できるシンガポールへの道は一本道である。ところが、その進撃路はいたるところで河川に横切られている。

しかも上陸兵力は不足であることはだれもが知る事実。第五師団の三個連隊、第十八師団の一個連隊（佗美支隊）そのほかで、計約二万六千六百人、うち戦闘部隊は約一万七千二百人である。たいして、待ちうける敵は情報によれば八万人を超えるという。これらが橋梁を破壊し、あるいは一本道の両側にひそかに布陣すれば……。

輸送船上の将兵は、そのことを思うと武者ぶるいを禁じえないでいる。そんな陸軍の兵隊たちに海軍の輸送船監督の海軍士官が笑いながらいう。

「靖国神社でお会いしましょうや」

いや、笑いにごまかしているものの、陸海を問わず、作戦に参加するすべての将兵は、同じ心の叫びを叫んでいたのかもしれない。

とくに強襲による激戦を予想されるのが、英領コタバルに敵前上陸を敢行する佗美支隊（長・佗美浩少将）である。歩兵第五十六連隊（長・那須義雄大佐）を基幹とする総員約五千三百名。彼らを乗せた優速船三隻は、山下中将の本隊と分かれ、上陸点めざして真南に進んでいる。護衛の第三水雷戦隊（長・橋本信太郎少将）旗艦の軽巡川内《せんだい》より、この時刻、支隊長に通報があった。

「コタバル付近海岸は上陸に適す。天候曇、風向東、風速七メートル、波高一メートルなり」

しかし、輸送船上の陸軍将兵には、前日の暴風雨の余波が残り、北東の季節風も強く、波高も二メートルを越す激浪が荒れ狂っているとしか思えない。空は月も星もなく真っ暗である。過激とすら思われるほどの速成訓練をしてきたとはいえ、輸送船より上陸用舟艇に移乗することすら容易ではない。それがまさしく選ばれた精鋭部隊将兵の実感であった。

しかし容赦なくその時がやってくることは間違いない……。

●「首相は間違いなく来るか」

同じころ（バンコク時間午後八時半ごろ）、タイ国の首都バンコクの日本大使館では、全権大使坪上貞二の招きに応じて、タイ国の閣僚が集まり盛大な晩餐会が行われていた。最前線の将兵たちとは違って、ここでは豪華なシャンデリアの下で、日タイ両国の高官たちが酒とタバコと歓談で、楽しい時をすごしている。輸送船上の陸軍の将兵、あるいは南遣艦隊司令長官小沢治三郎の「全滅を覚悟で護衛する」の言葉どおりにまなじりを決している海軍の将兵が、もしこのことを知ったら、と思えるほどに、日本側は坪上大使、海軍武官左近允《さこんじょう》尚正少将以下が総出の大歓待なのである。

実は、将兵たちが髪を逆立てて怒らねばならないような、楽しい遊興ではなかったのである。裏にはやっとのことで思いついた策略が秘められていた。このパーティこそが、タイ国のピブン首相以下の閣僚に、いつ、どのようにして日本軍のタイ領への平和進駐の要求をつきつけ、これを承諾させるか、という難問解決のための秘策にもとづく宴であったのである。

タイ国が日本につくか、英国につくか、そのことは開戦前からの重要案件である。十二月一日の御前会議においても、そのことについて論及されている。東条首相の答弁は、

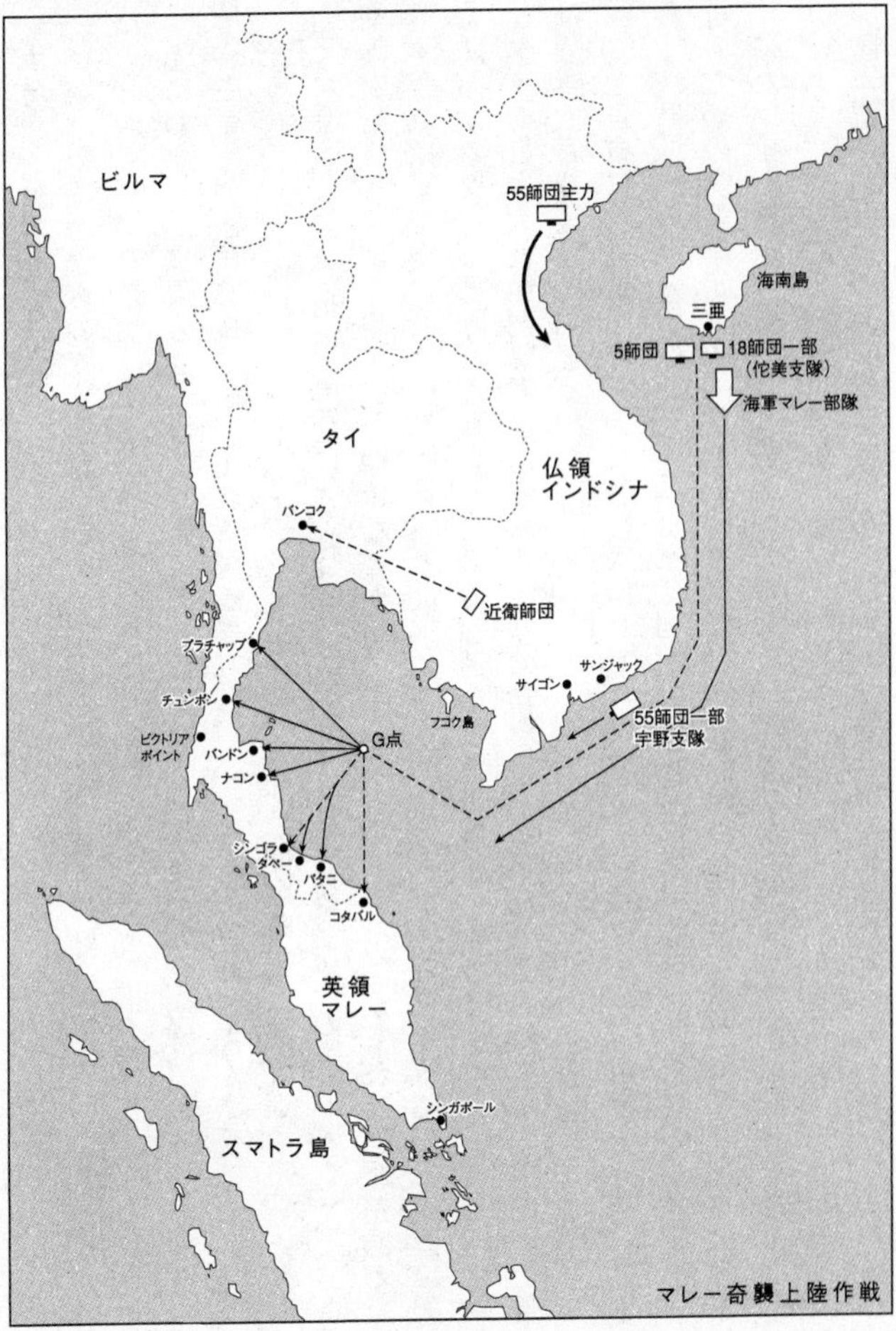
ビルマ
55師団主力
海南島
三亜
5師団
18師団一部
（佗美支隊）
海軍マレー部隊
タイ
仏領
インドシナ
バンコク
近衛師団
プラチャップ
チュンポン
ビクトリア
ポイント
バンドン
ナコン
G点
サンジャック
サイゴン
フコク島
55師団一部
宇野支隊
シンゴラ
タペー
パタニ
コタバル
英領
マレー
シンガポール
スマトラ島
マレー奇襲上陸作戦

「五分と五分です」

という不確かなもので、それほどタイ政府の態度は日本に好意的とはいいきれなかった。しかもピブン首相はこの直前に声明を発している。

「先にわが領土に侵入した国の軍隊にたいしては、タイは全力をあげて戦うであろう。そのさい、わが国を援助してくれる国があれば、タイはその援助を喜んで受け入れる」

そう首相が明確に宣言しているタイ領内へ、日本は開戦時には兵を進める。これを〝侵入〟としないためにも交渉を妥結させておかなければならないのである。といって、交渉が早すぎれば、親英的な閣僚などからイギリス側に開戦企図がもれる恐れがある。遅すぎれば、予定どおりにタイ領へと前進する、または上陸する日本軍部隊と、国境線を防衛するタイ軍部隊とが戦火を交える容易ならざる事態となろう。

タイの日本大使館関係者はあらんかぎりの知恵をしぼった。その結果として坪上大使は陸軍武官補佐官の案をとった。
(1)七日夜に晩餐会をひらき（名目は何とでもつける）首相以下の全閣僚を招く。(2)午後十一時（バンコク時間午後九時）、タイ国政府に正式に日本の開戦を告げ、平和進駐許可のための交渉開始。(3)午後十二時までに交渉を妥結させ、首相名義でタイ国軍に日本軍にたいする無抵抗の命令を発出してもらう。(4)それが成るまで全閣僚を足どめする。(5)そして平和裡に日本軍は進駐する。
陸軍流の強引そのものの案ではあるが、心理的にはいわば背水の陣を布いてのパーティである。そしてその案は見事に成功するかに思えた。予定時刻までにタイの閣僚たちはぞくぞくと車を乗りつけてきたし、彼らは何も知らぬげに日本側の歓待に大満足している。が、ただ一つ、というよりそれこそが最大眼目であるピブン首相の車だけが、いつまで待っても来なかったのである。

「首相は間違いなく来るだろうか」

という憂慮と不安をよそに、パーティは大いに盛り上っている。そして時間は刻々と過ぎていく。

いぜんとして首相の姿はない。坪上の顔も、左近允の顔も、笑おうにも笑えないほどひきつりはじめる。交渉開始の午後十一時は、いまや止めるすべもなく迫って来ている。焦燥と困惑で気を滅入らせている坪上に、大使館員が何事でもないように近づいて、そっと報告した。

「日本人小学校での映画会はすべて順調に、予定どおり実行されます」

映画会にかこつけてバンコク在住の日本人老幼婦女子を集め、開戦の混乱を避けてひそかに船で脱出させておこうという、これも苦心の末に計画された極秘作戦である。そのほうはうまく運びつつあった。半ば強制的に映画会に集められた人たちには、口から口へと一つの指令が伝えられる。映画が終ったら、このままバンコクの三井埠頭に碇泊しているシドニー丸に、絶対にタイ国人に気づかれないように行け。人びとは家財を放置したままであることに大きな不安を抱いたが、これは大使館からの厳命であるゆえに、それに従うことにした。何かとんでもない重大なことが間もなく起るに違いないと思いながら……。

真珠湾口の東方海中では、バンコク在住の老幼婦女子がシドニー丸に乗りこみだしたころ、酒巻と稲垣の二人の特殊潜航艇隊員は、乗艇の狭い操縦席にもぐりこんだ。花房艦長が、「いよいよ目的地にきた。ジャイロが駄目になっているが、どうするか」と心配そうにいうのに、酒巻はその憂慮をふきとばしたいとばかりに、熱と力をこめて、

「艦長、行きます」

と答えたのである。

酒巻の手記にはこう記されている。

「私は、潜望鏡による水上航走に大きい期待をもっている。そして私の血は、死ということをあまり考えない攻撃心に燃えさかっている。思えば長い海軍生活、苦しかった訓練、教えられた技術、日本に待つ人々の激励、ハワイまできた労苦、みなこの攻撃のためであった。いまさら攻撃を中止するなんて、考えるにも考えられない。大きな責任と使命が、大きく私をしばり、大きな勇気が私を支えている」

発進予定時刻は、午後十一時。

潜航艇と母艦との最後の連絡は電話線一本である。花房の「成功を祈る」という言葉で、その電話線もぷつりと切られた。潜航艇のモーターが起動する。潜水艦は速力をぐんぐんましていく。そのスピードに乗った酒巻艇は、ガタンという繋締バンドがはずれ

る音とともに、大洋のなかにもんどりうって躍りだした。十一時三分である。

タイの日本大使館では、ピブン首相の姿をまだ見ることができないでいる。

・七日午後十一時―午後十二時

●**「予定どおり前進せよ」**

坪上大使はもはやこれ以上はピブン首相の来着を待てない気持になっていた。しかし、タイ国の最高の実力者がいないことには、交渉の真の目的は達せられない。焦れに焦れた日本大使館側が、あえてその所在を何人かの閣僚に確認することにした。ところが、返ってきた答えは一致して、実に日本側をがっかりさせるものであった。

「首相は、東部の仏印国境の接収にからむ問題があって、現地視察にいっていて留守である。はじめは今宵までに帰る予定であったが、飛行機の便が悪く、明朝八時でないとバンコクに戻って来ない。それで今夜は失礼せざるをえない」

この事実は日本側首脳をあわてさせるに十分すぎた。交渉の即決は完全に不可能になった。大使と左近允武官たちがそっと席をぬけだし鳩首《きゅうしゅ》密談をするが、待つよりほかにいい知恵のでそうにもない。けれども、交渉妥結前に日本軍が進入すれば、つまり国際法無視の侵入をすれば、タイ国軍が頑強に抵抗するであろうことはあまりにも明らかである。

武官たちはともあれ参謀本部にそのことを伝える。思いもかけない報告は、参謀本部作戦課を愕然とさせたが、ここにいたっては現地軍の判断にゆだねるほかはないのである。タイ国の中立を侵害することは、作戦的にはもちろん、今後の外交上からも不利になることは免れない。されど已むをえずという心境に参謀たちはなっていた。

第一線各部隊の総指揮をとるサイゴンの南方軍総司令部は、しかし、がぜん強気となった。大作戦を展開する以上は、障害の発生は覚悟の上である、何が起ろうとも全作戦は予定どおり決行されねばならない、とした。第一に、輸送船団の前進をいまさらとめられないではないか。戦争を開始しようというとき、万事に目算どおりを望んでも、それが達せられるなどと考えるのは甘すぎる。万難を排して遂行してこそ戦闘の本義がある。南方軍総司令部の意見はそうまとまった。

それゆえに、仏領インドシナとタイ国の国境線に展開して、進撃のときを待っている第十五軍司令部および近衛師団にたいして、南方軍は状況の予期せざる転変を伝えつつ、「予定どおり前進せよ」と督促している。

うけとった第十五軍司令官飯田祥二郎中将は、別の判断をした。タイ国の回答が拒絶ということならまだしも、いまは回答がえられず遅れている状況ではないか。そこをあえて前進すれば、日タイ両軍の戦闘の火蓋を切ることになる。いらざる死傷者をだす恐れがある。それに、ピブン首相が帰ってきさえすれば、日本側の要求を受けいれるに違いない、それゆえに大きな衝突をいたずらに起すべきではない、国際法を踏みにじる要はない、と飯田は独自の見通しをもっていた。

飯田中将は、タイ国首相の回答あるまで第一線にある麾下の近衛師団（長・西村琢磨中将）の前進を待たせよう、と決意する。そしてその旨を西村師団長に伝えた。最前線にある西村はそれがかなり不満であった。

こうして当初に予想もしていなかった事態が起き、作戦計画にかなりの混乱をもたらしている。しかし表面的にはまだ何事も起ってはいないのである。時間的余裕のあることが、これら指揮官たちの判断に大きな誤りを生じさせることから救っていた。象はやがていやというほど蟻を踏みつぶしてやる。その蟻はタイ国軍ではなく、マレー半島に布陣する英濠連合軍である。彼らの目標はそれ以外にはなかったのである。

●「潜水艦を発見、速力九ノット」

もう一つの、やがて戦場となるべき真珠湾周辺においても、同じころに尋常ならざる事態が起っていた。

それはアメリカ海軍の艦艇が日本海軍の艦艇に接触した最初の出来事となる。日本軍が計画している戦闘開始時刻よりも四時間余も前の、日本時間七日午後十一時十二分（ハワイ時間午前三時四十二分）、真珠湾外で作業中の掃海艇コンドルの艦橋にあった当直のマックロイ予備少尉、操舵員、信号員の三名が左舷に、暗闇のなか白く波を切って進む潜望鏡のようなものを発見したのである。

しかも真珠湾の入口を示す浮標の南西約四キロの海面で、真っすぐに湾口に向っている。マックロイは防衛区域内に怪しい艦艇が侵入してきていると判断した。それは恐らくは国籍不明の潜水艦であろうと。

残されているアメリカ海軍ののちの調査記録によれば、状況はこうである。

「最初に発見したときの潜水艦は、コンドルの左舷艦首方向、距離約一〇〇フィート、コンドルと衝突する針路であったが、コンドルは左に大きく回頭した。コンドルは発光信号で駆逐艦ウォードに伝えた。『西方の針路の潜水艦を発見す、速力九ノット』。それから約五分後、ウォードは無線で潜水艦に関するくわしい情報を要求した。コンドルは潜水艦の針路に関する情報を伝えた。コンドルが所定の任務（磁気機雷の掃海）を続行中、ウォードは捜索をつづけた。再び潜水艦を発見できなかった」

駆逐艦ウォードの『戦闘日誌』には、

「〇四〇五（日本時間午後十一時三十五分）、コンドルからつぎの視覚信号を受けた。『西方の針路の潜水艦を発見す』。

〇四〇八　戦闘配置につけを下令。

〇四四三　戦闘配置を解く」

とあるから、艦長ウィリアム・アウターブリッジ大尉の指揮のもとに、ソナーによる捜索は四十分近くつづけられたとみる。

この潜望鏡は書くまでもなく甲標的五隻のうちの一隻である。それらの正確な行動はったか。時間的・位置的にみると、そう推量されるところがある。

さらに一時間後、進入路の防禦網はひらかれ、作業を終えた掃海艇コンドルはそこから湾内に入った。あとを追うように、少なくとも二隻の甲標的も禁止水域内に侵入したものと推察されている。

それにつけても日本側にはマルス（戦いの神）がいぜんとして微笑みつづけている。もしも駆逐艦によって発見され戦闘行動が行われるような事態になったなら、その報告はただちに太平洋艦隊司令長官キンメル大将のもとにとどけられたであろうから。結局は未発見のままにすんだことが幸いした。それにコンドルとウォードの両艦も、またウォードが発した無線を傍受したビショップス岬の海軍無線局も、潜水艦発見を上のフォード島の海軍通信管制センターに報告しなかった。だれかが報告したに違いないと三者とも考えたのである。それに潜水艦発見の誤報は、ハワイ近海ではこのころ頻繁に起っている。三者ともかならずしも緊急重大事と考えようとはしなかった。

であるからといって、真珠湾は緊迫した日米間の情勢をよそに太平楽をきめこんでいたわけではない。軍港全域において戦時警戒態勢をとっている。ヒッカム、ホイラー両飛行場には、戦闘機を主力として飛行機は翼を接するようにしてならべられ、その列の間を武装した警備兵がパトロールしている。当直の航空隊指揮官は、特別の料金をはらって、ラジオ放送局に一晩中放送を途絶させないように依頼した。米本土から翌朝八時ごろ到着する新戦力のB17十二機の飛行の案内役を果たすために、である。そして夜明けとともにPBY偵察機七機が、対潜哨戒その他の任務をになって発進することになっている。要するに厳重警戒態勢にあることを、島の住民たちに知られぬように注意深く実行されていたのである。

陸軍の移動式レーダー積載トラックが、オアフ島の北の高地に配置されたのは、とくに隠密にされている。このレーダーは命令により、日の出二時間前から作動されることになっていた。太平洋艦隊情報参謀レイトン少佐は、少しく残念そうな口ぶりをその著書に残している。

「この平和の最後の時間に、レーダーが島の北方の暗い海に敵隊を追ったとしても、地対空の一三二海里の到達距離しかないこのレーダーでは、日本の艦船は捕捉できなかったろう。このとき彼らはまだ二〇〇海里以上も離れていた」

然り、南雲機動部隊はまだ波濤万里の彼方にあった。真珠湾北方二三〇海里の攻撃隊発進地点に向けて南進中である。速力第二戦速二十四ノット、第六警戒航行序列で各艦はがっちりと組み合っている。断雲に隠れていた月も姿をはっきりとあらわし、行手の大洋を明るく照らしている。

すでにハワイ時間の午前四時（日本時間午後十一時半）に、総員起しの命が下されている。空母蒼龍の戦闘機隊分隊士藤田怡与蔵《いよぞう》中尉は、古武士の出陣の伝統にしたがって下着をすべて取替え、飛行服のポケットに亡き両親の写真を忍ばせた。

食事は赤飯と尾頭つきの魚、勝ち栗までついている。これは搭乗員たちを喜ばせた。蒼龍雷撃機搭乗員森拾三《じゅうぞう》二等飛行兵曹（以下二飛曹）はその食事を腹いっぱい食べ、

「もう思い残すことはないわな」

「これでお神酒《みき》がたんとあったら申し分なしというところだ」

と仲間と笑いあった。

ホノルルのラジオ放送局が一晩中放送をつづけている。いまも音楽を流しているという嬉しい知らせもあった。このことは、真珠湾のアメリカ軍がまだ何も気づいていないことを意味している。

●「ガッデム（くそっ）」

コンドルが真珠湾口で波を切る潜望鏡らしきものを発見したとき、ワシントンでは午前九時を十分ほど回ったころである。晴れ渡った空のもと、十二月七日の朝は、妙に暖かく、いつもの静かな日曜日の朝と変りがなかった。

昨夜、日本の対米覚書の第十三部までの解読文を、大統領にとどける役割をはたした海軍情報部翻訳班長アルウィン・クレーマー少佐は、自宅で朝食をすませたあと新聞に目を通しながら、しばしくつろいでいた。そこへ責任担当を交代した陸軍情報部極東課長ラルス・ブラットン大佐からの電話がかかってきた。

「朝から傍受した日本からの覚書のすべての解読が終った。よく聞いてくれよ、クレー

マー。問題なのはいちばん最後の訓令電報なんだ。……それは野村と来栖に、ワシントン時間の七日、つまり今日だ。今日の午後一時に間違いなく覚書を米国政府に手交するよう命令しているのだ」

それはいったい何を意味するか。ワシントン時間の午後一時は、シンガポールやマニラでは深夜である。しかし、真珠湾では……?

「そうか、真珠湾では午前七時半ですね」

「そうだ、朝の七時半だ。クレーマー、君はこのことをどう考える」

電話での二人の話合いは、東京が外交文書をよりにもよって日曜に渡せといっているのは異常なことであり、このワシントン時間午後一時という時間が日本の武力行動開始時間にきわめて密着した時刻であるに違いない、ということで一致する。ただし、夜明けからかなり時間がたっており、真珠湾が直接に狙われているとは二人とも思わなかった。奇襲は暁闇のときに行われるものだ、しかし、万に一つのこともある……。

「とにかくいまはマジックを配布するよりも何よりも、お偉方に電話して登庁を求めるべきだと思う」

とブラットンがいうのに、クレーマーも同意した。電話を切るとクレーマーは急いで洋服に着かえた。

と、ここまでは自然な動きである。が、このあとの、電話で緊急の知らせをうけたアメリカの首脳たちの行動となると、不可解の疑問符がつけられて、すでに多くの書物に書き残されている。彼らは連絡をうけると、「オールライト」と答えた。しかしそのあとはだれの動きもゆったりとしたもので、午後一時が何を意味するか、考えようともしていないようなのである。彼らはいったいほかの何を考えていたのか。開戦の危機など念頭に浮かばなかったのか。すでに前夜半に大統領を囲んですべて打ち合せずみであり、いまさらあわてる必要はないと、万事成り行きまかせにしていたのであろうか。しかもこの朝の記憶たるや、だれもがあやふやなのである。すなわち、大統領陰謀説がここからも力をえてとなえられる根拠となっている。

ルーズベルトがクレーマーから解読文の完全な写しを受けとったのは、午前九時四十分ごろと記録されている。このとき、大統領はそれにたいして特別な反応は何も示さなかったという。十四部から成る覚書で、日本は交渉を打切るといい、口を極めて米国の責任を追及している。そこからは日本の意図はあまりにも明白であり、戦争を意味する何らかの行動をとろうとしている。そうルーズベルトは判断したであろうことは確かである。が、かれは何をしようともしなかった。そして何気ない口ぶりで、

「日本は交渉を断絶するつもりのようだね」

とだけクレーマーに洩らした。大統領はどこかで戦闘が起るのを待っていたのか。ただし真珠湾を除外したどこかで……。

クレーマーはこのあと、まっすぐ国務省へいっている。マジックをハル国務長官にとどけるために。このとき、ハルは前の晩の電話での打合せどおり、スチムソン陸軍長官

長官とノックス海軍長官との三者会議を、長官室でちょうどひらいたばかりであった。官は午後一時手交という異常を告げるかのような報告にもまったくあわてなかった。三そして一人がクレーマーに、情報部の観測はどうなのかを問うた。少佐は、

「日本が電報で指定している時刻は、マレー半島北部海岸の日の出数時間前に当っています。恐らく日本軍は黎明攻撃をそこへかけるものと思われます」

と強調した。それはクレーマー自身の判断であり、ブラットンの観測でもある。二人の優秀な情報部員は、真珠湾がちらっと頭に浮かばないでもなかったが、攻撃は日の出前が最適という戦術的常識からついに脱けでることができないでいる。それと日本の軍事力にたいするかなりの過小評価もあったと思われる。三長官もまたそうであったのであろうか、その意見を黙って聞いて、うなずくばかりである。

いっぽう、海軍作戦部長スタークは、クレーマーからの電話による緊急報告をうけたあと、そのような報告のあったことを忘れたかのように、まず悠然と庭を散歩し、シャワーをゆっくり浴び、それからいい気持で朝食の席についている。朝食後もじっくりと新聞を読み、やっと軍服に着かえると、日常どおりに副官に車の手配を命じた。

もう一人の、陸軍参謀総長マーシャルは、愛馬キング・ストリートにまたがり、ダルマチュア犬のフリートだけがお伴して、アーリントン公園で日曜の朝の乗馬を楽しんでいる。しかもその朝は、ご丁寧にもワシントンを南北に縦断するロック・クリーク公園に朝駈けの脚をのばしている。

ブラットン大佐はもう朝から何度となくフォート・マイヤーの参謀総長官邸に電話をかけている。「お馬の稽古だ」と知らされ、かなり頭にきていた。ついに従兵であるアガイヤ曹長に車でアーリントン公園中を探すことを命じ、結局は見つけることができなかったという報告をうけたとき、大佐はとうとう受話器をたたきつけた。

「あと四時間しないうちに、なにかが起るというのに……ガッデム（くそっ）」

さらにこのあと十時近くになって、海軍省では、登庁してきたスタークの部屋に作戦部次長補ロイヤル・インガソル大佐と情報部長セオドア・ウィルキンソン大佐たちが押しかけた。情報部長はせきこむようにして意見具申した。

「訓令による覚書手交時間の午後一時は、真珠湾では午前七時半になります。私は疑う余地はないと思います。ただちに真珠湾のキンメル司令長官を軍用電話でよびだし、この情報を伝えるべきであると思います」

スタークは、ひとわたり一同を見回した。それからいったんは受話器をとりあげたが、

「いま、ハワイは何時か」

と尋ねた。

「午前五時です」

という返事をきくと、「それではキンメルはまだ眠っている」といって、また戻していった。

「ハワイの防備は陸軍の責任である。それゆえに、われわれではなくマーシャル総長が

間違いなくやるであろう」

スタークという海軍軍人の、海軍中心の機密保持第一主義と、陸海分担厳守主義は、つとに定評のあるところである。この緊要のときにもかれはそれを発揮した。幕僚が何かいいかけるより先に、作戦部長はマジックを手にしながら、強く首を振っていった。

「やはりキンメル提督に電話するのはやめよう。こういうことは現地指揮官にまかせたほうがいい。それよりもまず大統領に電話を入れよう。すまんが、諸君は席をはずしてくれ給え」

一同は立上って敬礼をして、大いに不満そうに部屋から退出していった。

そのあと、スタークはたしかに大統領へ電話をかけている。そして、ホワイト・ハウスの交換手が、申しわけないが大統領は他の電話で話し中だ、と告げたことまでは明らかになっている。しかし、ルーズベルトとスタークがその後にはたして何事かを話し合ったものかどうか、記録は何ら残してくれてはいない。

こうしてアメリカの首脳部は、午前九時から十時すぎにかけて、なぜか、ブラットン大佐の言葉ではないが、「ガッデム（くそっ）」というほかないのろのろとした動きをみせている。だれもが平常どおりである。日本からの、解読ずみの〝開戦通告〟の覚書全文と手交時刻指定の訓令とを手にしていながら、この緊迫感のなさ、悠長さ。危機意識をかすかにもみせていない。その根底にあるものは、日本人にたいする侮蔑感のみ、と考えざるをえない。

●「パイロットはすべて近眼」

事実はどうなのか。ここで少しく脱線することを許してもらいたい。当時のアメリカ人の日本人観について、である。あるいは人種差別について、である。

たとえば米陸軍情報部は昭和十六年十月に「零式《れいしき》艦上戦闘機」（ゼロ戦）にかんする推定を文書化している。それによれば、その速力、回転性能、戦闘力などの情報はすべて実際よりはるかに下回って推定されている。また、この年の十二月には、零戦を中心の日本の戦闘機の生産は、月産四百機を上回っていたが、アメリカ軍中央はこれを二百機がやっとと見積っている。

そして、日本海軍の軍艦は一事が万事、イギリスの軍艦をまねた劣悪なコピーにすぎない、と語る軍事専門家が多かった。日本の航空機は三流品であり、パイロットの腕は無残そのもので、イタリア以下だというのが、航空機畑の将校たちの口癖であった。

第一部にあげたラスブリッジャー&ネイヴの著書は、「アメリカ人もイギリス人も日本人のことをチビで出っ歯で眼鏡をかけた滑稽な黄色んぼで、世界中で見たものは何でもメモを取ったり写真を撮ったりして、国へ帰って二流の類似品を作ろうとする連中と見下していた」と紹介している。そして軍艦は基本設計が悪いので艦砲射撃をすると転覆するおそれがある、片目を閉じることができないので銃を正確に射撃できない、そんな軍事専門家の説をも引用している。

実をいえば、ルーズベルト大統領その人が、ひどい偏見の持主であったのである。日本のパイロットはすべて近眼で、常に敵に先に発見されてしまう。撃墜は容易である。操縦技量はきわめて拙劣で、とうていアメリカ軍パイロットと互角に戦える力はない、というデマのようなことを信じていたという。

太平洋艦隊司令長官キンメル大将の、無念さまじりの告発も残されている。

「ルーズベルト大統領も、マーシャル参謀総長も、アメリカ人一人は、日本人五人に相当するし、たとえ、奇襲攻撃が行われても、たいした損害をうけることなしに撃退するであろう、といつも語っていた」

こうした軍当局や指導層の偏見や楽観をそのままに反映して、アメリカの世論の対日蔑視もまた、日本人としては腹立たしいほどひどいものである。

「日本との戦争が起っても、アメリカは容易に勝てる。戦闘は六カ月で終り、そのあと全軍をヨーロッパの戦場に回すことは可能、いや容易なのである」

「アメリカは一カ月千五百機の飛行機を生産する。たいして、日本は一年に二百五十機。しかも高オクタンのガソリンが欠乏していて、飛行学校は一年に百名を卒業させているにすぎない」

「アメリカは、空母二隻もあれば日本国内の交通を数カ月途絶させることができる。日本の飛行士はせいぜい速力の遅い爆撃機の操縦ができるくらいで、快速の戦闘機は手に負えない。フィリピンやシベリアの基地から空襲すれば、日本軍は数週間で壊滅される」

　戦争がはじまり、長期戦となり、日本軍の刀折れ矢尽きたのちに、事実、この予測どおりになったが、いかに煽動された結果とはいえアメリカ世論の人種偏見の何とすさまじいものであったことか、驚愕せざるをえない。

　日米交渉で、ハル長官やウェルズ次官が、アメリカの要求はすべて通すことができるといわんばかりの強い態度に終始したのも、これあるためか、と考えたくなってくる。交渉の最初から最後まで、アメリカ国務省の立場は冷たく、強圧的であるとともに、まことに官僚的、形式主義的であったことが想いだされてくる。

　そして、こと真珠湾にかんすることになると、ほとんどのアメリカ軍首脳の見方は一致していた。一言でいえば、日本海軍が真珠湾を攻撃する公算はまったくない、という点で。

　水深が十二メートルしかない真珠湾では、雷撃機からの魚雷攻撃は不可能である。爆弾に全面的に頼るとしても、アメリカのもつ航空機による爆弾の常識では、戦艦の厚い鋼板をつきぬけることはできない。つまり、せっかくの攻撃はすべて無効となる。

　アメリカの軍当局は、日本海軍が浅い海面での魚雷投下方法を猛訓練で完成していたこと、知恵のあるだけをしぼって浅沈度魚雷を開発していることを、想像だにしようとはしなかった。二千五百メートル前後の高度から投下すると、容易に十五センチの甲板を貫通する九九式八〇番五号と称する徹甲爆弾を、日本海軍がもっていることを考えてみようともしなかったのである。

開戦の四カ月前に、アメリカ海軍は「太平洋艦隊作戦計画」を完成させている。そのなかの「日本艦隊の対米行動の見積り」はこうなっている。

「日本の最初の行動は、つぎのことを目指すであろう。a．グアム島の占領。b．フィリピン諸島ルソン島占領。それにつづいてフィリピン水域、およびボルネオとニューギニア間の水域にたいする制海権の確立。c．北部ボルネオの占領。……」

どこを探しても「真珠湾」の文字は見つからない。

もう一つ、あげておこう。真珠湾が奇襲をうけた原因について、米公刊戦史は結論づけている。

「陸海軍情報部および戦争計画部は、入手しえた日本側資料その他により当然そのことを判断しえたにもかかわらず、日本の行動にかんしていえば、真珠湾および太平洋艦隊にたいしては、特別な脅威を感じていなかった」

「中央の軍当局は、日本軍がかならず攻撃に出ることを予期していたが、真珠湾にやって来るとは考えなかった。一九四一年が進むにつれ、米陸軍、海軍とも、日本は太平洋中部よりも極東方面に攻撃を仕掛けるだろうと考えていた」

これ以上に書くことはくどくなるだけであろう。この思いこみは軍当局だけではなかったのである。ルーズベルトがそう確信しきっていた。日本人に、南方作戦と同時に、もう一つの〝大作戦〟真珠湾攻撃をおこなえる能力があるなどとは、毫《ごう》も信じていなかった。大統領、陸海軍長官、最高統帥部、そのほか十分な情報を知っていた人びとのほとんどが、日本人にはそんな大それた能力はなし、と見定めていたのである。

彼らはきっと来る。ただし、攻撃目標はマレー半島を中心とする東南アジアの英領そして蘭領、と頭から結論づけていた[2]。航続距離の短い日本の空母が、真珠湾まで太平洋をおし渡って来るはずはないと。

●「啞然として言葉なし」

よくもまた日本人はなめられたもの、と書きながら情けなくなる。が、まったく同時刻のワシントンの日本大使館において、これ以上のお粗末はほかにないであろう無能ぶりを、いよいよはじめようとしていたのである。

すでに第二部で指摘しておいたことの若干おさらいになるが、午前九時ごろ出勤してきた駐在武官実松譲中佐が、郵便受けに突っこまれたままの電報の束を見つける。実松の戦後の手記によると、「この事務所入口のブザマは、敵を欺くための深謀遠慮の策なるか」「いや、これまでの大使館員の態度からみれば、どうやら、そうではなさそうだ。大使館のヤツ、みなたるんどるな……」と自問自答しながら、郵便受けの電報を大使館分と陸海軍両武官室分に仕分けてとどけた。しかし、まだだれも出勤しておらず、その上に大使館の当直員は日曜のミサにでかけていた、というのである。

「啞然として言葉なし」

と実松は記している。

そしてともかくも、電報はそのあとで姓名ならびに身分不詳の某宿直員に手渡される。あわてた宿直員からの招集がかかり、書記官や電信室員が三々五々に日曜出勤してくることになる。

電信官堀内正名は、午前九時半ごろに電話があり十時ごろ登庁した、とのちに証言する。電信書記生の近藤賢一郎は、九時半ごろには大使館についた、と記憶している。つまりどんなに早くても、それからやっと第十四部の暗号からの翻訳がはじまったことに間違いはない。ということは、作業はほとんど十時近くからはじまったと考えるほかはない。

いや、その前に、前夜半までに解読し終った第十三部までの清書もほとんど手をつけられていないことを忘れてはならない。肝腎なのは、この清書を、一人だけタイプの打てる首席書記官奥村勝蔵が担当した、また奥村によれば、十四本全部そろってから作業にかかろうと考えていたということである。それでもこの朝は九時ごろからかれはタイプの前に坐っていた。

「(午前九時ごろ) 事務所の書記官室に行って只一人『タイプライター』に向って、前夜来、到着して居た対米回答文の電信を『タイプ』して居た」という奥村の証言が残されている。それも電信に意味不明のところもあったため、「一応『タイプ』して読み直して見る」ためであったと、何となくのんびりした話となっている。

もっと問題なのは第九〇七号電の、手交時間指定の訓電についてである。東京の外務省はとくに迅速にして正確を期すために、わずかな時差をつけて、ワシントン時間に直して午前四時二十八分にＲＣＡ、午前四時三十分にマッケイ（ＭＫＹ）の二つの電信会社を使って送信している。当時の日米間の電報は発信から受信、配達までの時間は三時間あれば十分とみなされている。外務省はその上に多少の余裕をもって発信したのである。それらは午前八時までにはワシントンの大使館にとどいているものと確信した。そして事実、二本とも午前七時半前後に到着したものとみられている。

くり返しになるが念のために書く。その内容は、

「本件対米覚書、貴地時刻七日午後一時を期し米側（なるべく国務長官）に貴大使より直接御手交ありたし」

と簡明この上ないものなのである。

しかし、一等書記官結城司郎次の東京裁判での証言によれば、つぎのとおり。

「覚書は十四通に分割電報され、内十三通は十二月六日夜半までに解読を了したが、同夜中は『タイプ』されなかった。七日午後一時に手交すべしとの訓電は（七日午前）十一時ごろ解読せられ、又、第十四通目は午後零時半前後に解読された」

何ということか！

この場合、第十四部も第九〇七号電も、ともに非常に遅れてとどけられたため解読が遅くなった、という抗弁はいくら何でも許されない。なんとなれば、アメリカ側の記録

では、すでに記したように両方の解読を完了し、日本大使館にまだ人影がちらほらのときに、あわただしいトップの動きがはじまっているからである。

どうやら、さきに「作業は十時近く」になってはじまったと書いたのは、好意的にみすぎていることになろう。すでに書いたように、東京とは異なり、ワシントンには危機意識はほんとうに皆無であった。晴々とした日曜日の朝、ゆっくりお茶をいただいてから、と悠然たるものがあり、この時間帯においては、まだ電報解読の手がなんらつけられていなかった、とするほうが正しいのかもしれない。そう考えると、日米交渉は担当する仕事にあらず、とするその官僚的な処置ぶりには情けなさを通り越して絶望的とも思えてくる。

暗号の翻訳といえば、このころ、東京のアメリカ大使館では、午後十時半になってやっととどけられてきた「天皇へのメッセージ」の暗号解読そして清書が、一時間ほどの作業ののちに完了しようとしていた。

そして暗号が解かれつつあるとき、ドウマン参事官は外相秘書官友田との連絡がつき、東郷外相に緊急の面会を申し入れることをすましていた。

「友田はかなりびっくりしていました。明日まで待つことのできないほどの急用か、と何度も念を押していました」

と、ドウマンはグルー大使に報告した。参事官は翌朝になって開戦を知らされたとき、友田はあの電話の時点では戦争が勃発するとは知らなかったはずだ、とグルーに感想を洩らしている。それほど電話口の友田秘書官は、深夜の会見を迷惑がっていた、という印象であったという。

「とにかく面会時間と場所を友田のほうから知らせてきます」

とドウマンはいった。

その待ちに待った電話がかかってきたのは午前零時少し前のことである。電話にでた船山貞吉の耳に、ガンガンと大声がとびこんできた。

「外務大臣が大使にお目にかかると申しております。ただちに外相官邸にお越し願いたい。そのように間違いなく大使にお伝え下さい」

そういってそそくさと電話は切れた。

船山の部屋からは二階にある大使の居間に通ずる螺旋階段がある。船山は二段とびで階段をぐるぐるとかけ上って、大使に伝えた。

「よろしい、ただちに車の用意を」

とグルーは快活にいった。渡すべき「天皇への親書」の浄書されたものは、もうその手ににぎられている。

・八日午前零時―一時

●「断じて起つ・一億の『時宗』」

父貞吉から直接に聞いたことをまとめた船山喜久彌の手記がある。それによると、車の用意をと思ったが、大使館の運転手たちは帰宅して不在であったという。以下は、手記を長く引用する。

「すぐさま同じ敷地内のアパートに住むベニンホフ書記官が呼ばれたが、車を玄関に廻す時間が惜しい。二階の寝室から飛ぶようにして降りてきたグルー大使は車にのり込む瞬間『あっ』と小さな声をあげた。大使は両方とも左手用の手袋を持ってきてしまったのだ。

『すぐ取って参りましょう』

『いや大丈夫、握手は右手でする。両方とも左手に持てばいい。心配しないで、船山さん』

大使はそういい残すと、深夜の霊南坂に消えていった」

東京着任いらいほぼ十年、グルーは玄関からではなく、初めてガレージから車に乗ったという。もってそのあわただしさが察せられる。

グルーの車が走る冬の東京の街は、深い眠りのなかにある。ほとんどの日本人はこの日曜日から月曜日への静かな移行のなかで、歴史をぬりかえようとする大事が進行していることなど知りうべくもなかった。自分たちが生を享けた大日本帝国が、巨大な賭にのりだそうとしている。勝利と破滅のいずれかを選択する断乎たる決定をした。それもあと数時間後にはじまる、とも知らぬままに、日本中がやすらかな眠りを眠っている。

いや、眠っていないところもあった。東京は日比谷の、プラネタリウムの丸いドーム屋根を屋上にもつ東京日日新聞本社の編集局である。海軍担当後藤基治記者の情報、井上縫三郎政治部副部長がえた鈴木貞一企画院総裁の意味ありげな言葉、そして陸軍省詰めの栗原広美記者からは、日米交渉は完全に行きづまった、妥協はない、三宅坂上の参謀本部内が泊り込み態勢に入ったと、決定的なことを伝えてきている。

さらに、徳富蘇峰からは数日前に女婿の阿部賢一編集局長に「いよいよやる」という宮中筋の情報がもたらされている。蘇峰はついでにいったという、「明治神宮に東条首相が参拝に行くときを注意するように」と。首相の姿はそこにはなかったが、海相と軍令部総長は早朝から社殿で何事かを恭々しく祈っている。

それならばということでこの日、阿部は確認のため大森に住む蘇峰の家にみずから飛んでいった。なぜ突然に来訪したかを語るよりも先に、蘇峰は静かな口調で女婿にいった。

「そうかも知れない。なぜなら、宣戦の詔勅を下し給う準備ももう出来ているから」

もはや間違いはない、開戦だ、それが編集局首脳の判断である。各紙とも、交渉がせっぱつまったいまとなっては、妥結、決裂どちらへころんでもいい予定記事をすでに準備している。東京日日は〝決裂〟のほうの原稿を明日の朝刊で使うことを、ついに日付が変ろうとするころに決意した。

井上副部長の回想によれば、そうと決めたものの、検閲当局から差し押えられたら苦心も水泡に帰する、そこで最後に情報局次長奥村喜和男に当ってみることにした、という。

井上「日米交渉が完全に行きづまり、決裂のほかなくなったことがわかった。それを明日の朝刊にのせることとしたが、押えないでほしい」

奥村「……（しばらく無言のあと）、そうか。しかし、事実がそうだという記事であっては困るぞ。そこで相談だが、君の社独自の判断として、決裂以外に道はないという表現でやれないか。それなら新聞を差し押えないようにする」

こんなやりとりのあとで、予定原稿にはただちに手が入れられた。すべて新聞社独自の主観的な表現に直すのである。五段見出しもきまった。「東亜攪乱・英米の敵性極《きわま》る」「断乎駆逐の一途のみ／隠忍度あり一億の憤激将《まさ》に頂点／驀進一路・聖業完遂へ」。社会面も組みかえられ、平常なら文化欄の片隅にあるであろう「新作・時宗」の能の紹介がトップにおかれる。

「断じて起つ・一億の『時宗』」

そして「肇国以来外敵の侵入を許さなかったわが国も今や〝空爆〟の危険を覚悟しな

ければならない事態に到達した」と書きたてた。一触即発、対米英戦争予告といった記事でどんどん紙面は埋められていった。

午前零時を回って後藤記者は、ひと眠りするためいったん帰宅することにした。手には大きな包みがさげられている。外は凍りつくような寒さである。玄関の買ったばかりのぴかぴかの自転車の上に、包みを置いた。なかには昼間デパートで暇をみて買いそろえた品々がおさまっている。一個十銭の石鹼六十個、鰹節十本。これが後藤家の明日からの決戦態勢のための全買いものであったのである。

ところで、この時刻、朝日新聞はどうしていたか。当時、整理部員で政治面の編集をしていたというのちの劇作家飯澤匡《ただす》の回想がある。

「問題の日米交渉も休日なので頓挫したまま、中国戦線にも大した動きはない。……何とかして空白を埋めて紙面を作り上げねばならなかった。いわゆる『組み置き』というすでに活字が拾ってあるものを、いくつか工場の人に印刷して貰い、ゲラ刷りにして読み、どれをトップにするか苦労した」

これでみると東京日日と違って、朝日は社全体が日曜を楽しみ閑散としていたようである。もっとも当時の新聞社は、若く元気のよいのは戦線にでていっており、本社には老記者とか身体の弱いものしか残ってはいなかった。

飯澤の手記の最後はこんな風である。

「開戦前夜という張りつめた空気はどこにもなかった。いってみればよもや戦争になると誰一人として考えていなかったといってよかろう」

ましてや、一般国民においてをや、であったことは書くまでもない。

●「死滅と破壊とを防止する」

東京日日新聞の輪転機がうなりをたてて回りはじめたころ、零時十五分、グルーは麴町三番町の外相官邸に到着した。アメリカ課長兼外相秘書官加瀬俊一が不安げな表情でかれを迎え、ホールを通っていつもの二階の応接間に案内する。待つ間もなく東郷外相が笑顔なしの姿をみせる。

モーニング姿のグルーは手にした文書を示しながら、

「大統領から天皇陛下にあてた親書を持参いたしました。これはきわめて重要な文書なので、できるなら私自身が天皇陛下にお渡しする機会をお与え下さるようお願いいたします」

と固苦しい調子でいった。

東郷は、腕時計にちらと視線を送りながら、大きな声でいった。

「この時間です。陛下にただちに拝謁するのはとても無理と思われます。また、拝謁できるかどうかも、親電の内容によります」

グルーはいっそう緊張を強めた口調で、答えた。「それでは親電を朗読させていただきます」。外相がうなずくと、大使は親電をひろげ、

「日本国天皇陛下

約一世紀前、米国大統領は日本国天皇にたいし書を致し、米国民の日本国国民にたいする友好を申し出るところ右は受託せられ、爾来不断の平和と友好の長期間にわたり、両国国民はその徳と指導者の叡智によりて、繁栄し、人類にたいし偉大なる貢献をなせり」

にはじまって、長い、八百語ほどの英語の文面を大きな声をだして読みあげた。東郷は黙って聞いている。が、親書は、結局、それまでの長い交渉の過程でのアメリカの主張をくり返し述べているものでしかなく、新たな具体的な提案としては仏印からの日本軍の撤退にしぼられている。三国同盟や中国からの撤兵についてはまったくふれられていない。しかも、いちばん具体的提案ですら東郷には許しがたいものに思われた。

「日本の陸海軍兵士が仏印から全面的に撤収した場合に、合衆国が同地に侵入するという考えはまったくない。われわれは、蘭印政府、マレー政府およびタイ国政府から同様な保証を得ることができる。私は中国政府からも同様の保証を求める用意がある。そうなれば、日本の仏印からの撤退は、南太平洋全域にわたる平和の証しとなるであろう」

"There is absolutely no thought on the part of the United States of invading Indo-China, if every Japanese soldier or sailor were to be withdrawn therefrom."

この仏印撤退にかんする一行は、外相の理解を超えた。日本が撤退したあとにアメリカが進駐しないなどとは、わざわざ書くまでもない当然のことである。受けとりようによっては、この一節はアメリカが南太平洋全域すなわちアジアの盟主となることを宣言しているように受けとれるではないか。

そして親書の結びはこうである。

「余は陛下とともに、日米両国民のみならず隣接諸国の住民のため、両国民間の伝統的友誼を恢復し、世界におけるこの上の死滅と破壊とを防止するの神聖なる責務を有することを確信するものなり」

東郷はまったくの無表情に終始した。なぜなら、その手記にあるように、「平和的態度を記録に止めんための目的以外に効果のないことを、予知しての（アメリカ側の）行動であった」と観察しているからである。これほど長い間の交渉をつづけてきたのに、譲歩らしい片言すらない親電は、日本にとって侮辱的とすら思えてくる。むしろ外相は、なぜこんな深夜になってもってきたのか、と不可思議に思う気持のほうが強かった。

天皇あて大統領親電のニュースは、この日の昼ごろから、外相は十分に知っている。直接に日本側に来るものと思い、それにたいする宮内省もふくめた手配はすませていた。しかし夜になってもついに外務省にも宮内省にも入電なしとのことゆえ、あるいは米政府筋がとりやめたのであろう、と考えていたのである。のちの東京裁判において、戸村参謀の配送遅延の措置を知って、東郷は「参謀本部の横暴なる措置」に驚き、天を仰ぐことになる。

それはともかく、グルーの「天皇謁見」の切なる申し出は、宮内大臣などと相談しなければならぬゆえ、今夜は無理な話であるといい、東郷は「大使の希望」と「親書」は間違いなく天皇に上奏することを約束した。ルーズベルトやハルと違って、権謀術数とは無縁のグルーは、この親書が戦争回避の役に立つと本気に思っている。そこでくり返し「間違いなく陛下に」と述べ、東郷の言葉を信じ、十五分後にしぶしぶながら外相官邸をあとにした。

大使を送りだしたあと、東郷はさっそく宮内大臣松平恒雄に電話した。松平は「それは政治上の問題であるから、内大臣と相談してほしい」と、内大臣木戸幸一のほうへ話を回した。外相の電話をうけた木戸も「それはまず総理と相談すべきことだ」とあっさりといい、ことの処理を東条へ振った。だれもがいまとなっては手遅れとわかっているのである。といって、アメリカ側が新聞発表しているため、握りつぶせない。それゆえの困惑が宮内省側にはありありと見える。「ただし」と木戸はいった。

「もし、どうしても大使謁見ということならば、陛下は深夜でも構わないといっておられる。首相と相談されたい。私もいまからすぐ宮中に参内する」

電話を切ってから、東郷は、グルーの置いていった親書の写しを改めて熟読してみた。太平洋の平和の維持をしきりにとなえているが、結局は言葉の上だけのもので具体性はなく、ひどく抽象的なものと外相にはますます思われてならなかった。それにしても、これがもっと早く届いたならば、あるいは日米交渉再開ということになり混乱が起ることに……。いや、「日本にとっては自存自衛のため立つ外なしと思った現状には、この親書なるものがなんら変更を加えるものではない」と自分にいいきかせるのである。

ともあれ、英文から日本語に翻訳せねばならないと東郷は考え、担当のものをよんだ。そして加瀬秘書官に、首相に連絡し緊急に面談したいことがあると伝えよ、と命じた。このように、あとは待つばかりというこの時刻に、いちばん忙《せわ》しなく行動していた日本の高官は、あるいは東郷外相であったかもしれない。

●「山か川か」

いっぽう、バンコクの坪上大使はかならずしも忙しくはなかった。が、心理的に、これ以上に追いつめられたところでの、最後の決断を迫られている人は、ほかにいなかったであろう。午前零時（東京時間）、日本軍の平和進駐にかんする交渉が妥結していなければならない時刻なのである。仏領インドシナとの国境線にひしめく全部隊を指揮する第十五軍司令部はじりじりと、恐らくもう待ち切れずにいることであろう。それが十二分に察せられた。

それでなくとも、サイゴンの南方軍総司令部からは駐タイ日本大使館武官室に、「山か川か」の緊急電報がひっきりなしに送信されてきていた。「山」は交渉妥結、「川」は決裂の隠語である。「そのいずれなるや、一刻も早く返電されたし」と督促され、大使館付の陸海の武官たちは次第に殺気立ってくる。

決断を求めるように大使をみつめる大使館員も、もうだれもが眼を血走らせている。

これ以上の猶予はならない。

ついに坪上大使は靴音も高くパーティ会場の壇上に立った。そして大きく胸を張った。

「皆さん、静粛にお聞きいただきたい。日本は、アメリカ、イギリスにたいして戦争を決意しました。日本軍は本日午後十時以後、いっせいに作戦行動を開始します」

大使は頭のてっぺんからでるような声で、それだけを一気にいった。

晩餐会場は一瞬、すべての音を失った。無気味な静謐《せいひつ》の深まるなかで、タイ国の閣僚たちは顔面を蒼白にしたまま硬直した。

「日本は領土的野望はまったくもってはいません。ただ一つ、シンガポール攻撃のために貴国に平和的に進駐そして通過するにすぎないのであります」

という大使の声は、すぐに騒然となった宴席に空しく流れただけであったかもしれない。重大な発表を行ったあと、坪上は、かれをとりまく周囲の動揺と混乱が次第につのってくるのを見下しながら、とり乱すこともなく静かに壇上に立っていた。

そして、つぎの手段として、ピブン首相がいないいまは、晩餐会に欠席している外務大臣ナイジレックをつかまえ、強硬に交渉をすすめなければならない、と大使を中心に日本側は決意を固めていた。国境を越えてくる日本軍と交戦しないように、との緊急指令を一分一秒でも早く出してもらわねばならない。

こうしたバンコクでの予期しなかった事態とは関係ないかのように、マレー半島上陸部隊の各輸送船は最高スピードをもって、予定発進地点へと急航しつつあった。午後十一時すぎには雲間にあった月が出た。先陣を切って英領コタバルに敵前上陸する将兵の眼にも、コタバル市の東北、ケランタン河口の漁港トンパッと思われる町の灯が、月明りにいっそう皎々《こうこう》と輝いているのが眺められた。

午後十二時少し前、機関音を落した船団は、ようやく泊地コタバル沖に投錨する。敵前での大きな、重々しい音響をたてての錨の落下に、思わず首をすくめたものもいる。天候は晴れはじめ、風は北東の風、ただし風速は十メートルを越え、海はやたらに荒立っている。

淡路山丸では、早くも第一船艙上の起重機の操作が開始された。訓練どおり船舶工兵と船員が機敏に動いて、最初の上陸用舟艇（大発）一隻をゆっくりと吊りあげる。このとき突風ともいえる強風が襲ってきた。船の動揺もあり、吊り上った大発は勢い左右に大きくふられた。途端、鉄索が火花を発しあっという間もなく切断された。それは大音響とともに甲板上の大発や快速艇の上に、豪快に落下した。人員に被害はなかったが……。

そのとき、陸地に横ならびにひろがっていた灯が、つながるようにして消えていったという。イギリス軍に発見されたと将兵はひとしく思い、船上には重苦しい空気が否応もなくはりつめていく。

支隊長佗美少将が、不吉な前兆をふり払うように、緊急上陸を開始することを改めて命じた。佗美の手記を長く引用する。

「燈火管制下に、一人ずつ舷側を下り舟艇内に跳びおりて整列するのには、平素ならば一隻の小艇で四分、大発で七、八分と訓練されていた。それに、最大限波高一・七メートルの大波では移乗不可能とされている。それなのに、現在の波高は優に二メートル以上あるのだからたまらない。将兵は救命具をつけ、背負袋に五日分（定量の規定は二日分だったが、わが師団は五日分を負わせた）の糧秣《りょうまつ》等で目方は十貫に近い。おまけに軽機・小銃、弾薬匣《だんやくこう》（箱）等を手に提げている。……」

十貫とは四十キロに近い。この重武装で、輸送船の高い舷側から縄梯子をつたわって降り、高波に揺すられている舟に跳び下りるのである。大きく横揺れする舷側の梯子、舟艇の上下動で、海中に転落するものもでる。

はじめは両舷四カ所から移乗を実施していたが、風浪のため危険ということで、風下の二カ所だけとなる。最初に移乗したものなどは、長時間激浪に揺られながら待つために、船酔いに悩まされはじめている。各船の第一次上陸部隊が移乗を完了するまでには、どのように早く見積っても、恐らくはこれから一時間近くかかることであろう。

●「しかるべき警戒態勢をとれ」

マーシャル参謀総長が朝の恒例の乗馬運動を終え、陸軍省に姿をみせたのは午前十一時二十五分（日本時間零時二十五分）である。手交時刻指定の訓令電報を傍受解読してからすでに二時間が経過している。部下たちの緊張した視線をうけ沈黙のなかで、上に置かれていた訓令電報に目もくれず、マーシャルは第十四部の分厚い電報のほうからゆっくりと読みはじめた。

参謀総長が読み終るのを待ちかねたように情報部次長シャーマン・マイルズ大佐が、午後一時を過ぎたころに日本軍が攻撃を開始する、と信じられる理由をてきぱきと報告した。そしてただちにとるべき予防措置として、

「警報をハワイ、パナマ、本土西海岸、さらには太平洋の全司令部に打つべきであると考えます」

と意見具申する。マーシャルは「そうしよう」とそれにあっさりと同意した。

その後のことについてはマーシャルの証言がある。メモ用紙の上に手書きで電報原稿を書き、内線電話で海軍のスターク作戦部長に警報発信のことをまず知らせたのである。ところが、スタークは「警報電報はすでにわが海軍の方は十分に送ってあるので、新たに打電の要はない」と、いったんは愛想のない返事をした。少したって作戦部長は気を変え電話をかけてきた。陸海のトップの間でこんな会話がかわされたという。

スターク　よくよく考えてみたが、このさいは二人の連名で、海軍の通信システムを使って、電報を送ってはどうだろうか。

マーシャル　いや、海軍にお願いしなくても、わが陸軍のほうがむしろ早く送信できる。われわれなら二十分で真珠湾に送ることができる。

スターク　そうか。それならそっちに任せる。ただし、太平洋の各陸軍司令部に、海

軍側にもそれを間違いなく通知するように指示してほしい。

こうして、陸海両軍の間の縄張り争いというか、枝葉末節にこだわるつまらぬ形式主義の交換をしたあと、海軍側は警報発信を陸軍側にまかせている。どこの国の軍隊も陸海軍の仲はそっけないことよ、と笑ってやりたくなる話ということになろうか。

しかも、このあと、さらにお粗末なことをアメリカ軍もやってのけるのである。とりあえず陸軍情報部極東課長ブラットン大佐は、マーシャルにいわれて電報を手に通信センターに急いだ。室をでるとき、参謀総長が「順番が問題になるようなら、まずマニラを第一にせよ」と命ずる声を、大佐は背中に聞いている。

参謀総長の警戒電報の原稿はつぎのとおりである。

「日本は、東部標準時の本日午後一時、最後通告にあたる文書を提出する。同時に暗号機を直ちに破壊せよとの命令を出している。指定されたこの時間の正確な意味ははっきりしないが、しかるべき警戒態勢をとられたい。海軍当局にも本電を伝達されたい。マーシャル」

通信センターの責任者エドワード・フレンチ大佐は、緊急回線を使わなくとも「約三十分ないし四十分で先方に届く」と胸を張って請合った。ブラットンからその報告を聞いて、マーシャルは一応は満足した。機密保持のために、緊急回線を使うのをかれは好まなかった。それを使わなくとも、とにかくすべての電報は確実にワシントン時間午後一時前に着くことが保証されたからである。

このとき、なぜか、もっとも大事なことをフレンチはブラットンに伝えなかった。この日、ホノルルへの陸軍の無線回線は午前十時半以降、はげしい電波障害のために全面不通となっている。そこでフレンチは、電報を民間のRCA電信会社の商業回線でハワイへ送ることにしたのである。そのことをブラットンは知らされなかった。当然、マーシャルにも報告していない。もしそれを知ったら、マーシャルは海軍の回線か、はたして緊急回線を使わなかったであろうか。歴史の「もしも」はここにもあった。

結果的に、マーシャルの非常警報電はなんの優先指定も、至急扱いもされていなかったため、RCAホノルル局は指定時刻午後一時の三分後にこの電報を受信することになる。しかも、そのまま通常配達分の電報として分類棚にそれは放りこまれてしまった。先の話となるが、ハワイ軍管区陸軍司令官ウォーカー・ショート中将の手もとに警戒電報が届いたのは、日本軍の攻撃終了六時間後、キンメルがそれを陸軍から知らされたのはさらに二時間後ということになるのである。

電報の〝至急扱い〟ということでいえば、ワシントンの日本大使館では、このころ、とてつもない騒ぎがまき起っている。マーシャルが陸軍省にまだ姿をみせていない午前十一時を少し回ったころ、やっと手交時間を午後一時と指定した第九〇七号電の解読が終了した、というのである。その中身を知って大使館員たちは愕然となった。なんと手交まで二時間足らず……。これで大騒ぎにならなかったらかえっておかしかろう。

それにしても、なぜ、こんな遅い時間になって、という疑問をここでも発しないわけにはいかないが、実はいまも未解答のままになっているのである。現地大使館側の弁解、というより強い抗議によれば、第九〇七号電に外務省が「至急電」という符号をつけなかったことに問題があるという。外務省側はそんな不手際をするはずはない、と突っぱねる。

さらには、東郷茂彦氏が発掘した文書がある。それは回答文をタイプするという大任を負っていた奥村勝蔵が、昭和二十年十月末に記憶をまとめた文書で、それにはこうあるという（原文は片カナ、旧カナ）。

「タイプが大体出来上った頃、それは十一時過と思うが、電信課から一通の電信を持って来たが、それは対米回答文で〔を〕七日午後一時に提出すべしとの訓令であった。困ったことには前記別電の最後の一通（註・第十四部の最後の部分）はまだ接到せず、従て回答文は出来て居ない。……」

ここにはまた、新しい奇妙奇天烈なことが書かれている。すなわち第十四部がまだ全部着いていないという新事実が。それもこれも外務省が「至急電」と指定しなかったため、と現地大使館側は猛反撥する。

しかし、須藤眞志教授（京都産業大学）の最近の発掘によれば、たいして、外務省の亀山電信課長は「緊急」（very urgent）をつけ忘れることなどあり得ない、と憤懣やるかたない文書を残しているという。そして須藤教授の研究は、“VERY URGENT”ではなく、“VERY IMPORTANT”と第十四部には特に表示されている事実を掘り起している。

さらに、第九〇七号電には"VERY URGENT"と記されていることも明らかにした。URGENTとIMPORTANTとが、外交用語としてどれほどの違いをもつものか、須藤教授は「残念ながらこの点については謎のまま残り、それを解く鍵は今のところない」と補足している。いずれにしても亀山文書によるかぎり、第十四部の最後の一通が遅れに遅れて接到するはずはないと考えられるのであるが……。奥村の言い逃れにすぎないのではあるまいか。

こうしてなお、外務省側と現地大使館側の言い分は真っ向から対立し、責任をなすりつけ合う泥仕合はつづいている。裏側には自己弁護、自己過信、無責任、仲間のかばい合い、あるいは組織防衛という官僚意識があることはいうまでもない。それらが、六十年近くたってもいまだ開かれないままに、わけのわからない「藪の中」を、歴史のなかに残している。

いや、ここでは十一時になってやっと第九〇七号電が解読されたという事実を、しっかりと確認しておけばいい。そして結果として、日本大使館内は「その後は、まったくの火事場のような騒ぎ」になるのである。現実無視、底知れぬ無責任、手前たち本位のつけが回ってきたのである。

●「ちょっといってくる」

南雲機動部隊の第八戦隊（重巡利根、筑摩）参謀藤田菊一中佐の日誌より。

「……艦位オアフ島の北二五〇浬《カイリ》。天候良好なれども積乱雲の去来あわただしく、この海面としては風稍《やや》強く、東北東十三・四米《メートル》を示せり。凡て上々の首尾にて今日を迎え、挙隊成功を確信して勇気凜々《りんりん》たるものあり。……願わくば空襲隊勇士の上に天佑神助の洽《あまね》からんことを」

機動部隊は、真珠湾北方二五〇海里、空襲部隊発進のE点まで二〇海里に無事に到達している。午前零時を回って、いよいよ発進準備に各艦はいそがしくなった。全員が字義どおり火事場のような騒ぎの渦中にある。そのあわただしさのなかで、南雲司令部参謀源田実中佐は攻撃隊総隊長淵田美津雄中佐とひょっこり顔を合わせた。二人は海兵同期生である。

「おい、淵！　たのむぜ」

目が丸くて、ちょび髭の、なおいたずら小僧の相貌をもつ淵田は「おう」と答え、そして手をあげていった。

「じゃ、ちょっといってくる」

源田には、鉢巻はりりしいが、それが近所に煙草か酒でも買いにいくような恰好にも見え、頼もしく感じられた。

利根艦長岡田為次大佐の日誌より。

「零時、利根神社参拝。〇〇一五（零時十五分）司令官参拝の席上、搭乗員と御酒《みき》を戴く」

各艦では、艦長をはじめ乗組員たちが、艦首に祀られたそれぞれの艦の神社に手を合わせ、攻撃の成功を祈願する。それから攻撃に参加する搭乗員たちにはお神酒がくばられた。利根の搭乗員とは水上偵察機の三名である。

冷えた酒をのどに流しこみながら、加賀戦闘機隊員阪東誠一等飛行兵（一飛）は、分隊長二階堂易《やすし》大尉の訓示に耳をすませている。分隊長はいつものようにきまじめな口調でいった。

「いいか、味方の位置は決して航空図に書いてはならんぞ。落下傘もはずしておけ。……ただし、不時着地点だけは忘れるな。きちんと記しておけ。機がやられても、そこまでたどりつけば、味方の潜水艦がかならず助けにきてくれる」

不時着予定地点はハワイ諸島最北西部のニイハウ島付近の海上である。実戦経験のない十八歳の阪東はそれをしっかりと頭に刻みつける。それにしても「落下傘をはずしておけ」とは、いざというときは黙って死ねということか、と思い、そう強く心にきめるとなんとはなしに、俺はこの若さで死なねばならないんだな、と悟ったような気持になるのである。でも、まだ俺はこの世で何にもしていないな……とも。

時計が午前一時を指した。

重巡利根、筑摩より真珠湾先行偵察のための零式水上偵察機各一機が、するどい音を立ててカタパルトから射出される。日本海軍にとっての対米戦争は、間違いなくはじまった。このあとのすべては訓練どおり運ばれるであろう。

筑摩から発進した零式水偵を操縦する福岡政治少尉の手記がある。

「針路南、高度五百、器速（計器速度）百三十節《ノット》。発艦前の情報『敵太平洋艦隊の大部は真珠湾に在る模様なるも、同湾に空母なし、敵は日本軍の接近に気付いたる気配なし』。搭乗員三名、無言のまま南進を続ける。何も言わなくとも、その意志は十分通じ合っていた。とくにこの大作戦の先駆を命じられてからは、あらゆる不測事態の遭遇を想定して、打てば響くまでに入念にその対処法の申し合せを行い万全を期した。三名今はただ人事を尽した後の平静な気持である」

若い戦士たちはみな落着いているのである。

・八日午前一時―二時

●「コタバルに上陸成功す」

第一次コタバル上陸部隊の舟艇移乗が完了したのは、移乗をはじめてから一時間近くたった午前一時十五分すぎである。歩兵第五十六連隊の第一大隊と第三大隊が先陣を切る。指揮は那須連隊長。雲の切れた空には淡い月が出た。そのかすかな光のなかで舟艇群は陣形をととのえる。

午前一時三十分、西風のうなり声のなかに、

「発進」

那須大佐の甲高い叫びが聞こえた。舟艇はいっせいに敵陣めがけて進みだす。ぐんぐん高波を押しのけて滑走し、陸地から千メートルほどの海面に達すると、舟艇は横に散開し突撃態勢をとる。そして、そのまま波にもまれつつ六百メートルも進撃したときである、前方の陸地からいっせいに閃光がきらめき、つづいて機関銃の銃撃音と思われる連射音が伝わってきた。さらには砲撃も開始される。海岸線を守備するイギリス軍が迎撃戦闘を開始した。

支隊長佗美少将はこのかん淡路山丸のブリッジで前方を注視しつつ、微動だにしなかった。上陸目標の第一は浜辺の飛行場制圧である。イギリス軍が海岸線一帯に鉄条網をはりめぐらせ、トーチカ陣地を築いていることは、事前の偵察によってわかっている。敵の迎撃はもとより覚悟の上なのである。はたして舟艇群が闇の中に消え、エンジン音が消えてから間もなく、前方の椰子林を照らして二条の信号弾があがった。とみる間に、地平線に発砲の火光がはぜるようにまたたくのが見えた。

それに合わせるように船団上空に敵機三機が飛来し、銃爆撃を浴びせかける。淡路山丸の舷側近くの海中で爆弾が爆発する。

「支隊長！　第二船艙に爆弾が落下、数十名が死傷」

佗美は怒鳴った。

「戦争だから弾丸がくるのも、死傷者がでるのもやむを得ん。早く軍医に知らせろ」

戦場において死傷者をみることで将兵たちは悽惨さを実感する。船中はいまや修羅の巷と化しつつあった。こうしてコタバル上陸戦闘は真珠湾攻撃よりも一時間余も早く開始されている。

佗美は腕時計のほかにロンジンの懐中時計をもっていたが、そのいずれかで時間を確認する余裕をもたなかった。いまは闇に消えた上陸部隊からのなんらかの形での報告をただ待ちわびているだけである。

二時少し前に戻ってきた舟艇があり、やっとその報告がもたらされる。

「午前一時三十分、上陸に成功しました。しかし、トーチカや障害物があり、抵抗が盛んです。転覆した舟艇もあり、指揮艇所在不明のため、単独帰来しました。無線は海水に濡れて発信不能であります」

その時刻（午前一時三十分）が実は部隊の発進時刻であり、上陸時刻とは違うことに佗美は気づこうともしない。「ようし」と大声で答えると、山下軍司令官にその旨の打電を佗美は命じた。

「八ヒ・〇一三〇上陸成功。敵の抵抗激しく熾烈なる銃砲弾を聞く。なお船団は敵機の襲撃を受けつつあり」

佗美は、それからおもむろに、第二波上陸部隊の移乗開始を命じ、自身も舟艇に移る準備をはじめた。

敵機の爆弾は綾戸山丸、佐倉丸の舷側付近に落ち、両船は火炎を噴きだした(3)。船員が懸命の消火作業につく。上陸作戦は予想どおり難戦となった。コタバルの陸上では、すでに第一大隊長数井孝雄《よしお》少佐以下死傷者約七百五十名に達している。

パーシバル司令官のもとにはほとんど同時刻に報告がとどいている。まだ中将がベッドにはいって間もないときである。コタバル海岸線に日本軍が上陸を開始し、砲撃をうけているという現地司令官よりの緊急報告である。しかもその直後に、イギリス総督サー・シェント・トーマスからの電話をも彼は受けている。

「連中を間違いなく追っ払ってくれるのでしょうな」

パーシバルはぶつぶつと口の中で何やら呟いただけで、受話器をおいた。マタドール計画の不発を決議してしまったいま、打つべき有効な手段は何もないではないか。彼はそう自分にいいきかせると、ふたたび大急ぎでベッドにもぐりこんだ。

だいぶ後のことになる。パーシバルが日本軍の大々的な上陸作戦と真剣に向き合う覚悟を定めたのは、夜も明け放たれ、寝不足の不機嫌さに眉根をよせて司令官室に姿をみせた午前九時過ぎになってからである。ポハム大将の質問にこう答えた。

「目下の急務は、将兵ならびに市民の士気高揚と沈着をいかに求めたらいいかにある、と信じます」

大将は唖然としつつ、しばらくパーシバルの顔をみつめていた。

●「グロリアス・ドーン！」

真珠湾の北方二三〇海里の機動部隊では、コタバル海岸へ陸軍部隊第一波が発進したと同じ時間の午前一時三十分（ハワイ時間七日午前六時）、旗艦赤城のマストに一組の旗が上がり、さっとおろされた。それが無言の命令となる。

「飛行機隊出発せよ」

全艦がすでに十五分前から二十四ノットに増速している。総員戦闘配置。風向八〇度、風速十三メートル。この風速と、この高速では甲板を吹きぬける風は異様なうなり声をあげる。淵田中佐を総隊長とする第一次攻撃隊は百八十三機（水平爆撃機四十九、雷撃機四十、急降下爆撃機五十一、戦闘機四十三）。搭乗員のすべての眼は、赤城のマストにそそがれた。マストの中ほどの一組の旗が急に上げられ、下へおろされる。それが発動である。その一組の旗がいまさっとおろされたのである。

赤城の甲板より零戦がエンジンを一杯にふかしてすべりだした。戦闘機隊隊長板谷茂少佐機である。先頭であるがゆえに、発艦距離が短く、飛行甲板を離れた瞬間に機体がすうっと沈んで視界から消えた。しかし、たちまちにふわっと浮き上るような感じで、ふたたびその姿が現れたとき、艦上からは喜びと感動の歓声が一気にわいた。

その日、淵田機を先頭に立て母艦上空で進撃隊形をととのえて、十五分後に真珠湾に向かった男たちは、生涯においてもっとも美しい夜明けをみた。天候はあまりよくはなかった。雲量五ないし七。編隊は高度三千メートル、畳々たる雲上をはうようにして飛んでいる。真っ黒にみえていた脚下の雲が、しだいに白みをおびてくる。それを切り裂くようにして、真っ赤な大きな太陽が水平線から光の矢を放つのをみた。日の出は現地時間六時二十六分。白い雲海のまわりが黄金色にふちどられ、壮麗に輝きはじめた。

「何と輝かしい夜明けであろう」

と淵田中佐は思った。戦後に語ったところによれば、

「グロリアス・ドーン！」

と、中佐は眼に眩《まばゆ》い朝の光に心うたれ、思わずつぶやいたという。Glorious Dawn、それは大日本帝国の夜明けを象徴するかのように、中佐には思えた。「よき時代に男に生まれたことを誇りに思い、日本の運命がわれわれの双肩にかかっている」ことを痛感した。

おそらく、その日、真珠湾上空に飛んだ第一次・第二次を合わせた七百六十五人の搭乗員全員が同じ感懐を抱いたに相違ない。彼らはえらばれた一員として、新しい時代の開幕を告げる戦闘に参加していると考える。彼らは未来のなかに、新しい歴史のページのなかに、自分たちの姿をはっきりと思い描くことができた。それこそが男子の本懐というものであると思う。

しかし、事実はどうか。輝かしい未来であったかどうか。この七百六十五人のうちの九〇パーセントに近い男たちは、この日いらい、肉体的疲労と精神的消耗の生命ぎりぎりのところで、亡国を食いとめんと戦いつづけねばならなかったのである。国力そのものはもちろん、当面の戦備・資材ですらが戦争態勢になっていないままに、あえて所定

の道を推し進めた国家は、戦争の全期間をとおして、搭乗員に「死ぬまで内地に帰れない」覚悟のもとに飛びつづけ、戦いつづけることを要求し、期待したのである。

飛龍の戦闘機隊分隊長岡嶋清熊大尉は、部下にこそいわなかったが、出撃前にひそかに悲壮な覚悟を固めていた。それは海軍航空本部で、開戦直前に先輩にいわれた言葉がなお記憶にまざまざとあるからである。

「戦闘機搭乗員を空母部隊と基地航空隊に配員したら、もうギリギリいっぱいだよ。残った搭乗員は年をとった者か、病人ばかりで、これからの養成教育は容易ならないことになっている」

大尉はこのとき感じとったというのである。機材も搭乗員も戦闘可能なものは第一線に配備、ほかに予備の兵力もなく、国家はどえらいことをやろうとしている、これはとうてい長く生きてはおられぬぞ、と。

辛うじて生きのびたものの、レイテ沖の戦闘で負傷し過去の細かい記憶を失った赤城戦闘機隊員谷口正夫二飛曹が、しみじみと語っている。

「戦闘中、私を支えていたものは、父母のため、兄弟のため、恋人のため、そんな直接的な気持だけだった。天皇のためなんていう感じはなかった。現実に戦場で多く戦友たちの死をみていると、そういった観念では死ねないことに気づくのだ。切ないような心情だけを頼りに戦った。それにしても本当に多くの、いい仲間が笑って死んでいった。そして私みたいなくずが生き残った。生き残っても、なんにもならんのに……」

その言葉のように、ほんとうに多くの男たちが死んでいった。それも二十代のものばかりである。谷口二飛曹の属した赤城の戦闘機隊を例にとろう。

・第一次攻撃隊
第一小隊　板谷茂少佐　昭和一九・七・二四　戦死
　平野崟一飛曹　昭和一六・一二・八　戦死
　岩間品次一飛曹　昭和一七・六・五　戦死
第二小隊　指宿正信大尉　〈戦後事故死〉
　岩城芳雄一飛曹　昭和一七・八・二四　戦死
　羽生十一郎一飛（兵）昭和一七・六・五　戦死
第三小隊　小山内末吉飛曹長　昭和一七・一〇・二六　戦死
　谷口正夫二飛曹　〈生存〉
　高須賀満美一飛（兵）昭和一七・八・二八　戦死
・第二次攻撃隊
第一小隊　進藤三郎大尉　〈生存〉
　木村惟雄一飛曹　〈生存〉
　井石清次三飛曹　昭和一七・八・二八　戦死
第二小隊　乙訓菊江一飛曹　〈戦後事故死〉

第三小隊　高原重信二飛曹　昭和一九・九・一二　戦死
森　栄一飛（兵）　昭和一九・四・五　戦死
田中克視一飛曹　昭和一九・六・一　戦死
丸田富吉二飛曹　昭和一八・四・二七　戦死
佐野信平一飛（兵）　昭和一七・六・五　戦死

同じ事実は、全搭乗員においても共通するのである。みられるのは、戦死、戦死、戦死とつづく冷厳なる二文字だけであり、名簿は、悲しくも壮大な柩の行列にひとしいのである。

死者をして語らしめよというが、真珠湾攻撃に参加した男たちの、その全戦闘記録を記すすべはない。以下にも、それは部分的にしか書くことはできない。また、くわしい戦闘を書くことが目的ではない本書においては、あらかじめお許しを願っておく。ではあるが、ただひとついえることは、日本人はこの戦争を死に物狂いで戦ったということである。将兵は「国のため」、「父や母のため」、「好きな人のため」、あるいは「俺がやらねば」という思いつめた心情のもとに戦いつづけた。その国が、戦後、彼らを見捨てた。戦後の日本は、彼らの献身と犠牲の上にはじまりながら、戦争中のすべてのことを悪夢として斥《しりぞ》け、無視し、あるいは愚弄し、忘却のかなたへ追いやってしまった。

余計なことを書いたかもしれない。チャーチル英首相は大著『第二次大戦回顧録』で、英本土の戦い《バトル・オブ・ブリテン》を「もっとも輝けるとき」（the finest hour）とよんだ。大日本帝国の「もっとも輝けるとき」は、この朝をおいてはなかったであろう。そしておそらくは、一人ひとりの搭乗員の生涯にあっても……。と考えてみれば、そうした輝ける彼らに、もっと長く、やさしい視線をそそいでやったほうがよかろうか。

攻撃開始時刻は午前三時半（日本時間）。この時刻は対米最後通牒を手交する時間とにらみあわせて決められている。真珠湾まで一時間半の飛行である。それまでそっとしておいてやるのが、思いやりというものかもしれない。

●「遅く電報が到着したのでよかった」

「開戦通告」の午後一時手交の訓令が解読されてからの、ワシントンの日本大使館の混乱と興奮と周章狼狽《ろうばい》ぶりは、もうくり返して書く要はないであろう。すでに何度もふれた。奥村は殺気だってタイプを叩き、タイプを打てない館員たちは右往左往するだけである。

公邸で待機している野村も来栖も、内心の焦燥を押し隠している。電話で確かめたときの、井口参事官の「すべて順調にいっています」という返事を信じるほかはないのである。来栖はしきりに大きな溜息をついている。

野村は、そのかんに万端の手配をすました。秘書に命じ、ハル国務長官との午後一時会見の約束をとりつける。これが七日午前十一時半、日本時間に直せば八日午前一時半で、まさに空母より第一次攻撃隊が発進したときである。

はじめハルの秘書は丁重に断った。

「残念ですが、その時刻はすでに昼食の約束が入っているので。一時四十五分にしていただけませんか」

たしかにハルの手帳には午後一時にある弁護士と会う予定が入っていたが。あるいは、ハルは、日本の訓電内容を知りながら、なにか魂胆があって面会時間をのばそうとしていたのであろうか。

野村のほうはねばった。「では、ウェルズ国務次官に……とても、重要なことなので。何としても午後一時に……」

秘書は受話器を押さえ、だれかと話しているように思えた。沈黙がしばらくつづいたが、やがて承諾の返事が返ってきた。

「わかりました。国務長官がお目にかかりますから、一時にお出で下さい」

野村は何か大仕事を成しとげたような気持になり、ほっと安堵した。あとは午後一時までに解読された全十四部をタイプで清書できるかどうかである。時間との競争ということになる。

解読・清書ということでいえば、この時刻、東京の外務省ではそれをきちんとすましている。ルーズベルト「親書」の写しの日本語への翻訳、そして清書が終ったのは午前一時五十分。東郷外相はそれをもって車を目と鼻の先の永田町の首相官邸に走らせている。

あらかじめ連絡されていたので、東条首相が待ちくたびれたようなやや固い顔で、外相を迎えると、すぐに尋ねた。

「メッセージには何か譲歩の文句があるのですか」

「いや、アメリカは何も譲歩していません」

と東郷が首を左右に振ると、首相は少しく頬の筋肉をゆるめる。そして眼鏡の奥を光らせながらいった。

「では、なんともしようがないではないか。何の役にも立たないわけですな」

しかし、外相が「親書」を天皇のもとへもっていくことには東条は反対しなかった。

「上奏するのはいい。でも、陸軍はもとより、海軍の空母部隊の飛行機もすでに行動を開始しているはずですからね」

という首相の言葉で、東郷はこのとき初めて真珠湾攻撃計画のあることを知った。

それにしても、こんな深夜に、木戸内大臣がかまわんというが、上奏したいといっても陛下のお許しがでるであろうか。二人の首脳はいくらか眉を寄せ合った。東条は、秘書官赤松貞雄大佐に命じて、改めて宮中のご意向をうかがってみるようにといった。

赤松の回想がある。

「深夜なるも上奏差支へなきや御伺ひせよとのことにて、宿直侍従入江(相政《すけまさ》)氏に電話す。お上には直に御許しあり」

『昭和天皇独白録』にもこうある。

「私は短波で『ルーズベルト』から親電が来るであろうという事は予め知っていた」

天皇も待っていたのである。

首相官邸を辞するとき、外相は「こんな深夜に、あちこち走り回ってお騒がせして申しわけない」と、いくらか冗談めかしていった。東条はきまじめにこれに答えた。

「遅く電報が到着したのでよかった。一、二日早くついていたら、また一騒動があったかもしれん」

東郷は首相官邸から麴町の外相官邸に戻って、参内のためにすぐ正装に着替えることにした。時計はすでに二時を何分かすぎている。

・八日午前二時—三時

●「砲撃開始！」

淵田中佐指揮の第一次攻撃隊の大編隊は、整然とした隊形をとって真珠湾に向って飛行をつづけている。

レシーバーをつけた淵田の耳には、ホノルル放送局からの軽快なジャズの旋律がきこえだした。しばらくジャズが流れていたが、やがて日本の流行歌「目ン無い千鳥」に変ったと証言する攻撃隊員もいる。いずれにせよ、攻撃が願ったり叶ったりの奇襲になるであろうことを示唆するのんびりした音楽として、攻撃隊員は耳を傾けて聞いている。

彼らを送りだした機動部隊では、第二次攻撃隊発進のため、整備員たちの大童の準備が神々しい太陽を浴びながらすすめられている。チンチンチンと軽やかな音を立てながら、エレベーターで飛行機が甲板に揚げられてくる。海上が荒れているので作業は少し難渋をきわめている。

第二波の各指揮官たちは部下に最後の指令を与えた。空母蒼龍の戦闘機隊分隊長飯田房太大尉が元気いっぱいに、

「もし被弾するようなことがあったら、俺はまっしぐらに目標に向って突っこんでいく」

というのを、藤田怡与蔵中尉は「こうなれば生命なんて惜しくない。何でも来い」という気持で聞いている。

赤城でも、急降下爆撃隊分隊長千早猛彦大尉が快活に部下にいっていた。

「母艦の位置がわからなくなったら？　下手に電波をだすと母艦の位置が敵にわかってしまう。そんときぁ、黙って死んでいこうぜ」

第二波（百六十七機、長・島崎重和少佐）の出撃は午前二時四十五分の予定である。

コタバル沖では、佗美支隊の第二波上陸部隊が発進しようとしていた。支隊長みずからが司令部要員とともに、すでに舟艇に移乗している。しかし、諸方面からの色々な照会とか報告、さらには要求もあって、それらにいちいち応答しているためにいたずらに

時間がたっていく。支隊長移乗の舟艇のまわりには、将兵を満載し突撃準備を完了した舟艇が荒波にもまれながら、ぐるぐる円を描いている。もうこれ以上の猶予はならないと、佗美は決断した。

「発進しよう」

上陸用舟艇の舳はすべて陸地に向いた。そして、いっせいに陸地めざして速力を早めていった。進航をはじめて五、六分たったころ、淡路山丸船上から大火炎が噴き上った。船体が真っ赤に染めあげられて、暗い海上からそれは浮き上るかのように眺められた。

日本時間午前二時は、ハワイでは午前六時三十分である。水平線からやや離れた太陽が、闇をいっぺんに押しのけ、もうこの海域全体を明るく照らしだしている。間もなく歴史を書き改めてしまう奇襲攻撃がはじまるのであるが、まだこの時間では何事もはじまっていなかった。静かな日曜日の朝の海。しかし、湾外では駆逐艦ウォードが、アメリカ海軍のなかでただ一隻、戦闘行動に突入しようとしていたのである。

それは操舵手ギリアン兵曹の大声からはじまった。開け放たれた防潜網をくぐって、低速で湾内へ向う補給船アンタレスの後方に、奇妙な黒い物体がつづいているのを、かれは双眼鏡で右舷の方向にしっかりととらえた。ギリアンは時計をみた。六時三十分。浮標かと思ったが、浮標が水中を速力五ノットで動くことはありえない。

「小さな司令塔！　速力五ないし六。湾内へ向っています」

報告をうけた艦長アウターブリッジはベッドからはね起きると、パジャマの上にこともあろうに日本の着物をひっかけて、艦橋にかけ上ってきた。あのときには見失ったものの、夜明け前の潜望鏡発見の報告が、恐怖をともなって蘇ったのである。艦長の眼にも、妙に黒い物体は潜水艦の司令塔であることがはっきりと映った。やっぱり〝敵〟潜水艦であったか。決定を下すのにほとんど手間はとらなかった。

「総員戦闘配置。両舷前進全速！」

この時刻に、味方の潜水艦がこの付近を航行する予定はない。それに通常のコースとは大きくそれている。

「砲撃戦用意。爆雷戦用意。用意でき次第攻撃する」

目標はだれにも視認できるようになっている。海上にかかった朝靄《あさもや》もさして邪魔にはならない。距離は至近の約九十メートル。司令塔は海面より六十センチほど浮き出ている。しかも目標は駆逐艦の接近にまったく気づいていないように直進している。

「砲撃開始！」

アウターブリッジは果敢に戦闘を開始した。駆逐艦ウォードの戦闘詳報にはこうある。

「〇六四五　潜水艦にたいし砲撃を開始す。一斉射を発射した。第二斉射弾が敵潜水艦の司令塔を直撃したように見えた。つづいて爆雷攻撃を開始す」

警報は四度鳴り、爆雷は四発投下された。ふきのぼる巨大な水柱にとりかこまれて、敵潜水艦は転覆して、その姿を水深約三百メートルの海中に没し去ったように見えたという。

六時五十四分、アウターブリッジは第十四海軍区司令部に暗号電報を打った。

「本艦は防禦水域で行動中の潜水艦を砲撃し爆雷攻撃を加えたり」

この最初の戦闘報告は、淵田中佐指揮の航空部隊が第一弾を投じたときよりも、実に一時間余も前のことになる。しかも、艦長にしてみれば、「砲撃し」とはっきり記すことで、水中の鯨などに爆雷を投じたのではなく、現実に海上で視認して大砲を使ったことを司令部では了解するであろう、そう確信したのである。

しかし、のちの話になるが、ここに書いておく。このせっかくの報告も、第十四海軍区司令部ではそれほど重要視されなかった。司令官クロード・ブロック少将と参謀長との間にかわされた会話は、まことに平和的である。

「これはいったいどういうことかね」

「この種の誤認は多いのです。ここ数カ月足らずの間に、すでに十数回以上、これと同じような事件が起っています。もう少し、事態の成りゆきを見守っていましょう」

それでもブロック少将は駆逐艦モナガンに緊急出動を命じることにした。

だが、報告の重要性をそれとなく勘づいたものもあった。太平洋艦隊司令部の当直参謀ビンセント・マーフィー中佐がその人で、報告をうけると、駆逐艦の戦闘報告の煩雑な暗号の解読に手間どりながらも、司令長官キンメルに電話で一応は報告しておくことにした。回線が輻輳《ふくそう》してなかなか通じず、やっと電話がかかったとき、長官はまだガウン姿で朝食前であった。が、報告の信憑性《しんぴょうせい》を考える前に、朝飯をあきらめた。キンメルはその重大性を即座に認めたのである。

「よし、わかった。髭を剃り、軍服を身につけたら、ただちに潜水艦基地司令部にいく」

と怒ったようにキンメルは電話を切った。それはあまりにも遅すぎる報告ということになる。それから十分もたたないうちに、つまりキンメルが軍服を身につけているときに、日本機の爆撃が開始されたのである。

●「原文を公表する」

キンメルには、しかし、それ以前にもう一つ最後の機会があった。午前七時二分、ホノルルの北四十五キロにあるカフク岬のオパナ移動レーダー基地で、第五一五航空通信隊のジョセフ・ロッカード、ジョージ・エリオットの二人の一等兵が、ブラウン管上に「何かまったく異常なもの」の現れたのを認めていたのである。それはあまりにも大きなグリーンの光点であった。

先輩のロッカードは機械のどこかに故障が起きたのではないかと思った。新兵のエリオットを押しのけ機械を点検したが、レーダーに異常はない。数分後に、「これは何かの飛行物体だ」とロッカードは結論づけた。物騒なものを発見した。二人は方眼紙にこの物体の位置と動く方向とを写しとる作業にかかる。それは一三〇海里北、島に向って飛来しつつある五十機以上の大編隊と、レーダーは告げている。

七時六分、ロッカードは陸軍情報センターに電話をかけ、「大変です。見たこともない大編隊が北方より接近中。方位は東に三度」と息もつかずに報告する。ところが、当直のタイラー中尉はなんの興味も示さない。B17爆撃機が本土西海岸から編隊を組んで午前八時に飛来する予定を知っていた中尉は、レーダーが捕捉した機影はそれだろうと、あっさりと判断した。日本軍の攻撃開始の五十分ほど前である。

「いいんだよ。心配はいらないよ。それは味方の編隊だ」

と中尉はロッカードにいった。ロッカードは首をすくめる。なんだ、味方か、ということで意気ごんでいた二人の一等兵は気力を失った。これ以上の大編隊追跡は無駄というものか。ロッカードの関心は、七時半にトラックが運んでくることになっている朝食のほうへ移った。

新参のエリオットは目下訓練中ゆえにと自分にいいきかせて、練習のつもりでしばらく光点を追った。七時二十五分五五海里……三十分四二海里……三十九分二〇海里……。それ以上は山からの反射光で光点が乱れ、航跡の追尾はできなくなる。ちょうどそのとき、朝食を運ぶトラックが到着した。二人はレーダーのスイッチを切って、そちらのほうへ走りだした。

こうしてレーダーの日本攻撃部隊捕捉の事実は消えた。陸海のいずれの司令部にもそのことが連絡されることはなかった。

戦争がはじまってからほぼ一年たった昭和十七年の末ごろからは、レーダーは戦場で猛威を発揮する。夜戦での必勝を期した日本海軍の訓練は、レーダーの前に徒労となっていったのである。このときから、戦争は恐ろしく科学的・技術的になっていく。戦闘は機械と機械の衝突としての非情な性格をもつようになり、人間は機械の部分品となっていった。人間の技量や能力というものの観念を大いに傷つけたが、レーダーの正確さにたいしては黙さざるをえなくなった。

しかし、そうした機械的な戦闘が支配的になったときにおいてすら、結局は人間が問題なのである。人間の感情や判断が、科学や機械のうしろに常にあったのである。ましてや戦争のはじまろうとするときにおいてをや。

キンメルはのちの真珠湾調査合同委員会の査問会で証言する。

「ハワイは攻撃目標にはなっていないという錯覚が、当時、陸軍にも海軍にも、真珠軍港にいるあらゆる地位の将兵に蔓延していたと思われる」

然り、それゆえに、結果として戦場における人間の犯しやすい錯誤、誤判断、躊躇、怠慢、そして運不運が、戦場における勝敗、否、国家の興亡に大きく影響を与えることになるのである。

この朝、不運な司令長官キンメル大将は眼覚めてはいるが、まだベッドのなかにいる。そして、ちょうど昼を迎えたころのワシントンの首脳たちは——。

ハル国務長官は、朝からつづいていた陸海両長官との長い会議を終えて、遅い昼食をとろうとしていた。会議の内容については、スチムソン陸軍長官が書いている。

「……昼食の時間まで言うべきこと、なすべきことの、すべての問題を討議した。主要な問題は、アジアに関心をもつ主なる国民（英、米、蘭、濠、中国）を一つにまとめあげるにはどうすればいいか、である。ハルは、日本が何か悪いことを計画しているといい、広い地図を見せながら意見を述べた。私はかれにそれを速記者に口述筆記してもらった」

会議は、すでに書いたように、翻訳班長クレーマーがマジックを持参してきたときに一時中断された。ハルはそれをみて「敵の攻撃開始時刻は数時間以内、ひょっとすると数分以内の問題だ」と思ったという。しかし、ただちに対応しようとはしなかった。地図をみながらハルが論じ、二人の長官が意見をいったのは、そのあとのことである。

三人の長官の最大の問題は「最初の一撃はどこか」にある。意見は東南アジアの英領または蘭領が目標ということで一致した。スチムソンにうながされ、ハルが口述した見解はつぎの言葉で結ばれ、陸海両長官に示して同意をえた。

「ドイツと日本の、征服と破壊をめざす世界的運動は、密接な連関をもっている。ヒトラーが世界の半分で動き、軍部のもとにある日本の政府が世界の残る半分で動くに際して、彼らの行動はきわめて同時進行的であり、個々の、もしくは相互の利益になる場合には協同、協力が行われている。

これによって、貴重な、価値あるすべてのものがただちに危険にさらされることになる。したがって断固たる防衛こそが、われわれの文明の諸制度を何から何まで守っていくための鍵となる」

　まさしく、どこを日本軍が攻撃しようと断乎たる防衛、すなわち、アメリカ政府は日本をドイツ同様の〝敵〟とみなして宣戦せねばならないことを宣言したものなのである。

　ハルはこうして自分がなさねばならない準備をすべて整えて、午後一時にやってくる野村、来栖両日本大使を待つことにしている。ところが、その野村から、訪問は少し遅れるかもしれない、という電話があったとの報告をうけたのは、昼食をすませ、コーヒーでややくつろいだ気分になっているときであった。この段階になって、日本はいったいどんな策略をめぐらそうとしているのか、ハルはそう考えた。

　ルーズベルト大統領は、午後零時半（日本時間午前二時半）、駐米中国大使胡適《こてき》と会い、大声で、日本の天皇へ送った親書を読みあげていた。途中で、大統領夫人が姿をみせ、

「昼食の時間が遅れている」と注意したが、大統領は意にも介さない。そのまま親書を終りまで読みつづけた。そして、歴史家ハーバート・ファイスの胡適への直接の取材によると、ルーズベルトはこのあとにこう語ったと、中国大使は記憶しているという。

「これは私の平和をつなぎとめる最後の努力です。恐らくこれは徒労に終るのではないかと憂慮していますが……」

　そして、この親書にたいする日本からの回答が八日の夜までに受理できなかった場合には、

「その原文を世界に公表するつもりです」

と、はっきりいった。

さらに胡適の記憶では、日本が「卑怯なやり方」をするに違いなく、四十八時間以内に何かしらいやな事件がタイ国、マレー、蘭印、そして恐らくはフィリピンにも起るような気がする、とルーズベルトは語ったとも、ファイスはその著に書いている。

このようにして、午後一時手交を命ずる訓電解読によって、アメリカの首脳たちは日本からの攻撃を予期した。しかし、くり返す、だれの脳裏にもその攻撃目標として「真珠湾」はまったく浮かんではいない。そして胡適の記憶が正確であるとすれば、大統領の陰謀すなわち承知して真珠湾を攻撃させたなどという卑劣な匂いを、そこから感じとるのは、あまりにも下司《げす》ということになるのではあるまいか。

●「不幸中の幸であった」

日本では、午前二時四十分すぎ、東郷外相が坂下門をくぐって宮城内に入っている。ルーズベルトが「最後の努力」としている天皇への親書は、かれの礼装のポケットにある。満天に冬の冷たい星がきらめき、風のない夜である。

内大臣室では、あわてて参内してきた木戸が待っている。外相がすぐ親書の内容を概略説明すると、木戸はただちに、

「そんなものでは駄目だね」

とにべもなくいい、それから聞いた。

「首相は何といっていましたか」

「あなたと同じですよ。何の役にも立たん、とね……」

と東郷はちょっと微笑んで答えた。

やがて侍従が天皇の「出御」を知らせてきた。迎えの舎人《とねり》に案内されて、清浄の気のみなぎっている長い廊下を粛々と進んで、東郷は「御常御殿」一階の御学問所へ入った。外相の腕時計は三時を指そうとしている。

天皇は海軍の正装に身を固めている。その前で東郷は大統領の親書の日本語訳全文を読みはじめた。四十歳の天皇は一言もいわずにそれを聞いている。

東郷は書いている。

「四海同胞と思召《おぼしめ》す気宇《きう》の間に、毅然たる態度を持せらるる陛下の風貌に接して、感激に打たれた」

老外相には、天皇のりりしい姿がずいぶん眩しく映ったのである。

『昭和天皇独白録』にはこうある。

「私はこの親電に答へ度いと思つたが、東郷は『已に六日に〃ハワイ〃沖で我が潜水艦が二隻やられてゐるから、もう答へない方がい丶』と云ふので、この言葉に従つて、返事する事は止めた。

東郷は『グルー』大使に返事しない事と又この際拝謁は取り計はらは《(ママ)》ない事を話した。

幸か不幸か、この親電は非常に事務的なもので、首相か外相に宛てた様な内容のものであつ〔た〕から、黙殺出来たのは、不幸中の幸であつたと思ふ」

わたくしはこの『独白録』の註をつけるという仕事をやっているが、最初の雑誌発表のときから、六日のハワイ沖での潜水艦二隻の件については、なんのことかという疑問を抱きつづけている。東郷がいったいどこからそんな情報をえていたのであろうか。このとき、たしかにマレー沖ではすでに戦死傷者がでている。真珠湾口では特殊潜航艇一隻もあるいは沈められていたかもしれない。しかし六日にはそんな事実はどこであろうともないのである。

すでに開戦は既定事実、いや、現に軍は動きだしている。それに親電は所詮はルーズベルトのゼスチュアとの想いもある。東条にも東郷にも、そして木戸にも、いまは時間切れを待つほかはなかったのである。天皇に余計な憂慮を抱かせたくない、そのためにも……ということであったのか。

それともう一つ、田中清定教授（関東学園大学）のいう「日本側においても『記録に残す』パーフォーマンスとして、天皇の名において相応の返電を発するくらいの機略があってしかるべきではなかったか」という意見に、できない話であったであろうが賛同したくなる。あるいはその「機略」が浮かんだのかもしれない。されど、その時間的余裕がなかった、ということなのか。

真珠湾への攻撃まですでに三十分を切っていたのである。

●・八日午前三時―四時

「もうそろそろ始まるころだが」

連合艦隊旗艦長門の作戦室には、午前二時をすぎたころから軍装をととのえた幕僚たちが、ふたたび、当直の佐々木参謀に挨拶をして姿をみせはじめる。午前三時少し前に、幕僚休憩室で仮眠をとった作戦参謀三和義勇《よしたけ》大佐が入室してきたときには、風貌からガンジーと渾名されている黒島先任参謀はすでに所定の席について瞑目していた。まさに瞑想する哲人さながらに、だれが作戦室に入ってこようが、かれは眼を開こうとはしない。うるさ型の宇垣参謀長が姿をみせたときも、ほかのものがきちんと挨拶するのを無視し、かたくなに黒島は同じ姿勢を保ちつづけた。

宇垣もまた黒島に目もくれず、椅子に腰をおろすと、すぐに硬い口調でいった。

「マレーの方はうまくいっているようだな」

「陸軍もなかなかやります」

と通信参謀和田雄四郎中佐が答えた。対英戦争は山下中将指揮のもとにマレー半島上陸作戦をもって、すでに火蓋が切られている。上陸成功の報は、南方軍総司令部をとおして各地に飛び、香港、グアム、ウェーキなどの攻略部隊もいっせいに作戦行動を開始している。

山本長官が入室してきたのは午前三時ちょうどである。短時間ながら熟睡したのか、顔色も冴え冴えとし、精気をつつんだ短軀にヘチマコロンの芳香を漂わせている。

作戦室の奥まったところの折り椅子に座を占める山本に、和田参謀が低い声で報告する。

「長官、もう少しかかると思います」

山本はうなずいて、そのまま眼をつむった。鬱々たる翳りが眉根のあたりによどんでいるようである。戦争の運命を賭した攻撃作戦がいまはじまろうとしている。それが奇襲となるか強襲となるか。もう奇襲成功は確実と思われるものの、実は機動部隊がすでに発見されてしまっていたならば……。幕僚たちもそれを憂慮している。そして塑像のように動かぬ長官の心のうちを慮《おもんぱか》り、自然とだれもが無言を守っているのである。

いまは、待つほかはない。幕僚たちを悩ましてきた五つの難問は、少なくともいまは解決されている。すべてが、うそのように何事もなくうまく運ばれてきている。南雲機動部隊は十二日間におよぶ長い航海のあいだ、第三国の船舶に行き合うこともなく、敵潜水艦や哨戒機に発見された徴候もなしに航進し、攻撃隊発進のE点にまで達している。敵はぜんぜん気づいていないらしい。しかも幸運なことには、真珠湾には空母の姿こそはないが、敵主力艦隊が在泊していることもほぼ確実なのである。陸軍のマレー敵前上陸作戦もとどこおりなく成功した。残るのはわが攻撃隊の〝奇襲〟が成るか否かだけである。

参謀の何人かは、大机の上にひろげられたハワイ海域の海図に前のめりに身をかぶせるようにして、何事かを調べている。いまさら調べるべき何があるというのであろう。針一つ落ちても聞こえるような、息づまる静寂がつづいている。長官は眠りこけてでもいるように微動だにしない。幕僚たちはさながら時刻確認当番を交代するかのように、隔壁にかけられた青銅の海軍時計の針の歩みを追った。

突然、しびれを切らしたように黒島参謀が、細い眼をようやく見開くと、あたりかまわぬ声をだして、

「もうそろそろ始まるころだが……」

と、だれに尋ねるともなくいい放った。答えるものはひとりとしていない。

●「トラトラトラ」

日本本土より六二〇〇キロ離れた真珠湾では、たしかにそれは始まっていた。予想以上ともいえる完全な奇襲攻撃となった。

先陣を切ったのは重巡筑摩より発進した零式水上偵察機である。操縦する福岡少尉の手記を少し長く引く。

「山の斜面が平らになった所、ホイラー飛行場格納庫前に小型機十数機を認めたがさらに進む。見えたっ、夢にまで見た真珠湾が。艦隊はどこに。いたっ、アメリカ戦艦特有の籠マストがフォード島に沿って列をなしている。第一電『敵艦隊ハ真珠湾ニ在リ』を

打つ。笠森君は腕も折れよと電鍵をたたいたに相違ない。感無量である。／発艦時の情報には、在泊艦船に空母の項がなかったので、あるいは湾内どこかに、と隈なく探したが、ついに見ることができず残念。兵力・碇泊隊形を確認のうえ第二電を打つ。／湾内平穏、小船の動きも見られず、一帯淡いもやに包まれて、夢も醒めやらず静かに眠っているかのようである」

攻撃隊総隊長淵田中佐は、機上でこの福岡機からの報告電を受けとっている。

「真珠湾在泊艦は戦艦一〇、甲巡一、乙巡一〇……風向八〇度、風速一四メートル、真珠湾上空雲高一七〇〇メートル、雲量七、〇三〇八（午前三時八分）」

ほとんど同時に、利根の水偵がマウイ島上空を飛び、ラハイナ泊地には在泊艦のいないことを伝えてきた。こうなれば、真珠湾へ全力集中である。

そしてまた、淵田はそれとほぼ時を同じくして、雲の切れ目に白く泡だつ海岸線を見つけた。機はオアフ島北端のカフク岬に達したのである。あたりを見回しても米軍機は影すらもない。総隊長は奇襲の成功を確信した。三時十五分、略語「トツレ」攻撃隊突撃準備隊形をつくれ、の命令を発する。つづいて、信号拳銃を一発発射。これは奇襲攻撃を全軍に指示したものである。この場合は、村田重治少佐指揮の九七式艦上攻撃機（九七艦攻）の雷撃隊がまず最初に突入する手筈になっている。

ところが最上空にある戦闘機隊の反応がややにぶかった。淵田は、あるいは戦闘機隊の指揮をとる板谷少佐が見落したのではないかと案じ、さらに一発信号弾を発射する。

この一発が錯誤をひき起した。九九式艦上爆撃機（九九艦爆）の急降下爆撃隊指揮官高橋赫一《かくいち》少佐がこの発射を見て、信号弾は二発すなわち〝強襲〟と判断した。強襲なら急降下爆撃隊が敵の防御砲火を分散させるために先陣を切る。そこで行動を早く起した。淵田は、それもまたよしとして、三時十九分、後部座席の電信員水木徳信一飛曹に発信を命じた。‥―‥《トトツートト》　‥―‥　‥―‥と連送する（略語でトトト……）、全軍突撃せよ、である。

このト連送が打電されたとき、すでに高橋少佐指揮の九九艦爆五十一機は、急降下の態勢に入っている。目標はホイラー、ヒッカムの二大陸軍航空基地。敵戦闘機隊と対空銃砲陣地にたいする先制攻撃である。高橋少佐直率の二十六機がヒッカムへ、坂本明大尉指揮の二十五機がホイラーへの突入を開始した。午前三時二十五分、対米戦争は、この爆弾投下によって開始された。

赤・青とりどりの屋根、美しい花、椰子、岸の白波。加賀の戦闘機分隊長志賀大尉は、こんな美しい島に火をつけていいのであろうか、と一瞬は思った。赤城の水平爆撃隊員杉田好弘飛長は、「これが戦争なのか、と夢のように思われ、それまで初陣で気が勇みに勇んでいたはずなのに、思わずウットリとしてしばし眺めていた」と語っているが、その、平和な真珠湾は眼下にある。

淵田は、真珠湾の上空に達したとき、改めて水木一飛曹を振り返って見た。

「甲種電波にて艦隊司令部にあてて発信せよ。〝ワレ奇襲ニ成功セリ〟。いいか、電信機の状態をうんとよくして東京へも到達するつもりでやれ」

電鍵が叩かれた。この奇襲成功の略語は「トラトラトラ……」（・・―・・　・・・　・・―・・　・・　・・―・・　・・・）である。午前三時二十二分、ハワイ時間七日午前七時五十二分……。

三分後、ホイラー飛行場およびヒッカム飛行場に第一弾が命中した。駐機中の戦闘機が粉々に吹き飛んだ。哨戒機や飛行艇が大破して破片をあたりにまき散らす。その二分後、戦艦群にたいして九七艦攻隊の攻撃が開始される。さらに三分後、呪縛を解かれたように戦闘機隊の地上銃撃がはじまる。鍛えに鍛えた訓練どおりの整然たる攻撃であった。

真珠湾内では、アメリカ太平洋艦隊の戦闘艦艇七十隻と、補助艦船二十四隻のなかで、わずかに一隻の駆逐艦が動いているだけである④。それぞれのところで朝の星条旗の掲揚の準備ができあがっていた。戦艦ネバダの後甲板には軍楽隊が集まり、午前八時を待っている。そのとき、軍楽隊員の何人かが南西の空に黒い斑点を発見する。それはみるみる大きくなった。飛行機の大編隊で、一気に頭上を通過していく。

「ロシアの空母が表敬訪問してきたのかもしれないぜ。翼に赤いマークがついている」

とだれかが感歎したようにつぶやいた。

午前八時わずか前、隊長の指揮棒がふりおろされた。軍楽隊が〝星条旗よ永遠なれ〟を吹奏しはじめる。そのとき、水面をなめるようにして急接近してきた飛行機が、前方の戦艦オクラホマの真横で、黒く長い物体を投下したのを、何人もの水兵がみとめた。

見張り員が叫んだ。
「雷撃機だ。魚雷を投下した！」

●「演習にあらず」

こうして攻撃を艦上において目撃したものは別として、離れたところにいるものたちは突然の爆発音にも、反応はきわめてにぶかった。海軍の将兵たちは「また陸軍の野郎たちの演習だろうよ」と思った。陸軍将兵たちのそれは「海軍のやつら、日曜の朝から酔狂に演習なんかやりやがって」である。そしてホノルルの新聞社のそれは、「陸軍も海軍も、いい加減にしろ。日曜の朝くらいゆっくり寝かせろ」であった。市民もまた多くは「またか」と思ったという。

日本軍機が殺到したとき、真珠湾上空には二機の民間機が飛んでいた。フイ・レレ飛行クラブの練習機と、ロイ・ヴィトセック弁護士が操縦する練習機である。どちらも零戦によって攻撃をうけ撃墜された、というふうに伝えられたが、実は被弾したことはしたけれども、ともに海岸線に低く飛ぶことで致命傷を与えられることなく、無事であった。赤城の零戦隊の戦闘記録には「練習機一機撃墜」と記されているが。

そして、米太平洋艦隊司令長官キンメル大将は、髭を剃り大将の肩章のついた真っ白な制服に着替えようとしているところであった。またしても電話が鳴り、それをとると司令部の当直参謀マーフィー中佐の報告が耳に入ってきた。禁止海域に入っていた船を発見、駆逐艦ウォードがそれを沿岸警備隊に護送中、という報告の終らないところへ、長官付下士官が飛びこんできた。

「長官ッ、空襲です。日本機が真珠湾を攻撃中です」

その叫びで、キンメルは受話器を叩きつけると、軍服のボタンをとめるのももどかしく戸外へ走り出た。一瞬にしてかれの顔面は蒼白となる。マラカバ台地の官舎の庭から、かれが望見したものはまさに〝真昼の悪夢〟そのものであった。

海軍工廠の乾《ドライ》ドックに入渠中の旗艦ペンシルベニアをのぞいて、太平洋艦隊が誇る戦艦群は、フォード島の巨大な泊地に一隻ずつ、または二隻一対をなして繋留されている。それらに日の丸をつけた雷撃機が秩序正しく襲いかかっている。それは壮絶な、激越な遠雷のようにとどろく大爆発の連続である。命中の水柱はあくまでも高かった。空は爆煙で早くも暗くなりはじめている。

午前三時二十八分（ハワイ時間七時五十八分）第二哨戒航空部隊司令官パトリック・ベリンジャー少将は、ラジオと無電をとおして全艦艇に報じた。

「ハワイ水域航行中の全船舶へ――真珠湾空襲さる。演習にあらず」（Air raid, Pearl Harbor. This is no drill）。ノー・ドリルは二度くり返された。

やがて、それは、南北戦争の発端となったサムナー要塞への南軍の攻撃のときいらい、これ以上に全アメリカを震撼させたことのない放送となるのである。この非常警報は海軍無線局へ引きつがれ、そこから米本土へ緊急報が発信された。

このころ、ホノルルから真珠湾の陸軍司令部への、道路わきの溝の中で一人の少年がぶるぶると身を震わせている。かれは司令部へとどけるべく、ワシントンからの至急電報をしっかりとにぎっていた。それはマーシャル参謀総長が対日交渉の決裂したことを認め、真珠湾に発した警告のそれである。日本攻撃機からの最初の一弾が投ぜられたとき、かれは思わず溝に身を躍らせた。そして数時間にわたる爆弾と機銃掃射による空襲中、ずっとそこにひそんでいた。

ワシントンでは――午前三時四十八分（ワシントン時間七日午後一時四十八分）、海軍の通信隊長が、ワシントン＝ホノルル電話回線の呼び出しを受けている。そしてホノルルのオペレーターから緊急連絡があるゆえそのまま待機するようにいわれた。二分後に連絡が入った。「真珠湾空襲さる。演習にあらず」と、これが第一報である。

この緊急報告を首脳陣のだれよりも早く受けたのは、海軍作戦部長スタークである。かれはただちに海軍長官ノックスに知らせた。

「まさか！」

それが海軍長官の第一声であった。つづいて、

「そんな馬鹿なことはない。もしかしたら、フィリピンの間違いではないか」

スタークは答える。

「いや、攻撃されたのは真珠湾です」

そのあと、ノックスはホワイト・ハウスへの直通電話の通話器をとった。

ルーズベルト大統領は書斎としている楕円の間で、側近のハリー・ホプキンズと、昼食をとっているところである。報告をうけたとき「何だって！」とルーズベルトも信じえないという風に叫んだ。ノックスの受けた感じでは、電話の向うで「大統領が身体を震わしているのがわかった」という。「ほんとうです。報告を読みあげます」、そういってノックスは電文を読みあげた。

食事を中止し、二人はしばらく顔を見合せていたが、やがてホプキンズがいった。

「何かの間違いでしょう。日本が真珠湾を攻撃するはずがない。そんな馬鹿なことが……」

ホプキンズが報告に疑義を呈した理由は二つある。日本人にそんな大それたことができるはずはないし、真珠湾はわが陸海軍ががっちりと鉄壁の守りを固めているはずであるからである。ルーズベルトも同じように考える。アメリカにたいする第一撃があるとすれば、それはフィリピンであるはずである。それなのに、どうして真珠湾の主力艦隊が奇襲を受けつつあるというのか。しかもそれは、ルーズベルトがもっとも誇りとも思い、頼りにしている戦艦部隊ではないか。

しかし、ルーズベルトは事実をみとめざるをえなかった。

「この報告は、多分ほんとうであろう。それこそ日本人がやりそうな、思いもよらぬことだと思う。しかも、彼らは太平洋の平和について論じ合っているまさにそのときに、平和を叩き壊すこんな大作戦を練っていたということになる」

ルーズベルトはいいながら、怒りをだんだんにあらわにしていった。

「真珠湾空襲さる」の報に、もう一人、完全に怒り狂った闘将が、オアフ島西方約二〇〇海里の海上にいた。それより前に空母エンタープライズ艦上のかれは、真珠湾までおと八時間のところで、前方哨戒をかねて急降下爆撃機十八機を発進させて、ハワイへ先行させていた。その見送りをすませてから第八機動部隊司令官ハルゼイ少将は、髭を叮寧に剃り、シャワーを浴び、もろもろの報告を聞いてから、ゆったりした気持で艦隊副官モールトン大尉と一緒に朝食にとりかかった。そして食後の二杯目のコーヒーに口をつけたときである。かたわらの電話が鳴った。

副官が受話器をとったが、つぎの瞬間には声をふるわせて、ハルゼイにいった。

「司令官、真珠湾空襲中の無電を当直将校が受けました」

とたんに、コーヒーカップをガチャンとおいて、ハルゼイは躍り上った。

「畜生！ 味方討ちをやりやがったな。バカめ、それは味方の艦爆なんだッ。おれの艦爆十八機だ。キンメルの野郎にそういってやれ」

送りだした十八機を敵機と間違えて、真珠湾の味方防空砲台が射ちあげてきたと、かれはとっさに勘違いしたのである。そこへ扉を蹴破るようにして入ってきた通信参謀ドウ中佐が、怒る司令官に一通の電信を手渡した。

「真珠湾空襲さる。演習にあらず」

ハルゼイの怒髪は字義どおり天を衝いた。

「戦闘配置だ。くそっ、この付近のどこかにいる敵の空母を探しだして攻撃だ。敵はジャップだ」

と参謀たちに怒鳴った。見敵必戦がハルゼイの信念なのである。

ところが、この提督は特別であったかもしれない。大統領や政治・軍事の首脳ばかりではなく、空母でやってきた日本機の大編隊が真珠湾を攻撃するなど、実は、アメリカ人のほとんどが想像していなかったのである。いや、日本との戦争を夢にも思っていなかった。というのも、せっかくのホノルルからの緊急報がとどき、大統領府がただちにマスコミに「……ホワイト・ハウスによれば、日本軍が真珠湾を攻撃した模様」と発表したのに、それが即座に一般にまで伝わらなかったことからみても、そうと察せられる。締切時間から新聞はともかくとして、ラジオは、おかしなことに全国の放送局で、番組を中断して戦争開始を伝えたのは、たった一局であったという。大手のNBCとCBSは、それぞれサミー・ケイのセレナードとスタジオからの音楽放送を流しつづけていた。

テキサスのフォート・サム・ヒューストンでは、野外演習での疲労をいやすため、ドワイト・アイゼンハウアー准将はやすらかな昼寝を楽しんでいた。米海軍省航海局長(日本の軍務局長)チェスター・W・ニミッツ少将は遅い昼食をすませたあとQ通りのマンションで、レコード音楽をのんびり聞いている。法務省の法律家たちは、「シカゴ・デイリー・トリビューン」がやってのけたスクープは国家反逆罪になるのではないかと、真剣に検討をしていた。ノーマン・メイラーはハーバード大学の運動場で、汗いっぱいにフットボールの練習に打ちこんでいた。

そしてワシントン時間で午後二時になろうとするとき、ハル国務長官は、緊急かつ不可解な要請に応じて野村と来栖に会うために、外出先からいそぎ国務省ビルに歩を早めている。だれもがこのときに真珠湾が完膚《かんぷ》なきまでに痛めつけられ、多くの水兵が生命を落としていることなど考えてみようともしなかったのである。

●「臨戦態勢だった」

日本では——、柱島泊地の旗艦長門の作戦室に、第一報がとびこんできたのは午前四時に近かった。司令部付通信士の若い中尉が興奮に上ずった声で、「当直参謀、ト連送です。飛行機隊の全軍突撃命令です」といいながら、かけこんできた。

和田参謀が受信紙をうけとり、さっと目を走らせていった。

「お聞きのとおりです。発信時刻三時十九分」

折り椅子に深々と腰をおろしていた山本は、このときはじめて目を大きく見開いて、無言のままうなずいた。その時間は、ハワイ時間に直して午前七時四十九分、当初の攻撃予定時刻の十一分前、作戦が順調にいっている証しである。宇垣参謀長が、まだ入口に立っていた通信士にむかって声をかけた。

「いまの報告は、飛行機の電波を直了（直接了解）したのか」

「はい、直了であります」

参謀長は喜びをこめていった。

「直接受信したとは、こりゃァ、鮮やかなものだぞ」

南雲部隊がエトロフ島単冠湾を出撃していらい、予想以上に順調に進展し、〃奇襲成功まず疑いなし〃の状況下にあったとはいえ、なお一抹の不安は消せなかった。無線封止を厳守し、なんの連絡もない機動部隊なのである。俗にいう、便りなきは無事、とは承知しているが、待つ身には、つねに不吉な想像がつきまとった。それもこの第一報がふきとばしてくれた。なんらの妨害のないままに発せられた攻撃総隊長の「全軍突撃」命令は、攻撃がものの見事に奇襲となったことを語っている。

つづいて数分後に長門の無線室は、「トラトラトラ」の誇らしげな暗号電報をキャッチする。瞬時をおいて、あわてふためく米軍の平文電報も、ぞくぞく入電してくる。

「SOS、SOS……」

「出港できる艦は出港せよ」

「いや、出港するな。湾外に機雷が敷設された。戦艦は出るな」

宇垣参謀長の『戦藻録』は、「我敵戦艦を雷撃、効果甚大」など日本の攻撃機が発信した電報とともに、米海軍の狼狽そのものの平文電信を、原文のままにしっかりと書きとめている。

「SOS. …… attacked by Jap bomber here 6 ey《(ママ)》 come again here come boy or ……」

「Oahu attacked by Jap dive bombers from carrier. SOS Oahu …… by Japs this ……」

「Jap, this the real thing」

アメリカ海軍の悲鳴とも、幕僚たちの耳には聞こえたのであろう。

とくに、「真珠湾空襲さる、演習にあらず」と通信参謀が英文で読みあげたときには、作戦室の、さっきまでの凍りついたような緊張は、すっかりとけきった。

幕僚たちは思い思いの位置で、成功成功と小躍りし互いに喜びをぶつけ合いたい想いにはげしくかられたが、山本の水のような沈んだ静けさがそれを許さない。長官はむしろ悲しんでいる風なのである。「やったァ」というだれかの叫びも、その一言きりで宙に消えた。

やむなく幕僚たちは喜びの捌《は》け口を求めるかのように、心のうちに真珠湾上空での仲間や後輩たちの活躍を想い描くほかはなかったのである。

彼ら第一次攻撃隊の敵戦艦や飛行場、陸軍基地にたいする猛攻は、日本時間午前四時ごろまでつづけられた。そしてそれは一方的といえる戦果をあげる。その詳細を書けばページ数を限りなく必要とする。ここでは、参加した隊員たちの回想の手記や談話などで、連合艦隊司令部の幕僚たちの想像を補って、わずかに偲《しの》んでもらうことにする。

まず、敵戦艦にむかって魚雷攻撃を加えた雷撃機の戦闘である。

「距離五〇〇メートル。飛行機を水平にして照準をする。水柱が二本上がった。前小隊のだろう。速力一四五節、距離四〇〇、用意三五〇、テ！　ふわりと二メートルくらい浮き上がる。雷跡はある。到達までに二〇秒くらいかかるだろう。全速で直進上昇しながら低い個所を狙う。走り高跳びのようだ。瞬間下を見る、手前に傾いて重油が流出、その中に三〇名くらい泳いでいるが、真黒である。『済まんな！』と心で言う。跳び越えたと思ったらガクン、バンバンと返礼が来て風防に二つ穴があき、同時に物凄い勢いで油が噴出、操縦席の遮風板に当り撥ね返って鈴木一飛曹は頭から油鼠。計器盤も油でべっとり、計器類は見えない。『大丈夫か』『大丈夫です』。彼は計器など見なくとも飛べる技倆の持ち主だから安心」（赤城雷撃隊重永春喜飛曹長）

つづいて、もう何度か引用してきた淵田、志賀、松村、山本、大久保の五氏の座談会から。

松村　それにしても真珠湾はせまかったですね。私は雷撃をいっぺんやり直したんです。

淵田　戦争が終わってアメリカの調査報告をみると、やはり魚雷をあの湾に撃ちこむとはおもっていなかったと言うんだ。浅いうえに、制限距離が五百メートルしかないわね。ふつうは千メートル走って、水上へもどっていって、それで爆発状態になるんや。だからネットも張っていなかったわけだ。

山本　私は二回やり直しました。二回目のときは戦艦の上だから黒煙が上っていました。二回目に行ったけれど、だめだったので、もう一度……。

松村　三べんやり直したのは偉いよ。

大久保　それで当たったんですか。

山本　いや、やっぱりはずれましたよ、右に。

淵田　駆逐艦と巡洋艦がよう撃ってきたよね。あいつらはなんにも攻撃受けないから撃ちやがったんだ。だから、戦艦へ向かった雷撃隊の被害が多い。第一弾を落としよってから五分以内には撃ってきたね。彼らは戦闘準備していなかったというが、臨戦態勢だったよ。日本の艦隊がもしも平時に攻撃されたら、三十分経って弾が出るか出ないかわからへんよ。ぼくが水平爆撃機隊に「突撃！」と言ったときは、ボンボン撃ちやがって、尻がこそばゆかったよ（笑）。まあ、高射砲は当たらんもんだと初めからおもっておったが。しかし、ときどき弾片が飛んできよったからな。よう、撃ちよった。

…………（以下略）。

不意を打たれたアメリカ軍の混乱と慌てぶりを示すおかしな挿話が、いまも当時のUP電（現在のUPI）に残っている。

巡洋艦の艦長の一人が、空襲の真っ最中に従兵をよんで、食糧庫へいってジャガイモの袋をもってこい、と命令した。「はっ？」と目を丸くしている水兵に、その艦長はものすごい声を張りあげた。

「ジャガイモでも何でもいい、手のすいている連中に投げさせろ。低空を飛ぶジャップにぶつけるんだ」

命令が実行されたかどうかは不明である。日本機の攻撃がいかに冷静に、低空から目標を狙ってなされたかを語るとともに、アメリカ海軍が猛烈な闘志をもって反撃してきたことを、この笑話にひとしいエピソードは物語っている。

　記録によれば、この日、真珠湾に碇泊していた九十四隻の艦艇が装備していた対空砲火の総数は八百四十二門という。これらがすべて応戦したわけではないが、とにかく全力をつくして日本の攻撃機めがけて発砲した。その総砲弾数は二十八万四千四百発余にのぼった。その大半の二十七万発以上が機銃であったことはいうまでもない。日本の攻撃隊員がすさまじい弾幕であったと感嘆するのもむべなるかな、である。

　日本機は各隊とも対空砲火を恐れず、非常に慎重に攻撃を加えた。攻撃のやり直しは雷撃隊ばかりではなかった。あとから攻撃に加わる水平爆撃隊は、魚雷をうけて濛々としてあがる黒煙のために、照準を合わせるのに大きな苦労を強いられた。それにただちに応戦してきた敵砲火も、執拗に進路を妨害する。それで投弾をやり直す機がかなり多かった。

「爆撃照準器発動の時刻直前、魚雷の命中による黒煙が付近を蔽い、目標の照準がきわめて困難となった。やり直しを決意し、嚮導機に指示しようと頭を上げて嚮導機を見ると、以心伝心、嚮導機からも、やり直しするとの応答があり、右旋回して工廠、ヒッカム飛行場上空を通り爆撃進入点に引き返した。この運動中から高角砲の射撃を受け始めたが、砲弾の炸裂点は高度も異なり、さして心配するほどのこともなかったが、日曜日の早朝というのに、米軍の迅速な対応には感心した。

第二回目の爆撃針路進入から戦場離脱まで、高角砲の射撃は次第に正確となり、弾丸炸裂による特異な焦臭《こげ》さを嗅がされるようになり、爆弾を投下するまでは敵弾が命中しないように祈りながら照準運動を続けた」（蒼龍水平爆撃隊分隊長阿部平次郎大尉）

いまも真珠湾の海底に眠る戦艦アリゾナの大爆発は、淵田中佐の率いる水平爆撃隊の直撃によるものであった。淵田の回想がある。

「……いざ、用意！ というときに、やめよ！ というわけだ。嚮導機が、雲がきたから照準が妨げられたんだ。やりなおーし……ああ、しまったなと。また一回り回ってこなければならん。一回り回ってきて、第二回目のコースにはいろうとしたとき、加賀隊だと思うね、ズドーンと、アリゾナをやっちまいやがった。それはものすごかったよ。命中した爆弾が火薬庫に誘爆させたんだね」

淵田の言葉にあるように、それは橋口喬少佐の率いる加賀水平爆撃隊の攻撃によるものであった。八〇〇キロ徹甲弾がアリゾナの二番砲塔付近を貫通したのである。橋口の戦後の手記にある。

「……（攻撃を終え）ヒッカム飛行場上空にさしかかった時、戦艦の一隻から数百米の爆煙が上っているのを見た。その有様は、空中に巨大な丸い爆煙があがり、これと艦との間は褐色の煙でつながっている。ちょうどその後の原爆の状況を思わせる様なもので、その時にはほかにも相当の命中弾の爆煙も上っていたが、これらとは全くちがっていたので、その瞬間、爆弾の火薬庫命中による爆発と確信した」

アリゾナ乗員千四百名のうち士官と下士官兵の合計千百三名が戦死する。

こうして戦闘は奇襲に成功した日本軍の圧勝となる。戦闘機隊は敵地上基地への銃撃をすますと、邀撃《ようげき》してくる敵機の影もない蒼空で、味方機の攻撃ぶりをしばし眺めやった。加賀の志賀大尉は別の折にその模様をこんな風に語っている。

「米戦艦の舷側に大きな水柱があがるのが見えた。雷撃機がつぎからつぎへと、低空で魚雷を発射する。ちょうどトンボが水面に卵を産みつけているようであった」

●「ズブズブ、ズブズブ」

このとき、タイ、マレー方面では——第十五軍司令官飯田祥二郎中将は、いぜんとしてタイ領への進入を自重していた。タイ国政府との交渉成立を待つべきであるとの意見を変えないでいる。しかし、タイ国政府との協定の目途は当分立ちそうにない。もはや猶予はならないと心を決したのが南方軍総参謀長塚田攻《おさむ》中将である。総司令官寺内寿一大将の決裁を仰ぐと、真珠湾での奇襲攻撃のはじまった五分後の午前三時三十分、正式に南方軍命令を発した。

「第十五軍司令官ハ、即時タイ国進入作戦ヲ開始スベシ」

飯田もここにいたっては、命令に従うほかはない。先頭をきって進入予定の近衛師団長西村琢磨中将に、国境線突破の命を下した。西村はこれを受けると、先遣隊の指揮をとる岩畔豪雄《いわくろひでお》大佐に「前進せよ」と命じた。先遣隊はただちに自動車に乗車し、タイ国軍のはげしい抵抗を予期しつつ、いっせいに国境を突破する。

ここでも新たな戦闘の火蓋が切られようとしている。

コタバル海岸での佗美支隊の動きのままならぬ激闘はつづいている。上陸部隊は暗闇と波浪のためいわば不統制のまま砂浜に這《は》い上った形になった。敵の砲撃で舟艇をやられた将兵は、ずぶ濡れで海岸に泳ぎつくと同時に戦闘に加わった。前方にひろがるのは、トーチカを中心に堅固に構築された連繋陣地である。そこへ達するまでに鉄条網があり、埋設された地雷があった。

歩兵第五十六連隊の那須義雄連隊長は、部下部隊の掌握につとめ、みずからは第三大隊とともに前進をつづけた。佗美支隊長は、第一大隊の後方に上陸し、雨注する敵弾の下で指揮をとる。その第一大隊長数井孝雄少佐の手記がある。少佐はこの戦いで五発の敵機関銃弾をうけているが、衛生隊の担架の上でなお指揮をとりつづけた。

「……なかには海岸の砂を両手をそろえて掘り、一〇センチ、二〇センチと掘り進み、地雷の爆発に注意しながら鉄条網の破壊に成功したものもあった。……通信隊長岩崎中尉は水際で猛射を受け人事不省になったが、のち回復して飛行場方面に徒歩前進中であった。中尉は担架上の私を見て、『大隊長しっかりしてください』と励ましてくれた。彼の剛気に感心するとともに、心中勇気の加わるのを覚えた」

夜中の、水際での混戦はなおつづくものと、佗美も那須も、そして数井も、覚悟しないわけにはいかなくなった。連隊の戦力はすでに半減したと推定され、計画されていた天明までの飛行場占領は断念せざるをえないのである。コタバルではこうして多くのものが海岸で死んでいった。

これから死のうとしているものもいる。タイ領シンゴラやパタニでは、いまから上陸がはじまるのである。

午前三時三十六分、この方面の上陸部隊に「発進」の信号が発せられ、舟艇はいっせいに陸をめざした。ここでも波高は高く、転覆する舟艇が続出、放りだされた将兵は波浪にまきこまれ、沖合につれ戻されていく。幸いしたのはタイ国軍が気づくことがなく、いっさいの銃砲火をうけなかったことである。こうして上陸部隊主力は、若干の犠牲をだしつつも無血上陸に成功した。

歩兵第四十二連隊（長・安藤忠雄大佐）とともに、派遣参謀としてパタニに上陸した朝枝繁春少佐が苦笑をまじえながら語る。かれは戦前から極秘任務でこの付近を一応は調査してあった。ところが、満潮時の状況しか観察していなかった。上陸はなんと干潮時であったのである。

「舟艇が海岸線で横に展開して突っこみ、『飛びこめ』という号令一下、浅い海に飛びこんだのはいいが、ズブズブ、ズブズブで海底の泥濘にはまって、全部隊が足をとられて動けない。陸のタイの軍隊から攻撃をうけたら、と思ったらゾーッとしましたね」

部隊は半ば泳ぐようにして、海岸の硬い砂地にたどりつく。実に四十分余も要したのである。

「私は鞄《かばん》に五万バーツもの大金をもっていた。上陸と同時に、現地でトラックとガソリンを買うための軍資金です。電撃作戦に後陣のトラックの上陸を待っているわけにはいきませんからね。その札《さつ》が水に浸かってしまって重くて重くてしようがなかった」

東京では——灯をいくつかともしただけの、うす暗い参謀本部作戦室に、竹田宮参謀がふたたび姿をみせたのは午前三時半を少しすぎたころである。「どうも心配でならないので来てみた」と、竹田宮は迎える同僚の参謀たちにいった。ほとんどの参謀は浅い短い眠りをとっただけで、つぎからつぎへと起る新事態に対処してきている。が、なかに二人、三人とソファでなお仮眠をむさぼっている将校もいた。竹田宮は眼でそのままにといって、自分の席についた。

ほとんどその直後である。二通の電報が作戦室に喜びの声をあげさせた。一通は、ハワイ奇襲成功せり、他の一通は、コタバル上陸成功せり、であった。「やったか！」「うまくいったか！」、と出た声はそれだけで終った。だれもが、ほっと安堵していながら、それが言葉にならなかった。

立上った竹田宮が、ソファに横になっている将校の肩を叩きながら、

「君、君、起きたまえ、快報だぞ」

といった。噴きだす喜びをやっと抑えているような弾んだ声である。

・八日午前四時—五時

●「虚偽と歪曲にみちた文書」

ワシントンの日本大使館のタイプを打つ音がやっととまった。「第十四部にはいくつかのミスタイプがありますから、打ち直したほうが……」と主張する奥村から無理矢理それをとりあげると、野村と来栖は玄関口に走った。待機している車にのりこむと、晴れた日曜日のマサチューセッツ通りを国務省へと、とにかく二人は急いだ。日本時間午前四時五分（ワシントン時間七日午後二時五分）、車は国務省の玄関に滑りこむ。

ハルは対日交渉でかれを助けてきたジョセフ・バランタインと話していたが、両大使来館のことを知らされるといった。

「彼らの目的は明白だ。会っても仕様がないな」

ちょうどそこへ、大統領からの電話がかかってきた。日本の二人の大使を、ハルは三階の外交官応接室に待たせることにした。AP通信のターナー記者は目撃をしていないであろうに、このときの両大使のことをこう報じている。

「来栖は、応接室の中を行ったり来たり歩きまわり、野村は革の長椅子に坐りこんで、心中の動揺を隠しきれず、時々靴先でいそがしく床を叩いた」

ハルはこの間に、日本が真珠湾を攻撃したという報らせを、大統領からじかに聞かされたのである。ハルの『回想録』によると、その声は「乱れてはいなかったが、早口であった」と記されている。ハルが「その報告は間違いないんですか、確認ずみですか」と聞くと、ルーズベルトは「ノー」といったが、報告はおそらく事実であろう、と二人は信じた。ハルが、野村と来栖が来て待っているところだと告げると、大統領はいった。「じゃ、二人に会い給え。ただし真珠湾のことはおくびにもだすな。鄭重に覚書を受けとって、冷ややかに追い返せ」

午後二時二十分、日本の両大使は、ショックをやっと抑えている国務長官に会うことができた。ハルは握手の手を差出すこともせず、立ったままである。椅子に坐れともいわなかった。このあとの応接についてはよく知られている。

「午後一時に手渡すように、との訓令を受けていたのですが、電報の翻訳に手間どって遅くなりました」と野村が弁解するようにいい、覚書を手渡した。ハルはきたないものでも読むように指先でつまんで、ページを繰った。内容は読まないでもわかっている。そして詰問するようにいった。「なぜ、これを午後一時に私に渡さなくてはならなかったのですか」。「理由は存じません」と野村は正直に答える。

そしてこのあと、覚書の最後まで読むふりをするかのように大急ぎで視線を走らせて、ハルは怒りで声を震わせながらいった、というのである。

「はっきり申しあげるが、過去九カ月にわたるあなた方との話し合いのすべてを通じて、私はただの一言も嘘をついたことがない。そのことは記録をみれば明白である。私は五十年も公職についているが、これほど恥知らずで、虚偽と歪曲にみちた文書に接したことがない。これほど大がかりな嘘とこじつけとを公然と口にしてはばからない国が、この地球上に存在するとは、今日まで夢想だにしなかった」

翻訳によっていくらかはニュアンスが異なってくるであろうが、外交史上に前例のない乱暴な言葉で、両大使を罵倒したことは確かである。しかも野村が何かいおうとして身をよじったとき、ハルは手をふり、無愛想に顎をしゃくってドアを差した。ハルは書く。

「二人の大使は黙って頭をたれたまま出ていった」

二人が出ていくと、ドアを閉めながらハルはテネシー訛りで罵った。

「くそ野郎、しょんべん蟻め！」

いや、ハルの書く別れの儀式はかならずしも正しくはなかった。野村はとくに「アデュー」という言葉を使って別れを告げた。握手もしている。来栖は「グッド・バイ」といった。何も知らない二人は、外交官らしく紳士的に別れの挨拶を忘れてはいなかった。

グッド・バイ――まさに九カ月間にわたってつづけられた会談に、それは大使と大統領とが九回、ハル長官との話し合いは四十四回、その間にウェルズ国務次官と八回と、それらすべてに空しく別れを告げたとき。いや、過去八十八年にわたった日米国交にピリオドを打った一瞬となった。それは結局、日本は無警告で戦争を開始した無法の国という汚名を残して。

しかし、よくよく考えれば、交渉打切り通告であろうと、開戦通告であろうと、どちらでも同じであったように思われる。せめぎ合いの最後においては、相手の意思はすべて了解ずみであり、形式に関係がない。と同様に、かりに手交が間に合ったとしても、別の理由づけで、アメリカ側は日本の攻撃を罵ったことであろう。遠慮なくハルは、すぐに両大使に浴びせた「悪罵」を新聞に発表している。

野村と来栖とが、ハルの罵倒の意味するところを知ったのは、大使館に戻ってからである。ホワイト・ハウスから発表された「日本軍の真珠湾攻撃」のニュースを、待ちうけた井口から聞かされたときになる。野村は沈痛な面持ちで一言、「そうか」といっただけであった。

ルーズベルトは、ハルに電話したあと、スチムソン陸軍長官にも電話で「真珠湾奇襲さる」を伝えている。陸軍長官は遅い昼食に手をつけようとしていたときという。スチムソンはまだ何も知らなかった。「日本軍がタイ湾へ進出したというのは電報で承知していますが……」という長官に、大統領は興奮した声で怒鳴るようにいった。

「そうじゃないんだ。日本がハワイを奇襲したんだ。いま、真珠湾がやられているんだ」

スチムソンは腰を抜かさんばかりに驚いた。が、一瞬、かれは「助かった」とも思ったという。その回想録には、日本軍が先に手をだすことをただただ待ちわびている首脳の心境がよく現されている。

「今や日本人は真珠湾でわれわれを攻撃することにより、問題全部を一挙に解決してくれた。私の最初の感じは、無決定状態が終ったというホッとした感じであり、また、米国民を一致結束させるような方法で危機が到来した、というものであった。こうなればもう国民を団結させるうえに心配すべきものは何もない」

しかも、スチムソンは驚愕がややおさまってくるとともに、真珠湾の陸海軍は鉄壁の防御陣を利して、日本機をつぎつぎに撃墜していることであろうと確信したのである。そのときにはもう世界最強の太平洋艦隊が壊滅していることなど夢想だにしなかった。

スチムソンは日記にこう誌している。

「……私が落着きを取りもどしたとき、大勝利の自信ある希望にみたされた。それというのも、ハワイにある警報をうけた部隊が、日本の攻撃部隊にきわめて大きな損害をあたえうるであろう、と考えたからである」

かれの脳裏にあるのは、ハワイの防衛航空力——最新式の空の要塞B24三十五機、中距離爆撃機三十五機、軽爆撃機十三機、最新型百五機をふくむ戦闘機百六十機などであったであろう。強力な戦闘機群をもつオアフ島にたいする空からの攻撃は、実施不可能なはずであった。それがまさか全滅するとは……。

「日本が戦略的には馬鹿げた行為であったが、戦術的には大成功をおさめたことを私が知ったのは、その日の夕方になってからだった」

とスチムソンは無念そうに誌している。

おそらく、その想いは大統領においてはとくに強かったのではないか。ハルとスチムソンへの連絡が終ったあと、マーシャル参謀総長、駐米イギリス大使、国務次官を矢つぎ早に順次電話口に呼びよせた。記録によれば、そしてそのあとの十八分間は何もせずにひとりで椅子に坐っていたという。勝利を祈っていたのであろうか。日本の攻撃を撃破したあとの、つぎなる反撃計画をたてていたのか。新しい事態に何とか対応しようと気息をととのえていたのか。あるいは何よりもホッとしていたのであろうか。これでもう国内の反政府的な連中の示してきた冷淡ぶりや中傷や反逆は、跡かたもなく消しとぶであろうと。

そのとき国務長官から電話がかかってきた。ハルは日本両大使との会見の詳細を伝えた。大統領は、

「強い言葉を述べたのは結構なことであった」

といい、電話を切った。そのあとで秘書官スチーブン・アーリーをよぶと、落着きはらって最初のニュース声明を口述した。

「日本軍がハワイの真珠湾を空から攻撃した。日本軍の攻撃は、オアフ島の海軍および陸軍の諸活動にたいしても行われた」

ただそれだけである。アーリーはこれを三大通信社に電話連絡した。ワシントン時間二時二十二分になる。「なお、この声明がなされたころ、日本の大使、野村吉三郎と来栖三郎は国務省にいた」と、微妙なことが一行忘れられずにつけ加えられていた。

●「そうじゃ綺麗だナー」

ワシントン時間午後二時半すぎ、全米のラジオ放送局は日曜午後の放送を中止し、真珠湾が日本の艦載機の攻撃下にある、という緊急ニュースを流しはじめた。しかし、大部分のアメリカ人は真珠湾は強力無比の要塞であると信じきっている。アメリカ海軍は最強なのである。その巨人に、背の低い、出っ歯で、眼鏡をかけ、いつも卑屈にペコペコしている日本人が戦いを仕掛けてくるとは、これは狂ったとしか思えない。ほとんどのアメリカ人にとっては想像を超える不可解なことでしかなかった。不敵な挑戦は許されぬことであった。

ニュージャージーでは、ひとりの老人が大喜びしていた。「ほら、ずいぶん前に火星人が襲来してきたという騒ぎがあったな。オーソン・ウェルズとかいう男の……また、いつかやるんじゃないかと思っていたんだ」。フェニックスでは何人もの人びとが放送局へ電話をかけて、怒りをぶちまけた。「シカゴ・ベアーズとカーディナルスの試合のスコアはどうなっている？　戦争のこと以外に放送するものがないわけじゃあるまいに」

だれもが太平洋艦隊が壊滅しつつあることなど思ってもみないことなのである。

真珠湾では、そのころ、それをいっそう徹底的にするための攻撃が敢行されていた。

島崎重和少佐が率いる第二次攻撃隊百六十七機が目ざす真珠湾上空に達したのは、午前四時二十分（ハワイ時間午前八時五十分）すぎで、同二十五分、少佐はト連送「全軍突撃セヨ」を下令している。

アメリカ軍からの反撃は、第二次攻撃隊にたいしてはいっそう熾烈《しれつ》なものとなった。奇襲ではなく、敵も配置についている強襲となる以上、それは覚悟の上とはいえすさまじい防禦砲火に、日本機にはかなりの被害が生じている。攻撃隊員の手記や回想にはそのことについてふれているのが多い。

飛龍の急降下爆撃隊員吉川啓次郎飛曹長は、戦闘開始直前のユーモラスな一景をまず記している。操縦の山田喜七郎一飛曹が、射ち上げてくる無茶苦茶に数多い高角砲の、お椀を伏せたような弾痕をみて、そうとは知らぬゆえ「分隊士、綺麗な雲がいくつも浮いています」とのんびりいう。飛曹長はそれに合わせて相槌をうつ。

「そうじゃ綺麗だナー」

しかし戦闘は決してそのように呑気なものではなかった[5]。

「目標に向って急降下に入った。その直後にわが三番機が直撃弾を食らって火を噴き、操縦員外山二飛曹、偵察員村尾一飛が別れの手を振りながらわが機より先に墜ちて行く。私のほうも手を振りながら目標に向って急降下して行った。今にして思うにその間はきわめて平静で、何の恐怖も、あせりも、また眼前を墜ちて行く僚機との訣別の感慨もない、本当に不思議な心境であった。そうしてただただひたすらに私に与えられた目標に向って、私はただ一発の二五〇キロ爆弾を命中させることに専念していた」

蒼龍戦闘機隊の藤田怡与蔵中尉は、中隊長飯田房太大尉の自爆を伝えている。

「……カネオへ基地は濛々《もうもう》たる黒煙に覆われ目標が見えなくなったため、近くの陸軍ベロース基地に目標を変えた。二撃程度銃撃した後、飯田大尉が集合の合図をしたため、編隊を組んだが、集合点に向う途中第一小隊を見ると飯田機とその二番機の厚見機から燃料らしい白い尾を引いている。地上砲火で燃料タンクをやられたらしい。

カネオへ上空に差しかかって来たころ、飯田大尉が手先信号を送って来た。

『われ燃料なし、下に突込む、さよなら』

と手を振ると急反転をして基地に急降下して行った。飯田隊の二、三番機は下って私の後についた。

飯田機が黒煙を上げている格納庫に自爆したのを見届けた」

加賀の戦闘機隊員五島一平飛曹長の戦死については、蒼龍戦闘機隊員の田中平《たいら》飛曹長の心のうちに戦後もずっと暗い影をおとしている。二人は海兵団同期の日中戦争いらいのベテラン搭乗員である。単冠湾で、全搭乗員集合で赤城にいき、久しぶりに出会ったときに五島が、憂鬱そうな面持ちでいったという。

「この作戦ではおれはもう生きて帰らぬつもりだ。帰ってきたくないんだ。全弾射ちつくしたら、敵基地に自爆する。もう生きていたくないんだ」

馬鹿をいうなとたしなめる田中の言葉に、表情をさびしくゆがめたまま、かれはそれ以上語ろうとはしなかった。そして、それぞれの母艦への帰りぎわに、五島はもう一言、ぽつりといった。

「おれは家にはもう帰らない。結婚運が悪いんだな、おれは」

その言葉どおり、出撃した五島機は母艦にふたたび戻ってはこなかった。

五島小隊の三番機は阪東誠一飛で、そのかれが五島機の最期の模様について語っている。

「小隊長につづいてヒッカム飛行場に突っこんだとき、すさまじい黒煙と炎のなかで、小隊長機を見失った。地上砲火は実に熾烈でした。やっとの思いで、機首をひきあげ雲の上にでると、見えたのは二番機石川友年一飛曹機だけでした。五島さんは対空砲火にやられたのだと思いますね。五島さんは柔道四段、しかしおだやかな人柄で、手荒く叱られた記憶はないんですが……」

五島が出撃前にすでに自爆を決意していた裏の事情について、阪東は何も知らない。また、第二次攻撃隊の加賀戦闘機隊九名中で戦後まで生き残ったのは、一飛曹だけであることも、かれは知らないでいる。戦争はこうした個人の心のうちにある喜びや悲しみを乗り越え、それを無視し、ひとりひとりの将兵を生命のない歯車の一つとみなして進められていくのである。将兵はおのれの強烈な精神だけを動力として、砲火をくぐっていくほかはない。そこでは栄光も悲惨もほとんど同じこと、生も死も所詮はあと先のことでしかないのかもしれない。

第二次攻撃隊は午前五時十五分ごろまで真珠湾上空にあって、制空権を確保し、攻撃をつづけた。総隊長淵田中佐機は単機でずっとオアフ島上空を飛んでいた。雲量も多くなり、それに天を焦がす黒煙が重なって、空はすっかり灰色を深めた。その断雲をぬって、戦況の観測とともに戦果をきちんと判定せねばならない。「……真珠湾も、各飛行場も、はげしい銃爆撃にさらされて、阿修羅の姿であった。そこでは一時間前の威容は、すでに失われていた」と淵田は戦後の手記に書いている。

淵田機だけではなかった。艦爆隊分隊長千早猛彦大尉の機もまた、攻撃終了後もただちに帰途につくことをせず、真珠湾上空にしばしとどまっている。同乗の偵察員に何枚もの写真を撮らせ、終ると母艦へ打電させた。

「敵戦艦六隻炎上中、五隻は撃沈確実と認めらる。上空は雲に覆われ視界不良にして、敵の対空砲火はなお熾烈なり[6]」

まさに凱歌の報告であった。

●「この弾で死んでいたら」

地上では、戦艦群炎上の黒煙がかなり離れた小高い丘からも望むことができた。ピクニックに出かけた日系人一世のなかには、

「見てみい、アメリカはやっぱり金持じゃのう。ほんものの軍艦を燃やして演習してらあ」

と感心しながらのほほんと眺めていた人もあったという。

太平洋艦隊情報参謀レイトン少佐が艦隊司令部にようやくに到着したのは、日本の第二次攻撃隊が真珠湾上空に達したときとほぼ同じ、午前八時五十分ごろである。キンメル長官の姿はすでにそこにあり、先任参謀チャールズ・マックモリス大佐の部屋の前から、戦艦群が炎と煙を噴きあげ、また新たな攻撃がはじまり損害はどんどんと増大し、そして数多くの部下のものたちが死んでいくのを、茫然と眺めていた。石のように無表情、しかし、レイトンには、総大将が顔面蒼白で、すっかり意気消沈して立ちすくんでいるように見えた。

レイトンはその著に書いている。

「彼が湾内での大惨事をなすすべもなく見守っていたとき、五〇口径の機銃の流れ弾が窓ガラスを割って飛び込んできた。弾は提督の白い軍服の上着を切り裂き、床に落ちた。／『この弾《たま》で死んでいたらどんなによかったか』とキンメルはかたわらの通信参謀モーリス・カーツ中佐につぶやいた。／あとで、提督は弾丸を私に見せながら『捕獲した敵の武器はすべて艦隊情報部に提出するのが慣例だが、これはそうしないで持っていることにしよう』と語った」

転覆した戦艦オクラホマ、猛火に包まれて苦悶する戦艦アリゾナ。すべての戦艦が松明《たい まつ》のように天に冲する黒煙と炎をあげて燃え上っている。その悪夢としか思えない破壊の光景をみては、主将としてはただもう死を願う気持しかなかったとしても当然であったであろう。

けれども、生きているかぎりは戦士たるものは戦わねばならないのである、勇気を奮い起して。キンメルは、レイトンにいった。

「日本艦隊はいったいどこにいるのか。真珠湾の北なのか、南なのか」

情報参謀は答えようもなかった。キンメルは怒りをあらわにして怒鳴った。怒鳴ることでおのれを元気づける。

「くそったれ！　われわれは現にいまやられているんだ。徹底的にやられていることはだれもが知っているというのに、その敵が北にいるのか南にいるのか、情報参謀たるキミがわからんというのか。そんなバカな、何たることだ」

キンメルの顔は真っ赤に憤怒で打ちふるえている。怒りは日本艦隊に向けられていると知りつつ、レイトンはただその怒声を浴びるばかりになっている。手もとにある〝情報〟といえば、ほとんどがろくでもないものばかりなのである。そのなかに「敵部隊降下中、赤い日の丸をつけた青い作業服」というのもあった。のちに真相が判明する。撃墜されパラシュートで脱出した味方飛行艇の機関士が、青い飛行服を着ていたというのである。混乱はすさまじく、信頼できる報告など何一つ情報参謀にとどけられていなかった。

演習にあらず、ほんとうの戦争とわかった瞬間から、ハワイには奇想天外なデマが飛んだ。危機にさいして人間がいかに無茶苦茶な想像力を駆使するものか。

「不時着したパイロットのひとりは金髪のドイツ人であった。彼はドイツ語をペラペラ話した」「日本人パイロットのひとりはオレゴン大学の卒業記念指輪をしていた」「いや、南カリフォルニア大学の卒業生である」「日本の連合艦隊司令長官はつぎの日曜日にはロイヤル・ハワイアン・ホテルで夕食をとると宣言した」「空母エンタープライズもレキシントンも撃沈されたらしい」「パナマ運河が爆破された。したがって大西洋からの救援部隊は来られなくなった」「オアフ島北部海岸に日本の落下傘部隊が降下中」「日本軍はロングビーチに上陸し、ロサンゼルスに向って進撃中である」「ソ連空軍がアメリカ軍にかわって東京を爆撃している」「真珠湾攻撃で生き残った水兵には三十日間の有給休暇が与えられることになった」

なかで傑作なのは日本軍が西端のバーバース・ポイントに上陸した、という虚報であったろうか。キンメル長官は巡洋艦デトロイトに駆逐艦隊をつけて現地に派遣した。丸一日付近の海岸線を走りまわったが、日本の輸送船を発見することはできなかった。長官までが本気でこのデマを信じこんでいた。それくらい大混乱に陥っていた。

情報にはなかったが、〝敵〟はすぐそこにいた。ブロック少将から出動を命ぜられた駆逐艦モナハンと、その敵はその時刻に、一騎討ちの戦いを演じていたのである。モナハンがその敵を発見したのは午前八時三十五分、真珠湾口の長い水路を湾外に向けて航進していたとき、水上機母艦カーチスが潜水艦発見の旗旒信号を掲げ、近くの海面へ砲射撃しているのを認めた。駆逐艦は猛然と波を蹴立てる。

敵は猛然と反撃に転じた。魚雷一本をカーチス目がけて発射した。しかしわずかにそれて、そのままパールシティのドックに命中して一大音響もろとも爆発する。しかも敵は突進してくるモナハンにたいして、二本目の魚雷を発射する勇敢にして沈着さを発揮するのである。モナハンは舷側すれすれにこれをかわし、魚雷はフォード島に激突し、高々と水柱を噴きあげた。

ファイト満々の艦長ウィリアム・バーフォード中佐の命のもとに、モナハンは砲撃の余裕をかなぐりすててそのまま直進、体当りするように真一文字に突っ切った。敵は斜めに駆逐艦に乗りあげられ、まるで息でもしているように舳を水中から高くあげたまま、モナハンの右舷側をすべって海中に没していく。モナハンはさらにそこへ爆雷二発の攻撃を加えたが、みずからも勢いあまって空襲でやられ炎上中の起重機船に突入、艦首を打ちくだいて数人の負傷者を出すという始末である。

午前九時ちょっと前、モナハンが後進して起重機船からやっと離れたとき、海底で二度の大きな爆発音がして水柱とともに油が海面に浮いてきた。撃沈をバーフォードをはじめとする乗組員たちは確信した。

日本側の佐々木半九大佐の戦後の手記にはこう記されている。

「戦後、海軍大尉の袖章が岩佐中佐（戦死後二階級特進）の遺族に返還されたことや、ハワイ海軍墓地に甲標的搭乗員四名の遺体が埋葬され、うち一人は大尉のマークがあったという日系二世の話から総合して、撃沈されたのは岩佐艇ではないかと思う」

それがだれの甲標的であるかを問う要はない。よく戦ったというべきであろう。

・八日午前五時―六時

●「同じ船に乗りました」

静養のためロンドンの北七十キロの、チルターン丘陵地帯にある公的別荘チェッカーズにいたチャーチル英首相が「真珠湾」のニュースを最初に耳にしたのは午後九時、日本時間午前六時ということになっている。首相は官邸で二人のアメリカ人と夕食のテーブルを囲んでいた。米財界人で軍事援助のため飛来したアヴェレル・ハリマンと、駐英アメリカ大使ジョン・ワイナントの二人である。

三人は九時のBBCのニュースを聞こうと、小型ポータブル・ラジオのスイッチを入れた。真空管が暖まるまで一、二分かかり、最初にアナウンサーがいった「ルーズベルト大統領は、日本軍がハワイ諸島のアメリカ軍基地を空から攻撃したと、ただいま発表しました。日本の外交代表は現在国務省にいます」の部分を、正確に聞くことはできなかった。ただ日本がハワイで何事かを起したことはうっすらとわかり、三人はしばし顔を見合わせていた。チャーチルは回顧録に、

「私自身は格別ピンとくる印象をうけなかったが、アヴェレルは日本が米国を攻撃したというのはただごとではないといった」

と書いている。そこへ召使頭ソーンダーズが部屋に入ってきた。

「首相閣下、本当でございますよ。私どもも外で聞きました。日本人は真珠湾でアメリカ軍を攻撃しました」

しばらく沈黙がつづいた。大使がぽつりと「まず事実かどうかをたしかめたほうがいいと思いませんか」という。チャーチルは立上ると、広間を抜けて執務室にいき、秘書官にアメリカ大統領を呼び出してくれと頼んだ。ワイナントはロンドンのどこにも問い合わせもせずに、いきなりアメリカへ直接に電話と、チャーチルがこの重大ニュースをそのまま受けいれたことに驚いた。

二、三分後、ルーズベルトが電話に出た。

チャーチル　大統領閣下、日本がほんとうに真珠湾を攻撃したのですか。

ルーズベルト　ほんとうです。日本は真珠湾でわれわれを攻撃しました。これでわれわれはみな同じ船に乗りました。

チャーチル　よかった、事態はこれですべてにおいて単純になります。あなたのために神の加護を祈ります。

——くり返す、以上の経緯や会話は、公式にはそういうことになっている。が、もう一つの話に、チャーチルは駐米イギリス大使からの電話報告をうけて、すでに真珠湾の攻撃を知っていた、というのがある。事実、ルーズベルトはみずからが報告をうけると、すぐにワシントンのイギリス大使館に電話している。

「日本軍がハワイを爆撃しています。できるだけ早くこのことをロンドンに伝えてもらいたい」

またイギリス大使館の一等書記官へイターが、これをうけて肝のつぶれるような真珠湾のニュースをロンドンの外務省に伝えたことも確かである。

当然チャーチルは承知していたと思われるが、ロンドンの外務省へ電話するはおろか、それらしい素振りを何もみせていない。下司《げす》の勘ぐりをあえてすれば、政治家チャーチルは心のうちですでにして喝采していたに違いないのである。駆逐艦基地協定、武器貸与法、西大西洋哨戒など、〝戦争一歩手前〟の援助をうけていたが、いまや米英両国は「同じ船」に乗った、運命共同体の立場となった。こんなに喜ばしいことはない。真珠湾が奇襲をうけどんな犠牲がでていようがいまいが、かれはほとんど無関心であり、自分に戦友ができた喜びのほうが大きかった。いまなおイギリスの開戦前の情報が封印されていることといい、そう思われてならないのである。

「米国をわれわれの味方にもつことは私にとって最大の喜びであった、と私がいっても、それを不都合だと思う米人はないであろう。事件がどう進むかは予言できなかった。日本の武力を正確にはかったなどとも私はいわないが、しかし今や、ここに至って米国が完全に、死に至るまで戦争にはいったことを知った。かくしてわれわれはついにその時戦争に勝ってしまったのである。

……ヒトラーの運命は定まった。ムッソリーニの運命は定まった。日本人に至っては、みじんに砕かれるであろう。あとはただ圧倒的の力を適当に使うだけのことであった。

……三十年以上前に、エドワード・グレー（第一次大戦中の英国外相）が私にいったことを私は思った。米国は『巨大なボイラーのようなものである。その下に火がたかれると、無限の力がつくり出される』というのであった。満身これ感激と興奮という状態で私は床につき、救われて感謝に満ちたものの眠りを眠った」

長く引用しすぎたかもしれない。ノーベル文学賞に輝いたチャーチル『第二次世界大戦回顧録』の一節である。写していると、かれの当時の喜びがこっちにも伝わってくる。

同じころに（深夜であったが）日本の対米英開戦を知らされた重慶の蔣介石総統もとび起きて狂喜した。永年の苦闘にあえぐ中国民衆にとって、これ以上に願ってもない朗報はない。ついに中国は対日戦争の最強の同盟国をえたのである。

「全世界の人類が空前の災厄から解放されるまで断々乎として戦おうではないか」

蔣介石はオーバーな表現であることも忘れて、ルーズベルトへただちに打電した。

そしてモスクワのスターリンも……いや、モスクワはこの報に完全な〝黙殺〟をつづけたといっていい。なぜなら、ソ連の立場ははっきりしているからである。スターリンは当面しているドイツ軍との戦闘に勝たなければならなかった。そして日本との関係は、スターリンがつねづね各国の要人に語っていた言葉で十分に推察できる。

「日本とわが国の関係は、形式的には中立条約によって調整されている。日本側は何回か、この条約に違反するつもりはないとわれわれに保証した。しかし、わが国には、この保証を信じる人間はひとりもいない」

いまや、日本の対米英開戦によって、この上に対ソ戦に踏み切る余力はない、条約違反の危惧はある程度薄れた、とモスクワは観測する。真珠湾攻撃のその日、駐米ソ連大使として着任したマクシム・リトヴィノフが、日本の侵略にたいし米英と連帯してともに戦うことを主張する電報をモスクワに打電してきたときも、モスクワは別の立場をとっていた。モロトフ外相はリトヴィノフに訓令している。

「ソ連は現時点で、日本との戦争状態を宣言することが可能であるとは考えない。日本が日ソ中立条約を遵守する限りにおいて、中立条約を守らざるをえない」

もう一つ面白い事実がある。「真珠湾の日」の日付で、蔣介石は、対日戦にソ連を引き入れようとの意図のもとに「重慶での軍事会談」を提案する書簡を、わざわざスターリンに送っている。それにたいするスターリンの回答である。はっきりと、いまソ連は主要な敵であるヒトラー帝国との戦争を断乎として遂行する、軍を極東に分散する余力はない、とそこに書かれている。

六日から開始されたモスクワ正面の大反撃が、いまやクライマックスに達し、「日本にかかずらってはいられない」状況下にあったためもある。戦勢有利に展開しているとはいえ、この方面での圧倒的な勝利が確定するまではスターリンは不気味な沈黙を守っているほかはなかったのである。アジア正面には目もくれず、すべての関心はモスクワ正面の戦場に向けられていた。

●「運命の転換期だ！」

十二月六日いらい、モスクワ正面では、右翼の第三軍、中央の第四軍、左翼の第九軍とも、ドイツ軍は圧倒的なソ連軍の大攻勢を受けじりじりと後退しつつ、やっと戦線を保持している。もはや勝利の目途はない。すべての指揮官は問いつつあった。「われわれはいつ後退すべきであろうか」。彼らは一八一二年のナポレオン軍に起った惨たる敗走を想い起している。

将軍たちはこもごも総統ヒトラーに後退を意見具申した。ヒトラーは前線の意見を考慮せず、また国防軍将兵の厖大な犠牲をまったく無視して、現在の戦線を固守するよう命じていた。

ヒトラーは厳命する。

「敵味方とも力を使いはたしているいま、勝利をもたらすのは意志の力である。最後の努力をもう一度ふるい起せ。そうすればモスクワはわれわれのものになる」

しかもこの命令は非情そのものとなった。これに従わぬものは即座に免職されるか、または軍法会議にかけられたのである。少しのちのことになる。機甲部隊指揮官の主だったもののうち、グーデリアン元帥は機甲部隊の訓練を任務とする検閲総監に飛ばされ、ヘプナ大将はクビになり軍法会議にかけられた。彼らを筆頭に三十五人もの軍司令官ならびに師団長たちが不名誉な扱いをうけ帰国を命じられている。

この猛り狂うヒトラーに「真珠湾攻撃さる」の報がもたらされたのは、チャーチルがそれを知ったとほぼ同時刻である。外国放送モニター係がこれを最初にピックアップした。これをうけて外務省新聞班員ローレンツが外相リッベントロップへ、そして外相が鷲の巣山荘にあったヒトラーに知らせた。総統にも外相にも、対米英開戦という重大事にかんする、あらかじめの報知は毫もされていない。日本の独自の行動であり、不意討ちである。

そうしたことをもっとも嫌うヒトラーは激怒するかと、外相ははじめ思った。が、案に相違して総統はすっかりご機嫌になっていた。戦史家木俣滋郎の記すところによれば、

「これぞ運命の転換期だ！　何しろ三千年の歴史でまだ一度も負けたことのない味方ができたのだ！」

と狂喜したというのである。

ヒトラーは、以前からアメリカがますます多くの援助をイギリスに与えていることにたいして、我慢に我慢を重ねてきていた。それは限界に達している。それ以上にかれはアメリカの国力を過小評価していた。歴史はじまっていらい負けたことのない統制のとれた日本とくらべれば、アメリカは規律のない、頽廃的な、女と金だけが大事にされている国でしかなかった。つまりかれはほとんどアメリカを知らなかった。

それればかりではなく、ソ連戦線でよろめいている国防軍の将軍たちを勇気づけ、尻を叩くためにも、日本軍の真珠湾攻撃はそれが意外であればあるほど有効、とヒトラーは思ったのである。日本軍人の勇気と闘志に学べ、である。結果は、戦争がますます予想

できない方向をたどることであろう。少なくとも、アメリカがヨーロッパ戦線より対日戦争にかかりっきりになるであろうことは確かである。ドイツにとってそれは大いなる希望を与えるはずである。

リッベントロップは、総統のご機嫌ぶりにすっかり気の休まる思いを味わった。日本は直接にアメリカへではなく、シンガポール、そして香港を攻撃するであろうという自分の予見のはずれたこと、日本の勝手さにたいする怒りもたちまちに収まった。むしろ愉快な気分になりつつある。

かれは駐ドイツ日本大使大島浩を外務省によぶと、微笑みながらきわめてあっさりと断定した。

「ドイツとイタリアがただちにアメリカに宣戦することは当然のこととして受けとってもらっていい」

そして、大島の目の前で受話器をとり、ローマに電話して、イタリア外相ガレアッツォ・チアノをよびだした。イタリア外相の日記十二月八日の項には、そんなはずんだ外相の姿が浮かびあがる。

「夜、リッベントロップから電話。かれは日本のアメリカ攻撃をたいへん喜んでいる。実際、いかにも嬉しそうなので、私もお祝いをいわざるをえなかった。私自身には、これがはたして有利かどうか、あまり確信がないけれど。……わが首相ムッソリーニも幸福そうだった。いままで長いあいだ、かれはアメリカと枢軸〈日独伊〉間の立場の明確化を望んでいたからである」

チアノがいうように、世界の国々はその立場を明確化する。いまや両陣営激突の地球規模の戦争となったのである。

●「このジャップの馬鹿野郎」

世界各国の首脳たちが、「真珠湾攻撃さる」のニュースに驚愕しているころ、午後三時すぎ（日本時間午前五時すぎ）、ワシントンでは大統領の招集による戦争会議がひらかれている。スチムソン、ハル、ノックス、スターク、マーシャルが出席したが、同席のホプキンズが会議の様子を伝えている。

「協議の雰囲気は緊張したものではなかった。なぜなら、私の考えでは、われわれ全部が考える敵はヒトラーであるということ、武力なしには決してかれを打ち破りえないこと、遅かれ早かれわが国が参戦しなければならないこと、そして日本がわれわれにその機会を与えてくれたことを信じていたからである。しかしながら、だれもが戦争の重大さと、それが長期にわたる苦悶となるであろうということに、意見一致した」

実に正直な観察であり、書きようである。実際に会議は「緊張した」という言葉とまったくかけ離れた、いってしまえば余裕綽々《しゃくしゃく》たる雰囲気のもとにはじまった、といっていいようである。大統領は実に二十分間にわたり、メイン州のロブスターの獲り方の極意を閣僚たちに得々として話した。この有名なエピソードは決して作り話ではない。

「大統領の陰謀」論者のいうように、参戦するために太平洋艦隊を平気で犠牲にした上で、多くの国民が死んでいるのに目をつぶったままで、はたしてエビの獲り方に打ち興じていられるものか。できるとすれば、ルーズベルトは超人というほかはない。

会議は一時間半余つづいた。その間にも報告がどんどん入ってきたという。大統領は電話にはかならず自分ででて、自分でいちいち確認した。そして真珠湾の被害は電話が鳴るたびに、大きくなっていったのである。それでも列席の首脳たちが比較的落着いていられたのは、懸念していた開戦にたいするアメリカ国民の支持が、いよいよ確実となったからでもあろうか。ハル国務長官の日本両大使との会見の怒りをまじえた報告で、米政府は絶好の開戦の口実をえた想いである。ハワイ空襲を「騙し討ち」と宣伝することができるであろうし、対外的に米国の立場をいっぺんに有利にした。国民はこれを知ることで、挙国一致の態勢をとるであろうことは間違いなかった。

そして首脳たちの、いうなればこの楽観視は、もうこの時刻には現実となっていた。怒りにみちたワシントン市民たちはぞくぞくと日本大使館に押し寄せてきている。怒りの反応は共通していた。

「この黄色い野郎どもが！　何たる挑戦を」

「ジャップの出っ歯をいやというほど叩きのめしてやる」

映画館で映画を楽しんでいた人たちは、突然の上映中止で、「日本軍がハワイを攻撃した。本日の上映は中止とする」というアナウンスを聞くと、その足で大使館前にきて鬱憤ばらしの喚声をあげた。

　大使館内の電話は鳴りっ放しである。

「このジャップの馬鹿野郎《サノヴァビッチ》」

ほとんどがそうした怒声ばかりであった。

　東京日日新聞特派員高田市太郎が、そのころのワシントンの様子を伝えている。

「もう戦争のことはだれ知らぬものもない。舗道を歩いても、すれ違う米人の視線は、日本人である私に向けて、異様にギラリと光る感じさえした。町には新聞の号外が出ていた。〝日本、パール・ハーバーを攻撃〟、ニュース・ボーイのどなる声が、私の耳いっぱいに響いた」

　職業的講演者として、中国人女性とともに講演旅行でアメリカ中を飛び回っていた石垣綾子は、その日、マサチューセッツ州ピッツフィールド市の市民講座で話すことになっていた。ニューヨークからのバスがこの市に着いたのは午後四時ちょっと前、「全市をあげて興奮の怒りに包まれていた」と石垣は回想する。会場をとり囲んで、いきまく人びとがジャップの彼女の来るのを待ち構えていた。

「日本の女が演壇に立ったら、殴りつけてやる」「生かして帰さん」

　そんな怒声がシュプレヒコールのようにつづき、主催者側は石垣の身の安全のために州の軍隊の動員を要請しなければならない有様となった。

　アメリカ人には、チビで出っ歯で近眼で、目は開いているのか眠っているのかわからない日本人が、世界最強の海軍に攻撃を仕掛けてきた、そのことがもう不遜であり、許せないことであり、不可解なのである。ありえないことがありえた、ということは、不愉快きわまる。そこから流言となって「背後にヒトラー」説がひろまった。「ナチが計画し日本人にやらせた」という断定である。ナチス・ドイツの手先への憤激である。ラジオを聞き、号外を読んだだけで、まだ被害の程度がどれほどのものか知らぬうちに、彼らはもう愚かで無謀な日本への憎悪を燃えたぎらせた。

検閲のカーテンは決して日本人の目ばかりを塞いでいたわけではない。アメリカ政府も完全に真珠湾の被害についてはその直後にあっては誤魔化した。「若干の艦船の損害を受けたが、日本軍の被害は甚大」と発表しただけである。そして永い間、大惨敗などとは思ってもいなかった。したがって、アメリカ人は完敗にショックを受けて、「リメンバー・パールハーバー」と、憤怒を日本に向けたのではない。では、何故か、となれば、やはり当時の人種差別にゆきつくことになる。うまく煽ったルーズベルトの戦略勝ちということになろうか。このへんのことはかなり日本人は誤解しているようである。

その優越を誇るアメリカ民衆が、完膚なきまでにやられた真珠湾の被害を知り、それが「開戦通告なしの暴力」と知れば、ひとつにまとまって、国民的熱狂をひき起すであろうことは目に見えている。フランスの哲学者アランがいう「戦争の真の原因は国民的熱狂にある」は、真理と思われる。それにしても、短絡的にカッと熱くなる点において、アメリカ人とは、何と日本人とよく似ていることか。首脳たちが開戦口実に悩むことなど何一つなかったのである。

むしろこの戦争会議で憂慮され、ルーズベルトがとりわけ知ろうとしたのは、フィリピンの米軍基地の状況であったようである。その防禦態勢ははたして万全なのか、部隊の配置、ことに基地航空隊の配置について確認を求められたマーシャル参謀総長が、そわそわしているさまをホプキンズが書いている。

「マーシャルはあきらかに早く出ていきたくてたまらないらしかった。かれは、マッカーサー将軍にたいして、『日本との敵対行為の勃発の場合には必要なかぎりの行動』を実施するようすでに命令してある、と語った」

しかし、そのフィリピンの軍司令官マッカーサー大将は、このときマーシャルの命令に従おうとはしていなかったのである。真珠湾空襲の報は、間髪を入れずとどけられている。しかしマッカーサーは必要な応戦のための行動をとろうとはしていない。なぜか、執務室にひきこもり、参謀長リチャード・サザーランド少将だけをとおして報告をうけ、意思を伝達した。極東航空部隊司令官ルイス・ブレリートン少将が参謀長をへて、フィリピンにあるB17三十五機全機を出撃させ、最大の脅威となっている台湾の日本軍基地を叩きたい、と許可を求めてきた。このときも、かれは司令官の綿密な作戦計画を知ろうともせず「承認せず」と決定している。しかもブレリートンの許可申請は三回、その都度マッカーサーは却下した。

のちにくわしく書くことになる。このとき台湾の高雄基地にあって、対比島作戦を担当する海軍第十一航空艦隊の首脳は、直面している危機に肝っ玉をちぢみ上らせていたのである。理由は基地を厚く包みこんだ濃霧である。最初の計画では、真珠湾攻撃と時を合わせて、比島の米航空隊基地に猛攻をかけることになっていた。ところが霧のために、一式陸上攻撃機（一式陸攻）七十二機と零戦九十二機が何としても出撃できず、作戦開始は延期につぐ延期をつづけていた。

基地の一隅にある司令部では、司令長官塚原二四三《にしぞう》中将と参謀長大西瀧治郎少将が、ともにいらだちの表情を隠せないでいる。開戦前の図上演習では、この戦闘でうまくいっても兵力の三分の一を失うという結果がでている。そうした難戦も承知で、陸軍の比島上陸作戦を成功させるべく、開戦当日の朝まだきに強攻をかけ、敵機を一気につぶす計画である。が、これではつぶされるのは逆にわが陸攻隊になりかねない。

もし米航空部隊がすでに行動を起していると仮定すれば、あと数十分で基地上空に殺到してくるであろう。濃霧のため発進できずに、燃料満載、爆弾銃弾搭載のまま待機中の零戦や一式陸攻は、攻撃をうければひとたまりもない。開戦第一日にして基地航空隊はその兵力の半数以上を失ってしまうことになる。

「参った。攻めることは徹底的に考えぬいた。が、守ることをわれわれは考えていなかった」

大西参謀長がうめくようにいった。

しかし、現実はそうはならなかった。マッカーサーがなんら行動を起さなかったからである。その理由についてはいまも曖昧模糊としている。日本軍がたとえ攻撃をかけてくるとしても、それは来春以降だ、とマッカーサーは信じていたからという。いや、誇大に伝えられている戦力とは違い、米航空部隊はB17爆撃機三十五機、P40戦闘機三十七機にすぎず、ほかにフィリピン空軍の旧式機四十機があるだけで、これがマッカーサーの決断をにぶらせたともいわれている。ともあれ、無駄な時間を消費して、のろのろとマッカーサーが決断したのは、虎の子の爆撃機や戦闘機を防衛のために、空中に退避させることであったのである。

そして戦後に書かれた『マッカーサー回顧録』にはこうある。

「ブレリートンは私にたいして台湾攻撃を一度も提案したことがなく、私はそのような提案がおこなわれたということを少しも知らない」

敗者はきまってこのような責任転嫁を行う。日本だけではないようである。

●「国民の士気にもかかわる」

マレー半島上陸作戦の総指揮をとった山下奉文中将が、タイ領シンゴラ海岸に上陸したのは午前五時すぎ。山下日誌は簡単に記載する。

「前日大風波なりしと。零時三十五分投錨、上陸準備、風波大なり。三時第一船出発、予は五時半上陸す」

これが山下の副官日誌となると、もう少しくわしくなる。

「五時二十分、軍司令官は後方玄門より大発動艇に乗船のまま、無事上陸す。その地点に寺院あり、煌々と電燈を点じあり。敵の爆撃目標となる故これを避け、浜辺に小休止をなす。自動車は続々徴発せられあり。……タイ国兵と第五師団小林部隊衝突す。日本軍の損害十七名（戦死九、内将校三）、交渉の結果、日本軍の通過を認む」

タイ国軍の抵抗はこのころから各処で烈しくなって、重砲などの砲撃による交戦さえはじまりだした。上陸前から平和進駐交渉によって円滑にすすむと教えられていた将兵は、思ってもみなかったことゆえかなり慌てさせられた。やむをえず銃砲火のもとに相まみえることになったが、両軍から多くの死傷者をだすことは、山下にとっては不本意きわまるものとなった。

遠く離れた日本本土では、いたるところでこの時刻はもう夜明け前の日常的な業務がはじまっている。昨日、一昨日、もっと前に迎えた朝と、まったく変りなく人びとの月曜日の朝の日常がはじまろうとしていた。

東京では、新聞配達の青少年たちは額に汗しながら小走りに一軒一軒に、きゅっとしごくいつもの小気味のいい音をたてながら新聞を放りこんでいる。ガチャガチャ瓶のすれ合う音といっしょに、牛乳配達は横丁をぬうようにして自転車を走らせる。早起きの人は今朝は凍てつくように寒いなと思いながら、熱い番茶を娯しんでいた。なかには東京日日新聞に眼をとおし、いやに勇ましい挑戦的な言葉を載せているな、といくらかは訝《いぶか》しく思った人もいるかもしれない。しかし、すでに奇襲戦闘が東に西に敢行され、日本が昨日までとは異なった国家になるべく、堂々と一歩を踏みだしていることに気づいている人はいない。

この新しく始まろうとしている一日が、歴史に永く記録される日になろうとは、一億の日本人のなかで、まだわずか数十人しか知らされていなかった。歴史の歩みはつねに指導者によって突然に変えられる。指導者は重大な、世界を巻きこんでしまうような政治的ならびに軍事的な決定をする。日本の指導者たちはたしかにその決断をした。しかも、確固たる信念もなしに。そして、前途にたいするなんらの予測もなしに。

その朝、日本人の大多数はそれを知らなかった。しかし、その決断によってもたらされる戦争を、否応もなく遂行せねばならないのは、その何も知らされていない無名の人たちなのである。つまり、われわれなのである。午前六時、日の出はもう間近である。われわれが、国家が大いなる決断をしたことを知るまでには、あとしばしの時間がある。

それまではもう少し、夜明け前の静かな眠りを眠らせておくことにしよう。

指導者は、もうほとんど全員が輝ける朝の活動を開始している。ふだん着のままでソファで寝ていた首相東条は、五時半すぎに星野書記官長に起されて、今日の閣議、枢密院会議その他の準備がことごとく完了している旨の報告をうけた。ほとんど踵《きびす》を接するように「真珠湾攻撃は大成功」の報がもたらされる。『秘書官日記』にはこう記されている。

「総理ハ一言『ヨカッタ』ト申サレ『オ上《かみ》ニハ軍令部カラ御報告申シ上ゲタロウナ』ト

念ヲ押サレタ」

このあと首相は、明治神宮と靖国神社へ、報告とともに戦勝と加護を祈願しにいった。蔵相賀屋興宣は、企画院第一課長の迫水久常を官邸によんで、重大な指示を与えている。迫水の記憶では、その顔は沈痛そのものであったという。

「全力をつくしてみたが残念ながら、戦争はとめられなかった。もう海軍は真珠湾を攻撃しているはずである。こうなれば勝つべく全力をささげるほかはない。そこで心配なのは、きょうの兜町の動きである。今朝の相場が低落しては開戦早々の国民の士気にもかかわる。そこで何とか寄付《よりつき》相場は前日の引け相場より少しでも高くしておきたい。ついては、キミに全権をまかせるから、朝になったらいち早く取引所へいって、しかるべく善処してほしい」

迫水は途方にくれたが、とにかく取引所へいってみようと思った。

午前六時少し前、瀬戸内海の柱島泊地では、夜の間はよく聞こえていた電波も、夜明けが近づくとともに感度が落ち、やがて聞こえなくなった。真珠湾の狂瀾は、たちまちに遠い過去のものとなったように、旗艦長門の作戦室はひっそりとなった。

その中心にあって、ずっと山本長官は瞑目したまま折り椅子に坐っていた。時計が六時を打つと、その眼をひらき、だれかを探すように見まわし、

「藤井参謀」

と名指しでよんだ。藤井茂中佐が近づくと、山本は、開戦前より何回も念を押してい

たことと同じ質問を、改めてくり返した。

「開戦の通告は、きっと奇襲前にとどくようにしてあったろうな」

藤井は、「間違いなく通達されていると思います」といい、外務省の十分の手配など、政務参謀として知るかぎりのことを報告する。山本はうなずいて、

「よし、それなら問題ないが、念のために、かならず確認しておいてくれ」

といった。そして背筋をぴしと伸ばすと、足音をたてず静かに作戦室を出ていった。勝利についての感想もない。その挙措は平常よりも淡々とし、というより、祝いの言葉をまったく受けつけないくらいに厳格である、と幕僚たちの眼には映っていた。

・八日午前六時―七時

●「二年目からは勝算はない」

午前六時、陸軍省記者クラブは集められた記者たちでいっぱいになっている。前夜遅くそして今朝五時すぎに各社に「重大発表あり」の非常呼集がかかり、何事ならんと寝不足の目をこすりながら記者たちは集まった。明けやらぬ残りの星空のもと、参謀本部をはじめ陸軍省の各部屋部屋には、天下晴れて煌々と灯が輝いている。

陸軍報道部長大平秀雄大佐が、海軍報道部高級部員田代格中佐とともに、長靴《ちょうか》の音も高く入室すると、「発表を行います」と一言、つづいて、発表文をしたためた紙片を右

手ににぎり、

「大本営陸海軍部発表」

と高々と読みあげた。

「帝国陸海軍は本八日未明、西太平洋において米英軍と戦闘状態に入《い》れり」

記者たちの間に歓声があがった。記者たちは鉛筆を走らせ、カメラマンはフラッシュを斉射する。ほかの説明はいっさいなしの、この間わずか三分間。同盟通信荒川利男記者はその日記に感激の筆を叩きつけて記している。

「あゝ、この一瞬、戦わんかなの時至る。永久に忘れ得ぬ名句、その文字は僅か三十字の短いものではあるが、正に敵性国家群の心臓部にドカンとたたきつけた切札である」

しかし、せっかくの〝切札〟も即座に切るわけにはいかなかった。新聞社側から、こんな前もっての準備もなしの発表で、ラジオによる即時放送は困るという抗議がでたのである。放送局側も、同時に「気象管制が本日より発令された」こともあり、六時二十分の放送開始からはいろいろ放送手続き上の問題もある。では発表は午前七時のニュースにおいて、ということで両者は了承した。この間に、各新聞社は号外の準備をする。

こうして日本国民が対米英開戦を知るまでにはなお一時間の猶予ができた。けれども、国家の上層部にはそんな悠長なことは許されない。とくに首相官邸の動きは俄然あわただしくなっている。首相秘書官赤松貞雄大佐は、午前七時に予定されている閣議の知らせが洩れなくとどいているか、確認するために電話機に牡蠣《かき》のようにへばりついている。

星野内閣書記官長は閣議のあとに宮中でひらかれる枢密院会議の準備に大童《おおわらわ》である。その上に両方の会議に提出すべく宣戦の詔書の草案を再確認しておかなければならない。海軍側の首相秘書官鹿岡円平中佐は、真珠湾作戦についての最新情報をえるため、省部の知友に電話をかけつづけている。

外相東郷は、夜明けとともに大使グルーを招き、交渉打切りの通告（開戦通告）の写しを渡すことを予定していた。ところが、アメリカ大使館の電話線はいち早く警察によって切断されてしまっていた。外相は大いに困惑した。もはやアメリカ大使館は保護の名のもとに、行動監視もかねて、警視庁の厳重警戒下にあるのであろう。やむなく外相官邸づめの制服警官が、自転車で大使館に走った。

箱根湯本にいた前首相近衛文麿が同盟通信社の電話で、戦争のはじまったことを知ったのは、午前六時少しすぎである。かれはすぐ自動車で上京することにして、熱海にいた知友の、のちの農林商工大臣内田信也と小田原で落ち合った。東京への車中で、近衛が、確信をこめて海軍の真珠湾攻撃計画について語ったことを、内田は驚きをもって回想している。

「海軍は間違いなく今朝ハワイを奇襲したはずだ。ぼくの在任中、山本五十六君をよんで日米戦の意見を叩いたところ、はじめの一年はどうにかもちこたえられるが、二年目からはぜんぜん勝算はない。軍人としては廟議一決して宣戦の大命降《くだ》れば、最善をつくしてご奉公するのみで、楠木正成の湊川《みなとがわ》出陣と同じだ、といっていたよ。山本君の気持としては、緒戦に最大の勝利をあげ、その後はすみやかな政府の外交手腕の発揮を待つ、というのが真意らしかった。山本君は、それとなくハワイ奇襲作戦をぼくにほのめかしていたんですよ」

山本が近衛に語ったという有名な、「一年か一年半は存分に暴れてみせる」という言葉の真の意味がこれで明らかになる。緒戦から積極攻撃で勝って勝って勝ちまくる、その間にあらゆる外交的手段を駆使し戦争終結ないしは停戦にもちこんでほしいと、ときの首相に山本は訴えたのである。近衛もその真意を了解していたことがわかる。そのための急ぎの上京でもあったのであろう。

しかし、マルスは皮肉なことをする。真珠湾攻撃はあまりに華々しく理想的な大成功をみた。それが逆作用する。大戦果をあげたという決定的な事実によって、よび起された国民的熱狂と歓喜と自信とが、山本の早期講和の悲願を夢のまた夢と化さしめていくのである。

こうした興奮と熱狂は指導層からはじまった。

六時三十七分、東京の日の出である。凍てつくような朝、それだけに空は底がぬけたように青く澄んでいる。輝かしい朝の光をあびながら、七時に近づくにつれて、首相官邸には閣僚たちがぞくぞくと車を乗りつけてくる。いちばんの人気を集めたのが海相嶋田大将である。その時点までの予想された戦果が記された書類をもった海相は、閣僚ひとりひとりを出迎えるように、

「やったよ。真珠湾を奇襲攻撃したよ」

と語りかけた。そして、アメリカ太平洋艦隊のあらかたを撃滅した、わが方の損害はごく僅かだ、と胸を張った。真珠湾作戦のことなど知らされずにいた閣僚たちは、だれもが欣喜雀躍《きんきじやくやく》した。ウォーといったきり絶句するものもある。農相井野碩哉《ひろや》はのぼせあがり、感動で目は潤み、涙をぼろぼろとこぼした。星野書記官長も感動し、怖れていたこととは違って、日本はアメリカに勝てるのではないか、と心から思った。

ひとりひとりが、この栄光をになうことになった開戦内閣の、一員であることの感激にのぼせ、喜びにひたった。そして永遠に陽は昇りつづけ、日本の勝利がとどまることはないであろう、と信じるのである。

●「撃沈戦艦四隻……」

ハワイ時間の七日午前十一時をすぎた頃（日本時間午前七時前）、大きく揺れる赤城の甲板に、淵田総隊長機が着艦した。

二時間ほど前から第一次攻撃隊の母艦帰投がはじまり、つづいて第二次攻撃隊と、攻撃隊各機の帰投収容がつづいている。荒天のために揺れる空母への着艦は困難をきわめ、燃料の尽きようとしている機のために、せっかく着艦しながら損傷のひどい機はつぎつぎに海中に投棄された。甲板をひろくあけねばならないからである。

機動部隊司令部は、そうしたきびしい状況を見ながら、そのときまでに帰還搭乗員の報告や、大急ぎで現像した弾着写真や炎上中の敵艦の写真などで戦果の判定につとめている。また、再攻撃のための、各空母の使用可能機数の報告をとりまとめたりしていた。そして、淵田中佐の報告をまって、第三次攻撃の実施を決定しようと、その帰艦を待ちわびていたところである。

いったん搭乗員室に入り、番茶でのどのかわきをとめた淵田は、せかされるように艦橋にのぼった。艦橋には、草鹿参謀長をはじめとする参謀に囲まれて、南雲長官が表情を硬くしながら待っている。油と硝煙で汚れた顔のまま淵田が上空からみた真珠湾の模様を報告をしはじめると、途中で南雲はさえぎって、いきなり聞いた。

「で、戦果はどうなのか」

「はッ、撃沈戦艦四隻、撃破戦艦四隻、私のみたところ、これは間違いないところと思います」

と中佐は自信をもって上空観察そのままに報告すると、南雲がおっかぶせるように早口でいった。

「これから六カ月以内に、アメリカ艦隊主力が真珠湾からでてくる可能性があると思うか」

淵田が率直に答えた。

「その可能性はまったくないと思います」

南雲はうなずき、はじめて顔いっぱいに喜色をうかべた。草鹿参謀長が聞いた。

「第三次攻撃をかける必要があると思うか」

「戦艦にかんする限りほとんどやっつけましたが、湾内にはまだ多数の巡洋艦以下の艦艇が残っています。工廠や燃料タンクも手つかずです。第三波、第四波を出す必要があると思います」

機動部隊の両将は、淵田の提案を無言のまま聞いている。

最後まで見届けた淵田の報告によって、奇襲攻撃の大成功が完璧なものとなった。艦橋は興奮と歓喜でどよめいた。六隻の空母の搭乗員室では、戦闘の話でもちきりであり、将兵たちの意気はいっそう軒昂たるものとなる。未帰還機は第一波、第二波を合して二十九機。その非運すらも、予想されたものよりはるかに少なかった。搭乗員の一人は吼えた。

「これからサンフランシスコ攻撃に向おうじゃないか」

しかし、南雲司令部の判断は、それほど楽観的なものではなかった。オアフ島の米航空兵力が態勢をととのえて、反撃に転じてくる可能性はかならずしも皆無とはいえない。それに、太平洋方面に四隻はいると思われていながら、真珠湾に一隻もいなかった米空母の所在不明が、無気味なのである。草鹿と先任参謀大石保中佐からの質問がいくつかなされたのちに、南雲は物思わしげに淵田に問うた。

「敵の空母はどこにいると思うか」

淵田の返答はいとも自然に口をついてでた。確信はないが、近くの洋上で訓練してい

るものと思われるし、いまの時間になれば、

「真珠湾からの報告をうけているに違いないでしょうから、わが機動部隊を探しまわっているかとも思われます」

聞いていた源田参謀が軽くいった。

「それが来襲してきても、叩き落すだけですが……」

瞬間、南雲長官のいかつい顔に動揺する影がさあっとさしたかのように、淵田には思えた。南雲は早急に決断することなしに、すっかり考えこんでしまった。草鹿が淵田に
「ご苦労であった。休むように」といった。

南雲機動部隊の指揮官や幕僚のだれもが予想し、想像したように、事実、ハルゼイ少将はこのとき空母エンタープライズの艦橋にあって、攻撃準備を完整させ、すでに発進させてある索敵機からの「敵発見」の報告を鶴首して待ちつづけていたのである。索敵機は七機。ただし、かれはオアフ島の南と西方向の海面に哨戒線を集中させている。北方へは一機も発進させていなかった。

なぜならキンメルの太平洋艦隊司令部からの命令は、日本の機動部隊はオアフ島の南方洋上に集結しているものと思われるゆえ、それを捜索し攻撃せよ、と伝えてきているからである。また、ハルゼイ自身も、この季節には荒天つづきとなる北方海面から日本艦隊が攻撃をかけてくるはずはない、南だ、とそう思いこんでいる。

しかも、オアフ島から飛び立った哨戒機が、南方海域にて「敵空母一隻見ゆ」との報

告を司令部に打電してきたりしている。その海域で駆逐艦三隻とともに訓練中であった巡洋艦ミネアポリスがこれを傍受して、艦長は仰天した。哨戒機の報告にある〝敵の地点〟は、まさに自分の現在位置ではないか。かれは、

「視界内に空母を認めず」(No carriers in sight)

と緊急電を真珠湾へ打電させた。ところが、あわてた電信員がこれを「two carriers」と打つというお粗末さを示すのである。これで太平洋艦隊はますます敵機動部隊は南方洋上にありと確信する。

それらはハルゼイ艦隊にとって幸運な錯誤であったといえようか。日本艦隊は北方にひそむと判断して、そのまま北上をつづけていたら……。

ハルゼイは怒りをこめて回想する。「真珠湾の南に敵空母がいるとの情報で雷撃隊を発進させたが見当たらず、その護衛戦闘機隊は真珠湾に向かったところ、味方砲台によって四機が撃墜されてしまった。雷撃機は午後九時になって帰ってきたが、戦闘用信管をつけた魚雷を抱いて夜間着艦したことは、たいへんな冒険であった。……終日、混乱した情報は私を憤慨させるばかりであった」

キンメルの司令部も、麾下の各艦隊も、そして将兵のひとりひとりが、あまりにあざやかな日本軍の攻撃に動転しきっている。誤認、誤報、錯覚、そして先入観などがいろいろと交錯した。そのために、のちに日本海軍にとっては最大の不運となるのであるが、空母エンタープライズはもちろんハルゼイ自身も無事ということになる。もし北方海域

で南雲機動部隊に遭遇したら、〝猛牛《ブル》〟ハルゼイは空母一隻で我武者羅に刃向っていったことであろう……。その結果は、あまりにも見えすいている。

・八日午前七時――八時

●「戦闘状態に入れり」

午前七時、イギリス領香港地区への日本軍機の爆撃が開始される。香港時間午前六時、字義どおり払暁《ふつぎよう》の猛攻である。同時に、日本軍の香港攻略作戦も発動され、第二十三軍（長・酒井隆中将）麾下の部隊の進撃もはじまった。

それより少し前、ＪＯＡＫ（現ＮＨＫ）の放送は平常どおり午前六時二十分からの朝のニュースではじめられる。香港のイギリス軍が緊急に総動員令をかけたことを伝えただけで、真珠湾もマレーも、はじまったばかりの香港作戦も、かすかにもふれられていない。六時半から天気予報。が、ここで異変が起きた。突然いつもの天気予報は中止され、レコード音楽が流れた。この日から気象管制が全国的に布かれたためとは、国民のまだだれひとり知らなかった。

六時四十分から早稲田大学教授伊藤康安の講話「武士道の話―沢庵の『不動智神妙録』」がスケジュールどおり放送される。伊藤の話が終って、午前七時の〝時報〟を打つ、と、いきなり「しばらくお待ち下さい」とアナウンスされた。どうしたのかといぶかる耳に、臨時ニュースのチャイムが鳴り響いた。

「臨時ニュースを申し上げます。臨時ニュースを申し上げます」

アナウンサー館野《たての》守男は抑えきれない興奮をそのままマイクにぶつけた。

「大本営陸海軍部午前六時発表――帝国陸海軍部隊は本八日未明、西太平洋においてアメリカ、イギリス軍と戦闘状態に入れり」

原稿にある「米英軍」を館野は「アメリカ、イギリス軍」と読んだ。戦争の間もそう読みつづけたという。たとえば米機二機撃墜はいいとしても、英機三機撃墜の英機は、首相東条英機につながってしまうからである。

館野は神経をはらってこの短い原稿を二度読んだのちに、「なお今後重大な放送があるかもしれませんから、聴取者の皆様にはどうかラジオのスイッチをお切りにならないようお願いします」と結んだ。ようやく床を離れてこの報を、衝撃をもって聞いた国民が多かった。そのあと七時四分からいつものようにラジオ体操、それが終った十八分にふたたび「大本営陸海軍部午前六時発表」の臨時ニュースが放送された。

いつもは朗らかなラジオ体操のメロディも、その朝は勇壮な軍艦マーチと愛国行進曲、それから、

〽敵は幾万ありとても
　すべて烏合の勢なるぞ
　…………

の曲であったように、当時東京・向島に住んで、小学校五年生であったわたくしはかすかに記憶している。そして臨時ニュースは七時四十一分、八時三十分、九時三十分……とひっきりなしに「大本営陸海軍部発表」と、緊張したアナウンサーの声を、朝の食卓に、出勤途次のサラリーマンの耳に送りつづける。そんな感じであったように覚えている。そしてその朝は、佐渡沖と八丈島南方にあった低気圧は北へ移動し、日本列島はすっきりとした快晴であった。

しかし、東京は霜柱の立つほどに冷えこみのきびしい朝を迎えている。寒気を防いで表戸を閉めたまま、どの家もラジオのボリュームをいっぱいにあげ、しきりに奏でられる勇壮な音楽を外に流している。そして都心にはもう鈴を鳴らして新聞社の号外が走りだしていた。息の白さを忘れさせるような奇妙に熱っぽい興奮が、一気に国民全体を包みこんだ。それは力強くも非合理な感動のほとばしりといっていい。

フランス通信社特派員として東京にいたロベール・ギランは、新橋駅近くで号外をうけとった日本人の様子を伝えている。「だれもが一言も発せず遠ざかっていった」。魚屋の店先に行列をつくっていた主婦たちは（食糧確保のためすでに行列をしなければならなかったのである）、号外を読んでも、「押し殺した叫びや、低声《こごえ》で言葉少なに語り合う光景すら、めったに見られなかった」。

ギランは日本人の無表情の意味をひきだそうとする。

「彼らは何とか無感動を装おうとしているものの、びっくり仰天した表情を隠しかねていた。……何だって！　またしても戦争だって！　このうえ、また戦争だって！　それにこんどの敵は、何とアメリカなのだ。アメリカといえば、六カ月足らず前には、大部分の新聞や指導者層が御機嫌を取り結んでいた当の相手ではないか！」（『日本人と戦争』）

最初の臨時ニュースを耳にした直後ごろ、企画院の迫水課長は兜町の東京証券取引所の丸い表玄関の前に姿をみせている。賀屋蔵相に命ぜられたように株式相場の低落を何とか食い止めなければ、という焦慮でかれの顔はすっかり強張っている。案内もそこそこにかれは専務理事室に急いだ。そして急な要請で集まっていた専務理事坂《ばん》薫、取引員組合長藍沢弥八たちを前にしていった。

「賀屋蔵相から命令されまして、本日の株価を絶対下落させてはならないといわれてまいりました。いかがなものでしょうか」

藍沢は胸を叩いていった。

「永年株で飯を食わせていただいているのですから、国家へのご奉公、政府はご心配くださらないように大蔵大臣にお伝えください」

彼らは相談して、最善の方法は取引所自身の発行している株式を大量に買うことだと決定する。いわゆる「新東」株は以前から市場の象徴とみなされていた。迫水はそのときの模様を戦後に書いている。

「寄り付きの立会がはじまった。私は招ぜられて高台に上って、これらの人たちといっしょに様子をみていた。さっぱりわからないが、気配は安いという。藍沢さんが、いろいろ指図しているが、なんでも新東四万株の買注文をだしたとき、やっと前日の引け相場より二、三十銭高くなったというので、柝《き》を打って、寄付相場がきまった。控室にひきあげ、私はほっとした」

戦争はこのように国家総力戦になっているのである。

●「神々が進軍してゆく」

この兜町のあわただしさは別にして、その朝の東京の街は、いつもの時間がぬけ落ちて空白になってしまったように、異様に静かであった。人びとはなぜか無口になった。いつも口うるさくいう小学校のわが担任までが、唇を真一文字に引き締め目だけをぎらぎらさせていたのを記憶している。また、ふだんは一切放任主義のわたくしの父も、神棚をより恭々しく拝んだのち、「しっかり勉強しなければならない時代になったぞ」とだけいった。日本人の無口と無表情の裏側には、身のひきしまるような決意があったのではあるまいか。生きていることの意味を改めて探るような、使命感を新たに抱いた、とでもいえるような……。

作家の豊島与志雄は書いている。当時五十歳。

「日米開戦のニュースを聞いて先ず私の胸を打ったのは、これでいよいよ『聖戦』の意義がはっきりしたと言うことである。今までは聖戦の名を以て呼ばれていても、どこかはっきりしないもやもやしたものが去り切らなかったのだが、ここまで来れば『アジア民族の解放』と言う聖なる意義がはっきりしてきた」

対米英戦争開戦は、明らかにそれまでの中国との鬱陶しい戦いとは違ったものとして、多くの日本人には感じられたのである。侵略戦争とか、あるいは好んでこちらから仕掛けた戦争とかの意識はまったくなかった。新聞やラジオを通してもう我慢のならない気持に追いこまれている。包囲された状態のなかで忍耐に忍耐を強いられた上で、もはやこれまでのぎりぎりのところで反撃せざるをえなかった自衛のための戦争とうけとられた。戦争は悲惨と痛苦と涙をともなう。しかし、崖っぷちに追いつめられて、米英にたいする敵愾心《てきがいしん》を燃やしつづけ、ついにやむにやまれぬ、いちかばちかの戦争として、それらを乗りこえて日本国民は起ち上ったのである。

さらにいえば、百年におよぶ西欧列強のアジアへの侵略と強圧にたいする弱者としての怒りもあった。その横暴な白人の代表たる米英にたいし、いまや日本人がアジアの民の先頭に立って戦う、という劣等感の裏返された民族的な強い誇りもあった。そうした昂揚した気持が、対中国戦争における漠然としたうしろめたさをふり払って、その朝は日本人の心に闘志と緊張感とをうんだのである。

四十一歳の作家尾崎一雄はそうした多くの人の気持を代弁するかのように明快に書いている。長く引用することにしたい。

「蘭印を圧え、仏印をとり、印度をおさめ、支那をみだし、欧米諸国のうち、最もその罪大なるは英国である。米国は『世界の英語を話す二大国民』のよしみで、ことごとに英国を支持し、事変（註・日中戦争）以来支那を己が前衛として躍らせる上に、着々として日本包囲陣を結成した。英国が対独戦で手いっぱいだから、東亜干渉の役は米国が引受けたわけだ。（中略）世界の『秩序』を変えるのなら平和的手段に依れという。平和的手段とは何か。金と物資を有り余るほど持ち、それを出したり引込めたりして相手を圧えることだ。勤勉な日本人は、働きに働いて品物をつくり、これを輸出して暮しを立てようとする。すると、そこには忽《たちま》ち高関税の障壁がもうけられる。（中略）アングロサクソン人を亜細亜から放逐せよ、と叫びたい。彼らは彼らの犯せる罪を背負ってその生れた所へ帰ってゆくがいい」

北京にいた中根千枝（東大名誉教授）は女学生であった。十五歳。この朝は母に起されて開戦を知ったという。

「どういうことになるのかもまったくわからず、身のひきしまる興奮を覚えました。それは二度と経験することのできない、どちらかといえば快感につながる緊張感でした」

とのちに回想する。

この緊張感は同時に爽快感につながっていく。頭に何か重たいものが乗っているようで鬱々として楽しめざる毎日が終った、「やったァ」という解放感にもつながる想いである。さまざまな人がそうしたさっぱりした気持について当時も記し、のちにおいても語っている。

阿川弘之（作家）二十歳。「大学文学部二年生、荻窪の下宿で未だ寝ていました。階下から軍艦行進曲が聞えて来るのではッとして眼をさまし、枕元のラジオをつけたら、開戦を告げる臨時ニュースでした。下へ駈け下り、その家の四つの男の子を抱き上げて、『しっかりしよう』と言ったか『しっかりしなくては』と言ったか、そういうことを口走りました。大変なことになったと思う一方、暗雲垂れこめていたものが一挙に吹き払われた感じがありました」

同じように、心の昂ぶりと緊張感をときほぐそうと、子供を抱きあげた人はほかにもいる。作家上林暁《かんばやしあかつき》（三十九歳）はなんにも書かれていない朝刊など読む気がしなかったといい、

「我々の住む世界は、それほどまでに新しい世界へ急転回したことを、私ははっきりと感じた。……私はそばに寄って来た、五つになる女の子を抱きあげると、平生ぐずって仕方のない子だから、この際活《かつ》を入れておこうと思った。『アメリカと戦争がはじまったんだから、もうぐずぐず言っちゃ、駄目だよ。好い子で居さえすりゃ勝つんだから』。そんな言い方も、今朝はちっとも不自然でなかった。子供は素直にうなずいた」

清水幾太郎（社会学者）、当時読売新聞論説委員。三十四歳。「諸外国の短波放送が聴ける新聞社では、廊下を流れる空気は特別息苦しく、その息苦しさは日を逐って増して来ていた。あまり息苦しかったので、十二月八日の開戦を知った時、飛んでもないことになったと思うのと同時に、……やっと便通があったという感じでした。……便通から

悪性の下痢になり、脱水症状に陥り、終《しまい》には死に至るかも知れぬという危険を遠くの方に感じながら、しかし、長い間の苦しい便秘の後に漸《ようや》く便通があったという感じがあった」

大学教授で評論家本多顕彰（四十三歳）はわかりやすく、開戦のニュースを聞いたあとの決意のほどを書いている。

「『敵性』という呼称が廃せられて、『敵』というはっきりとした呼称が用いられるようになって、私のみならず、国民全体がからっとした気持だろうと思います。聖戦という意味も、これではっきりしますし、戦争目的も簡単明瞭になり、新しい勇気も出て来たし万事やりよくなりました」

大森山王草堂で『近世日本国民史』の「征韓論」の篇を執筆していた徳富蘇峰も、感動をそのままに日記に綴っている。七十八歳。

「只今我が修史室の一隅にあるラジオは、今晩西太平洋上に於て、日本が米英両国と交戦情態に入りたるを報じた。予は筆を投じて、勇躍三百。積年の溜飲始めて下るを覚えた。皇国に幸運あれ、皇国に幸運あれ」

開戦近し、ということは承知していたが、さすがの蘇峰も真珠湾作戦のことまでは知らなかったとみえる。日記には真珠湾の文字はない。

爽快さを突きぬけて感動で身を震わしている人もいる。火野葦平（作家）三十四歳。

「私はラジオの前で、ある幻想に囚われた。これは誇張でもなんでもない。神々が東亜の空へ進軍してゆく姿がまざまざと頭のなかに浮んで来た。その足音が聞える思いであった。新しい神話の創造が始まった。昔高天原を降り給うた神々が、まつろわぬ者共を平定して、祖国日本の基礎をきずいたように、その神話が、今、より大なる規模をもって、ふたたび始められた。私はラジオの前で涙ぐんで、しばらく動くことができなかった」

このように、戦後に語られたり書かれたりしたものにしばしばあるように、対米英開戦の報に絶望的になったり、亡命したくなったり、あるいはその愚劣さに憤怒を感じたりした人びとは、当時はそれほどいなかった。それは十一歳のわたくしの目にした範囲の実感でもあった。その朝の大人たちは口数は少なかったが、みんな眼をかがやかしていた。国際緊張による重圧感に押しつぶされ、八方塞がりに締めつけられていたような状態から解放され、むしろ晴れ晴れとした爽快さのなかに、ほとんどの日本人はあったのである。

それはあるいは生理的な、感情的な心の深みからわきあがってくるもので、理性や悟性とは無縁なもので、論理化しにくいものであるかもしれない。それはまた、白色人種により抑えつけられてきた黄色人種の劣等感を一挙にくつがえす、そんな情緒的な興奮をともなったものであったかもしれない。しかもそれをみんなが抑えていたから、奇妙なくらい静かであった。

けれども、その朝のまぶしい光のなかで、日本人の顔はキラキラと、明るく輝いていた。そして足どりはみんな軽かった。

●「立ち直れるかどうか」

午前七時五分からはじまった「暁の緊急閣議」は、政府声明文、大詔を拝しての首相談話など、つぎつぎに諒承され、わずか十五分で最後の〝断〟が一決された。このとき、閣僚たちには正式に真珠湾奇襲が成功していることが知らされた。彼らはだれもがさすがに興奮と緊張の色を隠せない。それゆえに口数も極端に少なくなった。いまさら何も言うべきこともないのである。おそらくは木戸内大臣がその日の日記に記したと同じような心境になっていたことでもあろう。

「思えば、いよいよ今日を期し我国は米英の二大国を対手として戦争に入るなり。今暁既に海軍の航空隊は大挙布哇《ハワイ》を空襲せるなり。之を知る余は其の安否の程も気づかわれ、思わず太陽を拝し、瞑目祈願す」

閣僚のだれもが、ただただ祈るのみ、であるのである。

ほとんど同じ時刻、病床にあった元外相松岡洋右《ようすけ》は訪れてきた知友に、涙ながらに語っている。

「三国同盟の締結は僕一生の不覚だったことを、今更ながら痛感する。……三国同盟は、それによってアメリカの参戦を防ぎ、世界大戦を予防することにあったのだが、事ことごとく志とちがい、かえって今度の戦争の原因となってしまった。それを思うと、僕は死んでも死にきれない」

その罪は万死に値すという言葉がある。はたして松岡の涙はそれを胸に刻んでのものであったかどうか。松岡は祈ることも忘れている。

七時半、東郷外相はいそぎ官邸に帰って、モーニング姿のグルー大使と会っている。グルーは天皇拝謁の許しがでたものと思い、いそいそと赴いてきていたのである。二人は横山大観の富士の絵の下で向いあった。事務的に「これが野村大使からハル国務長官に手交された〝交渉打切り〟にかんする覚書であり、かつ大統領の親書にたいする天皇の回答でもある」といって、一通の覚書を東郷はグルーの眼の前のテーブルの上においた。

外交交渉打切りと聞かされて、びっくりしたグルーはいった。

「覚書はのちほど拝見しましょう。交渉打切りはたいへんに残念なことです。われわれはもう一度振り出しから出発し、戦争はできるだけ避けたいと望んでいます」

東郷は、グルーの平和を求めての熱心な協力に心からの謝意を表したが、真珠湾攻撃のことには一言もふれなかった。「大使が来訪したときにはすでにこれを承知しているものと考え、不愉快な出来事をさらに自分から繰返す必要はないと思い、それは既成事実として挨拶したのであった」とのちに書いているが、やはり口に直接だしにくかったのであろう。最後の握手をかわして官邸をでるグルーを、新聞社のカメラマンがどっととり巻いていた。

残った東郷は、つづいて駐日イギリス大使を呼ぶことを加瀬秘書官に命じた。(7)

グルーはこのときにはまだ、真珠湾のことはおろか、開戦そのものを知らなかったのである。大使館へ戻り、朝食をすまし、約束のあったゴルフへゆくための着替えをしていたとき、対米英開戦を告げる号外の声を表の通りに聞いた。

大使館内は騒然となった。大使夫人アリスの眼はたちまち涙にあふれた。船山貞吉の姿をみとめると「あなた方にもほんとうにお気の毒なことになってしまい、こんな不幸な悲しいことはありません」といい、ハンカチで顔を覆った。悲嘆にくれる夫人の姿に「私も実に残念でなりません」と船山は答えるのが精いっぱいであったという。

そのグルーに、ワシントンから電話がかかってきた。すでに大使館の門という門は閉ざされ、日本の警官が警備に立つというものものしさである。暗号電報の発信は禁止された。本館地下一階の暗号室では、チャールス・ボーレン二等書記官の指揮のもと館員たちの手で、暗号機が壊され、暗号書や機密書類は焼却炉へ投げこまれている。グルーは書いている、「重いドアは閉じられていたので、暗号書あるいは秘密書類の一片といえども、日本側には渡らなかった」と。そうした殺気だっているときになお、国際電話線は切られていなかった。

受話器をとったグルーの耳に、国務省のマックス・ハミルトン次官補の怒りと驚愕とが混じった大声がとびこんできた。

「……そう、寝込みをやられたんです。真珠湾です！　真珠湾がやられたんです。損害は調査中ですが、とにかく怪《け》しからん」

グルーが真珠湾のことを知ったのはそのとき。かれは驚愕のため口もきけなかったという。この報はまた、アメリカ大使館員たちをひとしく怒らせた。ドウマン参事官は「日本はアメリカに百年遅れている。アメリカに宣戦布告をしたのは日本が初めてだ。勝ち目はないのに実に残念だ」と悲憤していたと、船山喜久彌は書きとめている。

その日は、それきりグルー大使は書斎にアリス夫人とひき籠ってしまう。一日中、誰とも会おうとはしなかった。扉の外へは、いつまでも悲しげな大使夫妻の話し声が洩れ、ときどき夫人の嗚咽《おえつ》するのがわかったという。

ほとんど同じころ（ハワイ時間正午すぎ）ホノルルの日本領事館も七人の武装警官に踏みこまれて、総領事喜多長雄以下のものが監禁状態におかれている。警官たちは全員の身体検査まででした。八十キロ近い巨体の総領事はサルマタまで下ろされた。思わず日本人館員たちは吹きだしてしまった。日ごろから巨大さをみずから吹聴していた総領事のいちもつが、ちんまりと萎縮してしまっているからである。警官たちも笑いだした。

「Don't laugh!」（笑うな！）

と隊長が一喝したが、このためになんとなく和やかな空気となってしまったという。

書記官油下恭之助の長女、当時小学校三年の油下和子の回想がある。

「父は朝出たきり帰ってきません。喜多総領事以下全員が、本館内に軟禁されていたのですが、その時はわからず、生死不明のままでその日の夜が来ました。総領事館構内には警官が小銃をもって立ち、慌しい車やオートバイの出入りがつづきます。一歩たりとも外へ出られない私たちは、その中で、母と毛布をかぶって、ひそかに短波放送を聴いたことが思い出されます。『本八日未明、帝国陸海軍は……』という忘れられない放送、それはなぜか感動的に響きました」

サーベルだけをがちゃがちゃさせている日本の警察にくらべると、ハワイのそれは銃をもち早くも〝敵視〟そのものであったことがわかる。

そしてこのころ、ワシントンでは午後五時すぎ——だれもグルー夫妻のように悲しがってなどいなかった。楕円形の大統領の書斎は突如として陸海軍最高司令官の作戦本部と化している。

ルーズベルトは陸海軍両長官を相手にてきぱきと指示している。国有の兵器廠ばかりではなく、すべての民間軍需品製造工場に、厳重な監視兵をおくことを命令した。陸軍長官スチムソンには、とくに、「そうだ、橋という橋も厳戒態勢下におくことにしよう」といった。マーシャル参謀総長がホワイト・ハウスも厳戒態勢下におくことを提案すると、大統領は「いや、それはご免蒙る」とあっさりと拒絶した。

ハル国務長官が、議会に提出する大統領教書は、読むのに三十分以上もかかるような、堂々として、かつ強力に、そして妍麗《けんれい》な文章を駆使しての、これまでの対日関係全体を回顧し、アメリカ国民の敵愾心を鼓舞するようなものにすべきだ、と要請した。ルーズベルトはその意見をも斥けた。まず簡明な教書をだす、それも問題を真珠湾攻撃にしぼったものとする、そのあとで国民を鼓舞するような強力なものを出す、と大統領は頑としていった。

そして国務次官サムナー・ウェルズを立たせて、明日発表するその簡明なほうの教書の口述をはじめた。出入りする要人がいて、扉が開くたびに、ルーズベルトのゆっくりとしているが、よく徹る声が広間に伝わってきた。

「昨日（コンマ）一九四一年十二月七日（ダッシュ）この屈辱の日をわれわれは永遠に忘れないでしょう（ダッシュ）アメリカ合衆国は（コンマ）日本帝国の海空軍により（コンマ）突如（コンマ）かつ計画的に攻撃されたのであります（ピリオド）アメリカ合衆国は日本と平和な関係にあり（コンマ）日本側の懇請によって（コンマ）日本政府および天皇との間で太平洋での平和維持をめざす……」

ホワイト・ハウスからは遠く離れたアーリントン地区にオフィスをもつ海軍省航海局では、局長ニミッツ少将が夕暮れの忍びくるのを分室の窓にみながら、少しく呆然としていた。つぎつぎにとどけられてくる真珠湾の被害状況は、不屈のかれをも絶望的な気持に陥らせている。その時間までに合計十八隻の大小艦艇が損害をうけ、戦艦二隻が沈み、二隻が沈みつつあり、数隻は修理不能という大損害なのである。航空機も二百機近くが地上で破壊された。

ニミッツは部下の兵員募集部長のジョージ・ホワイティング大佐に、暗澹たる表情でいった。

「ひどい敗北だ。立ち直れるかどうかわからないぞ」

ホワイティングはただうなずくだけである。

●「名をも命も……」

のちに太平洋艦隊を率い手強い総指揮官となるニミッツ少将の落胆ぶりにくらべ、同じころハワイ奇襲攻撃成功の第一報を聞かされた日本海軍の将兵は、

「よくぞ日本男子に生まれけり」

と昂ぶった気持を正直に噴出させている。海軍部内といえども、真珠湾攻撃計画を知るものは、ごく限られた人びとであったからである。軍令部作戦課と、作戦に直接タッチした部局のほか、政府との連絡にじかにあたる大臣官房と海軍省軍務局の範囲にかぎられていた。それだけに、感動の奔騰は、内地と外地とを問わず海軍のすみずみまでを一気にまきこんだのである。

ところが柱島の旗艦長門では、参謀とともに朝食の卓についたときも、いぜんとして、山本長官の顔は晴れようとはしていない。戦いの第一日目の、はじめての食事はいつもと同じである。御飯、味噌汁、漬けものの小皿、目玉焼、のり。戦勝ムードの自然に横溢するなかでは、変りばえのしない食事でも、味は格別と思える。幕僚たちの間の小声の会話もはずんだが、長官はついに一言も口をきかずに、そそくさと食事を終えた。席を離れるとき、山本は「政務参謀、ちょっと」と、またしても手招いて、長官の公

室に入った。緊張をすっかり解いて入室した藤井中佐に、山本はいった。

「何度もいったから、君はよくわかっていると思うが、最後通告を手渡す時機と攻撃実施時刻との差を、中央では三十分つめたとのことだが、外務省のほうの手筈は大丈夫なんだろうね。いままでの電報では、攻撃部隊は予定どおりやっていると思うが」

藤井はやや硬い表情となる。三十分につめたことの影響はほんとうになかったのか。

山本は静かに語をついだ。

「どこかに手違いがあって、この攻撃が無通告の騙し討ちとなった、というようなことがあっては、申しわけが立たない。急ぐことはないが、気にとめて調査しておいてくれ給え」

藤井参謀は「よくわかりました」と答え、長官公室から出た。周囲の浮きたつような雰囲気のなかで、長官の冷静すぎるほどの落着きが、若い参謀にはむしろ奇妙と映るのである。しかも、何度同じことを聞いたら納得できるというのか、と。

艦内は、長門を先頭に正午に第一艦隊が柱島を出撃する、という既定の方針があり活気にみちあふれ、陽気なざわめきに包まれている。不要物件はすべて陸揚げされ、出陣の準備に大童なのである。山本にはきびしく注文されたが、藤井参謀の気持もいずれ調査してみようかと、おのずと浮き立っている。

山本は長官公室にあって静かな時をすごしている。幕僚たちもそれをかき乱さない戦前からの習慣を守っていた。食後の一刻に、山本は多くの手紙を書くのを例としている。

すべて毛筆書きである。その朝も、山本は机にむかってゆっくり墨をすり、筆をとった。そして半紙に「述志」とまず一行を記した。

「此度は大詔を奉じて堂々の出陣なれば生死共に超然たることは難からざるべし
ただ此戦は未曾有の大戦にして　いろいろ曲折もあるべく　名を惜み己を潔くせむの
私心ありては　とても此大任は成し遂げ得まじとよくよく覚悟せり
　されば　大君の御楯とたたに思ふ身は名をも命も惜しまさらなむ
　　昭和十六年十二月八日　　　　　　　　　　　　　　　山本五十六」

名をも命も惜しまぬと山本は書いた。かれにおけるハワイ作戦とは、部下の海軍精鋭に支えられていたと同時に、いわば名も命も惜しまぬという自己犠牲の精神に根本をおいた最後の手段であったのである。作戦が成ろうが成るまいが、覚悟はひとしかった。あえていえば「必敗の精神」で虎穴に躍りこんだ。そしていまは、勝利を喜んでいるというよりも、かれは悲しんでいたのかもしれない。

・八日午前八時―九時

●「南雲さんは、やらないよ」

午前八時すぎ、長門の作戦室には、全幕僚が参集し、機動部隊からの報告のくる前に、それまでの戦況説明をうけ、戦果の判定を行った。大よその判断としては、真珠湾にいた戦艦をすべて撃沈ないし大破したということになる。しかし、一つの艦を二機の攻撃機が視認して、二隻をやっつけたように報告してくる場合もあると、ある幕僚が補足して説明する。

若い幕僚は、作戦に直接参加ならずという切歯《せっし》扼腕《やくわん》の気味もあって、ひかえめな戦果判定には納得しなかった。冷静派のほうもそれにひっぱられて、数字はどんどん大きくなっていく。

しかし、報告によって判断を求められた山本は、

「少し低い目にしておくほうがよい」

といい、幕僚の判定の約六割をとりあえずの戦果とした。

柱島で連合艦隊が戦果判定に頭をつかっているとき、ハワイ北方海面の機動部隊の南雲司令部は山本長官および永野軍令部総長にあてて、最初の戦果報告の電報を発信した。日本時間午前八時（ハワイ時間午後零時半）。

「敵主力艦二隻撃沈、四隻大破、巡洋艦四隻大破、以上確実。飛行機多数を撃破、我損失飛行機二十九機(8)」

そのときの機動部隊の将兵の意気は、まさしく天を突いていた。司令部先任参謀大石保中佐の日誌にはそのよき証しといえる文字がならんでいる。

「僅に一時間半にて米戦闘部隊ならびに布哇《ハワイ》空軍を事実上殲滅《せんめつ》せり。武人の本懐これに過ぎず。これにて戦争の前途に無限の光明生ぜり。四十二年の生涯、ただ今日の為にあ

り」

全将兵が生き甲斐を感じ、心底から喜びにうち震えていた。

各空母では、格納庫内では被弾機が大いそぎで修理された。無傷の飛行機には銃弾が補充され、爆弾が搭載されていった。戦果をより徹底的にすべく、当然第三次攻撃隊の発進はあるものと、将兵のほとんどは思っている。

各艦から報告をうけ赤城の司令部は、無傷の百七十九機に、修理して使用可能の八十六機を加え、二百六十五機の攻撃隊を発進させうることを確認した。いぜん大兵力である。

空母蒼龍にあった第二航空戦隊司令官山口多聞《たもん》少将は、いつまで待っても何の命令もないのに苛々して、南雲司令部に決意をうながすように信号を送った。

「第二撃準備完了」

麾下の空母は、ともに搭載五十七機のうち蒼龍三十機、飛龍四十三機の兵力が健在なのである。艦橋に立つ山口は唇をかみしめながら、赤城を見やっている。

午前八時十五分、小雨が降りだした。赤城からは、いぜんとして何の応答もない。航空参謀が「もっと強く、はっきりと意見具申すべきです。やりましょうか」といったとき、山口少将は首をふって、だれにいうともなくつぶやいた。

「南雲さんは、やらないよ」

空母赤城の司令長官室で、その南雲は沈思をつづけている。若き日の南雲は対米戦争強硬派の頭目の一人であった。ワシントン、ロンドン両軍縮条約破棄、米英の世界戦略に頤使されること断固拒否、を掲げる士官署名運動の先頭に立ったりした。が、艦隊司令長官にまで昇りつめたとき、妙に腰のひけた提督へと変貌した。あるいは、魚雷攻撃専門の〝水雷屋〟出身の身で機動部隊を指揮せねばならなかったために、でもあったであろうか。淵田が真珠湾へと向うときの南雲の姿を描いている。

「潑剌颯爽たりし昔日《せきじつ》の闘志が失われ、何としても冴えない長官であった。年のせいで、早く耄碌《もうろく》したんではなかろうかと感ずるのであった。作戦を指揮する態度も退嬰《たいえい》的であった」

対米強硬派であった南雲は、空母一隻を沈めても大事となるような日本の国力をもって、アメリカと戦うことの無謀さを、このときになって恐怖をもって痛感していたのかもしれない。

もうひとり優柔不断の将がアメリカにもいた。午前八時十五分、ブレリートン航空部隊司令官はマニラの司令部に出頭し、あらためて台湾の日本軍基地への攻撃を意見具申している。サザーランド参謀長が「そうまでいうなら、マッカーサー大将の意見を聞いてくる」と立上って出ていった。きっと長く待たされるに違いないと考えている間もなく、参謀長は引き返してきて、首をすくめてブレリートンにいった。

「軍司令官の返事は、ノーだ。われわれはマーシャル参謀総長の指示どおり、日本軍に第一撃を加えさせる、こちらからはやらぬ、そう大将はいっている」

ブレリートンは頭にきた。

「真珠湾がもう第一撃をうけているのですぞ。どうしてこの上に敵の攻撃を待っている必要があるのですか」

「とにかく、われわれの任務は防備《デイフエンス》だ。攻撃《オフエンス》ではない」

サザーランドは、マッカーサーにいわれたことをそっくり、ブレリートンに叩きつけるようにいった。極東アメリカ軍司令官が自分できめたらテコでも動かぬ信念の男であることを、参謀長は骨身にしみるほど知っていた。

●「老生の紅血躍動！」

ホワイト・ハウスの北の玄関の明るい照明がつけられなかったのは、おそらくは史上その夜だけであったかもしれない。日本時間午前八時四十分は、ワシントンでは午後六時四十分、陽は没してもうすっかり街は暗くなっている。官邸の家政婦たちは燈火管制用のカーテンをあわてて用意している。部屋数が多いために、全員総出でもまだ足りなかった。大統領の執務室にごく近い西エグゼクティブ・アベニューは交通が遮断された。万が一にも空襲されるようなことのあった場合、大統領が逃げのびるためのトンネルの整備も改めて行われた。トンネルは、ワシントンでもっとも安全な待避壕である財務省地下の金庫室につながっている。

ルーズベルトお気に入りの財務長官モーゲンソーと、大統領との、このころに交わされた電話での会話記録が残っている（佐々木隆爾ほか『真珠湾の日』による）。

大統領　わかった、間違いなくそっちへ行く。それより、閣議は八時半からだぞ。

財務長官　はい、わかりました。指令はウェルズ（国務次官）といっしょに全部かたづけました。

大統領　いいぞ。

財務長官　それと、日本の在米資産はすべて完全に凍結します。

大統領　そうか。

財務長官　日本人がわが国から離れたり、外と連絡をとったりすることのできないようにします。

大統領　了解した。

財務長官　それで、国境線の検問ではわれわれが責任をもちます。

大統領　フムフム、それでいい。

財務長官　今夜日本の銀行と会社のすべてに人を入れて、日本人がそこに入れないようにします。

大統領　グッド。

この通話から、財務長官としての仕事以上のことまでを、モーゲンソーはやっているようにみえる。ホワイト・ハウスの警備員を、倍にふやすよう命じたのは財務長官であり、国務・陸海三省が同居する古い建物の上に、高射砲をとりつけるよう命じたのもまたかれである。ハル・ノートのそもそもの出所のことといい、モーゲンソーのはたした役割には、端倪《たんげい》すべからざるものがある。

そしてこのころから、真珠湾での思いもかけない大きな被害がだれいうとなく次第にひろがり、完全に、アメリカ国民の衝撃と、それにたいする怒りが、一直線に日本人にたいしてふりむけられはじめている。

まだ午後も早いころには、ちょっとした流行語がうまれた。シカゴで号外売りに人が群らがっているのをみて、「何ですの」と訊ねた老婦人が、戦争と聞かされていったという。

「へえ、まさか。で、だれと戦争してるんですか？」

そんな笑い話もいまやシャレにもならず、「だれと」すなわち敵は日本人、ドイツ人に非ず、が明確に浮かびあがっている。

なぜなら真珠湾への空襲は、日の丸をつけた飛行機の不意の攻撃によるものと明確になり、その憤激をヒトラーやムッソリーニの所為《せい》とするわけにはいかなくなったからである。「眼鏡と出っ歯」が許しがたいような、考えられないような卑劣きわまる暴挙をあえてしたのである。疑うべくもなく戦いの相手は〝東洋のモンキー〟なのである。

電話線は切られ、外部との連絡をすべて断たれた日本大使館員が、その晩、恐怖と緊張をほぐすために気付け薬としてウィスキーを一口か二口飲んだ。それがまた勝利を祝っての酒盛りと報ぜられ、アメリカ国民の憤激を買う始末なのである。

そしてそのころの日本人は――朝から酒盛りというわけにはいかないものの、いぜんとして大いなる歓喜と感動と興奮の渦のなかにあった。何ぞ米英恐るべけんや、の気分が横溢しはじめている。まだ戦果らしい戦果は報ぜられず、戦いの成りゆきに不安がいっぱいあるとはいえ、どことなく心躍るものが湧出しはじめている。

十七歳の中学生山口正彦は堂々たる文章を日記に残した。

「この日、天気晴朗なれど波高し。富士の麗峰は一億国民の決意の前に雄々しく輝いている。想えば隠忍数十年の長い歳月であった。然し今帝国は自国の存立と名誉の為に決然として立ち上ったのだ。経済、通商不通は覚悟の事だ。英米何ぞ恐るべき。

俺はこの記念すべき日に高等学校受験への決意を新たにしよう」

加藤芳郎（漫画家）は戦後に回想する。当時は東京市役所防衛局防衛課の臨時雇。十六歳。「中野区の自宅で揃ってラジオの開戦の報を聴いた。『やったあ！』と、特に高く歓声をあげたのは私と弟（中学一年）で、父と長兄は渋い顔をしていたような気がする。防衛局では、局員で軍籍があった連中は、この日挙《こぞ》って階級章（将校・下士官）をつけた軍服で登庁した。興奮というよりも〝暗雲が取り払われたな〟といった思い入れで、全局員がほとんど〝浮き浮き〟とした顔つきだった」

広津和郎（作家）は五十歳。かれは、もし日米戦争がはじまったら、どんなに陰気なことかとつねづね思っていた。が、開戦を知ると、思いもかけず「頭が明るくなって来るのを覚え、……あまりの誠が――この世に何か失われていたように思っていたあまりの誠が、やっぱりあったのだと知った」と回想する。

なかには激情をほとばしらせている人もいる。

斎藤茂吉（歌人）、五十九歳は日記に大書する。

「昨日、日曜ヨリ帝国ハ米英二国ニタイシテ戦闘ヲ開始シタ。老生ノ紅血躍動！」

旅行先の満洲国の奉天で開戦を知った作家林房雄も、日本への報告に書いた。三十八歳。

「大変であろうがなかろうが、もうこれ以上我慢できないのだ、国民はみな大変に臨む覚悟をつけている。決戦態勢は国民の胸の中では夙《とう》の昔につけているのだ。慌てることはない」

そして、新京神社の神前にぬかずいて祈った。

「今私に与えられた仕事はいつ止めてもかまいませぬ。ただ神の御旨《みむね》のまま、我が大君のみことのままでございます」

・八日午前九時―十時

●「下司の戦略論である」

時計が日本時間九時を過ぎたとき、ハワイ北方海上では一つの決断が下されようとしている。それもあるいはマルスの〝御旨のまま〟ということなのであろうか。

空母赤城の士官室で、第三次攻撃はあるものと思いこんでいる淵田中佐が、ひとしきり自慢話に花を咲かせたのち、腹がへっては戦ができぬと、牡丹餅《ぼたもち》を一つ頬張ったときである。艦内高声令達器が、

「戦闘機だけを残し、他の飛行機を格納庫に収容せよ」

と、司令部の命令を伝えたのである。血気の将兵たちがいったいどういうことかと訝しく思う余地も与えないように、機動部隊全艦の舳は北へ向きだした。

「第三戦速二十六節《ノット》に増速、北上す」

南雲長官が、草鹿参謀長の進言もあって、ついに決断を下したのである。南雲の結論はこうである。

「所期の戦果は達したものと認める。第二回攻撃を行っても、大きな戦果は期待しえないであろう。よって帰還する」

覚悟してきた味方空母の喪失は一隻もない、そして望外な戦果をあげた以上、敵基地航空兵力の攻撃圏内にいつまでもとどまっていることはない。

草鹿の補足はこうである。「攻撃は一太刀と定め、手練の一撃によってその目的を達成したのである。……いつまでも同じ獲物に執着すべきでなく、次の敵にたいする構えが必要であるとして、何の躊躇もなく南雲長官に引揚げを進言した。なぜもう一度攻撃を反覆しなかったか、なぜ工廠や油槽を破壊しなかったかなどの批判は、兵機戦機の機微に触れないものの下司《げす》の戦略論である」

戦後、宝塚の自宅でのわたくしのインタビューにさいしても、「下司の戦略論」をしきりに草鹿元中将は口にした。剣と禅の一致についても語った。息をつめ、邪念を払い、万全の体勢で大上段にふりかぶった名刀を一閃する。これが参謀長としての作戦指導であった、ともいった。この「一刀流戦法」と、間断なくパンチを浴びせかける米海軍の「ボクシング戦法」の何たる違いか。しかし、草鹿の信念は戦後も少しもゆらいではいなかった。

こうして午前九時三十五分（日本時間）、機動部隊は真珠湾の真北一九〇海里まで接近したあと、いっせいに回頭、高速をもって去っていく。疾《と》きこと風の如く来たり襲い、風の如く去る。機動部隊の戦術的勝利をもってハワイ作戦は幕を閉じた。

このころ真珠湾のアメリカ海軍の戦艦群は、完全な敗北を象徴する黒煙をものすごい勢いで噴き上らせている。散発的な爆発や燃える石油の噴出がいつまでもつづいた。死者は最終的に二千四百三人（うち民間人六十八人）にのぼった。戦艦四隻が沈み、同四隻が大破した。現地で修理可能なのはわずか二隻である。軽巡三隻、駆逐艦三隻、補助艦三隻が撃沈または大破された。標的艦ユタも沈んだ。飛行機の喪失は海軍百四機、陸軍百二十八機である。

このあと死と破壊は何日もつづいた。救助隊員や潜水夫はその日から三日間、沈没した艦船に閉じこめられているものの救助に、夜を日についで全力を投入した。レイトン情報参謀は手記に残している。

「鉄板の内側から助けを求めてトントンとたたく絶望的な音が次第に弱まり、空気のなくなると同時に止まるのだった。転覆したオクラホマに閉じ込められた四〇〇人のうち生きて助け出されたのは三四人にすぎない」

マルスは死者の数と破壊の量をそれ以上大きくすることを喜ばなかったのかもしれない。南雲の決断をむしろ喜ばしいものとしたのであろうか。

いや、ハワイ方面でのアメリカ軍への作戦は終ったが、アメリカ軍にたいする新たな日本軍の攻撃がフィリピン正面ではじまろうとしている。マルスがやさしく微笑むことなどはない。ひとたび開始された以上、戦争とは、いらざる感傷の入りこむ余地のないほど、連続的であり非情で容赦ないものなのである。

台湾の日本軍基地を蔽っていた濃霧が晴れたのは午前八時五十分を過ぎたころ。すでに夜は明けはなたれ、すばらしい飛行日和の晴天がひろがっている。風もない。九時十八分、台南基地にあった第一航空隊の九六式陸攻二十七機が離陸した。攻撃目標はクラークフィールド飛行場である。

護衛戦闘機隊の坂井三郎一飛曹が、出撃までの不安と焦燥にかられていた数時間を手記に書いている。

「敵からの空襲がなかったとしても、こうしていたずらに時間を空費しているうちに、敵に防御態勢をととのえる時間を与えてしまう結果となり、わが方の奇襲攻撃の計画を完全に蹉跌《さてつ》させる。思えば思うほど憎い霧であったと、神ならぬ身の、そのときはそう思ったのであるが、あとにして思えば、この霧が、はからずも味方に大成功をもたらす原因となったのである」

攻撃隊はやっと桎梏《しっこく》から解き放たれた……。フィリピンの目標まで三時間の航程である。つづいて高雄基地からも一式陸攻隊が出撃する。戦闘機隊も。

●「無頼の徒と同じではないか」

日本の機動部隊が北へ回頭したとほぼ同じころ、重苦しい会議がタイ国の首都バンコクでやっとひらかれている。

日本側の坪上貞二大使、陸軍武官田村浩大佐、海軍武官左近允少将たちが、タイ国首相ピブンが首都に戻ったの報をうけ、急ぎ指定された会見場所のタイの陸軍省にかけつけた。迎えた首相は小さな身体に軍服をまとい、硬い表情のまま、ニコリともしない。かたわらの商務相はほとんど血の気を失った顔をしている。

会談はすでに四十分近くつづき、時計は日本時間の十時を指そうとしている。実にそれまでの三十分近く、通訳を介して坪上大使の、日本軍の平和進駐に協力してくれるようにとの申し入れに、ピブンは一言も発しない。唇をきっと噛みしめたままである。つづいてピブンと親交の厚い田村大佐がほとんど懇願するかのように、日本軍の通過協定を承認してくれるように、と眼に光るものをうかべながら訴えはじめる。ピブンはいぜんとして黙っている。現実に、日・タイ両軍の間には衝突が起き、小ぜり合いの戦闘はつづき、死傷者をふやしている。一刻を争うことは、タイ側も承知している。日本側の申し入れが終るのを待っていたかのように、突然、商務相が英語で、語気を震わせながらいった。

「日本軍のやったことは無頼の徒と同じではないか。一片の通告もなく、わが領土に侵犯してくるとは何としたことか」

部屋の空気はいっぺんに粛然とした。日本側に返す言葉はない。国際法を無視しての領土侵犯には違いなく、首相がバンコクにいてくれたらの弁解などは三文の役にもたたない。といって、決裂は許されないのである。

重苦しい沈黙がつづいた。ほとんど睨み合いに近い状態である。その空気を破ってピブン首相が立上った。

「申し入れ事項について閣僚たちと相談したい」

そういうとさっさと部屋を出ていった。

それっきりタイ国側はだれも姿をみせなくなった。十分、二十分……坪上たちは顔を見合せた。時間はただ空しく流れていく。だれもが払っても湧き上ってくる不吉な想いにさいなまれはじめている。しかし、扉は閉じられたままになっている。

東京では――、扉が開いて海軍の軍装に身を固めた天皇が、九時四十分きっかりに入室してきた。宮中東の間には、首相と閣僚をふくむ三十二名のメンバーがそろい、全員起立して天皇を迎えた。対米英戦争を決定づける最終儀式ともいえる枢密院会議の開催である。

天皇の前に、二つの相対するテーブルがおかれ、その一つの端に、原枢密院議長と鈴木貫太郎副議長が坐っている。鈴木は向う側にずらりと並んで坐している東条首相とその閣僚たちを眺めながら、軍人は政治に干与すべからずという自分の強い信念を、なぜか思いだしていたという。

枢密院は、法的には政府の決定にたいして拒否権を行使できたが、過去においてそれが用いられたことは実際にはなかった。ましてや戦闘が東に西に開始されているいま、何の反対論が十六名の枢密顧問官にあるというのか。しかし、この日の枢密院会議は実に長くつづけられている。終ったのは十一時十分である。そこでまたふれるというのも二度手間ということになるので、ここでこのままつづけてしまうが、枢密顧問官たちの政府への質問が驚くほどに綿々としてつづけられたのである。

石油などの重要資源をどこで手に入れるのか。いくつもの国を敵としての長期戦に耐えられるのか。国民の士気の永続する確信はあるのか。ほんとうに勝てるのか。戦争の終結手段をどのように考えているのか。東条はこれに得意の弁舌で丁重に答えていく。

「いまのところ戦争終結についてのはっきりした見通しはない。状況に応じて立案せざるをえないでありましょうが、どなたかよい案があったら、お教えいただきたい」。もちろん、だれも答えるものはない。

とくに池田成彬顧問官がしきりに雄弁をふるって政府に質問した。

「アメリカの正式の名称はアメリカ合衆国であり、イギリスはグレート・ブリテン、ないしは大英帝国とよばれております。したがって、この両国に宣戦するさい、たとえ敵国であっても、米国および英国というような略称を詔書において用いるのは、礼儀をきわめて重んじますわが大日本帝国にとって……」

所詮は、会議そのものが儀式であり、すでに戦死傷者がでているのをよそにした芝居ということになる。結論は明快である。米英およびオランダとの宣戦を認めるか、また宣戦の大詔を原案どおりに承認するか。顧問官はひとりひとり「賛成」と答えた。全員一致の賛成で、日本は正式に国策として開戦を決定する。そして無言のまま立上って部屋をでていく天皇を、一同は頭を深く下げて見送り、戦いのためのすべての法的な手続きは完了した。

その日、帰宅した鈴木は、ラジオが叫びつづける開戦の報道を耳にしながら、夫人や子息に表情を暗くしていった。

「これで、この戦争に勝っても負けても、日本は三等国に成り下がる。何ということか」

元海軍大将の鈴木貫太郎は七十三歳である。

●「負けて堪るか」

四十五歳の詩人金子光晴も、鈴木とはやや違う意味で、戦後の回想において開戦を憎悪している。

「母親も、こどもも、ラジオの前で、名状できない深刻な表情をして黙っていた。／『馬鹿野郎だ！』／嚙んで吐きだすようにぼくが叫んだ。戦争が不利だという見とおしをつけたからではなく、当分この戦争がつづくといううっとうしさからである。どうにも持ってゆきどころがない腹立たしさなので、ぼくは蒲団をかぶってねてしまった」

戦争が長期戦となり、すべてがきびしい状況下におかれる。祖国日本はどうなるか、家族はどうなるか、自分自身はどうなるか。戦争を身近にひき寄せて考えれば、真底から鬱々たるものを感じるか、胸がキュッと締めつけられるような不安にかられた。日本人はだれもが、そうした圧迫感や緊張感から逃れるためにも、ひたすら勝利を願ったのである。ラジオも号外も、戦争がはじまったことを伝えるのみで、まだ何一つそれらしいことを報じてはいないが、それだけにいっそう祖国に栄光あることを祈ったのである。

四十六歳の作家横山美智子が書いている。

「私は街に出た。市電が明治神宮前をとおったとき、私も私の前の席の帝大の学生も、立上って敬礼をした。しばし、涙で顔が上げられなかった。途中で出逢った早大の学生は、教授が昂奮して、授業をせずに帰られたと告げた。学生は、講堂のまえで、刻々のニュースが終るごとに万歳を送り、授業のない学校を去ろうとしないでいるという。私はその光景を想像し、涙があふれて堪えられなかった。早大の学生達は、自発的に、宮城まえに徒歩で行く相談をして、皆出発したという」

午前十時に近づくにつれて、宮城前の広場は、静粛な、厳かな顔をした人の波で埋まりはじめる。市民も学生も、ひざまずき、頭を深く垂れる。なかに宮城に向って決意を大声で誓う人がいるが、ほとんどは黙って天皇への忠誠を明らかにし、ひたすら戦勝を祈ったのである。

ジャーナリスト阿部真之助（五十七歳）も、決意のペンを走らせている。

「私の感動も意識的になるにつれ、先ず私の心を揺り動かしたものは街の人々と同じような、矢張り、国民的な感情だった。（中略）今のところでは爆弾の下にも安んじて身が置けるような気がしている。これは負けて堪るかの、国民感情がさせているので、願くばこの沈静な心持だけは永久に持ち続けたいものと念じている。日本の運命は、英米を世界の覇権から追放することを約束する」

あるいは、この日の日本人の気持や表情を、当時の文筆家の書いたもので垣間見ようとすることは無意味、と思う人もいるかもしれない。言論は官憲によりきびしく統制されていたし、平均的な日本人はもっと別の、あるいは〝撃ちてし已まむ〟ともっと猛々しい、あるいはもっと絶望的な見方をしていた、と主張する人もあろうか。

いや、そうではなく、当時小学校五年生のわたくしのささやかな体験からも、さながら雷に打たれたようなその朝の日本人はほとんどが、列挙してきたような気持を抱いたものと考えていいと思う。枢機に関与しない文筆家たちもまた、真の情報から遠くにあり、一般国民の一人にすぎなかった。不安感、緊張感、鬱陶しさからぬけでたようなすっきりした気持、さらには驕れる大国米英にあえて挑戦したという気の遠くなるような痛快感。それらが混りあった気持を味わいつつ、おもむろに日本人すべてが高揚した気分に導かれはじめていったのは事実である。

十八歳の、旧制広島高校の一年生であった林勉が書いている。

「その朝の授業は、鬼のあだ名で文科生に最も畏怖された雑賀《さいか》教授の英語だった。廊下のマイクが臨時ニュースを伝えると、教授は廊下に飛び出して、頓狂な声で〝万歳〟を叫んだ」

この雑賀忠義教授が、戦後広島の原爆慰霊碑の「安らかに眠って下さい過ちは繰返しませぬから」の文句を考案した人なのである。

責めて書いているのではない。つまり、その日の日本人の気持は――左様、端的にいえば、当時東大生であったエッセイスト三國一朗（二十歳）の回想がいちばんぴったりであろうか。

「その夜おそく、私は下宿の浴場でW君と一緒になった。（中略）浴槽に身を沈めながら低い声で彼が口にした『……みんな昂奮してるなあ、……大変なことなのに』という一語を、私は今でも憶えている」

この言葉は逆にしたほうがいいかもしれない。大変なことになった、うまくこの国難を乗り切れるであろうか、とわかっているから、かえって雑賀教授をはじめ日本人は興奮していたのである。勝利の報を待ちのぞんでいたのである。

・八日午前十時—十一時

●「龍田丸はどうしたろうか」

朝日新聞政治部記者の飯澤匡は、夜勤のため午前三時にアパートへ戻り就寝した。それでこの朝は臨時ニュースなど聞くこともなく、午前十時に有楽町の社についている。バスの車窓から眺めた街の表情はふだんとまったく変りなかったので、編集局に入るまでは戦争がはじまっていることなど思ってもいなかった。一歩入ってあっと驚いた。非番のものまでが総出勤で騒然としていた。

飯澤は戦後に回想している。

「深夜勤務の翌日は夕刊の助手に廻る制度であったから、私のところに廻って来る仕事は細かいものであり特に緊張を要するものではなかったが、いくら気を鎮めても持っている筆が踊って字が書けないのであった。私の膝がガクガクと震えて、それが胸に伝っていたのである。私は向かい側に坐っている先輩の永島寛一さんに、これを訴えた。すると永島さんも『僕もそうだよ』とそっと答えてくれた。今考えても二人の震えは正直な反応だったと思う。つまりこの時、私は日本は負けると思ってしまったのである」

この最後の一行は、はたして、当時のジャーナリストの理性的ともいえる判断であったのであろうか。同じ朝日新聞の政経部長田中慎次郎も、同じ想いを味わったと戦後に回想している。当時四十一歳、開戦と知って、日本という国がとんでもない広いところへ飛びだしたが、何年かかってとんでもなく深いところに向って墜ちていくだろう、という予感が胸をおおった。そして夜遅く帰った田中は、風呂の中で大声で、

「日本は負けだッ」

と叫んだ。ただし田中には記憶はなく、夫人の耳にだけ残っているという。各社とも緊急臨時編成が組まれ、戦場とひとしくなる。夕刊そして朝刊の紙面づくりの熱気とで、新聞社全体が鳴動している。そのなかで働きづめであったその日一日の噴きだすような興奮が、大声となって奔りでたのであろう。叫びのうしろには何としても勝ちたいという痛切な願いがある。

東京日日新聞の後藤基治記者は、遅い目覚めながら臨時ニュースを聞いた。一瞬、西太平洋とはどこを指すのか、と思った。すぐに「そうか、マレー、そして比島」と察せられたが、そのかれにも真珠湾へは思いが回らなかった。海軍担当として、日本の軍艦は寡《か》よく衆を制するために、航続距離をへらしてまで砲力をましているという常識がわざわいしている。航続距離の極端に短い日本の戦艦や空母が三〇〇〇海里の波濤を押し渡っていくことの不可能なことは、改めて考えてみるまでもないことであった。

こうして朝からの臨時ニュースがただ、八時三十分、九時三十分、十時三十分と「戦闘状態に入れり」をくり返している状況下で、午前十時四十分、初の戦況を伝える大本営発表がやっとラジオから流れた。

「大本営陸軍部発表　我軍は本八日未明戦闘状態に入るや機を失せず香港の攻撃を開始せり」

後藤はこれを耳にして思わず苦笑した、そうか西太平洋にはまずイギリスの統治する香港があったと。「ところで西太平洋には蘭印も入るのじゃないかな。いずれにしても、今日は飛んでもなく長い一日になるぞ」と身仕度をしながら思った。「そうだ、忘れていた」と後藤はひとり言をいう。

「龍田丸はどうしたろうか」

――実は、太平洋上の龍田丸は、すでにして回頭して日本へと向っていたのである。国際日付変更線を通過して十四、五時間経った八日午前七時（日本時間）、ＪＯＡＫの伝える大本営発表を船の無線係がキャッチし、事務長加藤祥に伝えたのである。加藤から木村庄平船長へ。木村は若干ためらったが、意を決して出航前に渡されていた封筒をあけた。そしてぐるりと船首を日本へ向ける。ミッドウェイ島北方、米軍哨戒圏のわずかに外の海域において。

開戦の事実は、船の幹部だけが承知することとし、外国人船客の不穏な行動に対処するために、海軍より渡されていた拳銃をそれぞれが身につけた。当然のことながら、素人は誤魔化せても、海をよく知るものには船が西へ向って航走していることを隠すことはできない。万に一つの場合を想定せざるをえない。

予想どおり、船客のイタリア海軍の少佐が「船は逆の方向へ走っている」と騒ぎだし、戦争開始を知らない船内はたちまち騒然となった。しかし、木村はびくともせず、誠意をつくして理由を説明した。拳銃はついに使われることなく、混乱はやがて収まった。

こうして龍田丸は、後藤記者が心配するほどのこともなく、あらかじめ渡されていた指令どおりに、フルスピードで日本への航路を急いでいる。戦いの階段を登るために、あらゆる手段が有効に打たれていた。それがはたして陽動作戦として役立ったかどうかを別にすれば（ちなみに龍田丸の横浜着は十二月十四日のことである。岸壁についたとき、タラップを最初に駈け上ったのは海軍省の市川少佐であった）。

午前十時半すぎ、龍田丸とは異なり、柱島の第一艦隊は勇躍して日本本土より外洋に出撃すべく、綿密な準備を完了している。作戦目的は、中部太平洋を大迂回して帰国する南雲機動部隊を、東経一六〇度の線で出迎え、援護収容するため、という、とってつけたような既定方針によるものである。その裏には、当初においては、あるいはハワイ奇襲が大失敗し、南雲部隊潰滅、アメリカ太平洋艦隊がそれを追撃しながらの大挙西航という最悪の事態が起ったら、という深慮遠謀があったゆえ、とされている。しかし、いまはその懸念はすっかり消し飛んでいる。にもかかわらず、予定どおり大艦隊が堂々と出撃するのである。

状況がいかに変化しようとも、敷かれたレールの上を突っ走るのが、日本海軍の奇妙な流儀であり特徴なのである。

●「絞め殺し作戦である」

あらゆる様相が一変した。既定方針も、用意された構想も、敷かれたレールもなかった。ハワイではすべてが消し飛んでいる。黒焦げの戦艦の残骸からはいぜん炎と黒煙が上がっている。ショックと混乱は時間がたつにつれ、真珠湾の被害状況が判明してくるにつれ、どんどん大きくなっていく。そのなかでひとりだけ――世界的ジャーナリストのジョン・ガンサーが書いている。

「その夜、ワシントンでは、政府の高官の中にも気の狂ったようにあわてた者があった。まるで満員の劇場で、火事だ！ と叫ばれたときのようにふるまった者もあった。その中で、ひとり悠々と落着いていたのはホワイト・ハウスであった。ルーズベルトが昂奮している人々を落着かせていた」

午後八時半（日本時間八日午前十時半）、その悠々たる大統領ルーズベルトは、閣僚全員をホワイト・ハウスに招集した。その夜は、灯を外にこぼさず建物全体が闇の底に沈んだ。そこだけが明るい大統領執務室のデスクに、大統領を中心に完全な円陣をつくって閣僚が坐った。会議の目的は、この日の出来事すべての総括である。

ルーズベルトは厳粛な面持ちでいった。

「この閣議は、南北戦争勃発に際会して、その前夜にリンカーン大統領がひらいた閣議とならぶほど、重要この上のないものである」

閣僚は全員が同感した。

ルーズベルトは真珠湾の状況をありのままに伝える。その犠牲者があまりにも多数にのぼったことを報告せねばならない、それをきわめて遺憾に思うといった。しかも、不意を衝かれたことを認めねばならない、といったときはいかにも苦しそうであったと、閣僚の一人が語っている。このあと大統領は、

「明日の正午に議会で報告する」

といい、その折に読むであろう教書を、閣僚たちに読み聞かせた。スチムソンがこれに即座に意見をいった。この際、対日本のみならずヒトラーにたいしても、宣戦布告することを議会でいってはどうか。なぜなら、と陸軍長官はいう。

「ヒトラーが日本を戦争に引きこんだのは明らかであるから」

しかし、ルーズベルトはその意見をとらなかった。もしも両国に一度に宣戦布告すれば、孤立主義者から「ルーズベルトは日本との戦争を仕組んだ」と非難されることになるから、というのである。かれはあくまで計算高く冷静さを保っている。

そうした大統領の意見を容れて、閣議での意見は、はたしてリッベントロップ外相が傍受した電報で大島大使に確約していたとおりに、ヒトラーがその約束を守るかどうかを当面は静観し、成りゆきを見きわめてからでよい、ということで一致した。

ハル国務長官が、そのあとで、議会で読む教書に注文をつけた。すでに大統領に伝えてあることのむし返しである。

「どう考えても生ぬるい。こんな危機に直面しているとき、不適切であると思う。もっ

と強い言葉でいうべきである。われわれが用意した文書がある」

これをもルーズベルトは頑強に突っぱねる。

「議会にたいする声明は、控え目な言葉でいいのであって、爆発的にすぎるところの少しもないのがいいのである」

そしてハルが提出した戦争教書の草稿を一顧だにしようとはしなかった。けれども態度は終始穏やかであったという。辛抱強く閣僚たちの意見を聞き、彼らがやがて自分の意見に従うのを待ちつづけていた。

ガンサーは書いている。

「……衝撃を受けながら、かれは一瞬といえども狼狽したようすを見せなかった。衝撃にひるまなかったばかりでなく、かれの頭に浮かんだことは直ちに反撃に移ることであった。濠州に軍隊を送ることがその晩のうちに決定された。歴史の回転の軸を変えるようなこのような危機に臨んでも、かれは平生の態度を失わなかった」

「かれは軍人たちにすべてをまかせていて、時々、彼らを刺激して、激励するぐらいのものであったが、彼らの傀儡《かいらい》には決してならなかった。かれはボスであった。……軍事上の機密に眩惑されることは絶対になかった」

日本は予想もしなかった強い戦争指導者を敵としたことになる。ルーズベルトは閣議の最後にいった。

「日本がやった攻撃に対する回答は、日本に対する絞め殺し作戦である。彼らは何も持っていないのだ。われわれは、日本の飢餓と消耗によって、最後には勝つことができるであろう」

そして、事実、最後にはそうなった。

予測可能な事態への対処ならだれでもやれる。不測の事態にたいして沈着に対処できた人が優れたリーダーということを、歴史はつねに教えてくれている。ルーズベルトはこの意味で、非情なほどのリアリストであり、秀抜な戦争指導者であったようである。不測の事態によって生じた大きなマイナスを、冷静にプラスに変えようとしたのである。

そのころ真珠湾口で一隻の潜水艇がなお必死の戦いをつづけている。酒巻少尉を艇長とする特殊潜航艇（甲標的）である。ジャイロコンパスの故障したまま出発したこの艇は、爆雷攻撃をしばしば見舞われ、その上に湾口のリーフ線に座礁するなど、悪戦をつづけながらも、何とか湾内に突入しようと最善の努力をつくしてきた。しかし、魚雷発射装置も損傷し、唯一の武器の使いようもなくなっている。そして艇内の気圧は二千ミリにも昇り、悪性のガスが充満しつつある。酒巻は戦後の手記に書いている。

「全力をつくして後、どうにもならないことは、運命であると諦めるほかはない。そう思ってみても、私には何かわりきれない感情がのこった。私たち二人の落武者は、なんの言葉もかわしていない。敗戦の悲運にふれたくもない。戦闘をかえりみたくもなかった」

ほとんどの海軍軍人が凱歌をあげているなかで、二人の艇員は明らかに敗者となっている。

こうして彼らは、夜明けを待つようにして、艇を爆破する導火線に火をつけ、海に身を投じる。岸に向かって「がんばれ」と互いに励まし合いながら泳ぎつづけた。稲垣二等兵曹は、しかし、力尽きて波に呑まれてしまった。やっと磯波によって無意識のままに岸に打ち上げられた酒巻は、しばらくして、熱い太陽の直射をうけ急激に、強い明瞭な意識をとり戻した。そのかれの眼前に、背の高いアメリカ兵がピストルをさしつけて立っていたという。

・八日午前十一時―正午

●「着々戦果を拡張中なり」

旗艦長門の出撃準備は完全にととのった。配乗されている若い士官たちはだれもが張りきりかえっている。彼らにとって、裏の事情がどうあれ、戦勝の朝の出撃は心たのしく、意気も大いに揚る。いま、この栄《はえ》あるときに、内地にあって髀肉《ひにく》の嘆をかこってはいられない思いなのである。

とくに、海軍中央の猛反対を押しのけ、劈頭《へきとう》の真珠湾作戦を頑強に主張したのが山本長官である、という報がたちまちに艦内をかけめぐっているときである。知らされた攻撃作戦が奇想天外であればあるほど、そしてあげた戦果が極大に大きければ大きいほど、それをあえて決行した総指揮官にたいする想いは、渇仰にも近いほどに高まっていく。

士官のなかには、兵学校を卒業したばかりの少尉候補生（第七〇期）も数多くいる。彼らに後甲板整列の達しがあり、司令長官より異例の講話があると知らされたのは、午前十一時半ごろのことである。やがて姿をみせてやや高い所に立った山本長官は、なぜか仏頂面で、どうしたことか暗い表情をしている。祝い酒でも一杯ひっかけたい想いの士官たちには、およそ解せない風貌姿勢なのである。

山本は静かな口調で話しはじめた。

「時局の急迫によって、諸君はせっかくの遠洋航海にゆくことができなくなった。私自身も、いまから三十七年前、日露戦争中に兵学校を卒《お》えて、ただちに軍艦日進乗組みの候補生として日本海海戦に参加し、いわゆる遠航にはいっていないのである。戦争のために、みなを遠洋航海に出してやれなかったのは、まことに残念なことと思っている。しかし、私の経験からして、候補生のまま国家非常の大戦に際会したことは、あるいは将来のよき勉強になり、諸君のためになる日がくるであろうことを信じている」

山本はここで言葉を切り、士官候補生ひとりひとりと眼を合わせるかのように、ゆっくりと見回した。

「ただし、率直にいって、この戦《いくさ》は半年ないし一年で片をつけるべきものであって、それ以上つづけていくことは、わが国をして非常に苦しい立場に立たしめることになるであろう。みなは、そのつもりで緒戦の勝ちに驕ることなく、沈着冷静に任務に邁進するようにしてもらいたい」

これが山本の勝利の日の訓示、というより感懐であった。戦争は、日本にとっては「まことに残念である」し、「半年ないし一年で片をつけるべき」ものなのである。けれども、山本の持論を知らぬものばかりゆえ、若い少尉候補生のなかには、華々しい戦勝の日であるというのに、総大将が何とも不景気な、威勢のよくない訓示をわざわざしたもんだ、と不満に思うものばかりが多かった。

瀬戸内とかわって、東京では、どのようなかたちで戦闘が進んでいるのかをまったく報ぜられないまま、このころから人びとの心はようやく浮き浮きと、とめられないほどに沸き立ちはじめている。軍艦マーチと抜刀隊と、気宇を壮大にする音楽だけがラジオからひっきりなしに流され、それらが自然と戦勝を予感させ、期待で人びとは胸をふくらませているのである。

こうした国民的熱狂の高まるなかで、『機密戦争日誌』が「宣戦布告ニ関スル件　十一時三十七分御裁可」と記すように、天皇は宣戦の詔書に「裕仁」と署名し、御璽《ぎょじ》を捺《お》した。対米英戦争はこのとき正式に発起した。

これを待ちうけるかのように、午前十一時五十分、戦闘開始いらい初めて戦果らしいものが、意気も高らかに大本営より発表された。海軍省黒潮会（記者クラブ）に歩を運んだ海軍報道部長前田稔少将は、課長平出英夫《ひらいでひでお》大佐らをしたがえて胸を張って、まず香港、マレーの戦況を発表する。

「大本営陸海軍部発表。わが軍は陸海緊密なる協同の下に、本八日早朝マレー半島方面の奇襲上陸作戦を敢行し、着々戦果を拡張中なり」

カメラのフラッシュ、唾をのむ音。前田は「さあ、これからである。海軍はやるべきときは断乎としてやる！　諸君はわが海軍を信じよ、期待せよ、である」といい放って、記者室を出ていった。盛んなる拍手があとを追いかけていつまでも鳴っている。

このときには、まだ真珠湾攻撃についてはかすかにもふれられていない。が、だれがいうともなく、極秘情報として記者たちのあいだでささやかれはじめている。首相官邸の記者クラブでは、ストーブの周りで賑わっている威勢のよい戦争談義のなかに、それがひょっこり飛びだしている。

「ハワイをやったそうだぞ……」

「まさか」と数人が同時に反撥する。そんな夢のような話が……、「しかし」と記者たちは考える。「日本の海軍のことだから……やったかも知れんぞ」と、ハワイ攻撃に疑いをもたないものが感嘆の声をあげる。「まさか」と思ったものまで、黙ってうなずく。

そして十一時四十分、いつもより二十分も早く谷情報局総裁との会見が知らされたとき、ますますその風聞が真実性を帯びてくるように感じるのである。

「諸君にも色々不満を与えてきたが、何分にも今までは話せないことが余りにも多くてね……今日はいくらでも話すよ」

と谷がふだんの調子で話しだしたとき、記者席からは「わかっているよ」とばかりに、どっと笑声がわいた。

「それでは発表いたします」

と谷は威儀を正した。

「ただいま、畏《かしこ》くも、宣戦の詔勅が渙発せられました。なお、今暁の一時半英国と、三時半に米国と戦闘状態に入りました」

記者たちはいくらかがっかりしながらそれを聞いた。ハワイ攻撃はデマもいいところであったのか……。

同じ時刻、木戸内大臣は天皇に拝謁していた。そして日記にその様子を記している。

「十一時四十分より十二時迄、拝謁す。国運を賭しての戦争に入るに当りても、恐れながら、聖上の御態度は誠に自若として些《いささか》の御動揺を拝せざりしは真《まこと》に有難き極《きわみ》なりき」

時計は正午を打った。日本という国家はなりふりかまわず、ただ今日を生きるために、明日のことを考えずに戦争を選択し遮二無二突入していったのである。

(1) 日本の戦力がいかにみじめなものであったか、元大本営参謀千早正隆氏が語った事実を付記しておく。「弾薬の不足は戦争の全期間をとおして大問題であった。中期以後になると、高角砲の弾丸の定数は二百発、射ちつづけると十分間で終わり、機銃の弾丸は約千五百発で、これも射ちつづけると十分間でおしまいでした。そして射ち尽くせば再び補充されることはなかったんですよ」。しかも、この定数の考え方は艦隊決戦思想のためのものであったという。

「海戦における交戦時間が過去の戦例などから算定された。で、大砲一門の発射弾数は必然的に決めることができた。定数をきめるのは当然ともいえたが、同じ考えを対空火器にまで適用したんです。そんな阿呆なことを海軍はやっていたんですからな。それでも海軍は開明的だったなんて、戦後も褒められていますがね」

（2）当時の日本人、とくに軍人たちが抱くアメリカ人観もあまり誉められたものではなかったようである。公平を期すために二つだけ紹介しておく。

一つは、148ページに紹介した辻政信・朝枝繁春両氏の合作になる『これだけ読めば戦は勝てる』のなかに出てくるそれである。

「今度の敵は支那軍に比べると、将校は西洋人で下士官は大部分土人であるから、軍隊の上下の精神的団結は全く零だ。……戦は勝ちだ。対手は支那兵以下の弱虫で、戦車も飛行機もがたがたの寄せ集めである。勝つにきまっているが、唯如何にしてじょうずに勝つかの問題だけだ」

これはいわば個人的見解のお粗末さであるが、もう一つは昭和十七年三月、大本営政府連絡会議でまとめられた「世界情勢判断」の中の「米英の戦争遂行能力の総合的観察」、つまり日本のトップのアメリカ観ともいえるものである。相当に情けない判断である。

「・米の人的戦力は物的戦力に伴わざるべし。

・物的戦力膨大なるも、米の政治経済機構は今なお国家総力戦に必要なる臨戦態勢を整備しおらず、之が確立には今後幾多の摩擦紛糾を生ずべし。

・米英国民は生活程度高く、之が低下はそのすこぶる苦痛とするところにして、戦捷の希望なき戦争継続は社会不安を醸成す。一般に士気の衰退を招来すべし」

物量豊富なれど闘志にみるべきものはない。民主主義の政治機構は国家総力戦には向かないなどなど、希望的観測が開戦決意の裏側にあったことを忘れるわけにはゆかない。

(3)コタバル上陸作戦の際に空襲で輸送船はつぎのような損害を出している。

淡路山丸　爆弾三発以上命中、大火災により航行不能。

綾戸山丸　爆弾三発命中、戦死約六十名、負傷約七十名。

佐倉丸　爆弾二発命中、戦死三名、負傷十数名。

のち淡路山丸は放棄された。イギリス軍の抗戦意識の高かったことがわかる。

(4)この朝、真珠湾には太平洋艦隊所属の戦艦九隻のうち八隻が在泊していたが、うち五隻には艦長が上陸していていなかった。駆逐艦二十九隻も士官の半数以上が陸に上がっていて、在艦していなかった。そんな状態でよくぞ急な反撃ができたものと思われるが、考えてみれば、臨戦態勢にあったから即応できたのであろう。

(5)米空軍機の反撃はぜんぜんなかったわけではない。第一次攻撃のさいはともかく、第二次攻撃には態勢を立て直して反撃する余裕はたしかにあった。それで、日本海軍が知らなかったオアフ島北部の訓練基地ハレイワ飛行場から飛び立った数機のP40が果敢に空戦を挑み、辛うじて一矢を報いている。よく知られているのはジョージ・ウェルチ中尉とケン・テイラー中尉の二人の活躍である。日本の艦爆四機ずつを撃墜したと認定されて、そろって勲章をもらっている。ほかにも四人の中尉がそれぞれ出撃して、いずれも一機ずつを撃墜したと航空史家のトリバー＆コンスタブル共著の本に書かれている。なるほど、第二次攻撃隊の艦爆隊は十機が未帰還である。その多くが、あるいはハレイワ基地のP40に落とされたものなのかもしれない。

（6）攻撃がいかに的確であったかは、その命中率をみれば了解される。字義どおり猛訓練の賜物と書くほかはない。九州基地における訓練末期の命中率と、実際の真珠湾でのそれとを列記してみる。いずれも訓練時の成績を上回る。下が真珠湾である。

水平爆撃　平均一〇パーセント　二七パーセント
急降下爆撃　平均四〇パーセント　五九パーセント
雷撃　七〇〜八〇パーセント　九四パーセント

（7）イギリスにたいする宣戦布告問題については、東郷外相の戦後の手記にこう記されている。

「英は交渉の直接当事国ではないので、これに交渉打ち切りの通告を出すのは、形式的にも適当ではない。しかし日米交渉につき、英を共同参加国とみなす趣旨は再三申し入れてあるので、交渉打ち切りは米から直ちに英に通報するはずである。また英首相チャーチルは、米国が対日戦争に巻き込まれたならば、英国は一時間内に日本に宣戦するであろうと言明しているので、国際的先例からみて法律的に言えば、必ずしも英国に対し別に宣戦する必要はなかった」

それまでの外交的ないし歴史的な流れからみれば、説明としてはこれで充分であったのであろう。イギリス側は宣戦問題にたいして特に抗議をすることもなかった。首相チャーチルもルーズベルトと違って、この問題を取り上げてことさらに声を大にして語るようなことをしてはいない。491ページでもふれるが、わずかにロンドン駐在の日本大使に公式覚書を手渡し、対日宣戦布告をするとともに、こう述べたという。大人の政治家の、見事な皮肉というほかはない。

「ある人の中には、この儀式的形式を好まぬ者もいる。しかし、人を殺さねばならぬ場合に当たり、礼儀正しくあることは、いっこう損にはならぬ」

オランダにたいしては、宣戦の詔書にもオランダを敵国としてあげていないように「戦争状態発生するに至る迄は準敵国として取扱ふ」（十二月四日、大本営政府連絡会議の決定）こととした。それは作戦計画上からは蘭印に武力を発動するのはだいぶ後のことであるからであった。なにも公然と敵に回す必要はないという理由からである。

（8）日本側の損害の内訳は「**赤城**　艦戦一　艦爆四」「**加賀**　艦戦四　艦爆六　艦攻五」「**蒼龍**　艦戦三　艦爆二」「**飛龍**　艦戦一　艦爆二」「**翔鶴**　艦爆一」の計二十九機。

第四部　捷報到る

・八日正午―午後九時

●「豈朕カ志ナラムヤ」

中天にある太陽は光の矢をいっぱいに放ち、凍てつくような寒さをすっかりやわらげている。月曜日の街の混雑はふだんどおりである。けれども、気をつけてみれば、東京の表情は昨日とは打って変った明るさをみせていたかもしれない。歓呼や絶叫や万歳などではなく、ほんのりと微笑むことで共通の想いを人びとは表現しているのである。

その人びとの上を、正午の時報につづいてラジオは宣戦の詔書の朗読を流している(1)。そうか、と感じいる人もあった。あの声は、二・二六事件で「兵に告ぐ」の名放送をした中村茂アナウンサーのそれではないか。心なしか震えているように聞きとめる人もあった。

「天佑ヲ保有シ万世一系ノ皇祚《こうそ》ヲ践《ふ》メル大日本帝国天皇ハ昭《あきらか》ニ忠誠勇武ナル汝《なんじ》有衆ニ示ス。朕茲《ちんここ》ニ米国及英国ニ対シテ戦《たたかい》ヲ宣ス……」

はじめ星野書記官長が拝読の予定であったが、難解で長いものは自分には読めないと星野に固辞され、急遽よばれた中村がぶっつけ本番で読んだのであるという。

ちょうどそのとき、「サンデー毎日」記者松田ふみ子は、赤坂のドイツ大使館の裏門で首相夫人東条勝子とばったり会っている。旧知の夫人は興奮で顔を紅潮させていった。

「やっと陛下が御璽《ぎよじ》を下さったので、主人は腹を切らずに済みました」

松田はその言葉から、天皇が容易に宣戦の詔書にハンを捺さなかったらしいことを、記者の直感でみてとった。

「……今ヤ不幸ニシテ米英両国ト釁端《きんたん》ヲ開クニ至ル。……豈《あに》朕カ志《こころざし》ナラムヤ……」

ラジオは、詔書奉読につづいて、東条首相の第一声を国民に伝えた。

「ただいま宣戦の御詔勅が渙発せられました。精鋭なる帝国陸海軍は今や決死の戦いを行いつつあります」

首相官邸のマイクの前に立つ東条の口調には熱狂的なところはなかった。

「東亜全局の平和は、これを熱願する帝国のあらゆる努力にもかかわらず、ついに決裂のやむなきに至ったのであります。……」

首相独特のアクセントと高い声が、奇妙に、追いつめられ、やむをえず決断した状況をそのままに語っているかのように、国民の心にしみとおっていくのであった。

作家の獅子文六は、その印象をこう書いている。当時四十八歳。少し長く引用する。

「ドカンと、大きな音でもした感じだった。シーンと耳が鳴っている感じだった。

やがて宣戦の大詔が奉読されていた。

『皇祖皇宗の神霊上《かみ》に在り……』

その時、涙がこぼれた。

それから、首相の放送があった。東条さんの舌は、縺《もつ》れた時もあったが、その声は、組閣の第一声より荘重だった。

ふと、自分は、ラジオを聴く前と、別人になっているような気持がした。その間に、一年も二年も時間が経っているような気持がした。一間も二間もある濠を、一気に跳び越えたような気持がした」

コラムニスト高田保（四十六歳）も感動のペンを走らせる。

「豈朕カ志ナラムヤ。この御言詞が強く胸を打つ。深く心に浸みると同時に死生を越えた勇気が湧いて出る。聖戦というものはこれだとうなずく。ルーズヴェルト、チャーチルの徒輩がこの戦争の製造人だ。わが日本は戦争を憎むが故に敢て戦争を行う。戦争絶滅のための戦争。戦争という不祥事の根元を叩き潰すための最後の戦争を、今や日本はする」

五十三歳の仏文学者辰野隆《ゆたか》も、「豈朕カ志ナラムヤ」の言葉にはげしく揺すぶられ、決意を堅めている。

「（志ナラムヤ）とあるは我等億兆の心魂に徹するところ、心ならずも干戈《かんか》に訴えざる大精神を直下に会得《えとく》して『大君のへにこそ死なめ』の覚悟を更に新にする次第である」

海ゆかば水漬く屍、山ゆかば草むす屍、大君のへにこそ死なめ、かへりみはせじ……この万葉集の大伴家持《おおとものやかもち》の歌の心が、日本人の心となったのであろう。

市民たちと同様に首相の演説を聞いている参謀本部作戦課に、この時刻、二つの朗報がとどけられている。あれほど憂慮に憂慮を重ね、苛々させられたタイ国首相ピブンの返事が、以後は日本に味方するものとして表明されたのである。軍事協定は後刻に改めて、として、とりあえずタイ国軍にたいして停戦命令が首相名で発せられた。南方軍総司令部よりの十二時三十五分発の電報がある。

「八日十二時日泰《タイ》両国間諒解成立せり、但し軍事に関する諒解は目下交渉中の旨、泰国武官より入電あり。但し泰国軍は抵抗を中止すべき命令を下達せるが如し」

そしてもう一つは、コタバル上陸の那須連隊は広範囲に散って戦闘をつづけていたが、ようやく各大隊との連絡がとれ、那須大佐が全部隊の指揮を掌握することができた、という報告である。佗美支隊長と那須連隊長もやっと相会し、上陸の成功を祝し合い、今夜の夜襲をもって飛行場攻略を敢行することに決したという。作戦課に「万歳」の小さな叫びのあがったことは書くまでもない。

瀬戸内では、出港準備のラッパが海上に流れ、やがて長門、陸奥《むつ》、扶桑、山城、伊勢、日向の六隻の戦艦を主力とする艦隊二十数隻が錨をあげ、ブイを離れて動きだした。予定どおり正午ちょうどの出撃である。真珠湾に米戦艦群を潰滅せしめてしまったいまとなっては、ほとんど意味のない堂々の出撃行となった。

ラジオの首相演説はつづいている。艦内でもそれを聞くことができた。

「帝国の隆替《りゅうたい》、東亜の興廃、正にこの一戦にあり、一億国民がいっさいをあげて国に報い、国に殉ずるときはいまであります。八紘を宇《いえ》となす、皇謨《こうぼ》のもと、この尽忠報国の精神あるかぎり、英米といえどもなんら惧《おそ》るるに足らないのであります」

山本は長官公室にこもったまま姿をみせようとはしない。沈思黙考するかれの胸中を去来するものは、これからさき多数の部下を失うことになるであろう苦しみと、前途にまったく光明を見出しえない戦いに突入してしまったことにたいする、暗澹にして沈痛、としかいいようのない想いだけである。米英を恐るるに足らずとするような、浮わついた考えなど露ほども抱かなかった。戦慄するほどに戦いの前途を恐ろしいと思っている。

●「いずれへ赴かんとするや」

その、やがて恐るべき好敵手となるニミッツ少将は、このころやっとアーリントンの分室で、遅すぎる夕食にありついた。ワシントン時間はすでに午後十時をまわっている。夫人がわざわざ運んできてくれた魔法ビンのスープとコーヒー、それに温かいハンバーガーで、骨の髄まで疲れはてた身体を何とかもちこたえることができる、と少将は思っている。

海軍省航海局長としての仕事は山積しているのである。戦争に突入した以上は、海軍の兵員のやりくりをせねばならない。さらには早くも真珠湾の戦死者の家族への通知、遺体の本国への移送。乗艦沈没で身のまわりの物品をすべて失った将兵の世話。開戦第一日をこれほど多岐の任務に追われ、目まぐるしく過した部局はなかったであろう。

そのうえ、電話での海軍への入隊申しこみがあとを絶たない。ジャップを叩き潰してやりたいと、老兵から少年までが、航海局に入隊を熱狂的に訴えてくる。そのたびにニミッツは答えた。

「まことにありがたい。しかし、いまはそれよりも、海軍に一ドルでも多く献金していただきたい。これからは金がいくらでも必要になりますから」

先行きを考えねばならないニミッツ少将と違い、すでに戦場となった太平洋上のハルゼイ少将は、夕暮れの迫る海上で、ハワイ付近海域にいる全海上部隊の集結を待ちながら、必死に敵機動部隊の行方の捜索をつづけている。燃料補給をすませ改めて攻撃態勢をととのえて、日本海軍は真珠湾の再空襲を企図し近くにいるに違いない、それがハルゼイの判断である。しかし、この時刻にハルゼイが洋上に発見したのは、日本艦隊にあらずして、味方の、明らかに四本煙突の旧式駆逐艦が一隻だけで西方へ、ものすごいスピードで波を蹴たてていく姿であった。かれは信号を送った。

「貴艦は、いずれへ赴かんとするや」

「知らず、われ、西方へ全速力で進めとの命をうけおり」

ハルゼイは仰天した。放っておいたら、この駆逐艦は燃料のつづくかぎり、中国の岸まで走っていくであろう、とあきれ返った。

「命令す、ただちにわが部隊に会同せよ」

この時刻、狂ったような行動をしているのは駆逐艦長ばかりではなかったのである。

わけのわからない命令や指示で、生き残った多くの艦艇は右往左往している。いたるところで日本艦隊や飛行機を発見したという誤報が飛び交った。命令はだされては取り消され、取り消された直後に同じ命令が別のところから発せられたりした。

陽が落ちて、ハルゼイは、敵艦隊がハワイ西南方にあり、西北に向って避退中という確度の高い電報を受けとった。こんどこそ本物の敵発見であろう、しかし夜間の航空攻撃は不可能。ならばやむをえんと、護衛としてかれの指揮下にある第五重巡戦隊に、全速力をもって前進してこの敵を撃滅せよ、とハルゼイは命じた。重巡戦隊司令官レイモンド・スプルアンス大佐は、ただちに麾下の重巡四隻とともに、フルスピードで指定の海域に直進していった。重巡の大砲で敵艦隊に一矢酬いんと、悲壮な覚悟のもとに、である。しかし、これもまたありえない誤情報であったのみならず、大佐の戦隊は、貴重な燃料を使いはたし、数時間後にはそのまま真珠湾へ直行せざるをえない羽目となる。

ハルゼイは数少ない頭髪をかきむしって怒った。すべての情報が信じられない。すべてが判断を誤らせるために、つぎつぎに送られてくるのではないか。太平洋艦隊司令部は何をしているのか！　そして敵を発見できぬ苛立ちも重なって、かれ自身が発狂寸前という状態になっていたのである。

真珠湾のアメリカ海軍にとって、開戦第一日目は最悪であった。陽が落ちても、落着きをとり戻せそうにもなかった。

●「進め！　一億火の玉だ」

勝利に輝く日本は、すっかり落着いている。午後一時、ラジオは、大本営海軍部発表による真珠湾攻撃のニュースを、全国民にはじめて知らせた。

「帝国海軍は本八日未明ハワイ方面の米国艦隊ならびに航空兵力にたいし決死的大空襲を敢行せり」

勇壮な音楽つきのこの知らせは、これまで息をつめて見守っていた国民ひとりひとりを、一気に熱狂の渦にまきこんだ。軍が決定的な行動をとったということが、胸底にひそんでいた愛国のマグマを噴き上げさせたといっていい。

「愉快だね、軍歌をうたいだしたい気持だ」と大学の教授はいい、「痛快ですね」と学生たちが和した、と少しく皮肉に、加藤周一が戦後に書いている。

いつ果てるともしれない泥沼の、中国大陸での戦争に疲れていた国民にとって、新たな、しかも世界の最強国米英との開戦は、やはり深刻なものでしかない。それだけにこのアメリカ太平洋艦隊根拠地への「決死的大空襲」の大本営発表は、強烈な衝撃であり、同時に感動ともなり、すべての不安や動揺や焦慮を吹き飛ばす役をはたしたのである。

兜町の株式相場がいちばん先にその喜びを素直に表した、といえるかもしれない。朝の立会がはじまっていらい、取引は遅々として進まず、立会場には悲観的な空気が流れつづけていた。アメリカとの戦争に実業界は自信をもてないとの様相がありありとしている。それが一気に反撥したのである。真珠湾への大空襲のニュースは、あっという間に市況を押し上げていった。ずっと成り行きをハラハラと見守っていた企画院の迫水課長が、回想して書いている。

「真珠湾のニュースが発表されると、サラバ取引の相場の表示はほんとうに見ているうちに鰻登りに上った。たしかその日と翌日で合計四十円棒上げとなったと記憶している」

開戦は、くり返すが、恐れと心配の身震いをもたらしていたが、これまでのやりきれなさからの一種の解放感もあった。そこへこの大いなる知らせである。戦果にはふれられてはいないけれども、ずっと頭の上にかぶさっていた厚い雲を突き破って、待ちのぞんでいた陽光がカッと射しこんできたかのような、熱気と痛快さとをともなった一撃と国民には映じた。

日比谷から馬場先門、和田倉門の一帯は、国旗をもって宮城前広場へいそぐ人の列が長くつづいた。まったく風のないきれいに晴れ上った日である。濠の向う、松の緑の間からは、日の丸の波が押し上げられては低くなり、また押し上げられて……その間に、万歳のどよめきが岩にくだける浪音のようにいつまでも聞こえていた。

作家伊藤整（三十六歳）は日記に、そのころに宮城付近を市電で通ったときの情景をこう記している。

「半蔵門に来ると池にもやが立ち、とても、今まで見たこともなく美しい。日本は美しいなと思う。宮城の横の十字路を、カーキ服の学生が駆けて行く百人ばかり。中学生ならん。足がそろって美しい。宮城を拝むのであろう。日比谷にて、バスのそばで新聞に皆がたかって買っているので自分も下り四枚買う」

首相官邸には、激励の声や電話が殺到し、当時の電話交換手の証言によれば、電話回線がパンクしそうなほどであったという。「よくやってくれた」「胸がスーッとした」「東条さんは英雄だ」「みんな頑張れ、オレも頑張るぞ」……それらはすべて泣き声に近いような声をはりあげていたともいう。

三十八歳の作家島木健作が書いている。

「妖雲を排して天日を仰ぐ、というのは実にこの日この時のことであった。一切の躊躇、逡巡、遅疑、曖昧というものが一掃されてただ一つの意志が決定された。瞬時にしてこの意志は全国民のものとなったのである。眇《びょう》たる自分ごときものの、この偉大な時に際会しての生くる道も、この意志の下に決定されたのである。私は日本の国柄の有難さ尊さを今さらのように肝に銘じて感じた」

この時刻、大政翼賛会の第二回中央協力会議が本部会議室（東京會舘）でひらかれた。安倍能成、菊池寛、小泉信三、渋沢敬三、石田礼助、加藤完治、仁科芳雄、高良トミ、山田孝雄《よしお》、高村光太郎、小汀利得《おばまとしえ》、山本有三、大谷竹次郎など百六十八名が参集している。彼らは寒気のなか、感動と緊張とで上気した赤い顔をし、登壇した翼賛会総裁でもある東条英機首相の第一声に耳を傾ける。なかには涙さえ浮かべているものもいたという。

「本日宣戦の大詔を渙発あらせられたが、帝国の隆替はこの一戦にかかっている。国民は一丸となって起ちあがるべき秋《とき》である。今日はこれ以上何も申しあげぬ。ただ自分は諸君を信頼する。諸君は速やかに各自の部署に帰って国民の指導に当られたい」

首相をはじめ閣僚たちは歓声と拍手をもって迎えられ、そして拍手に送られて会場を出ていった。

彼らは一朝にして救国の英雄になる。翼賛会代表全員総立ちの拍手は、彼らにたいする限りない信頼と感謝と声援と、さらには協力の誓いを示しているがごとくに鳴りつづけた。

さらにこのあと情報局次長奥村喜和男が大きな黒鞄をさげて登壇し、「戦況を報告します」といったときは、形容でなしに満堂砕けるような怒濤の拍手であったという。

「私の鞄にはきわめて広大なる地域から飛来した捷報電報が山のようにあります」と奥村は胸を張って鞄を高く突きあげる。そして高らかに叫んだ。

「敗戦主義者よ、恥じるがいい。帝国の強さがわかったか!」

そして机を力一杯に叩いた。会場の熱気は最高潮に達した。諸書にしばしば引用されてきているが、会場にあった詩人高村光太郎(五十八歳)の「十二月八日の記」をやはり引用したい。戦捷の報ぜられたときの、慟哭《どうこく》せんばかりのこの人の感動がよく伝わってくる。しかも高村はまたこの時刻では戦果発表はないのに、事実の前後関係を誤るほどに気持を昂揚させているのである。

「……ハワイ真珠湾襲撃の戦果が報ぜられていた。戦艦二隻轟沈というような思いもかけぬ捷報が、少し息をはずませたアナウンサーの声によって響きわたると、思わずなみ居る人達から拍手が起る。私は不覚にも落涙した。国運を双肩に担った海軍将兵のそれまでの決意と労苦とを思った時には悲壮な感動で身ぶるいが出たが、ひるがえってこの捷報を聴かせたもうた時の陛下のみこころを恐察し奉った刹那、胸がこみ上げて来て我にもあらず涙が流れた」

宣言決議案の案文がこのあと山本有三以下十七名の委員によってつくられる。それができると、職員もふくめて全員が四列縦隊をつくり、米英膺懲《ようちょう》の旗をなびかせて宮城前まで行進した。玉砂利にひざまずいている人たちとともに、皇居を遥拝すると、議長後藤隆之助が高らかに宣言を読みあげる。

「畏《かしこ》くも茲《ここ》に大詔を拝し、臣等は大御心《おおみこころ》を奉体し、総力を挙げて暴戻《ぼうれい》なる敵国を降服せしめ、以て宸襟《しんきん》を安んじ奉らんことを期す。右決議す」

そして君が代を唱《うた》い、万歳を三唱する。このころにはもう東京會舘の屋上から二筋の垂幕が下ろされている。それには、

「屠れ！　米英われらの敵だ」

「進め！　一億火の玉だ」

と大書されてあった。

この翼賛会の宣言決議につづいて、衆議院も、「われら全国民はよろしく心を一にし

て決死奉公、御稜威《みいつ》の下《もと》敵国を粉砕し、以て東亜の安定と世界平和のため断乎邁進《まいしん》せん」と、声明書を発表する。日本人が一つの意志に結集し、なんとなく浮かれはじめた。午後二時をすぎたころからである。

それより少し前の午後一時三十五分、真珠湾につづいてもう一つの、日本人を狂喜させるような猛攻撃がアメリカ軍に加えられていた。尾崎武夫少佐指揮の九六式陸攻二十六機が、フィリピンの米軍最大の航空基地クラークフィールド上空から爆撃行に入った。つづいて四十四分、野中太郎少佐指揮の高雄航空隊の一式陸攻二十七機が、北からの爆撃針路をとる。その上空には零式戦闘機隊が迎撃機あらば一機も逃さずとひろく網を張っている。

これは予期せざる奇襲となった。霧のため発進の遅れた日本の空襲部隊（戦爆連合百九十七機）が零戦を先頭に襲いかかった。そして一方的な勝利となった。

フィリピンのアメリカ軍首脳部は、軍事常識として台湾から九〇〇キロ以上の海をわたって、戦闘機をふくむ空襲部隊が攻撃してくるとは夢にも思っていなかった。当時の戦闘機の航続距離は一〇〇〇キロ未満であったからである。つまり零式戦闘機の航続距離二二〇〇キロは想像を絶する威力であったのである。それゆえ空襲があるとすれば、航空母艦から発進した飛行機によるものと頭から決め込んでいた。そこで海上にたいする哨戒は入念なものがあったが、近海に空母の影もなし、となって、午後になり上空警戒の戦闘機部隊を燃料補給のために地上に下ろした。そこへ零戦を先陣とする日本軍の空襲部隊が急襲をかけてきた。戦闘が一方的になったのも当然といえようか。

日本軍は、クラークフィールドの爆撃機B17十八機全部を地上で、クラーク、イバ両基地にあった七十二機の戦闘機P40のうち約六十機を空中と地上で破壊、その他を合して計百機余りを屠り去った。マッカーサーが比島にもっていた航空兵力は、日本海軍機の一撃をもって実質的に撃砕されたのである。日本機の未帰還は零戦七機。坂井三郎一飛曹の手記にある。

「……日本の空襲部隊は待てど暮せど現われない。しびれをきらした邀撃《ようげき》部隊は、ついに燃料もつきて、その補給のために、大部分の戦闘機が飛行場に着陸していた。……そこへ、突如、日本の大編隊が来襲してきたのである。そのため敵機の大部分は、地上において全滅するという悲運にあったのだ。……われわれが霧のために発進がおくれたのが、かえって幸いしたのである」

マッカーサーは、その後にはじまる日本軍の上陸作戦などの戦闘がつづいたため、解任されることもなく軍法会議にもかけられない。しかし、アメリカ陸海の航空部隊はこれ以後、マッカーサーにほとんど敬意を払うことをしなかった。この尊大な軍人は航空戦にたいする理解はまったくない、とひそかに軽蔑しつづけたという。

●「ひどいことになった」

午後三時、東条陸相（兼務）と嶋田海相が宮城に参内し、天皇より勅語をたまわった。

「朕ハ汝等軍人ノ忠誠勇武ニ信倚《しんい》シ克《よ》ク出師ノ目的ヲ貫徹シ以テ帝国ノ光栄ヲ全クセムコトヲ期ス」

これにたいして陸海両相は、

「協力一致、死力をつくし、誓って聖旨に応《こた》えたてまつらん」

とおごそかに答えた。

この時刻、ワシントンでは八日午前一時になっている。

この直前まで、ルーズベルトのまわりには閣僚たちや上下両院の主だった議員たちがいた。彼らに、日本にたいする宣戦布告は明八日なされるであろう、と大統領は予告した。また明日の午後零時半に、かれ自身が議会に出席し教書を示すこともきまった。この直後、フィリピンの米基地航空部隊が日本軍の空襲でほとんど壊滅してしまったことが伝えられた。

ルーズベルトは深々と椅子に身を沈めた。

「マッカーサーには事前に何度も警報を発していたのに」というマーシャルの弁解にも耳を貸さなかった。零時半、大統領は全員に「もう帰ってくれ給え、寝なければならない時間だ」といった。ただひとり、ニュース・キャスターのエドワード・マーローを無理にひきとめて残ってもらい、給仕にビールとサンドウィッチを持ってこさせて、大統領は気楽な会話を少しだけすることにした。しかし、会談ははずまなかった。

「われわれの飛行機のほとんどが地上で破壊されたのだ！」と、大統領はなんどもくり返した。

「いいかね、地上で、なんだ！」

衝撃と怒りはいつまでもおさまらなかった。

「まるで真珠湾の再現ではないか」

そういって机をがんがんと叩いた。

午前一時にはマーローも帰り、ひとりになったあとルーズベルトは息も絶え絶えの状態、という具合に、まわりのものたちには見えた。そこで長男の海兵隊大尉ジェームズ・ルーズベルトがよばれて、ホワイト・ハウスへ駈けつけてきた。

ジェームズの目にしたのは、「部屋の隅に、ものもいわずに静かに坐り、顔にはなんの表情もない」父親の姿である。何をしているのかとジェームズがそばに近寄ると、父親は愛蔵の切手帳のページを見るともなしに繰っている。そして、息子のほうへ顔をあげもせず、

「ひどい、ずいぶんひどいことになった」

とだけ、つぶやいた。

午後四時、情報局総裁谷正之は新聞記者との定例会見で、上海に碇泊していたペテル（英）とウェーク（米）の二砲艦にたいしての、降伏勧告をめぐって早朝に起った一幕を痛快そうに語った。

「アメリカの砲艦はあっさり手をあげたのに、イギリスは無駄とわかっても抵抗をして、

とうとう撃沈された。これをみても、両国の国柄がわかる。とにかくイギリスをやっつけなければ……イギリスはあくまで抵抗する国だ、なかなか油断ができん。それにくらべればアメリカなんか……」

新聞記者たちも大いに同感の意を表する。何でもかでも世界一を自負してきたアメリカの砲艦が、他愛もなく「われ降伏せり」となったことに、だれもがえもいわれぬ満足感を覚えるのである。

そしてほぼこのころであったであろう、明治大学の学生であった詩人田村隆一（十八歳）は、有楽町の日劇小劇場でアメリカ映画「モナリザの失踪」を観ている。「今日で外国映画ともお別れだな」と思う気持が、かれにわざわざ足を運ばせた。出稼ぎのガラス職人が、ルーブル美術館のダ・ヴィンチの「モナリザ」に恋をして美術館からその絵を盗みだすという他愛もないストーリーである。時が時だけに、客は五、六人がぱらぱらと広い客席に坐っていた。

作家野口冨士男は三十歳、対米開戦の報にひそかに思った。「これでスクリーンの恋人ジーン・アーサーにもう会えなくなる。お別れをしておこう」。それですでに何度も観た映画であったが、昭和館の「スミス都へ行く」をもういっぺん観ておこうと、かれは新宿へ出かけてきた。やはり客は十人足らずしかいなかった。みんな寒そうに襟を立ててシーンとして観入っている。

映画はアメリカの民主主義のすばらしさを描いたものであるが、ストーリーはどうでもよかった。政界のからくりをとんと存じない田舎ものの青年上院議員ジェイムス・スチュアートが、古狸議員の策謀にうまうまと乗せられて、悪徳議員にしたてられて意気消沈、理想と現実の相剋に悩み、議員を辞めようとする。そのかれを、秘書のジーン・アーサーが励ますのである。

「この世のすばらしさは、マヌケといわれた人びとの信念の賜物《たまもの》なのよ」

野口は、このせりふに感動して、ぽろぽろと涙をこぼした。昭和館の右隣のカフェからはラジオ放送と、軍艦マーチが間断なく鳴りひびいてきて、しばしばスクリーンの声をかき消した。野口は戦後に回想している。

「私は軍艦マーチのあいだから、なんとかジーン・アーサーの声を聞き取ろうとした。そして、声がきこえない時には彼女の顔だけを食い入るようにみつめて、戦争の中から戦争とは違うものを懸命になってもとめていたのであった」

たしかに外は、ジーン・アーサーのせりふとは違い、すばらしいことのなくなった、殺伐たる非常時となっている。

●「演舌をなす愛国者あり」

日没も近くなって気温は急速におちていく。

六十二歳の作家永井荷風は、この日の朝に、小説『浮沈』を蒲団のなかで起稿した。まったく発表のあてのなくなったことを知りながら、原稿を書きついでいたが、夕暮れ近くなって町へ出た。その日記にはこう記されている。

「日米開戦の号外出づ。帰途、銀座食堂にて食事中、燈火管制となる。街頭商店の灯は追々に消えて行きしが、電車自動車は灯を消さず、省線は如何にや。余が乗りたる電車、乗客雑踏せるが中に、黄色い声を張上げて演舌をなす愛国者あり」

この日ばかりは、駅頭の夕刊（九日付）はすっかり売りきれた。戦争は新聞のよき栄養剤で、人びとは一枚の新聞に頭を寄せ合って、むさぼり読んだ。昨日まで何かと不平不満をいっていたのも忘れ、だれもが真からの愛国者になったつもりになった。

「宣戦の大詔こゝに渙発され、一億国民の向ふところは厳として定まったのである。わが陸海の精鋭はすでに勇躍して起ち、太平洋は一瞬にして相貌を変へたのである」との社説をかかげた朝日新聞の夕刊は「帝国・米英に宣戦を布告す」と大きな横見出しの下に、「西太平洋に戦闘開始」と「布哇《ハワイ》米艦隊航空兵力を痛爆」を六段ぬきで示した。

東京日日新聞は「帝国、米英に宣戦を布告」の横見出しは同じながら、中央に「東条首相断乎たる決意力説」の説明つきで、昼の大政翼賛会中央協力会議で演説する東条の写真をおき、「英米の暴政を排し／東亜の本然を復す」の見出しで政府声明をそのまま掲載している。

そして読売新聞は「暴戻・米英に対して宣戦布告」と、大きく謳いあげた。

燈火管制で、大きな遮蔽幕がかぶせられたように暗くなった東京の街々に、午後七時半、情報局の奥村次長の卓あらば叩き割らんばかりの雄叫びがしばしば流れている。

「……我等は戦って戦い抜くのであります。勝って勝って、勝ち進むのであります。錦の御旗は南に、東に、北に、西に躍進して、アジアの歴史を創るのであります。アジアを白人の手からアジア人みずからの手に奪い返すのであります。アジア人のアジアを創りあげるのであります」

たがいにどこのだれとも知れぬ人びとが、ラジオの前に集まって、石像のように動かず立っている。そして全身を耳にして放送を聞いている。

「……日本国民にとってこれ以上の生き甲斐は絶対にないのであります。宣戦の詔勅を奉戴したわれら国民の決心は、

今日よりは顧みなくて大君の醜《しこ》の御楯《みたて》といで立つわれは

と同じ心なのであります」

午前中の、時間の流れが中断され、いっさいが空白になったような静かさは消えた。いまは興奮と熱狂とが街を熱くしている。人びとの声は自然と大きくなった。

「われに世界無敵の陸軍あり、海軍あり、英米何ぞ惧るるに足らんや。つねに御稜威の旗のもとにあるのであります」

奥村の絶叫調の放送が終る。すると群衆のなかの一人が、「天皇陛下万歳ッ」と叫ぶ。これに和する一団の声が、燈火管制下の第一夜に悲壮感をみなぎらせ、波打つようにひびいていく。

首相官邸では、東条を中心に嶋田海相、陸海の省部幹部だけが集まっての会食がひら

かれている。軍人だけで、陸海が珍しく仲よく、心おきなく中華料理に舌鼓を打っているところへ、鹿内秘書官より真珠湾空襲大戦果の快報がもたらされた。たちまち会食は祝勝の宴とかわる。東条はいつもの威厳もはぎとって大喜びする。

「いやあ、予想以上だったねえ。いよいよルーズベルトは失脚だな」

嶋田が和した。「キンメルもクビでしょうな。目出たい」

「戦況はさっそくお上に申しあげる」と東条は快活にいい、さらに大声で秘書官に命じた。

「ヒトラーとムッソリーニにも知らせておけ」

このころ連合艦隊主力部隊は豊後水道の東水路にさしかかっている。舳先が蹴立てる波濤が白く映るだけで、闇がこの大艦隊を黒一色のとばりのなかに包みこんだ。

軍艦マーチや東条や奥村の演説などで、しきりに沸きたたせようとする国内の喧騒をよそに、司令部作戦室の空気は冷静そのもので、むしろ未明の大勝を忘れたかのようである。南雲機動部隊からの戦果報告はいちどあっただけで、その後は無線封止、ではあるが、真珠湾での大勝利は早朝の敵が狼狽して打ちつづけていた平文電報を傍受しただけで十分である。味方の艦に一隻の喪失のないことも確実である。世界戦史に前例のない完勝といってもいいであろう。しかし、作戦室はそれらがいっさいなかったかのように静寂そのものである。

夕食後に、幕僚たちにふともらすかのように、山本はいった。

「さあ、これからどうするか考えよ」

幕僚たちはそれぞれが、それぞれに思いをめぐらしているのである。考えてもみなかった勝利のあとの作戦構想など、だれも容易に思いつかず途惑い気味になっている。

●「日本民族の夢であった」

ハワイ時間午前零時半すぎ（日本時間午後八時すぎ）、スプルアンス大佐は重巡四隻を指揮し、燃料を使いはたしてやっとの思いで真珠湾に帰ってきた。かれがそこで認めたのは、威容を誇っていた戦艦群が屑鉄の残骸と化し、炎をあげて燃えている姿である。完敗した戦闘の残酷さ無慈悲さみじめさが、一言も発しえぬ痛みをともなって、スプルアンスの胸をつらぬいた。

敗北の悲哀は、太平洋艦隊司令部の幕僚たちの、とり乱した姿のなかにもあった。かれらは、日本軍の攻撃の行われたという事実を認めない、信じたくないような虚脱と惑乱の表情をみせているか、日本軍の再攻撃を恐怖するあまり、さまざまな流言にいちいちヒステリックに対応しているか、そのいずれかであった。

熱くなることなく、物事を過不足なく判断するという特性をもつスプルアンスは、日本の機動部隊は第一回攻撃の戦果に満足し、本国へ意気揚々と帰りつつあると確信した。疑う仲間にかれはいった。

「さもなければ、われわれはいま攻撃されていなければならないじゃないか」

のちにミッドウェイ海域で南雲機動部隊を撃破したときにみせた冷静さを、もうこのときこの人は示していた。

日本では——午後八時四十五分、ラジオが軍艦マーチとともに、大本営海軍部発表の驚倒するような大勝利の報をやっと全国民に伝えた。

「一、本八日早朝、帝国海軍部隊により決行せられたるハワイ空襲に於いて現在までに判明せる戦果左の如し。

戦艦二隻轟沈、戦艦四隻大破、大型巡洋艦約四隻大破（以上確定）、他に敵飛行機多数を撃墜破せり。我が飛行機の損害は軽微なり。
二、我が潜水艦はホノルル沖に於いて航空母艦一隻を撃沈せるものの如きも未だ確実ならず。
（三、四、略）
五、本日同作戦に於いてわが艦艇損害なし」
戦果は、山本の「少し低い目に見とけ」という指示にもとづいたものであったが、轟《ごう》沈《ちん》という目新しい言葉で勝利に景気をつけている。ラジオは、一分以内に沈んだものを轟沈とよぶ、と解説した。

ほとんどすべての国民が、ラジオの報に聞きいった。いくらか反戦的であったわたくしの父は、これを聞くと神棚に燈明をあげたのを覚えている。作家長與善郎（五十三歳）は「生きているうちにまだこんな嬉しい、こんな痛快な、こんなめでたい日に遭えると思わなかった。（中略）すでにアメリカ太平洋艦隊は木っ端微塵に全滅されていた。これではこの聖戦がこれからであると百も承知しつつ、兎も角も万歳を叫ばずにはいられない」と書き、芸能家徳川夢聲（四十七歳）は「今日の戦果を聴き、ただ呆れる」と記し、さらに翌九日には「あまり物凄い戦果であるのでピッタリ来ない。日本海軍は魔法を使ったとしか思えない。いくら万歳を叫んでも追っつかない。万歳なんて言葉では物足りない」と興奮を日記にぶつけている。

評論家青野季吉（五十一歳）は、「戦勝のニュースに胸の轟くのを覚える。（中略）アメリカやイギリスが急に小さく見えて来た。われわれのように絶対に信頼できる皇国を持った国民は幸せだ。いまさらながら、日本は偉い国だ」と記し、作家武者小路実篤（五十六歳）も書いた。

「愚かなのはルーズベルト、チャーチル、ハル長官たちである。日本を敵に廻す恐ろしさを英米の国民が知らないのは当然だが、彼ら責任者がそれを知らなかったのは馬鹿すぎる」

つまりは、日本人の多くが、真珠湾の捷報に字義どおり狂喜したということなのである。痛快の極みと思ったのである。そしてだれもがこの戦争を独自の使命感をもった戦い、「聖戦」と信じた。あるいは信じようとした。

わたくしは、その根本の日本人の精神構造に、幕末いらいの、いったんは開国によって死んだかと思える攘夷の精神が、脈々として生きつづけていたゆえに、と考えている。

それはナショナリズムという型をとる。他の民族から日本人を峻別し、優秀民族とする信念をもつ。そしてそれは欧米列強にたいするコンプレックスの裏返しでもあるのである。そのことについては拙著『永井荷風の昭和』（文春文庫）にくわしく書いたことがある。それをくり返すことはやめるが、日本国民は西欧との衝突で、日本人の自尊心や国家目的が問われるような事態に直面すると、異常に強烈にして過敏な反応を示す。それは戦闘的になる。白い歯をむく。つねに攘夷という烈しく反撥する型をとる。

昭和史を彩るさまざまなスローガン、「満蒙権益擁護」「栄光ある孤立」「東亜新秩序」「月月火水木金金」「ＡＢＣＤ包囲陣」「撃ちてし已まむ」……すなわち、これらは日本国民が対外関係で興奮し猛り立った攘夷の精神の反映そのものなのである。そして幕末の「尊王攘夷」は「鬼畜米英撃滅」となって蘇り、ついには「尊王攘夷の決戦」としての〝大東亜戦争〟へとつながっていったのである。

評論家中島健蔵（三十八歳）は「ヨーロッパ文化というものに対する一つの戦争だと思う」と述べ、同じく小林秀雄（三十九歳）も語った、「戦争は思想のいろいろな無駄なものを一挙に無くしてくれた。無駄なものがいろいろあればこそ無駄な口を利かねばならなかった」。

同じく保田與重郎（三十一歳）になると、もっとはっきりする。

「今や神威発して忽《たちま》ち米英の艦隊は轟沈撃沈さる。わが文化発揚の第一歩にして、絶対条件は開戦と共に行われたのである。剣をとるものは剣により、筆をとるものは筆によって、今や攘夷の完遂を期するに何の停迷するところはない」

三十四歳の亀井勝一郎も胸をはって書いている。

「勝利は、日本民族にとって実に長いあいだの夢であったと思う。即ち嘗《かつ》てペルリによって武力的に開国を迫られた我が国の、これこそ最初にして最大の苛烈極まる返答であり、復讐だったのである。維新以来我ら祖先の抱いた無念の思いを、一挙にして晴すべきときが来たのである」

作家横光利一（四十三歳）も日記に躍動の文字をしたためた。

「戦いはついに始まった。そして大勝した。先祖を神だと信じた民族が勝ったのだ。自分は不思議以上のものを感じた。出るものが出たのだ。それはもっとも自然なことだ。自分がパリにいるとき、毎夜念じて伊勢の大廟を拝したことが、ついに顕れてしまったのである」

引用が多すぎたかもしれない。が、これが十二月八日の日本人の心の真実であった。少なくともほとんどすべての日本人が気の遠くなるような痛快感を抱いたのであり、それはまさしく攘夷民族の名に恥じない心の底からの感動の一日であったのである。

こうして日本中が〝捷報到る〟で有頂天になった、午後九時を迎えようとするとき、太平洋上の長門の作戦室では激論が闘わされていた。南雲機動部隊による真珠湾再攻撃案が、黒島参謀によって強硬に主張されたのである。これに宇垣参謀長が猛反対している。

「機動部隊はもはや戦場からずいぶん離れてしまった。一杯一杯のところで作戦を終えて離脱しようとしているものを、もう一度立上らせるためには、これを怒らすよりほかに方法はない。統帥の根源は人格である。そんな非人間的な命令を出すことが、どうしてできるものか」

ほかの参謀もこもごも口をはさんだ。

「われわれは軍人です。武人として、この戦機を逸することこそ、どうしてできるというのですか」

「無謀な強襲となる。戦機とはそういうものではない」

「いや、強襲となろうとももう一度突っこますべきです」

「違うッ、戦機は去ったとみるべきである」

「戦果は徹底すべきであります。叩きに叩く、叩いて叩いて叩きまくる」

「敵飛行機の損害程度が不明のまま突っこませれば、かならず大きな痛手を蒙る。将棋にも指しすぎということがあるではないか」

「しかし、米太平洋艦隊が実際に行動不能におちいったかどうか、今後の作戦上、その疑いをとりのぞくためにも、再攻撃を加えてみるべきであります」

「空母が残っているんだぞ、空母が」

「その敵空母をこのさい撃破しておくためにも、もう一度攻撃を……」

山本は、腕を組んだまま論戦を見守って、一言も発しなかった。その最後の決を求めるかのように、宇垣がいった。

「やはり、見送るよりほかはないと思いますが」

山本は苦渋の色をありありと浮かべながら、深くうなずいた。そして静かにいった。

「もちろん、再撃につぐ再撃をやれば満点である。自分もそれを希望するが、南雲部隊の被害状況が少しもわからぬから、ここは現場の機動部隊長官の判断にまかせておくことにしよう。それに、いまとなっては、もう遅すぎる」

そして、戦後の佐々木参謀の回想では、

「そんなことをいわなくとも、やれるものにはやれる。遠くからどんなに突っついても、やれぬものにはやれぬ」

ともいったという。

この山本の決定で、機動部隊にたいする「再度攻撃」の電報命令は、ついに打たれることはなかった。勝利の一日は完全に去っていく。国民を狂喜させた真珠湾奇襲という破天荒な作戦は、急速にピリオドを打った。

（1）宣戦の放送は午前十一時四十五分、とする説もある。『機密戦争日誌』は「宣戦布告に関する件、十一時三十七分御裁可、十一時四十分公布、同時『ラジオ』ヲ以テ放送」と記している。この日の朝日新聞夕刊でもそうなっている。しかし、NHKのごく最近の調査では、残っている記録では間違いなく「正午」に放送ということであった。

エピローグ

●「明日は世界の山河を照らす」

日本の日付が九日に変った深夜、モスクワでは八日午後七時、猛吹雪のなかでドイツ軍の総退却がはじまっている。ソ連軍の追撃をいかにかわすかだけが、焦眉の急となっている。ヒトラーはやむなく作戦の一時中止を発令、ドイツ国防軍の短期決戦構想は吹き飛んだ。

この日以後、モスクワ作戦の失敗が伝わるにつれて、鳴りをひそめていた対独レジスタンスが、ヨーロッパ各地で一気に活撥化していく。背中を撃たれはじめたのである。戦争におけるドイツの勝利の望みの薄れたことを、国防軍統帥部は認めざるをえなくなった。

日本人が、開戦第一日目にしてヨーロッパでは潮の逆流しはじめたことも知らず、勝利に酔って安らかな夢をみているとき、ワシントンではルーズベルト大統領が、子息ジェームズの腕をかりて上下両院の合同会議の演壇にやっと登っている。

「昨日、一九四一年十二月七日、この屈辱の日をわれわれは永遠に忘れないでありましょう。アメリカ合衆国は日本帝国の海空軍により、突如かつ計画的に攻撃されたのであります」

午後一時（日本時間九日午前三時）、大統領はそう教書を読みだした。

「アメリカ合衆国は日本と平和な関係にあり、日本側の懇請によって、日本政府および天皇との間で太平洋での平和維持をめざす会談を行ってきていました。実際、日本の航空部隊がアメリカのオアフ島における爆撃を開始してから一時間後に、駐米日本大使とその同僚は、最近のアメリカからのメッセージに対する公式の回答を国務長官に届けているのであります。この回答は、それまでの外交交渉を継続することは無益であると思われると述べてはおりましたものの、戦争とか武力攻撃についての威嚇とか示唆はなにも含んでいなかったのです」

この演説は、チャーチルのような雄弁な挑戦でなく、ヒトラーのような大言壮語もなかった。むしろ静かに、地味に話された。しかし、アメリカ国民の心のうちに沁みとおっていった。まさしくこの演説によりルーズベルトはアメリカ国民の総指揮官となりえたのである。国民は真珠湾の敗北を無念と思い、国辱とみなし、そして日本を卑劣な国と唾棄したのである。

「日本からハワイへの距離からみて、この攻撃が何日も、あるいは何週間も前から意図的に計画されたことが明らかであるという点は、記録にとどめておくべきでありましょう。その間の日々、日本政府は平和の継続を望むという虚偽の声明や意思表明によって、アメリカ合衆国政府を故意に欺こうとしてきたのであります」

第一次世界大戦のさいに、ウィルソン大統領が参戦を議会にはかったときに生起したような論戦は、今回はぜんぜんみられなかった。ひとつの演説もなく、無駄な野次もなく、一時間もたたないうちに、宣戦布告は上院で満場一致で可決され、下院に回されると反対一票をもって承認される。

ルーズベルト大統領はチャーチル首相へ喜びの電報を打つ。

「完全な宣戦布告を上院は八二対〇で承認し、下院は三八八対一で承認しました。今日われわれは大英帝国のすべての人びとと同じ船に乗りました。そしてこの船は沈められることのない、沈められることのありえない船であります」

アメリカ国内は沸きに沸いた。各地の徴兵事務所に入隊志願者が長い列をつくった。〝孤立主義の使徒〟といわれた飛行家のチャールズ・リンドバーグでさえ戦う決意を公表する。

「われわれは過去において、政府の政策にたいしていかなる立場をとったかを忘れて、一丸となって戦わねばならない」

国民感情は一つにまとまった。

「いまアメリカがなさねばならないことは、ジャップの出っ歯を思いきり叩きのめすことだ」

少しのちのことになるが、海兵隊員のあいだに、こんなスローガンがうまれた。

「真珠湾《リメンバー・パール・ハーバー》を忘れるな！　奴らの息の根を止めろ」

そしてこの言葉はやがて戦時下のアメリカ国民統合の象徴となる。

その二時間前、イギリスは下院が正式に対日宣戦を承認し、時差の関係もあってアメリカに先んじて宣戦を布告した。チャーチルはイーデン外相が出張中のために、駐英日本大使を呼び寄せると、みずからが覚書を手渡した。

「十二月七日、開戦通告または条件つき開戦宣言を含む最後通告による事前のなんらの警告もなく、日本軍はマレー沿岸に上陸し、かつシンガポール、香港を爆撃した。

国際法、とくに両国が加盟している『開戦に関するヘーグ条約』第一条に違反した、挑発されざる侵略という無謀な行動にかんがみ、駐在英国大使は英国政府の名において日本帝国政府にたいし、両国間には戦争状態が存在することを通知するように指示された」

明確な開戦通告である。チャーチル首相一流の敏捷さといえようか。そして首相は議会にそれを報告する。

「われらの陣営には少なくとも世界の人口の五分の四がある。われらの双肩には彼らの安全と未来がかかっている。われらの松明《たいまつ》は過去にはゆらいでいたが、今や燃えさかる炎となり、明日は世界の山河を照らす光となるであろう」

チャーチルの名演説に煽られたかのように、ニュージーランド、カナダ、中国、ギリシャ亡命政府、ユーゴスラビア、自由フランスがつぎつぎにイギリスにならって、日本に宣戦を布告する。

少し先の十二月十六日のことになる。ルーズベルトはスターリン首相に電報を打って、それとなく対日参戦を誘っている。重慶でひらかれる会議には、中国、イギリス、オランダ、アメリカの代表とともに、ソ連代表も参加し、これからの問題を協議しないか、と。

老獪《ろうかい》なスターリンは「イエス」とも「ノー」ともいわなかった。

「太平洋の侵略にたいする貴国の戦闘の勝利を心から期待しています」

ルーズベルトは、〝侵略〟という言葉を発見することだけで満足するほかはなかった。

そしていっぽうの、日本が頼みとするドイツ総統ヒトラーは対米宣戦布告にぐずついていた。リッベントロップ外相の大島大使への言明とは裏腹に、十一日まで議会召集をのばすなど、おしゃべりの総統はなぜか沈黙をつづけた。そして十一日午後二時三十分きっかりに、ドイツ政府は宣戦布告の書状をワシントンに打電した。

「きたるべき五百年間、あるいは一千年間にわたって、ドイツのみならず、ヨーロッパ全土、ひいては全世界にわたり、決定的ともいうべきこの歴史的な一大闘争において、この私に指導者たる地位を托された神にたいし、私はただただ感謝あるのみである」

この日、ヒトラーはこう獅子吼した。

「ルーズベルトによって準備された計画は米国内において暴露されたが、それによれば彼の意図は米国の全資源をもって一九四三年にドイツを攻撃することになっていた。こうしてわれわれの忍耐はついに爆発点に達したのである」

この独裁者は明らかにうちつづく日本の勝利の報に陶酔しているようである。日本の真珠湾での大勝利が象徴するように、アメリカはブルジョア民主主義国家で、戦争にとうてい耐えられない人間ばかりの国と見くびったのである。ドイツ国民の多くは、しかし、第一次大戦でアメリカが参戦したことで、ドイツ帝国が敗退したことを忘れてはいなかった。

これをうけてアメリカ議会は「わが国は戦争状態を強いられた」と認め、ただちにドイツ、イタリアにたいし戦争状態に入ったと宣言する。その後の一週間のうちに、世界人口の四分の一を占める三十五カ国が戦争に突入した。地球はまさしく火だるまとなったのである。

そして日本は、日本人は、緒戦の勝利に酔いしれつづけている。米英何するものぞと、冷静たるべき軍人までが美酒に酔いはじめた。十二月十日、仏印に基地をもつ海軍陸攻隊は、マレー沖でイギリス東洋艦隊プリンス・オブ・ウェールズとレパルスの両戦艦を撃沈する。司令官トマス・フィリップスは幕僚の強い退艦の要請を斥け、「ノー・サンキュー」といって従容《しょうよう》として艦と運命を共にした。

ラジオは大きな戦勝ニュースを報ずるときには、陸軍の場合には分列行進曲、海軍の場合には軍艦マーチ、陸海共同では「敵は幾万」の軍歌や行進曲を前後につけて、勇壮に景気づけた。大本営発表を、陸海は競い合っている有様となり、街の電気店のラジオの前には黒山の人だかりのできる毎日となっていった。戦争が祭り気分の陽気さですすめられていく。早期講和などは夢のまた夢、というよりは口にすることが愚の骨頂となった。

十日午後六時より開かれた大本営政府連絡会議は、この戦争の名称について討議した。海軍側は太平洋を主戦場として戦う戦争であるゆえに、「太平洋戦争」または「対米英戦争」を提議したが、東条首相と陸軍側は「大東亜戦争」の名称を強く主張する。日本近代史のなかの戦争をみれば、日露戦争、上海事変などと、相手国ないし主戦場となる場所をつけるのを通例としているが、この命名はいささか異例である[1]。戦争の意義を標榜するような、理念的呼称ともいえるものである。その通りである、それゆえにこの名称こそが最高の命名といえるものである、と陸軍側は首を傾げる海軍側を説得した。

「今次大戦は、大東亜新秩序建設を目的とする戦争である。太平洋正面においてはむしろ持久戦の態勢を確立し、英国と中国とをまず屈伏せしめ、八紘一宇の大理想、大東亜共栄圏を完成する。しかも、このことを国民にひろく自覚せしめ、かつ徹底させなければならない。その意味において他の呼称は考えられない」

こうして連絡会議はこの夜に全員一致でつぎの決定をみた。

「1．今次の対米英戦争および今後情勢の推移に伴い生起することあるべき戦争は、支那事変をも含め大東亜戦争と呼称す。

2．十二月八日午前一時三十分より戦時とす」

そして翌十一日、内閣情報局はこれを発表、「なお、戦争地域を大東亜のみに限定するものではない」とも付け加えて解説した。

そうした国民的熱狂を、山本五十六は苦々しい想いでみていた。それとともに、戦闘が日常と化したあとになっても、ほんとうに開戦通告が予定どおりに手交されたのかどうか、を憂慮していた。ルーズベルトが議会演説やラジオの談話で、「騙し討ち」(sneak attack)と、低いが声量のある声でまくしたてているのを短波放送で聞いていらい、その疑いを消せないでいる。その後も、たえず短波放送は、真珠湾の無通告攻撃に激昂し、アメリカ国民はいまだかつてないくらい団結を示し、報復を誓う声が澎湃《ほうはい》として起っている、ということをしきりに報じている。そのたびに、山本は将棋を指す手をとめて、じっと耳を傾け、そして表情をみるみる暗くしたのである。

謀略の疑いをもって聞いていたアメリカの放送であったが、どうやら最後通牒の遅れたことは間違いないようだと山本が知ったのは、その年の暮か、十七年に入ってから間もなくであったという。

山本は、心を許した幕僚にだけはしみじみと語った。

「残念だなあ。僕が死んだら、陛下と日本国民には、連合艦隊は決して初めからそういう計画をしておりませんと、そうはっきりと伝えてほしい」

無念の歯がみが聞こえてくるようである。(2)

(1) ちなみに、日中戦争は、盧溝橋事件が勃発して四日後の昭和十二年(一九三七)七月十一日に「北支事変」と命名されている。このときは場所を採ったのである。その後に戦場が拡大し全面戦争となった九月におよんで、その二日に「支那事変」と改称した。こんどは敵国名を採用したことになる。いずれも近衛文麿内閣のときである。

（2）あるいは茫然とさせられるような事実ながら、最後に付記しておきたい。それは一九四五（昭和二十）年秋、引退生活を楽しんでいたハル元国務長官が、ノーベル平和賞を受賞したということなのである。理由は、日米交渉における努力を中心にした平和外交の推進ということであった。敗戦後の空腹を我慢するのが精一杯のとき、この報を新聞で読んだ記憶はたしかにあるが、その事実を知ったからといって、当時はわたくしには何んの感想もなかったようである。これを記しながら、そのころに何かの本で読んだ矢野目源一がつくるところのパロディの歌が思い出されてきた。「敗戦の嵐のあとの花ならで散ゆくものは道義なりけり」であるが、戦争は勝者のモラルも喪失させるのだな、といまは考える。

あとがき

多くの読者に笑われるのを承知で、のっけからオドロオドロしい話を書く。

一九六五年七月、わたくしは一九四五年八月十五日（敗戦の日）の二十四時間を描いた『日本のいちばん長い日』（文藝春秋）を上梓した。幸い多くの人に読まれる光栄に浴し、嬉しい気分に包まれていたある夜のこと、ぐっすり眠っていたわたくしの枕元に、影のようなものが立った。とたんに胸を圧迫され金縛りにあって動けなくなった。隣に寝ていた妻によると、意味のとれない絶叫をあげたそうであるが、とにかくそれでわたくしは目覚めた。汗びっしょりであった。しかし、その影のようなものと会話をしたことが、はっきり意識のなかに残っていた。

「敗戦の一日を書いた上は、開戦の日の、あの無念の二十四時間のことも、きっちりと書いては貰えんか」

「わかった、わかった。きっと書くから」

それが叫声となったのであろう。ほかのことは霧消したが、影のようなものは、白い服を着ていた、そのことだけは覚えている。何者なのか。影であるから、そんなことはわからなかった。いまは、わたくしが卒業した新潟県立長岡中学校の先輩、山本五十六ではなかったか、と勝手に思うことにしている。先輩がわざわざ依頼のために訪れたのであると。

それから三十六年もたってしまった。当時はすぐにでも書き上げるつもりで取材にとりかかったものの、本業の雑誌編集者の仕事のほうが忙しく、やがてペンをとることをやめてしまい、まったく手つかずのままで終った。会社を退いて歴史探偵を自称し、巷談師的もの書き業をはじめてからも、いつも気にはしていたのであるが、いくつか自分に課していたテーマがあったためもあり、影との約束はいぜんすっぽかしのままである。いや、無能な後輩は先輩の切なる願いを無視する無礼をつづけてきた。そして、いま、その後は枕元に現れようともせず（あるいは呆れたためかもしれないが）、じっと待っていてくれた影との約束を、やっとのことで果たした思いをしみじみ味わっている。

＊

三十六年もたって、と書いたが、この歳月のもつ意味は大きい。生き残っている人に会うなど取材を少しくはじめたころと違って、いまになってしまうと、太平洋戦争への道、そしてハワイ作戦および戦闘について、日米両国でもう存分に書きつくされてしまっている。とても全部に目を通せないほどの書籍が、わが書架にならんでいる。日米のさまざまな原史料だって根こそぎ発掘しつくされていて、売らんかなのPR以外に新史料発見など滅多にあるはずもない。ましてやいまにおよんでの新事実捜索なんかロートルのわたくしには荷が重い、ではなくて不可能である。いきおい本書は、とくに第一部と第二部は、残念ながらこれまでに刊行されている牛もへたばるくらいの諸書や研究の整理、あるいは復習、あるいは周知のことの引き写しということになった。その意味では、正直にいって先輩との約束を何十年かぶりに果たしたと胸を張れるようなものではない。

参考ならびに利用させていただいた諸文献は別にあげた。著者ならびに出版社には心からお礼申しあげる。なお、勝手ながら、引用の手記、日記などは一部をのぞいて、漢字は新字、新カナ遣いとし、読みやすいように句読点をほどこした。

ところで、ひどく遅れてでてきた本書にも取り柄があるのか、と問われれば、世界全体のさまざまな事件やエピソードや、多くの人々の回想や話のやりとりなどの細々を俯《ふ》瞰《かん》して、時系列に並べ直すことによって、大きな歴史のうねりといったものが、立体的に読みとれるかもしれない、と答えたい。それと、とくにあの時代の日本と日本人の行動や感情や心理を、できるかぎり丁寧に描きだそうとしたことにあろうか。歴史には、日本人の、あらゆる世代の息吹が籠められている。それを掘り起してみた。敗戦になってからの結果論で、戦後になってからの観点で、あるいは現在のノーマルな平生心で、あの時代を頭から否定し、批判することは真実を誤ることになる。戦後六十年近くつづいている歴史としての戦前の日本を直視したくない、という韜晦《とうかい》はもうよろしくない。

わたくしはそう考えている。

戦争の本質や、真の恐ろしさというものは、きまりきった頭ごなしの論ではとても摑みきれない。できるだけ多くの事実を探求することがまず第一であり、その上で可能なかぎりリアリスティックに観察し考えねば、ほんとうのところはわからない。どろ沼の日中戦争で国力を使いつくし、そのあとに大戦争に突入し日本は三年半以上を戦いつづけた。それを可能にしたのは、結局において、日本人がこれを支持したからである。上層部が企んだことに国民が否応なしに狩り出された、というのは、誰かに都合のいい神話でしかない。あるいは、戦後日本人が目をつぶってそう考えることにした心理的欺瞞なのである。肝腎なことは、やはり事実にまともに向き合わねばならないということ。個人がそうであるように、その安全のために、あるいは国益という名の利害打算から、国家がなりふり構わず立ち上がることは、これからもありうるのである。本書でそのことを正しく伝えるべく常に事実には忠実、精神は平衡であるように心掛けた。

同じ意味から、多くの日本人が好むルーズベルト陰謀説と本書は無縁である。この説に立つと、いかようにも想像力をふくらますことができて、話を面白く、かつドラマティックにすることが可能である。そのほうが本も売れるかもしれない。が、歴史に正しく向かい合うこととは遠いところにある。

＊

本書は、二〇〇一年一月と四月に季刊誌『別冊文藝春秋』に発表した原稿に大幅に手をいれ、さらに補説を加えたものである。司馬遼太郎さんの「余談ながら」風の補説をもっと多くしたかったが、雑誌担当の橋本英子さんも、単行本担当の照井康夫君も、口をそろえてわたくしを「語り部」とよび、「だからといって、しゃべり過ぎるのはいけません。いまどき分厚い本は流行らない」と忠告する。それで感謝して諦めた。それでも相当の大冊となった。語り部の仕事の大事なところは、「事実と表現の選択にある」と承知しているのであるが。

二〇〇一年六月

半藤一利

〔参考文献〕

『現代史資料』34・35巻　みすず書房
防衛庁戦史室編『戦史叢書・ハワイ作戦』朝雲新聞社
軍事史学会編『機密戦争日誌』錦正社
毎日新聞社編『太平洋戦争秘史』毎日新聞社
青木勉『日米検証・真珠湾』光人社
赤松貞雄『東条秘書官機密日誌』文藝春秋
荒川利男『十二月八日』鍾美堂
宇垣纏『戦藻録』原書房
内田信也『風雪五十年』実業之日本社
小川力『大本営記者日記』紘文社
木戸幸一『木戸幸一日記』東京大学出版会
草鹿龍之介『聯合艦隊』毎日新聞社
栗原隆一『甲標的』波書房
来栖三郎『日米外交秘話』創元社
児島襄『開戦前夜』集英社
後藤基治『戦時報道に生きて』遺稿刊行会
今野勉『真珠湾奇襲』読売新聞社
佐々木隆爾、木畑洋一ほか『真珠湾の日』大月書店
実松譲『真珠湾までの365日』光人社
櫻本富雄『戦争はラジオにのって』マルジュ社
城英一郎『城英一郎日記』山川出版社
杉田誠『真珠湾50周年報道』森田出版
杉野明「真珠湾攻撃の背景」（未刊行）
高田保『其日以後』汎洋社
高田元三郎『記者の手帖から』時事通信社
高橋健夫『油断の幻影』時事通信社
田中清定「開戦と終戦のとき」（未刊行）
田中伸尚『ドキュメント昭和天皇第2巻』緑風出版
東郷茂徳『時代の一面』改造社
東郷茂彦『祖父東郷茂徳の生涯』文藝春秋
徳岡孝夫『真珠湾メモリアル』中央公論社
鳥居民『日米開戦の謎』草思社
野村吉三郎『米国に使して』岩波書店
林秀『日米外交白書』日本青年外交協会
福留繁『史観真珠湾攻撃』自由アジア社
藤山楢一『一青年外交官の太平洋戦争』新潮社

保阪正康『蔣介石』文藝春秋
中原茂敏『大東亜補給戦』原書房
森史朗『海軍戦闘機隊2』R出版
森本忠夫『敗亡の戦略』東洋経済新報社
山田朗『大元帥昭和天皇』新日本出版社
山田風太郎『同日同刻』立風書房
山本熊一「大東亜戦争秘史」(未刊行)
J・C・グルー『滞日十年』毎日新聞社
P・カレル『バルバロッサ作戦』フジ出版社
J・ガンサー『回想のルーズベルト』六興出版
W・シャイラー『第三帝国の興亡』東京創元社
R・シャーウッド『ルーズヴェルトとホプキンズ』みすず書房
J・ステファン『日本国ハワイ』恒文社
L・スナイダー『ワルシャワから東京まで』人物往来社
C・ソーン『米英にとっての太平洋戦争』草思社
J・W・ダワー『人種偏見』TBSブリタニカ
W・チャーチル『第二次大戦回顧録』毎日新聞社
J・トーランド『真珠湾攻撃』文藝春秋
W・L・ニューマン『アメリカと日本』研究社出版
C・ハル『回想録』朝日新聞社
A・バロック『アドルフ・ヒトラー』みすず書房
J・バーンズ『ローズベルトと第二次大戦』時事通信社
H・ファイス『真珠湾への道』みすず書房
G・W・プランゲ『トラトラトラ』日本リーダーズダイジェスト社
J・ラスブリッジャー、E・ネイヴ『真珠湾の裏切り』文藝春秋
E・T・レイトンほか『太平洋戦争暗号作戦』TBSブリタニカ
W・ロード『破滅の日』早川書房
A・ワース『戦うソヴェト・ロシア』みすず書房

・雑誌記事

竹内将人「史料・ハワイ出撃」(『増刊歴史と人

物』中央公論社・一九八二年九月号)。

阿部平次郎「ウエスト・バージニヤ撃沈」。朝枝繁春「英国史上最大の降伏」。数井孝雄「コタバルの砂を血に染めて」。重永春喜「悲劇の第一幕」。福岡政治「敵艦隊ハ真珠湾ニ在リ」。藤田怡与蔵「幸運なる生還」。吉川啓次郎「従兄からのハワイ情報」。油下和子「その日、私は総領事館にいた」(以上、『歴史と人物』中央公論社・一九八三年一月号)。

糸永新「キンメルとハルゼイ」。木俣滋郎「世界の首脳たちに与えた〝真珠湾〟の衝撃波」(以上、『別冊歴史読本』新人物往来社・一九八六年十二月号)。

船山喜久彌「開戦前夜のアメリカ大使館」(『現代』講談社・一九九二年一月号)。

保阪正康「外務省50年の過失と怠慢」。東郷茂徳「東郷家文書が語る12月8日」(以上、『文藝春秋』文藝春秋・一九九一年十二月号)。

須藤眞志「対米開戦『外務省緊急電』は存在した」(『文藝春秋』文藝春秋・二〇〇一年一月号)。

左近允尚敏「『欺瞞の日』の検証」(『東郷』東郷神社・東郷会/二〇〇〇年九・十二月号)。

・文学者の「日記」「手記」については一九六一年十二月号と一九六二年四月号の『文学』小田切進編の記事に全面的にお世話になりました。

・「回想」については『文藝春秋』一九五六年十二月号、『朝日ジャーナル』一九八一年十二月十一日号によりました。

・著者自身によるインタビュー

三十余年前の当時、そしてその後にも機会あるごとに、無理にも回想談をお願いしたのにそのままとなり、ご迷惑をおかけした方々を、改めて記しておきたい。存じよりのお元気の方もおられるが、あるいは、いまは幽明境いを異にしている方が多いのかもしれない。謹んでご冥福をお祈りし、刊行の遅れに遅れたことをお詫びする。

朝枝繁春、*大久保忠平、*大淵珪三、奥村勝蔵、小沢治三郎、*角野博治、*金沢秀利、草鹿龍之介、源田実、後藤基治、*小瀬本国雄、*酒巻和男、迫水久常、佐伯静夫、実松譲、志賀淑雄*、館野守男、田中平*、谷口正夫*、千早正隆、辻政信、橋本敏男*、藤田怡与蔵*、淵田美津雄*、松村平太*、森拾三*、山本貞雄*、吉田俊雄、渡辺安次。

（＊は真珠湾攻撃に直接参加された方です）

解説

砂川文次

昭和二〇（一九四五）年八月一四日正午から翌日一五日正午までの二四時間を描いた『日本のいちばん長い日』がそうであったように、日米開戦の契機を題にとった本作もまた、大著である。

本作は、真珠湾攻撃に至るまでの経緯やその直後の動向などを主要な交戦国の公的記録のみならず、報道や文人の手記、人々の記憶を頼りにして高精細に浮かび上がらせる。〝語り部〟とも称される著者の腕によるものであろう、本作は開戦というあまりに深刻なテーマに比して、決して読みにくいものではない。が、それは読みやすい作品であることを意味しない。

私は本作を読み進めていくなかで、この〝読みにくさ〟は作品に固有のものではなく、私の内側にあるこの題材、あるいはこの時代――いわゆる戦中・戦前――そのものに対する拒否反応であることを見つけた。

降伏、敗戦、ましてや終戦などという一言では到底言い尽くせないものを、先の大戦はこの国の歴史に刻んだ。そして後世にいる私たちは、東亜新秩序だの八紘一宇だの五族協和だのという名分では糊塗し得ぬ醜悪な凶事が各地で起きたことを知っている。しかし身命を賭して、親兄弟、妻や子供のために戦った将兵がいることもまた歴史の一つなのである。八月一五日を過ぎてもなお北方の島々で、山東省の荒野で、蒸し風呂のごとき南方の密林内で故国に暮らす人々を思いながら戦い続けた日本人がいることをもひっくるめて。

私は、そうした多面的・多層的に構成される峻厳なまでの史実を前にすると茫然としてしまう。

戦前の価値観を日本固有のものだと賛美することも、暗い時代だったとただ拒否することも許さない何かを、歴史は抱えている。

『［真珠湾］の日』という本は、まさにそうした歴史と真正面から向き合ったものに他ならない。本書を読みながら、読者もまたこの国の歴史と格闘を強いられることになる。なぜあれほどまでに無謀な戦争に突入してしまったのか、という当時に対する問いはこれまで幾たびとなくなされてきた。愚かしい選択であった、と。

しかし当時の敵国であるアメリカ政府や当地の人々に通底するある種の無邪気さ、日本人を含むアジア人に対する軽侮、はたまた頑迷なまでの蔣介石陣営の言説に触れるとき、私は自分の内側に正視に堪えぬものを見つけざるを得ない。

中国大陸における戦争には道理も義理もなく、いたずらに生命と資源を浪費し、あまつさえ数々の戦争犯罪が行われたという史実を知っていてもなお、本書を読んでいると国民党政府には日米間の和平交渉においては局外にあってほしいと暗に願う自分を行間に見出して愕然としてしまう。決定的な破局、鮮やかなまでの真珠湾攻撃、ミッドウェー海戦を境にして転げ落ちるような敗北と玉砕とを繰り返し、原爆投下と完膚なきまでの敗戦を知っていてもなお、和平交渉の成就をどこかで願っている自分を見つけてしまうのだ。

しかし一番に驚くべきは、日本人を劣等人種と決めつけ尊大な態度で臨んでくるアメリカ人に対して一矢報いたいと思う何かが、先の和平を願う感情とは真逆の熱狂が心中にきざしているのを自らの内にあるのを認めるときだろう。

日本が大陸から手を引けば済む話といってしまえばそれまでであるが、歴史と向き合うというのは、おそらくそういう無味乾燥な結論を得るためにあるのではない。ましてやそれが自国の歴史である場合はなおさらだ。

ここに、著者のあとがきを引きたい。

「日中戦争で国力を使いつくし、そのあとに大戦争に突入し日本は三年半以上を戦いつづけた。それを可能にしたのは、結局において、日本人がこれを支持したからである。」

私が私の中に見つけた醜悪なものとは、すなわちこの戦争に対する支持であり、本書を通して私のうちに再現されたのはまさに当時の日本人の心理にほかならない。

摩訶不思議なことだが、本書を通じて再現された当時の精神をつぶさに観察してみると、理性が完全に沈黙させられているわけではないことが分かる。一九四一年を再現している私の精神は、攻撃性と好戦性を携えながらその一方で米英との戦端がどういう結果をもたらすかということを十分に承知していて、戦争はなんとしても避けなければならない、ともしっかりと理解をしているのだ。

それは戦争の推移を知っている後世の人間だからいえることである、という批判はおそらく当たらない。

というのは、本書でも描かれているとおりそう少なくない日本人が、国力差の著しい米国との開戦がどういう結末を招来するか、ある程度の見通しを持っていたからだ。

軍や政府機関のように、詳細な数値としてそれを自覚していたかどうかはさておき、ある新聞の論説委員は「終《しまい》には死に至るかも知れぬという危険を遠くの方に感じ」ていたし、開戦の報に触れて「負けだッ」と直感した記者もおり、そもそも中国大陸における泥沼の戦いに一向の光明も見えない中で、その戦力をはるかに上回る米英と戦端を開くことが事態の改善に繋がろうはずもないことは、火を見るよりも明らかなことだった。

歴史と向き合うとは、多分こういうことなのだろう。

戦争を避けなければならないと十分に理解しながらも米国を憎悪し、中国大陸の戦線に鬱屈し、それでいながら早く戦争を終わらせたいと願い、しかし一方で戦勝を信じてやまないという日本人の実像を自らの中に認めるということが歴史と向き合うということなのだろう。

この圧倒的なまでの歴史を前にしては、家族や同期やあるいは他の誰かや何かを思い戦い死んでいった人々を英霊と称揚し、それでいながら当代に生起した一切の罪に目を瞑ることも、全てを軍部の暴走のひとことの下に葬り、なお自らもまたその被害者だったのだと居直ることもできない。著者の言葉を借りれば、「誰かに都合のいい神話」を歴史の中から抜き取っては着脱するという勝手を歴史は許さないのだ。日本人として日本の歴史と向き合うということは、その一切を我が身で引き受けるということを意味する。そしてこれは、決して愉しいことではない。冒頭に述べた〝読みにくさ〟とは、まさにこれだったのだ。

さて、唐突かもしれないがここで「天災は忘れたころにやってくる」などの名言で知られる物理学者・寺田寅彦の随筆『天災と国防』に少しばかり触れたいと思う。

寺田は、日本の地形の特殊というものを説きながら、天然を相手にする工事においては西洋工学にのみ頼ることはできないのではないか、と当時の日本人技術者の態度に疑問を呈する。事実、大正一二(一九二三)年の関東大震災や昭和九(一九三四)年の室戸台風などに際して、古来からある建物は無事であるのに対し新様式と呼ばれるような建物群が甚大な被害を受けていることをその例に引く。

そのうえで寺田は、「今度のような烈風の可能性を知らなかったあるいは忘れていたことがすべての災厄の根本原因である事には疑いない。そうしてまた、工事に関係する技術者がわが国特有の気象に関する深い知識を欠き、通り一ぺんの西洋直伝の風圧計算のみをたよりにしたためもあるのではないか」と技術者へ反省を促す。

私は、『「真珠湾」の日』を読みとおしてみて、災害大国といわれる我が国の地形的特殊は、だからこそというべきか、思想的にもその特殊を保有しているのではないかとはたと思い至った。

西洋直伝の風圧計算もとい、民主主義や人権や諸価値に関する思想的なものを普遍の一言でもってこの国の土地に打ち立てることの疑問と言い換えてもよい。日本には日本の伝統があるからそれら舶来の価値観を否定せよ、という主張では全くないことを念のため記しておく。

四方を海に囲まれ農耕適地が少なく自然環境の厳しいこの列島の特殊は、おそらく思想的土壌にもこの列島特有の〝いびつ〟を備えているのではないか、と私は考えているのだ。

かつての新様式の建物群が日本の地形的特殊によってあっという間に倒壊してしまったのと同じく、そうした諸価値が日本の思想的特殊によってさらわれてしまうのではないか、と私は危惧しているのだ。この国を戦争に叩き込んだその特殊は、おそらく全くの手付かずのまま残ってしまっている。

日本軍の組織的欠陥を分析した名著『失敗の本質』（戸部良一ほか著）にも次のような指摘がある。

「近代戦に関する戦略論の概念も、ほとんど英・米・独からの輸入であった。もっとも、概念を外国から取り入れること自体に問題があるわけではない。問題は、そうした概念を十分に咀嚼し、自らのものとするように努めなかったことであり、さらにそのなかから新しい概念の創造へと向かう方向性が欠けていた点にある。(中略)その前提が崩れるとコンティンジェンシー・プランがないばかりか、まったく異なる戦略を策定する能力がなかったのである。」

開戦初期を題に取る本書においても、その欠陥をいたるところに見つけることができる。

「状況がいかに変化しようとも、敷かれたレールの上を突っ走るのが、日本海軍の奇妙な流儀であり特徴なのである。」などは、まさにその欠陥の換言ともいえよう。詳しくは本書に書かれているとおりであるが、マレー半島への上陸作戦やその一つを構成するタイを通過する行軍計画などにおいても、不測の事態に対する備えや代替案が検討された様子は一切なく、ただ当初に決められたレールに忠実であろうとし続ける奇妙さが度々顔をのぞかせている。

余談ながら、私はかつて陸上自衛隊に籍を置いていた。旧軍でいうところの士官学校にあたる幹部候補生学校で教育を受けていた折、「腹案の保持」ということについて事あるごとに教官陣から指導を受けた。訓練とはいえ、極度に追い詰められた状態で当初の戦闘計画が機能不全になった場合、一から新しいものを策定するのは人間の能力上厳しいものがある。その時頼りになるのは、そうした厳しい状況に突入する前に入念に検討された〝最悪の状況〟に対する腹案だった。

状況に適応することほど困難なことはない。予め周到に計画したものの前提が崩れ去ったときほど虚しい瞬間もない。高度な訓練を施された戦闘集団であっても、全くの烏合の衆に転落することは十分にあり得ることなのだ。その時、当初の計画や必勝の信念、神意にすがることは一つの救いになるだろう。その先にあるものが、決定的な終末であることをうっすらと分かっていてもなお、そこに縋り付きたくなるだろう。

歴史と向き合うことの困難さは、そこにある気がする。

そしてこの困難さは、本書を通じて著者・半藤一利が遺した日本人に対する問いでもある。

私たちが普遍的と信じてやまない数々のものがいとも簡単に破砕され、希望が打ち砕かれ、不安と絶望に苛まれている折に、あたかも救いの手のように差し出される熱狂と狂気とを、本当に振り払うことが出来るか、という問いだ。

恐ろしいことだが、この困難と向き合わなければならない時代が、すぐそこまで迫っている気がする。

（作家）

[な行]

主要人名索引

単行本　二〇〇一年七月　文藝春秋刊
旧版文庫　二〇〇三年十二月　文春文庫刊
DTP制作　エヴリ・シンク
地図制作　増田　寛

文春文庫

［真珠湾《しんじゆわん》］の日《ひ》

定価はカバーに
表示してあります

2024年7月10日　新装版第1刷

著　者　半《はん》藤《どう》一《かず》利《とし》
発行者　大沼貴之
発行所　株式会社 文藝春秋

東京都千代田区紀尾井町3-23　〒102-8008
TEL 03・3265・1211㈹
文藝春秋ホームページ　http://www.bunshun.co.jp

落丁、乱丁本は、お手数ですが小社製作部宛お送り下さい。送料小社負担でお取替致します。

印刷製本・TOPPANクロレ

Printed in Japan
ISBN978-4-16-792252-8

（　）内は解説者。品切の節はご容赦下さい。

文春文庫　半藤一利の本

半藤一利
漱石先生ぞな、もし
『坊っちゃん』『三四郎』『吾輩は猫である』……誰しも読んだことのある名作から、数多の知られざるエピソードを発掘。斬新かつユーモラスな発想で、文豪の素顔に迫ったエッセイ集。
は-8-4

半藤一利
ノモンハンの夏
参謀本部作戦課、関東軍作戦課。このエリート集団が己を見失ったとき、悲劇は始まった。司馬遼太郎氏が果たせなかったテーマに、共に取材した歴史探偵が渾身の筆を揮う。（土門周平）
は-8-10

半藤一利
ソ連が満洲に侵攻した夏
日露戦争の復讐に燃えるスターリン、早くも戦後政略を画策する米英、中立条約にすがってソ満国境の危機に無策の日本軍首脳――百万邦人が見棄てられた悲劇の真相とは。（辺見じゅん）
は-8-11

半藤一利
日本のいちばん長い日　決定版
昭和二十年八月十五日。あの日何が起き、何が起こらなかったのか？　十五日正午の終戦放送までの一日、日本政府のポツダム宣言受諾の動きと、反対する陸軍を活写するノンフィクション。
は-8-15

半藤一利　編著
日本史はこんなに面白い
聖徳太子から昭和天皇まで、その道の碩学16名がとっておきの話を披露。蝦夷は出雲出身？　ハル・ノートの解釈に誤解？　大胆仮説から面白エピソードまで縦横無尽に語り合う対談集。
は-8-18

半藤一利
あの戦争と日本人
日露戦争が変えてしまったものとは何か。戦艦大和、特攻隊などを通して見据える日本人の本質。「昭和史」「幕末史」に続き、日本の大転換期を語りおろした〈戦争史〉決定版。
は-8-21

半藤一利・加藤陽子
昭和史裁判
太平洋戦争開戦から七十余年。広田弘毅、近衛文麿ら当時のリーダーたちはなにをどう判断し、どこで間違ったのか。半藤〝検事〟と加藤〝弁護人〟が失敗の本質を徹底討論！
は-8-22

文春文庫　最新刊

さらば故里よ　助太刀稼業（一）　佐伯泰英
冤罪で脱藩させられた武士、嘉一郎の武者修行が始まる

オリンピックを殺す日　堂場瞬一
報道を排除した謎のスポーツ大会の正体に新聞記者が迫る

ある晴れた夏の朝　小手鞠るい
アメリカの高校生が原爆投下の是非を議論した先には…

彼岸花が咲く島　李琴峰
その島では、二つの言語が話されていた…芥川賞受賞作

わかれ道の先　藍千堂菓子噺　田牧大和
百瀬屋の菓子職人の逆恨みから大騒動に発展してしまい…

清張の迷宮《ラビリンス》　松本清張傑作短編セレクション　松本清張　有栖川有栖・北村薫選
ミステリ界の旗手が各々のベスト5を選出した豪華短編集

奏鳴曲　北里と鷗外　海堂尊
北里と鷗外はなぜ道を違えて対立したか…その栄光と蹉跌

星影さやかに　古内一絵
宮城を舞台に描く、激動の時代を生き抜いた家族の物語

幽霊作家と古物商　黄昏に浮かんだ謎　彩藤アザミ
「美蔵堂」には、今日も曰くつきの品が持ち込まれてきて…

助手が予知できると、探偵が忙しい　依頼人の隠しごと　秋木真
いいことばかり起きて困っている、と依頼人は話すが…

令和　人間椅子　志駕晃
AIが搭載された、最新マッサージチェアに座ってみると

［真珠湾］の日〈新装版〉　半藤一利
開戦の様子を、国際政治力学と庶民の眼を交差させ描く

怖いこわい京都　入江敦彦
千二百年の闇が生む、美しくて怖い京都の「百物語」

精選女性随筆集　須賀敦子　川上弘美選
今も愛され続ける、イタリア文学者の最も美しい名随筆